新时代"小巷总理"
社区工作法

田毅鹏 周勉征 主 编
常　茳 李珮瑶 副主编

中国社会科学出版社

图书在版编目（CIP）数据

新时代"小巷总理"社区工作法／田毅鹏，周勉征主编．—北京：中国社会科学出版社，2021.12

ISBN 978-7-5203-9201-3

Ⅰ.①新… Ⅱ.①田… ②周… Ⅲ.①社区—工作—研究—中国 Ⅳ.①D669.3

中国版本图书馆 CIP 数据核字（2021）第 194713 号

出 版 人	赵剑英
责任编辑	朱华彬
责任校对	谢　静
责任印制	张雪娇

出　　版	中国社会科学出版社
社　　址	北京鼓楼西大街甲 158 号
邮　　编	100720
网　　址	http：//www.csspw.cn
发 行 部	010－84083685
门 市 部	010－84029450
经　　销	新华书店及其他书店

印刷装订	北京市十月印刷有限公司
版　　次	2021 年 12 月第 1 版
印　　次	2021 年 12 月第 1 次印刷

开　本	710×1000　1/16
印　张	24.25
插　页	2
字　数	371 千字
定　价	138.00 元

凡购买中国社会科学出版社图书，如有质量问题请与本社营销中心联系调换
电话：010－84083683
版权所有　侵权必究

目　录

社区工作法"五问"（代序） ………………………………（1）

第一章　"德规并重"：树社区公平正义之风
　　　　——天津市南开区昔阳里社区王月华工作法 …………（1）
　一　产生背景 ………………………………………………（2）
　二　界定及内涵 ……………………………………………（5）
　三　具体方法及案例分析 …………………………………（6）
　　（一）党员覆盖法 ………………………………………（7）
　　（二）将心比心法 ………………………………………（10）
　　（三）三管治理法 ………………………………………（14）
　　（四）社区规约法 ………………………………………（17）
　四　学理依据及应用价值 …………………………………（20）
　　（一）学理依据 …………………………………………（20）
　　（二）应用价值 …………………………………………（21）
　五　专家点评 ………………………………………………（22）
　六　王月华小传 ……………………………………………（23）

第二章　"安老怀弱"：让社区成为"家"
　　　　——高安市筠泉社区付秀秀工作法 ……………………（27）
　一　产生背景 ………………………………………………（28）
　二　界定与内涵 ……………………………………………（31）

三　具体方法与案例分析……………………………（32）
（一）心理调适法……………………………………（32）
（二）共情法…………………………………………（36）
（三）文娱赋能法……………………………………（39）
（四）红引擎法………………………………………（42）
四　学理依据及应用价值……………………………（45）
（一）学理依据………………………………………（45）
（二）应用价值………………………………………（47）
五　专家点评…………………………………………（48）
六　付秀秀小传………………………………………（49）

第三章　"一首两翼"：鸿雁真情暖万家
——阳泉市矿区段南沟社区任红梅工作法……（52）
一　产生背景…………………………………………（53）
二　界定及内涵………………………………………（56）
三　具体方法及案例分析……………………………（58）
（一）头雁领飞法……………………………………（58）
（二）雁阵联飞法……………………………………（60）
（三）雁鸣呼应法……………………………………（65）
（四）鸿雁安民法……………………………………（68）
四　学理依据及应用价值……………………………（70）
（一）学理依据………………………………………（70）
（二）应用价值………………………………………（72）
五　专家点评…………………………………………（72）
六　任红梅小传………………………………………（73）

第四章　"居民小两会"：让社区参与"议"彩纷呈
——重庆市沙坪坝区团结坝社区杨春敏工作法………（77）
一　产生背景…………………………………………（78）
二　界定及内涵………………………………………（81）

三　具体方法及案例分析 …………………………………… (82)
　　（一）问题反馈环节 ………………………………………… (82)
　　（二）工作展示环节 ………………………………………… (85)
　　（三）居民议事环节 ………………………………………… (89)
　　（四）打分点评环节 ………………………………………… (93)
四　学理依据及应用价值 …………………………………… (96)
　　（一）学理依据 ……………………………………………… (96)
　　（二）应用价值 ……………………………………………… (99)
五　专家点评 ………………………………………………… (99)
六　杨春敏小传 ……………………………………………… (100)

第五章　"五化聚力"：从"一点红"到"党旗红"
　　　　——唐山市路北区祥富里社区陈林静工作法 ………… (104)
一　产生背景 ………………………………………………… (105)
二　界定及内涵 ……………………………………………… (107)
三　具体方法及案例分析 …………………………………… (108)
　　（一）三维人法 ……………………………………………… (109)
　　（二）一点红法 ……………………………………………… (112)
　　（三）红色网络服务法 ……………………………………… (114)
　　（四）文化家园法 …………………………………………… (118)
　　（五）一家亲法 ……………………………………………… (121)
四　学理依据及应用价值 …………………………………… (124)
　　（一）学理依据 ……………………………………………… (124)
　　（二）应用价值 ……………………………………………… (125)
五　专家点评 ………………………………………………… (126)
六　陈林静小传 ……………………………………………… (127)

第六章　"民情日记"：以情感治理推动社区治理现代化
　　　　——延吉市园辉社区林松淑工作法 …………………… (132)
一　产生背景 ………………………………………………… (133)

二　界定及内涵 …………………………………………… (135)
　三　具体方法及案例分析 ………………………………… (136)
　　（一）角色归一法 ……………………………………… (136)
　　（二）动态采集法 ……………………………………… (140)
　　（三）组织纽带法 ……………………………………… (143)
　　（四）项目思维法 ……………………………………… (147)
　四　学理依据及应用价值 ………………………………… (154)
　　（一）学理依据 ………………………………………… (154)
　　（二）应用价值 ………………………………………… (155)
　五　专家点评 ……………………………………………… (156)
　六　林松淑小传 …………………………………………… (157)

第七章　"13335"："三个如何"命题的精准答卷
——福州市鼓楼区军门社区林丹工作法 ………… (160)
　一　产生背景 ……………………………………………… (161)
　二　界定及内涵 …………………………………………… (163)
　三　具体方法及案例分析 ………………………………… (164)
　　（一）党建引力法 ……………………………………… (164)
　　（二）机制聚力法 ……………………………………… (168)
　　（三）平台运力法 ……………………………………… (171)
　　（四）保障助力法 ……………………………………… (176)
　　（五）五在一体法 ……………………………………… (179)
　四　学理依据及应用价值 ………………………………… (184)
　　（一）学理依据 ………………………………………… (184)
　　（二）应用价值 ………………………………………… (185)
　五　专家点评 ……………………………………………… (187)
　六　林丹小传 ……………………………………………… (187)

第八章　"绿主妇"：借助公益环保，唤醒社区自治
——上海市徐汇区梅陇三村社区尚艳华工作法 ………… (191)

一　产生背景 ……………………………………………（192）
二　界定与内涵 …………………………………………（195）
三　具体方法与案例分析 ………………………………（197）
　（一）改头换面法 ……………………………………（197）
　（二）绿色动员法 ……………………………………（200）
　（三）"红+绿"双引法 ………………………………（203）
　（四）巧借东风法 ……………………………………（206）
　（五）"万绿一红"法 …………………………………（212）
四　学理依据与应用价值 ………………………………（215）
　（一）学理依据 ………………………………………（215）
　（二）应用价值 ………………………………………（217）
五　专家点评 ……………………………………………（219）
六　尚艳华小传 …………………………………………（220）

第九章　新市民植育："村改居"社区的转型之治
——武汉市汉阳区江欣苑社区胡明荣工作法 …………（223）

一　产生背景 ……………………………………………（224）
二　界定及内涵 …………………………………………（227）
三　具体方法及案例分析 ………………………………（228）
　（一）党建"四化"法 …………………………………（228）
　（二）保民富民法 ……………………………………（232）
　（三）精细服务法 ……………………………………（239）
　（四）三治融合法 ……………………………………（241）
　（五）文化领航法 ……………………………………（245）
四　学理依据及应用价值 ………………………………（250）
　（一）学理依据 ………………………………………（250）
　（二）应用价值 ………………………………………（251）
五　专家点评 ……………………………………………（252）
六　胡明荣小传 …………………………………………（253）

第十章 "众人划桨开大船"：同心合力共建美好家园
——宁波市鄞州区划船社区俞复玲工作法 …………（257）
一　产生背景 …………………………………………（258）
二　界定及内涵 ………………………………………（260）
三　具体方法及案例分析 ……………………………（261）
　（一）用心用情法 …………………………………（261）
　（二）墙门自治法 …………………………………（265）
　（三）服务为本法 …………………………………（270）
　（四）民情为先法 …………………………………（274）
四　学理依据及应用价值 ……………………………（278）
　（一）学理依据 ……………………………………（278）
　（二）应用价值 ……………………………………（279）
五　专家点评 …………………………………………（279）
六　俞复玲小传 ………………………………………（280）

第十一章 "六建六助"：党建赋能下的社区精细化服务
——长春市南关区龙兴社区路亚兰工作法 …………（284）
一　产生背景 …………………………………………（285）
二　界定及内涵 ………………………………………（288）
三　具体方法及案例分析 ……………………………（290）
　（一）信息置换法 …………………………………（290）
　（二）特殊自治法 …………………………………（292）
　（三）兰姐调解法 …………………………………（296）
　（四）党建公转法 …………………………………（300）
　（五）"1+3+8+x"服务法 …………………………（302）
　（六）网络双助法 …………………………………（305）
四　学理依据及应用价值 ……………………………（307）
　（一）学理依据 ……………………………………（307）
　（二）应用价值 ……………………………………（309）
五　专家点评 …………………………………………（310）

六 路亚兰小传 …………………………………………… (311)

第十二章 "亲情三宝"：打造居民最放心最安心的港湾
——北京市西城区西便门东里社区潘瑞凤工作法 …… (314)
一 产生背景 ……………………………………………… (315)
二 界定及内涵 …………………………………………… (318)
三 具体方法及案例分析 ………………………………… (319)
　（一）一线工作法 …………………………………… (319)
　（二）亲情互动法 …………………………………… (322)
　（三）助老特供法 …………………………………… (325)
　（四）科普牵引法 …………………………………… (328)
　（五）智慧服务法 …………………………………… (332)
四 学理依据及应用价值 ………………………………… (335)
　（一）学理依据 ……………………………………… (335)
　（二）应用价值 ……………………………………… (335)
五 专家点评 ……………………………………………… (336)
六 潘瑞凤小传 …………………………………………… (337)

主要参考文献 …………………………………………… (342)

后　记 …………………………………………………… (349)

社区工作法
"五问"（代序）

在中国基层社会治理体系的层级中，城市社区居委会和村委会组织是最为基层的组织构架。在城市中人们常常将这些整日穿街走巷的社区负责人称为"小巷总理"，这主要是因为其所承担工作的总体性和综合性，几乎是无所不包。同时在社区居委会之下不再存在下一级的组织，这便使得其成为真正意义上带有总体性的"末梢组织"。此外还因此类末端组织不属于党政机关和事业单位的科层组织系统，是一种居民自我管理、自我服务、自我教育的自治组织，这便导致其工作往往没有典型的行政权力和物质资源可以凭借，而其所直面的社区各种事务又具有细碎性和生活性，并不是运用某些行政法律条文进行行政干预就可做划一性办理的。古语云"清官难断家务事"，似乎已经道清了基层治理的关键和妙用之处。新中国成立后，自20世纪50年代街居体制建立以来，居委会便在街道办事处的指导下做基层社会管理服务和居民自治的基础性工作，扮演着极其重要的角色。2000年后，在中国迈向社会主义市场经济，单位制走向消解，社区建设勃兴的背景下，经过改制升级的社区居委会开始登上历史舞台[①]，成为基层

[①] 2000年11月3日，中共中央办公厅国务院办公厅关于转发《民政部关于在全国推进城市社区建设的意见》，提出社区是指聚居在一定地域范围内的人所组成的社会生活共同体。目前城市社区的范围，一般是指经过社区体制改革后作了规模调整的居民委员会辖区。1999年底，我国有667个城市，749个市辖区，5904个街道办事处，11.5万个居民委员会。在社区体制改革和规模调整过程中，各地有所不同，但基本上是按照2~4个老居委会整合为一个社区居委会标准操作执行。受中国快速城镇化的影响，社区居委会数量一直处于变化之中，2013年2季度全国社会服务统计季报9.2万个；2015年2季度有社区居委会9.7万个；2018年3季度有10.7万个。

社会管理和治理最为重要的基础性力量。无论是在2000年前，还是在社区建设勃兴之后，在社区治理的实际工作中都曾涌现出无数个谭竹青式的"小巷总理"①，成为基层社会治理的典范人物，其从事基层社会治理的经验值得我们给予认真的总结。

进入新世纪尤其是党的十八大以来，伴随着社区治理不断走向深化，国家大力提倡总结社区一线社区工作者的工作法，同时还向社会推荐福建军门社区工作法，在社会上产生了极大的反响。习近平总书记曾分别于1991年、1995年和2014年三次莅临军门社区视察。2014年11月，习近平总书记莅临军门社区视察时，充分肯定了军门社区工作经验，同时对新形势下的社区工作作出了"三个如何"的重要指示，即"要多想想如何让群众生活和办事更方便一些，如何让群众表达诉求的渠道更畅通一些，如何让群众感觉更平安、更幸福一些，真正使千家万户切身感受到党和政府的温暖"②。正是在上述背景之下，我们在全国各地遴选了12个优秀社区工作者的"工作法"，通过规范的学术访谈和相关资料搜集，经过一年的努力，编写完成了这一首部覆盖全国范围的社区工作法。在系统展开论述之前，我们希望针对社区工作法提出五个方面的追问，系统阐述我们对社区工作法的几点基本理解。

一 何谓社区工作法

在研究阐释和提炼社区工作法之前，我们必须首先弄清楚：何谓社

---

① 在社区居委会工作领域较早被称为"小巷总理"的是长春东站十委社区的谭竹青。谭竹青同志生前担任长春市二道区东站街道十委社区党委书记、居委会主任，在社区这一平凡的工作岗位上兢兢业业奋斗了48年。她坚持为党和政府分忧，为居民群众解难，先后荣获了全国劳动模范、全国优秀党务工作者、全国优秀居委会主任等170多项荣誉，被人们亲切地称为"小巷总理"。后来，谭竹青的事迹被长春电影制片厂等单位联合摄制的剧情电影《小巷总理》，讲述了20世纪80年代初至90年代末，居委会主任谭竹青的人生经历。该片于2006年8月9日在中国内地上映。

② 《新时代党的群众路线的生动实践——民政部基层政权和社区建设司负责人就推广军门社区工作法和开展优秀社区工作法征集展示活动答记者问》，《中国社会报》2018年12月14日。

区工作法？在《民政部基层政权和社区建设司负责人就推广军门社区工作法和开展优秀社区工作法征集展示活动答记者问》中，曾对社区工作法作出如下界定："社区工作法是对社区组织开展社区工作的工作理念和工作方法的科学总结提炼，是推进社区治理现代化的重要手段和必备工具。社区工作法来自于基层探索实践，生成于基层改革创新，是具有鲜明特色的新时代群众工作方法，是新时代党的群众路线的生动实践。不同发展阶段需要我们在社区不断创新群众工作方法。"[1] 应该说，这是国家对于社区工作法做出的比较权威的概括。参考上述界定，我们在编写本书的过程中，所使用的社区工作法概念可表述如下：所谓社区工作法主要是指基于社区工作者在社区治理实践中积累起来的优秀工作经验而提炼概括出来的带有创新性和普遍意义的工作理念及其所使用的工作创意、方法。在通常的情况下，社区工作法是以优秀的社区工作者及社区团队在社区治理实践中的实践探索经验为依据，而由社区治理实践者、政界和学术界总结概括而成。

理解社区工作法，我们应注意以下几个问题：第一，社区工作法的实践创新主体是优秀的社区工作者及其所在的社区团队。一般说来，社区工作法大多是基于一线优秀工作者的探索而概括出来的，受社区工作者个人的家庭出身、工作经历、性格气质的影响，社区工作法往往具有一定程度上的个体性。同时，值得注意的是，社区治理及服务工作又是一个需要集体合作完成的项目，因此，真正意义上优秀的社区工作法，一定是得到了其所在的社区团队的高度认同和配合，方可以此为基础获得展开。

第二，普遍性和创新性。虽然优秀社区工作法往往带有一定程度上的个体性，同时在一般的情况下也多是针对其所在社区存在的问题有感而发，带有一定的特殊性，但就其实质而言，社区工作法应该带有普遍性和创新性，是优秀社区工作者在投身社区治理创新工作的过程中，基于其所在社区面临的问题而展开的带有普遍性和创新性的探索。

---

[1]《新时代党的群众路线的生动实践——民政部基层政权和社区建设司负责人就推广军门社区工作法和开展优秀社区工作法征集展示活动答记者问》，《中国社会报》2018年12月14日。

第三，就社区工作法的内容而言，往往包括以下三个方面的内容，其一是总体性的社区工作法。作为社区总体性的工作法，是社区工作者在社区治理实践中探索出的一种带有总体性、体系性、结构性的经验概括。关涉到社区工作的总体原则、工作程序以及进入路径，还包括静态视角下社区各工作元素之间的相互关系调适等。其二是中观层面上的工作法。主要基于从社区带有专题性的不同类别的社区服务和自治工作而形成一些特定视角的工作法，以及对工作重点的强调，由此形成了中观层面的社区工作法。其三是微观性的工作技巧和方法，带有较强的个体性，主要集中在社区事务及居民之间矛盾纠纷的调解化解，在工作中通常需要利用社区工作者的个人魅力、关系网络和情感疏通等方法，来调解纠纷，化解矛盾。总之，社区工作法涉及从宏观、中观到微观，从静态的社区工作元素构成及关系调适，到动态的工作运行，社区工作时序关系的调整，工作重点确立的强调，等等。具有极为突出的丰富性。

二 社区工作法，何以可为

有人或许会问，既然社区属于政府体制之外，是作为居民自我管理、自我服务、自我教育的居民自治组织而存在的，那么，我们为什么还要投入力量来总结和提炼社区工作者的工作法呢？对社区工作法做出提炼概括有什么独特的重要价值？我认为，上述问题可以从"基层社会治理传统的继承""现实社会的迫切需要"这两个方面来加以理解。众所周知，中国历史上乡土社会治理的传统、民主革命和社会主义建设时期共产党人特有的群众路线和社会动员的传统，都是作为新时代基层社会治理及服务重要的传统资源而存在的。此外，改革开放后尤其是十八大以来社区居委会在基层社会治理实践活动中积累了丰富的治理创新经验，亟待加以总结，以切实推进中国基层社会治理体系和治理能力的现代化。

第一，关于传统的继承。

首先是对中国传统乡土社会基层治理独特历史传统的继承。

众所周知，中国是一个文明起源甚早而又历史发展从未中断的文明古国，早在周秦之际中国大地上便形成了一整套基层治理的基本体制和制度，而且随着时间的演进，这些体制和制度不断得到继承、转化和发展，从而形塑出具有特色的基层社会治理的中国传统。在漫长的历史发展进程中，我们可以看到中华文明的历史积淀，不仅仅在于宏大的制度和体制的设计，同时也表现在其基层治理结构体系的构建。从长时段的历史视角看，作为一个拥有悠久历史的文明国度，在"皇权止于郡县"的背景下，中国古代社会形成了通过乡绅参与治理的调节方式，乡绅与地方政权的良性互动，实现了基层社会自我管理的传统。值得提出的是，在多数时间里古代中国之所以会形成使用民间社会自我管理调节的方法来解决和调节社会矛盾纠纷，主要是因为乡土社会问题的广泛性，使得单纯依靠官僚体系的行政力量难以完成。而且值得注意的是，基层社会的一些民间矛盾和纠纷，在相当多的情况下，也是很难运用法律和政令的手段加以解决的，而作为"面对面的社群"的传统乡土熟人社会，也往往可能由乡绅、族长等乡土精英来居间调节，乡土社会的静态性、稳定性和世代经验的重复性也使得乡土文化的总量相对有限，传承靠口耳相传足以完成，也没有用文字来完成传承的普遍需要。[①] 因此，通过民间基层自我管理的方式来解决社会问题，调解社会纠纷和社会矛盾，便成为中国自古以来便具有的一种社会治理的传统。

其次是中国新民主主义革命时期和社会主义建设初期革命的群众路线和基层动员传统。在新民主主义革命时期，共产党为了解放民众，发动民众，采取了一系列的社会动员的措施，总结提炼出了具有创新性的、革命的基层动员的方法和做好群众工作的方法。这一传统主要表现在以下三个方面：其一是共产党的军队及政权走群众路线，通过自上而下的方式，实现潜在的动员与参与。其二是通过群众自我组织的方式给革命提供最为直接而持久的支持，其群众组织形态主要表现为农协、妇女自救会、儿童团等，此种通过群众动员参与而建立起来的组织模式，往往会使得革命获得群众的坚定支持，从而建立起坚实的革命基础。其三是新中国成立初期以来形成的以单位制为主线、街居制为辅线的基层社会

[①] 孙绪兵：《公民法律信仰培育论》，武汉大学出版社2019年版，第94页。

管理动员的传统范式。在新中国成立初期特定的社会历史背景之下，为克服中国传统社会的涣散性，在对旧中国社会实施根本性改造的基础上，新中国建立起"国家—单位—个人"的纵向单位体系，实现了基层社会的单位化变迁。上述这些作为社会治理方法的传统在今天依然具有其特定的价值和意义。

第二，新世纪初期尤其是党的十八大以来国家基层社会治理体系改革的迫切需求。

改革开放后，尤其是步入20世纪90年代，在迈向社会主义市场经济的背景下，单位制度开始走向消解，在单位不再办社会的情况下，社区建设勃然而兴，单位制与街居制"主辅易位"，实现了复杂的社会体制性转换的过程。进入新世纪以来，中国社会经历了复杂的社会变迁。这种变迁仅仅用由计划经济到市场经济的命题是难以概括的，因为在此期间还发生了空前复杂的社会管理体制的变革，即由那种基于"国家—单位—个人"的单位体制转向"国家—社区、社会团体—个人"的社会管理体制。正是在上述意义上，步入新世纪，尤其是党的十八大以来，党和政府将国家治理能力现代化作为新时期党和政府工作任务中的重中之重，先后出台了《关于在全国推进城市社区建设的意见》（2000年）、《关于加强和改进城市社区居民委员会建设工作的意见》（2010年）、《关于加强城乡社区协商的意见》（2015年）、《关于深入推进农村社区建设试点工作的指导意见》（2015年）、《关于加强乡镇政府服务能力建设的意见》（2017年）、《关于加强和完善城乡社区治理的实施意见》（2017年）等文件，并在城乡基层组织体制领域展开了大幅度的改革。上述诸多文件虽然各有侧重点，但其共同之处在于都指明了基层社会治理体系和治理能力现代化这一总体目标，建构科学合理的基层社会治理体系，切实提高基层社会治理能力现代化，成为问题的核心和关键。而从社区治理的视域看，改革开放后，尤其是在社会主义市场经济体系确立和构建的过程中，经过了20多年的社区建设和发展，涌现出来一大批高素质的基层社区工作者，为我们今天总结提炼社区工作法，提供了丰富的经验基础。

首先，从基层社会治理实践的维度来看，基层领导干部、社区工作者和学术界，围绕着基层社会治理展开了大规模的社会创新实践，形成了众多的创新经验，对其展开实证研究和理论概括，已迫在眉睫。关于社会创新，我比较认同德国社会学家沃尔夫冈所做的研究界定，他认为"社会创新不能简单地等同于社会变迁，而只能看作社会变迁的一个部分。社会创新是达到目标的新的途径，特别是那些改变社会变迁方向的新的组织形式、新的控制方法和新的生活方式，它们能比以往的实践更好地解决问题，因此值得模仿，值得制度化。"[①] 从2000年前后开始，发轫于新中国成立初期的单位社会开始走向终结，社区建设勃然而兴，经过广大基层社区工作者近二十年的探索，业已形成了众多社区建设的模式和工作经验。虽然社区治理领域业已成为具有较强制度化特性的实践和研究领域，但我们深感在社区治理的研究和实践中存在"只见制度不见人"的问题。在这里我之所以强调"见人"的重要性，主要是因为：制度通常是通过"人"来加以实施的，"有治人无治法"。同时，制度的覆盖性总是存在边界的，需要通过人的实践活动对制度的局限性加以完善和克服。中国传统基层治理模式最大的特点在于，将基层治理视为一种"刚柔相济的治理空间"，既强调国家权力的下沉，又注意充分发挥民间社会精英的柔性作用。因此，发现社区建设中的典型人物，总结其工作方法，具有重要意义。

其次，当代中国基层社会治理创新的一个重要的背景在于，以信息技术为核心的一系列新技术深度地嵌入到基层社会治理的实践之中，从根本上影响社会治理与服务活动的关系、结构及其运行。技术治理、智慧社区、线上线下互动等与技术高度相关的概念便自然成为当代基层社会治理的核心热词。近年来围绕着基层社会技术治理，全国各地展开了富有创新意义的实验和探索，尤其是以2020年抗击新冠肺炎疫情为契机，更是出现了社区技术治理空前的实践探究高潮，形成了浙江"衢州经验"[②] 等具有代表

[①] ［德］沃尔夫冈：《现代化与社会转型（第二版）》，陈黎、陆宏成译，社会科学文献出版社2000年版，第21—22页。

[②] 2018年秋，受浙江衢州市民政局和柯城区政府的邀请，由笔者率领的吉林大学学术团队开始进入古城衢州，对衢州市民政局牵头主持的"以智治促善治，打造数字化背景下的社区治理和服务新模式"为实验主题的民政部第四批"全国社区治理和服务创新实验区"项目。通过近两年的提炼和研究，撰写《基层技术治理的结构与行动——以"衢州经验"为中心》，由中国社会科学出版社2021年出版。

性的社区技术治理模式。但值得注意的是，在诸多实验探索中，仍有一些关于基层技术治理的关键环节和操作难题尚未得到较好的理顺和解决，如基层技术治理推进过程中如何破除由行政科层体系搭建起来的"信息孤岛"？如何最大限度地减低由"技术元素"的介入而引发出来的基层领域社会性的消解，从而极大地激发出基层社会治理的活力？如何避免"上下区隔"，将"线上力量"与"线下社会"打通，实现真实的联结和深度融合，进而实现善治？同时，我们还应看到，在深入推进基层治理服务转型的过程中，技术元素并非一个全然被动的角色，而是作为充满扩张性的元素而存在的，在其快速推进过程中，也常常创构出一个全新的治理场域并形塑了技术化的行动逻辑，因此，基层技术治理中的"泛数据化"和"技术中心主义"现象也需要我们时刻保持高度警惕。因此，从技术治理的视域全面研究和审视中国基层社会治理和服务创新的进程，并将其与社区工作者"工作法"的创新结合起来，具有重要的价值。

最后，如果将社区自治组织与科层体系相比较，也会发现，社区居委会的治理和服务工作具有更为广阔的创新空间。因为科层体系乃为工业社会的现代性所催生，在诸多学者看来，科层制的核心要素主要包括：（1）有持续不断受规则所约束的行为与正式经营，这里强调的是确定的规则性和去人格化；（2）组织内部的成员具有专业技术资格，并据此分工以达到更高的绩效；（3）各个职位依照官职层级制的原则以技术性法规或规范节制，有明显范围的权限；（4）行政干部在所有权和经营权分离基础上的对于法理化的遵从。[①] 由此形成了职务分类、分科室负责、权力分层，忠于职守，照章办事、不徇私情，下级服从上级等特点。虽然科层体系中亦存在创新工作方法的空间，但相比之下，在社区自治组织中打拼的社区工作者往往要面对复杂的不确定的社区治理和服务的难题，使得其拥有更为广阔的创新空间。

总之，将近年来中国的社区建设置于世界社区发展建设的总体背景下加以审视，我们会发现，20世纪下半期，世界范围内先后出现了两次社区

---

① ［德］马克斯·韦伯：《经济与历史：支配的类型》，康乐等译，广西师范大学出版社2004年版，第307—310页。

建设的浪潮：第一次是1955年联合国大力提倡"社区发展"；第二次是20世纪90年代，在世界范围内，无论是发达国家还是发展中国家，几乎同时出现社区发展热潮。从比较的视角看，中国自20世纪晚期勃兴的社会治理改革浪潮，无论在深度还是广度上都独领风骚，显示出极强的持续性，并不断向纵深发展，尤其是在2020年抗击新冠肺炎疫情的进程中，社区体系的存在价值及其治理能力空前凸显，发挥了不可替代的作用。

三 如何提炼社区工作法

既然称之为"社区工作法"，那么，在具体的提炼概括中，便应该超越一般工作经验而具有一定概括性和理论思辨性，从而达到接近于"道"和"理"的高度。

第一，关于工作法的"提炼者"。社区工作法到底应该由谁来提炼？一般说来，社区工作法的提炼无非有两种途径：其一是优秀的社区工作者本人通过自身的工作实践感悟，提炼概括出属于自己的工作法，但此种情况不甚多见，很多优秀的社区工作者虽然自己的工作业绩已非常优秀，但出于各种原因和局限，自己未必进行工作法意义上的总结提炼，往往处于日用而不自知的状态。其二是"他者总结提炼"，即包括学术界、党政主官部门、新闻媒体等"他者"，在发现了优秀社区工作者的事迹之后，通过访谈、观察、调查等研究方法，经过反复研究研讨打磨，概括提炼出工作法。当然，此种概括提炼也离不开优秀社区工作者的配合和参与。新中国成立以来，基层社会治理领域具有重大影响的工作经验几乎都是循着这样一个途径被"提炼概括"出来，而升级为工作法的。而其中关于基层治理最为经典的概括，应首推枫桥经验。新中国成立初期经毛泽东主席亲自批示的"枫桥经验"，被概括为"矛盾不上缴"，这里所说的"矛盾不上缴"不是回避矛盾，也不是掩盖矛盾，而是充分发动人民群众和革命干部的积极性、主动性，充分地"化解矛盾"。从一些历史回忆的资料看，在枫桥经验总结概括的过程中，上自国家部委，下至基层政府，都倾力参与其中，相关领导指示概括为"文字要短，多采用群众活动和群众语言。导语十分重要,要直截了当、简明扼要地提出问题,要引人看下去"①。再如起源于21世纪初河南邓州的"四议两公开"②集中概括了党在新时期的农村工作的基本程序和经验,所谓"四议两公开",即村党支部提议、村"两委"会商议、党员大会审议、村民大会或村民代表会议决议,决议公开、实施结果公开,这是2004年起源于河南省邓州市的乡村治理工作法。其概括同样经历了地方行政领导干部和基层工作者之间的密切配合与互动。

第二,就社区工作法的来源而言,因其具有鲜活的实践性和经验性,但同时又必须具有学理价值,应该超越一定的条件限制,提升为一种普遍的规律性和适用性。任何一种社区工作法,只要我们将其提到了"法"的高度,它便不再是一种工作经验平铺直叙式的转述和简单介绍,而是具有了一定的哲理性。这种哲理性应该是建立在对基层治理逻辑的理解和认识基础之上的。实际上不仅仅是社区工作法,任何领域、任何意义的工作法也都是如此,比如新中国成立初期青年纺织女工郝建秀在车间操作岗位上创造出生产奇迹,相关部门发现后,在对其操作经验概括的基础上,总结提炼出"郝建秀细纱工作法",从表面上看,这是一个纺织女工对车间生产现场的机器操作逻辑的深度理解、实践和把握,但实际上其工作法中却蕴含着很深的哲理,所揭示的实际上是"人支配机器还是机器支配人"的问题,郝建秀认为,在生产中"是人支配机器,不是机器支配人",从而彰显了机器操作过程中操作者的主体性和能动性。

四 社区工作法的特点

党的十八大以来,在"共建共治共享"的理念之下,国家大力提倡基层社会治理体系和治理能力的现代化,我们这里所说的治理能力现

---

① 朱志华、周长康主编:《"枫桥经验"的时代之音》,浙江工商大学出版社2019年版,第288页。

② 张培奇、范亚旭:《探访河南邓州市"四议两公开"工作法》,《人民日报》2019年6月6日。

代化并不是一个抽象的理念和形式化的指标体系，而是具体可见的，其核心标志是"共建共治共享"治理体系的建立，治理能力的提高，以及基于此而形成的治理效能的提高。笔者认为作为基层治理的行动者，社区工作者自身工作能力的提升，是基层社会治理能力提高的重要标志。在基层社会治理的体系中，以社区书记、主任及其团队为代表的社区治理行动者是其中最活跃的元素，他们是否对社区工作的实务、社区治理独特的理念业已产生出独到的理解认识，是否已提出属于自己的独特的工作方法，并且基于这种理念和方法，形成了富有创见性的社会治理的策略和行动，都直接决定着社区治理效能的强弱。因此，社区工作法对于社区治理能力的提升具有重要的意义。我们在对 12 位著名社区工作者的工作法展开提炼概括的过程中，发现在长期的社区治理工作实践中，这些优秀的一线社区工作者业已积累起丰富的、具有鲜明时代性和个人特色的基层社区工作经验，成为新时期城市基层社区治理改革实践的代表人物。而从一般意义上分析，社区工作法具有以下几个重要的特点。

第一，总体性。

如前所述，我们之所以将社区工作法冠以"小巷总理工作法"的称号，主要是因为社区治理和服务工作具有总体性和综合性特点。因此，关于社区整体治理的工作法便当然构成了社区工作法最为重要的特点。其中，最具有代表性的便是"军门社区工作法"[①]，众所周知，"军门社区工作法"是在实践经验基础上总结提炼的以党建创新推动社会治理而形成的全面性、系统性、精准性的社区工作方法，正是对习近平总书记"三个如何"追问的积极回应。"军门社区工作法"的核心要义可以概括为"13335"，即坚持一个领导核心，健全三项机制，搭建三个平台，强化三项保障，打造"五在社区"。"1"是坚持党建引领。即加强思想建设，健全组织保障，强化宣传引导，突出党在基层治理的领导核心地位。

[①] 本书中"军门社区工作法"的主要内容依照《民政部办公厅关于推广军门社区工作法和开展优秀社区工作法征集展示活动的通知》（民办函〔2018〕42 号）文件中对军门工作法的概括。

始终以党组织的引领贯穿于社区治理和服务的全过程。"3"是健全三项机制，即健全政府治理机制，健全居民自治机制以及健全社区共治机制。通过理顺政府、社区与社会的权利和责任边界，以社区治理保持国家行政与居民自治间的动态平衡，形成广泛的共治合力。"3"是搭建三个平台，即搭建社区工作平台，搭建社区诉求平台，搭建社区服务平台。形成民情民意的收集、分析、处理和反馈闭环，打通服务群众的"最后一米"，提升居民参与社区治理的主体性、能动性、感受性。"3"是强化三项保障，即强化队伍保障，强化设施保障，强化资金保障。整合社区资源，形成可持续的人、财、物的支持网络，提升社区治理和服务质量和效能。"5"是打造"五在社区"，即安居在社区，友爱在社区，和谐在社区，欢乐在社区，幸福在社区。营造和谐宜居、睦邻友善、文明祥和的新"熟人社会"，提升居民群众的获得感、安全感和幸福感。

第二，群众性。

社区工作法意义上的"群众性"具有较为丰富的内涵：首先，从党的基层工作的角度看，这里所说的群众性主要是与党的群众路线直接联系在一起的。将社区工作提升到党的群众路线的高度，社区治理便当然成为党的基层组织建设和思想建设的核心内容。在基层党建中如何建立起党与群众之间的关联，如何形成党与基层党员及群众间密切的互动，成为问题的关键。党建引领，理念在先，通过党与社区党员及群众之间的联系，使得基层党组织成为具有高度凝聚力、战斗力的群体。

其次，通过社区党组织，将党的温暖、党的路线方针和政策传输到一般群众尤其是困难居民的生活之中，也是社区工作法内涵中"群众性"的突出体现。基层社区工作非常艰苦，一个优秀的社区工作者要想做好社区工作，必须具有较高的政治觉悟和社会责任感。新世纪初期进入社区队伍的社区工作者，从一开始便面临中国社会剧烈转型的挑战，本书中几位主人公在进入社区之前，都曾有过在国企单位工作的经历。进入社区后，他们创造性地将企业工作经验转换和移植到社区治理领域，表现出突出的做群众工作的能力。在工作中，他们首先想到的是从国企回归社区的老共产党员，特别注意发挥社区居委会老党员的先锋模范作用。每当社区遇到困难时，他们总是先召集社区老党员开会，从而使得共产党员成为社区治理工作的绝对主力,其社区工作法的核心内容表现为重视基层党员的党性教育,通过实现党员学习实践的制度化、常态化,不断提高党员的思想境界与服务能力,永葆党员先进性,在治理实践中取得了显著的成效。

最后,社区工作法当中的群众性,还包括作为一个基层党务工作者,要善于从群众中发现力量,并将其组织起来,形成具有组织化、制度化依托的社区建设的自主性力量。众所周知,社区参与是一个城市社会治理的世界级的难题,尤其是在城市社区居民所需求的各种服务基本上都是通过市场来实现的情况下,城市社区的居民社会关系网络和交往行动,也往往呈现出"脱域"的特色。也就是说居民的社会关系及交往网络已远远超出了地理、物理空间意义的社区,成为一种脱域的存在。因此社区居民参与主动性和积极性的低落并不偶然。那么如何改变居民"弱参与"的现实,增强居民的参与性,便成为社区治理所面临的真实的挑战。杨春敏书记将其社区工作法称为"小两会法",即通过居民动员实现了居民参与动员和行动的一体化。"居民小两会"是"网格民情分析会"和"网格居民议事会"的简称,是杨春敏书记在多年社区治理实践中总结提炼出来的一种社区民主参与的综合性工作方法。面对居民社区参与意识不强、参与渠道缺乏,社区工作者掌握民生信息不全面、不及时等问题,该法以定期召开两项现场会议的形式发动社区居民参与议事活动。"网格民情分析会"侧重于邀请居民畅所欲言生活中遇到的麻烦和问题,"网格居民议事会"则是在民情分析会的基础上,针对居民提出的各种问题,由社区工作人员和居民共同协商讨论,探讨解决方案并现场落实问题责任人。两项会议于每周固定时间同时召开,共同搭建起了社区居民发表意见和建议的良好平台,有效地解决了居民反映问题渠道不畅通、参与积极性不强等问题,大幅提高了居民社区参与意识,被当地居民亲切地称为"居民小两会"。该工作法努力探寻出一种集社区参与和问题解决于一体的社区工作模式,其内涵主要包括组织上坚持党委领导、方式上坚持民主协商、程序上连贯清晰、目标上追求共建、共治、共享,实现了"小事不出楼栋,大事不出社区,难事绝不交街道"的治理目标,也真正做到了社区大事共商共议。

第三，问题取向。

社区工作法构建过程中的问题取向，主要是指其方法的目的性和针对性，真正意义上的社区工作法一定是来源于基层治理的实践者，是其面对社区治理中遇到的一系列真问题而提出的。其经验带有一定的普遍性和规律性，既来源于实践，又可反哺实践，指导社区实践，以化解矛盾，解决问题，具有极强的可操作性。可见，社区工作法一定不是脱离社区实际的花架子，而是社区工作者在社区治理实践过程当中针对其所遇到的真问题而发的，正是在化解问题、直面困境的过程中，通过实践探索而总结提炼出来的一种破解问题和走出困境的方法，并且通过治理的实践活动获得了一定的哲理性的感悟和理论提升。

在本书中，我们将武汉市汉阳区江欣苑社区胡明荣书记的工作法概括为"新市民植育法"。主要是因为武汉市汉阳区江欣苑社区位于城郊接合部，面对快速城镇化的冲击，如何在保持村落经济发展的同时，能够使村民顺利地融入城市，成为新市民，成为其所在社区所面临的焦点问题。胡明荣书记正是紧紧抓住大武汉城郊接合部所面临的农民市民化问题，努力探索推进"村改居"社区的转型之治。可见，"新市民植育法"实质上是一种促进村民实现全面市民化的工作方法，即在"村改居"背景下，社区党组织对村民在身份意识、生产生活方式以及文化建设等方面进行培育和改造，以实现人的全面城市化的转型社区治理方法。如何在此种背景之下，加快推进村民的市民化，使得村民变成新市民，成为胡明荣书记所在社区的中心任务，她所探索概括出来的"新市民植育法"，以党建"四化"引领社区发挥政治功能和服务功能，以保障民生为"村改居"社区建设的根本出发点和立足点，通过精细化的为民服务和本土化的文化保育，潜移默化地使居民实现生活方式和思想意识向都市生活转变。

第四，创新性。

近年来，伴随着中国快速城镇化的持续推进，以及社会的流动化，技术元素深度嵌入基层社会治理和服务之中，导致以街居为载体的基层社会治理进入空前复杂的演进阶段。具体表现在：在城市中心地带，单位制时期长期留存下来的单位大院开始走向消解，人们开始根据自己的经济实力和居住偏好，选择在不同区位和品位的商品房小区居住，出现了城市空间分异现象。此外，伴随着人口流动的普遍化，也出现了社区老龄化和居住空巢化现象。在城乡接合部，虽然在空间上早已划入城市规划范围内，但"城中村"现象普遍存在，大量的外来人口辐辏于城乡接合部，出现了城乡居民混住、环境污染等严重问题。城市社会复杂的转型给基层社会治理提出了前所未有的挑战，在剧烈变动的历史条件下，基层治理必须以创新精神投入到复杂的社会治理的进程之中，方可以较好地回应时代的需求和挑战。

众所周知，上海是我国基层社会治理创新的发源地，改革开放以来已产生出以"上海模式""罗山市民会馆""一门式"等为代表的诸多创新经验。基层社会治理创新的高起点使得上海当下的社区创新工作面临不小的难度。而梅陇三村居民区党总支书记尚艳华探索出来的上海绿主妇社区工作法便是在此种背景下产生的一种带有创新性的社区工作法，其主要特点在于，寻找到一个介入社区工作的一个重要的突破口，这个突破口的选择，除了具有较强的可操作性之外，还带有极为突出的意义价值目标追求及对未来发展趋向的一种象征性机制表达。尚艳华创建的凌云"绿主妇"环境保护指导中心是由社区内部居民自愿组成的民间环境保护组织。居民充当环保志愿者，通过推广绿色健康、低碳环保的文明生活理念和方式，传播社区"绿色正能量"，以此发挥居民在建设宜居、和谐家园中的积极作用。概括起来说，"绿主妇"工作法具有以下三点内涵：（1）以环保公益为社区活动切入点。尚艳华认为，公益是激发人向上的力量，"如果人人都能随手做公益，在一些邻里小事上也就不会斤斤计较。"公益活动的正能量有助于带动社区居民积极向上，并且易于为居民所接受。（2）趣缘群体的集结助力社区自治。梅陇三村的居民多是通过动迁安置而来，邻里间大多非亲非故，有着不同的生活经历和工作类型，仅仅依靠社区内部的日常交往而产生情感联系，难以走出"集体行动的困境"。"绿主妇"把爱好环保公益的居民集结起来，使其更加有组织、有纪律、有规范地参与社区活动，做对社区有意义的事情。（3）发挥女性社区动员能力。"绿主妇"是一支主要由女性居民构成的社区自治团队，在社区动员中起着重要的引领作用。女性因情感细腻、善于沟通、共情性强等特质,在为人处世上更偏向于人性化,官僚主义作风较少,商谈的方式更为柔和,因而在社区动员过程中更易于让人接受①。

社区工作法之所以需要创新思维和行动,还在于社区类型的多样性及复杂性。北京宣武区优秀的社区工作者潘瑞凤曾接手过不同类型的社区。2000年,刚刚接触社区的潘瑞凤被分配到了临近的广安东里社区。广安东里社区的居民情况则可以用"三多"和"三最"来概括,"三多"即残疾人多、老年人多、困难群体多;"三最"则是指在当时整个街道区域内,老百姓的生活水平是最低的、居住条件是最差的、老百姓是最朴实的,在这里她积极探索,取得了初步的治理成效。2005年年初,因为街道工作调整,潘瑞凤来到了西便门东里社区,该社区地处西城区的核心位置,与广安东里社区相比,西便门东里社区的环境称得上是"阳春白雪",是当时广内街道最高端的、条件最好的、人员素质最高的社区。西便门东里社区的硬件条件和人文环境使得其社区建设极具优势,在广安东里社区还致力于改善平房区居住条件时,西便门东里社区已经开始尝试以"科普"为主题的"一居一特"建设,社区办公及居民活动场所面积能够达到七八百平方米,并且已经由宣武区科协和科委牵头建设了功能较为齐全的科普活动室,即使在十几年后的今天来看,这都是很具有代表性的。

第五,链接性。

在日常生活中,人们常将社区主任称为"小巷总理",主要是因为社区管辖范围虽然不大,但其工作却带有明显的整体性和全局性,很多问题不可能借助单一的力量,通过简单的途径加以解决,故在某种意义上,社区工作法实质上也是一种"社会链接"的艺术,即在党、政府与居民之间,在政府、市场、社会之间,建立起一种具有特殊意义的链接。

对于社区工作者来说,这种"链接性"主要表现在,一方面社区工作者在工作中需要将党和政府下沉的各种政策及服务传递给居民,同时又需要把社区无法解决的居民的需求和诉求按照一定的程序传达上去。

---

① 侯秋宇、唐有财:《社会性别视角下的城市社区治理》,《中华女子学院学报》2017年第4期。

因此社区工作法非常重要的特点，便是拥有一种超级社会链接的作用。

作为链接技术的社区工作法，还包括多元的资源链接，即将分散的、来自不同部门的资源加以整合和链接。党的十九大提出基层社会治理的"共建共治共享"原则，就是要构建一个"多元共治"的社会治理格局。故优秀的社区工作者必须具有超强的资源链接和部门协动的能力，与相关部门保持密切的工作协作关系。如长春市龙兴社区路亚兰书记的工作法被概括为"六建六助"：党建赋能下的社区精细化服务。其内容主要包括六个方面：（1）精建1+N阵地体系，助力服务触角延伸。通过一个社区党群服务中心与N个党群服务站建立起一个超大网络，目的是要让更多的居民了解社区同时能够听见社区中更多的声音使社区服务更具针对性。（2）构建小区组织体系，助力党建引领升级。通过党组织网与居民自治网的双向融合、交叉任职，以党带民来提升居民自治的能力。（3）实建"三长"联动机制，助力治理效能提升。通过协调三长关系，促进三长之间联动，发挥社区精英的带头作用，助力基层治理能力提升。（4）搭建互联互动桥梁，助力区域融合发展。通过采取居民下单提需求，社区接单出策划，"联盟"买单亮服务等方式，将社区供需关系网建立起来，实现党建引领下的资源整合，拉动居民就近消费，促进区域经济发展，最终实现居民、社区、驻区单位三方受益。（5）创建新型党建平台，助力服务手段优化，实现社区服务的科技化、智能化、精准化。（6）融建服务转型升级，助力精准服务到位。目的是在短时间内锁定问题，提高社区工作效率，提高解决问题的针对性与实效性。可见，上述六个由"助""建"结合起来的社会治理和服务的系统，都具有极强的链接性，堪称基层社会治理的典范。

第六，个体性和团队的结合。

包括社区工作法在内的众多行业领域的工作法，多是以一些优秀工作者的姓名命名的，因为就工作法的起源而言，大多都是基于那些优秀工作者的实践探索下发生并发展起来的，往往具有一定程度上的个体性。当然，社区工作者本人的工作生活经历及个体气质性格、禀赋也对其工作法产生了一定的影响，形成了具有个人禀赋的社区工作法。在这一意义上，很多社区工作法以个人命名的，既是对工作法原创者的尊重，同时也是社区工作法真实生成逻辑的体现。社区工作者在其介入社区工作之前的某些工作经历，对其在社区工作的展开，以及其工作法的特色都会产生巨大的影响。但任何意义上的社区工作法要想真正落到实处，都必须与其所在的团队产生深度关联，优秀的社区工作者都应将自己的工作方法与社区整体工作结合在一起，并获得工作伙伴的高度认同和支持，用来激励和带动大家一起做。一个出色的社区工作者一定要在其组织内部具有感召力和集体的动员力，并建立起自己富有内聚力的团队，使其所倡导的社区工作法能够得到实施。这实质上也就是把个体的智慧与团队的行动结合起来，形成一个整体，进而将其工作法转化为社区工作者的集体意识和集体行动。

本书中山西省阳泉市段南沟社区任红梅书记的工作法被概括为"一首两翼"的鸿雁工作法，即充分体现出社区工作法中"个体性"与"团队性"的有机结合。"一首两翼"工作法，主要是针对社区遇到的在地性问题挑战而概括出来的典型的社区工作法，具有极强的"在地性"，即基于社区在地性的问题而发，是一种在地性的社会治理智慧，山西阳泉市段南沟社区所依托的阳泉煤矿四矿的解体，大量的社区人员处于在外工作的流动状态，许多家庭也处于分居留守的非常状态。如何针对社区呈现出的碎片化问题，采取针对性的对策，具有突出的问题取向。"一首两翼"鸿雁工作法主要包含以下两层含义。其一是正如鸿雁往返迁徙中的雁阵中有组织的团结协作，相互勉励完成飞行任务。"一首两翼"鸿雁工作法中社区党组织，社区居委会、社区便民服务中心需要发挥同样的团结互助精神。领头雁的工作预示着党组织在社区工作中发挥引领作用时候，要勇于担当，甘于奉献。雁群的团结协作，预示着各个服务主体要明确分工，同心同向。鸿雁在古代指书信，鸿雁传书为远隔两地的亲人报平安，"我们的初心就是不断满足居民群众对美好生活的期待，为社区居民做好服务，让外出工作的职工放心，让留守在家的老人孩子安心"。其二是就社区治理宏观结构而言，要坚持党建引领，发挥党组织领头雁功能。就社区治理微观实践而言，要发挥每一个共产党员的带头模范作用，每一个人都是领头雁。把基层党建工作做细做实，促进社区党建工作高效推进。

本书中浙江省宁波市划船社区书记俞复玲的工作法被概括为"众人划桨开大船",亦体现出工作法的团队性及社区传统的继承性。资料记载,划船社区所在区域原本为河道,相传东汉名医张仲景曾在此划船行医,救人不计其数,更有北宋文官张峋兴修水利,富农利民。划船社区"划船"二字正是由这些典故而来。划船社区始建于20世纪80年代,伴随着城市规划改造,2001年划船小区与其他三个小区合并重组为划船社区。重新组建的划船社区规模翻倍,情况复杂,社区老旧,基础设施差,管理难度大等问题亟待解决。2003年,俞复玲来到划船社区担任党委书记,开始她在划船社区的社区治理工作。作为社区治理方法的"众人划桨开大船",寓意着发挥集体力量,团结协作,劲往一处使,心往一处想,集中力量办大事。依据多年的社区治理经验,俞复玲提出"一个人的力量毕竟有限,众人划桨才能开大船","社区大小事务,光靠社工'一头热'肯定不行,必须让居民成为社区的主人。这就好比坐一条大船,只有大家齐心划桨,才能让船开得更稳、走得更远"。运用到社区治理层面,这意味着以社区自身为主体,主动搭建资源链接平台,联结社区外部资源,动员社区内部力量,实现多元主体共同推动社区治理,打造共建共治共享治理新格局。

第七,技巧性。

社区工作法中治理的"技巧性",主要表现在社区微治理的具体场景及环节中,那些颇具创意的社区调节和矛盾化解技巧,都是社区工作者在社区治理实践中根据自己的亲身体验提炼概括出来的,具有草根在地性和广泛的应用性,对于维护社区和谐稳定和推动社区法治建设具有重要作用。这里所说的"草根性",主要是指社区工作法的基层性。与体制内科层精英群体不同,社区工作者往往没有可以凭借和依赖的科层行政权力资源,必须在社区治理实践活动中发挥带头作用,充分展示其魅力权威,才能获得居民发自内心的支持。同时,因这些社区工作者长期生活于社区"熟人社会"之中,居民之间彼此声气相通,非常熟悉,这为其在社区工作中使用那些带有草根意义上的土法和偏方提供了条件。值得注意的是,这些草根治理术在教科书中是根本找不到的。正是有这些社会条件作为支撑,其调解和化解的技术的推进方才成为可能。

在诸多社区治理技巧中,情感化解法颇具代表性,美国哈佛大学教授裴宜理曾撰写一篇题为《重访中国革命:以情感的模式》的论文。在文中她发现在中国共产党领导的民主革命进程中,共产党人获得了基层民众的真实的支持,而在这种支持获得的过程中,情感动员的方法发挥了重要的作用。"在中国,是带着农民朴实气息的毛泽东感动了他的同胞们,人们先是流泪和发泄心中的愤怒,接下来就是诉诸革命行动。"此种情感动员会推动人们"衷心地想要投入到一种高度情感化的正义事业中去"[1]。在作为工作方法的情感化解技巧运用中,情感化其所运用的情感资源,既包括党以人民为中心发展观的温暖传递,也体现出中国传统思想中厚重的民本思想。而社区社会资本的培育和孵化,则使得这种情感动员得以展开,成为化解矛盾的一种真实的社会基础。毫无疑问,这种情感动员实际上是建立在扎实的日常社区工作的基础之上,没有陌生人熟悉化的前提,没有厚重的社会资本作为凭借,任何意义上的情感动员,似乎都无法展开。

在本书中,我们通过对12位小巷总理工作法的叙述和分析,发现情感动员法几乎是所有优秀社区工作者最擅长使用的工作法。如天津昔阳里社区王月华书记提炼出来的"德规并重"工作法便是其中的典型代表。2012年,天津市委、市政府为解决天津市老旧楼区长期存在的房屋老旧、配套设施老化、社区环境脏乱、居住功能下降等问题,集中组织并实施对中心城区旧楼区居住功能综合提升改造工程。在这样的现实情况下,如何抓住机遇改善社区基础设施,营造出平安和谐的生活环境;如何提升社区服务水平,服务和保障居民的日常生活和多样化需求,成了昔阳里社区工作的重点和难点。王月华的"德规并重法"正是在此背景下不断探索形成的。一方面,"德规并重"是一种社区工作技巧,其应用在社区矛盾调解、协调多主体关系的过程中尤其重要。在调解纠纷、解决矛盾时,社区工作者一方面要做到将心比心,不仅要有解决问题的诚心和责任心,同时也要设身处地地为当事人考虑,获得矛盾双方或调解主体的理解。另一方面,社区工作者要具备法治思维,能够用法律法规、制

---

[1] 裴宜理:《重访中国革命:以情感的模式》,《中国学术》2001年第4期。

度规范、公平正义的理念判定孰是孰非，使矛盾双方或调解主体能够信服，产生敬畏之心。社区调解不能是"和稀泥"，只有德规并重，在解决问题、感化调解的同时使居民建立起秩序观念、规则意识，才能从根本上解决矛盾。

再如江西省高安市筠泉社区书记付秀秀所概括提炼出的"共情法"也是比较典型的代表。"共情法"发端于付秀秀推行社区养老的初衷，她认为"我们每个人都有老的时候，都希望老的时候有人照顾"。当付秀秀遇到那些独居老人时，深刻地体会到幸福的老年生活并不仅在于拥有物质与金钱，而且更在于亲人的陪伴和有意义的生活。由此，她对这些独居老人产生了关怀与共情。共情是一个人走出自己的参照框架，采用对方的参照体系去从对方的角度理解对方的想法、感受和意愿。通过"共情法"，治理者能够将自己的生活与他人的生活经历、体验结合并产生共鸣，运用同理心去体验他人的情感、思维，理解他人的经历，从而看到问题的本质。"共情法"的应用虽然更多偏向于情感的表达，但也需要在理解对方的基础上给予对方尊重。付秀秀对待老人包括其他居民像亲人一般，老人也常叫她"秀闺女"，她与居民形成的"亲人"关系正是"共情法"的最好实践。

五　关于社区工作法的运用

既然社区工作经验被提升到"法"的高度，它便当然应该具有较强的普遍性，具有可推广、可复制的价值。在这一意义上，对社区工作法的研究提炼有助于提升基层社会治理的能力和水平。毫无疑问，通过对业已成型的社区工作法的学习借鉴，可以极大地提高社区工作者的工作水平，但值得注意的是，由于任何意义上社区工作法的产生都与其所依托的特定的社会背景及条件密切相关，遂导致在一般的情况下，工作法并不是通过简单的学习和移植就可以学习到手的。此外，作为工作法的创造者，那些基层社会治理的优秀人物之所以能够在极为平凡的岗位上创造出令人赞叹的业绩，往往都有超乎常人的努力和付出。因此，在学习社区工作法的过程中，需要透过命题概括把握其背后真实的社会逻辑，社区工作法提炼不是单一的抽象思辨活动，而是具有较强的应用性。因此，广大社区工作者在学习借鉴社区工作法的过程中，应该注意处理好以下几个重要的问题：

第一，理念在先。

社区治理和服务工作是一个需要较强工作理念作为价值支撑的职业，这是我们学习借鉴优秀社区工作法首先应该注意的。2016 年，笔者曾参与撰写《谭竹青命名十年来十委社区发展研究》，在研究中我们发现，作为"小巷总理"楷模的谭竹青，其工作中彰显出的社区精神内涵范畴丰富，至今仍给我们以深刻启示。谭竹青所在的东站十委将其概括为"上为党和政府分忧、下为居民群众解难"。中组部概括为"牢记宗旨、胸怀全局；情牵社区、心系居民；脚踏实地、默默耕耘；不畏艰难、勇于开拓；淡泊名利、无私奉献"。一言以蔽之，谭竹青精神是一种"担当—奉献"精神，是工作和生活在基层的共产党人担当党和政府责任、奉献服务于百姓的精神。具体而言，谭竹青精神与社区建设相契合，这主要体现在三个方面：第一，勇于担当党和政府责任，以完成上级行政要求为目标，代表政府管理好社区；第二，乐于奉献百姓，立足于居民需求，解决居民困难，通过提供服务将居民吸引到社区事务中，提高居民参与度，促进社区发育；第三，要求社区工作者具有使命感，勇于担当、乐于奉献，以求真务实的工作态度、深切的爱民情怀，为居民群众办实事、做好事、解难题，将社区凝聚成整体[①]。2017 年 6 月，在《中共中央、国务院关于加强和完善城乡社区治理的意见》中，也对社区工作者所应秉持的工作理念做出了比较全面的规范和界定，"坚持以人为本，服务居民。坚持以人民为中心的发展思想，把服务居民、造福居民作为城乡社区治理的出发点和落脚点，坚持依靠居民、依法有序组织居民群众参与社区治理，实现人人参与、人人尽力、人人共享"。由此，我们在学习借鉴优秀社区工作法的过程中首先应该以社区工作者中的楷模榜样，提升理念，提高境界。

---

① 课题组：《谭竹青命名十年来十委社区发展研究》（内部资料）2006 年 3 月。

第二，扎实的工作基础和丰富的经验积累。

我们必须把学习优秀社区工作法与现实中的工作经验积累结合起来。吉林省延吉市延边公园街道园辉社区的林松淑书记出身于社区世家，从事社区工作有年，本书中我们将其工作法概括为"民情日记法"，在社区办公室里，人们会看到由她本人书写记录的19本40余万字的民情日记。多年来，林书记坚持用笔和纸将其经历的社区治理事件记录下来。从表面上看，林松淑的"民情日记法"看起来似乎是落后于网络时代的"土办法"，但实质上却是在她近二十年社区工作经验中总结而成的一套行之有效的问题化解路径。其最重要的价值在于，防止遗忘，同时亦生成一种工作的累积性，有这厚厚的民情日记做积累，在社区治理工作中每当其遇到棘手问题，都会从民情日记中获得重要的启示。在笔者看来，"民情日记法"的一个重要的妙用在于其"积累性"，无论是探索自己的工作法，还是学习借鉴别人的工作法，都需要在工作中努力积累丰富的工作经验，这样才能在基层社会治理的实践中游刃有余。

第三，要注意区分社区工作法的类型。

在界定社区工作法内容时，笔者曾将社区工作法分为总体性的社区工作法、中观层面上的工作法、微观性的工作技巧和方法等3种类型。广大社区工作者在学习借鉴工作法的过程中，要注意理解和区分社区工作法的不同类型，从而建立起工作法范型与基层社会治理现实之间的密切勾连。如在本书中唐山市祥富里社区陈林静书记的"五化聚力法"便是一个典型的带有总体性的社区工作法。"五化聚力法"中的"五化"，指的是社区组织科学化，社区建设和谐化，社区服务多元化，社区文体多样化，社区教育普及化。强调以社区党建为核心，通过对社区五个方面的建设，逐渐丰富并完善社区的服务体系，从而把社区打造成红色的幸福家园。"五化聚力"不仅是社区工作的抓手，也是社区发展的目标。其具体内涵包括：完善机构设置，建立"横向到边、纵向到底"的社区服务网络体系，实现社区组织科学化；深化综合治理，建设党员魅力工程，实现社区建设和谐化；细化服务内容，创新服务形式，针对居民需求实现社区服务多元化；丰富文体活动，以建设"书香社区、文化家园"为主题，展现社区文体多样化；强化素质建设，以市民学校为中心，道德讲堂为载体，实现社区教育普及化等。

第四，关系条件。

学习借鉴社区工作法，并将其运用于具体的工作进程中，当然需要一系列前提条件，在这一"条件系统"中，我们之所以将"关系条件"单独列出，置于异常重要的位置，主要是因为，社区工作是以人为对象的复杂的治理和服务的实践活动，任何意义上的社区工作都离不开"关系条件"的支持。尤其是在城市社区，随着深度城市化和现代化的不断推进，社会结构与关系结构都发生了一系列重大的变化。国内外学界似乎都已承认，20世纪晚期以降，世界范围内出现了严重的社区认同危机，"我们运用社区本能来彼此隔离、自我保护，而不是创建一个丰富多样又互相交融的世界社区文化。我们寻找与自己最相似的人，目的是保护自己，与其他部分隔离开来。显而易见，这条隔离之路不会带领我们走向一个值得生活的未来。我们面临的重要任务，是重新思考社区观念，从目前封闭的保护主义走向开放，迎接全球化社区的到来。"① 在此背景下，关系条件的获得及积累自然成为社区治理的重要条件。而且，值得特殊强调的是，与物的因素不同，任何意义上的关系元素都不是唾手可得的，而是一个不断积累、积淀、潜移默化的结果。正是在这一意义上，社会资本的存量成为衡量社区活力最重要的因素。因此，优秀的社区工作者必须拥有自己的社区"关系脉络"，具有"创熟"② 的本领，并将其运用于社区治理的工作进程之中。

第五，活动取向。

所谓"活动取向"，实际上就是强调社区治理活动的实践性。毫无疑问，对于社区治理经验的总结提炼活动而言，那些在地性的、动态的治理活动往往显得格外重要。从理论上看，所谓"活动"主要是由具有共同目的且联合起来的人群所完成的具有一定社会职能的社会行动的总和。从结构的角度看，活动一般是由目的、动机和动作构成，具有完整的结

---

① ［美］德鲁克基金会：《未来的社区》，中国人民大学出版社2006年版，第4页。
② 广东省佛山市南海区桂城街道以创建"熟人社区"（简称为"创熟"）为目标的基层治理经验，即针对社区流动化、陌生化的现实，通过党员示范、精英引路、引进社会组织、义工参与，增加社区社会资本，为基层社会治理打下坚实基础。

构系统。从社会学的角度看，陌生的、未建立起联系的人们因其缺乏共同的目标和组织依托，难以产生互动关系，也难以真正具有社会意义的社会活动。因此，无论是学习借鉴优秀的社区工作法，还是探索总结提升自己的社区工作经验，都应与真实生动的社区治理活动结合起来，因为只有将自己化作一个充满激情的社区治理的"行动者"，深度地嵌入到基层社会治理的复杂进程之中，才能发现充满复杂的关系互动和真实的矛盾冲突，锤炼出扎根社区的坚韧品格，真正完成治理能力的提高。

总之，基层社区治理工作不同于一般的行政管理工作，就其实质而言，其工作是嵌入在社会关系及网络体系之中的。没有对社区"生于斯长于斯"的生活实践，以及耳濡目染的街区里巷的经验积累，其所有的治理调解工作都难以获得真正的实施并得以展开。在这一意义上，社区工作法主要是依托社会关系和微型社会而展开的。很多社区工作法都是这些社区工作者在日常工作实践中自己体悟出来的，具有极强的个人性。正是基于上述理解，我们在理解和概括工作法的过程中，尽量注意保持其原来的面貌。而大家在理解学习和运用工作法的过程中，也应该将个人的理解和体悟加进去，灵活运用。总之，学习、研究和借鉴社区工作法，我们既要认真品读工作法之深层内涵和本土意蕴，更要深入理解工作法发生及运行的社会基础及相关条件。我们对社区工作法进行研究总结提炼，其主要目的在于将这些成熟的富有意义的工作经验加以推广，但更重要的是，我们要培养起社区工作者的一种带有极强自主性的工作创新意识。社区工作的复杂性，决定了其工作无常式，无定法，而是需要根据时间地点而做出必要的应时性的转换。

第一章

"德规并重"：树社区公平正义之风

——天津市南开区昔阳里社区王月华工作法

王月华工作照

"竹板这么一打，我们走向前，满怀豪情谈梦想心里是特别的甜，咱党的十九大发出誓言，复兴中国的梦想就一定要实现。实现中国梦，你我紧相连，就是让咱老百姓的小日子是天天像过年。……今天我走上台，谈谈发展，我畅谈变化，说的都是我们心里话。想想过去，看看从前，是幸福的生活唱也唱不完。看看现在，想想明天，十九大的宏伟蓝图已经开篇。咱坚定不移跟党走，幸福生活比蜜甜，决胜小康跟党走，幸福生活万万年。"

这段天津快板叫《决胜小康跟党走，幸福生活万万年》，是昔阳里社区书记王月华为了引导和教育社区居民"听党话跟党走"，在社区活动演出时编的一个节目。一段快板打完，不仅节目深受居民喜爱，十九大的精神也深入了居民心中，居民的幸福感大大提升。

天津市南开区向阳路街道昔阳里社区成立于2000年，成立初期是一个典型的回迁社区，社区基础条件差、治理环境复杂是社区面临的核心问题。社区成立不久，王月华就来到了昔阳里社区，本着"真正在岗位上为老百姓做事"的诚心和责任心，她带领社区工作者和社区内党员群众，着力解决社区居民的实际问题，调解社区居民矛盾纠纷，破解了昔阳里社区作为老旧小区的治理困境。王月华德规并重的社区工作方法，不仅坚持以"德"的理念开展社区党建、社区治理、社区服务，其"敢管善管"的责任担当和尊重规则秩序的方法，也培养了社区居民的规则意识，在社区之中树立起民主法治和公平正义的价值理念，为新时代的社区建设奠定了基础。

一　产生背景

天津地区早在商周时期就有人类居住活动的痕迹，但作为城市则形成较晚。隋朝京杭大运河修建后，南运河、北运河与海河入海口的交汇处——"三会海口"，成为现在天津城市的发祥地。得益于其地理位置的优势及河海运输的便利性，天津的城市地位日渐重要。唐朝中叶以后，天津成为南方粮、绸北运的重要水陆码头；金朝设立的"直沽寨"，是天津城市发展中有史料记载的最早名称；元朝时将"直沽"改称"海津镇"，是当时漕粮运输的转运中心；明永乐二年（1404年）改名为"天津"，即"天子经过的渡口"，天津也是由此时开始筑城设卫，称"天津卫"作为军事要地；清雍正九年（1731年）天津升为"天津府"，辖六县一州。

1860年，天津被辟为通商口岸后，西方列强纷纷在天津设立租界，天津被迅速地卷入了城市近现代化发展的浪潮，成为中国北方开放的前沿和近代中国"洋务"运动的基地。一方面，这使得天津在军事、铁路、通信、邮政、采矿、近代教育、司法等方面建设均走在全国的最前沿，并迅速成为中国第二大工商业城市和北方最大的金融商贸中心。另一方面，传统与现代的交织也塑造了天津独特的城市空间和人文风貌，清朝民居与外国租界共同构成了天津的城市空间特点，老天津曲苑、茶楼文化和传统商业与西方文化思想构成了天津的人文历史特色。

中华人民共和国成立后，天津作为中央直辖市，经济建设和社会事业全面发展，进一步巩固了其作为中国重要的综合性工业基地和商贸中心的地位，城市规模和经济水平都在不断扩张。1978年改革开放政策的实践使得天津作为沿海港口城市的优势不断增强；1986年国务院确定了天津城市的性质和发展方向，即"拥有先进技术的综合性工业基地，开放型、多功能的经济中心和现代化的港口城市"；1997年，国务院进一步明确了天津市城市定位："天津市是环渤海地区的经济中心，要努力建设成为现代化港口城市和我国北方重要的经济中心。"随后天津市城市发展总体计划中也都在对天津市环渤海地区经济中心的地位以及现代化港口城市的定位进行强调。

相较于天津市滨海新区现代化的快速建设，天津市的老城区则较好地保留了中西合璧、古今兼容的城市风貌。然而，旧城治理中的环境问题、资源问题、人口问题也在这里凸显。1999年，民政部启动首批"全国社区建设试验区"工作，同时制订了《全国社区建设试验区工作实施方案》，提出要改革城市基层管理体制，培育和建立与社会主义市场经济体制相适应的社区建设管理体制和运行机制，并在全国范围内选择26个城市作为试点，天津市和平区被确定为全国社区建设试验区。同年12月，天津市专门召开会议，并下发了《天津市区街道管理体制改革的意见》和《天津市加强街道、社区党的建设的意见》，对推动社区建设的全面提升做出了部署和安排。在不断地实践和探索中，旨在使"安居乐业"的"天津模式"也成为全国社区治理实践的典型。

以开展社区服务为契机、以加强城市建设为助力，随着"安居工程""畅通工程""爱心工程""五个一工程"相继实施，社区建设也实现了向好发展。2003年，天津市将统筹城乡发展作为全市发展的三大战略之一，城乡统筹发展进入了加速期。也正是在同一年，王月华来到了昔阳里社区开始了她的社区工作生涯。

昔阳里社区位于天津市南开区，辖区面积为0.33平方公里，主体由"八大片"：即昔阳里、昔阳东里、昔阳南里、正阳里、宁强里、泾水园、26号院等8个自然片居民小区构成，约有居民4000户。成立初期的昔阳里社区，其地理位置属于城乡接合部，由于城市建设拆迁的加速推进将大量拆迁居民集中到了城市外围，住房的集聚使昔阳里社区规模在这一时期不断扩大。城市规模的持续发展使现在的昔阳里社区已经成为主城区的一部分，社区治理的难度和复杂性也随之提升。

第一，基础条件差是昔阳里社区治理的"先天不足"。在老城区大量拆迁的背景下，原老城区的居民需要被迅速转移、安置，昔阳里社区就承担了这样的角色，成了一个典型的回迁社区。最初的昔阳里社区住房基础条件薄弱，暖气和煤气都不具备，在搬迁初期，居民需要生煤球炉子取暖，这不仅严重影响居民的日常生活，也不利于社区整体环境的建设。虽然随后暖气、煤气管道等基础设施建设都进行了补建，然而闲置的烟筒、炉子、柴火、板凳等全都被废弃并堆放在楼道内，社区的内外部环境都呈现出"脏乱差"的状态。并且，随着旧楼改造的不断推进，房屋漏水和上下水管线老化又成了困扰昔阳里社区的新问题，不仅严重影响了居民生活，对社区发展也造成了阻碍。

第二，昔阳里社区房屋产权构成复杂。从房屋产权形式上看，昔阳里社区的"八大片"不仅有公产、私产、"插花产"①，还有因开发商破产倒闭而形成的"无管产"。产权形式的多样化不仅容易滋生问题，同时也经常需要由社区协调解决由于产权问题而产生的纠纷与矛盾，极大地增加了社区管理的难度。

第三，昔阳里社区居民缺乏社区规则意识。昔阳里社区的居民多为原老城区的回迁户，居民构成的异质性强，生活方式和居住观念与新社区建设理念存在差异，在某种程度上，可以说是老城区治理困境的移植。

---

① 公有住房住户可以通过购买获得产权，一栋居民楼内，有的住户买产权成了"私产"，有的没有买产权仍是"公产"。这样整栋楼就形成了公私产权形式的混合，称为"插花产"。

随着城市基层社会治理的不断发展，能够以社区规约的形式实现对老旧社区的治理，不仅是昔阳里社区所面临的主要问题，也是昔阳里社区治理的重要背景。

2012年，天津市委、市政府为解决天津市老旧楼区长期存在的房屋老旧、配套设施老化、社区环境脏乱、居住功能下降等问题，集中组织并实施对中心城区旧楼区居住功能综合提升改造工程。在这样的现实情况下，如何抓住机遇改善社区基础设施，营造出平安和谐的生活环境；如何提升社区服务水平，服务和保障居民的日常生活和多样化需求；如何形成社区治理的模式，建立并完善党委领导下的居民自治机制、实现旧楼区的长效治理，成为昔阳里社区工作的重点和难点。昔阳里社区随着天津市社区建设的步伐逐渐提升，王月华的社区工作方法也在这一过程中逐渐成形。

二　界定及内涵

"德规并重"实际上是对孔子"德威并重"社会治理思想的化用。这里的"德"不仅指恩惠、恩施，更是仁义、孝道，是君子的德行；"规"则是法律、规则、规约和秩序。在王月华的社区治理工作中，"德"具体表现为服务居民的诚心、"敢管善管"的责任心、组织引导居民的耐心；"规"则是法律法规、社区规则秩序和公平正义的价值观念，以及尊重、敬畏规则的社区风气。其具体内涵主要包括两个方面：

一方面，"德规并重"是一种社区工作技巧，其应用在社区矛盾调解、协调多主体关系的过程中尤其重要。在调解纠纷、解决矛盾时，社区工作者要做到将心比心，不仅要有解决问题的诚心和责任心，同时也要设身处地为当事人考虑，获得矛盾双方或调解主体的理解。与此同时，社区工作者要具备法治思维，能够用法律法规、制度规范、公平正义的理念判定孰是孰非。社区调解不能是"和稀泥"，只有德规并重，在解决问题、感化调解的同时使居民建立起秩序观念、规则意识，才能从根本上解决矛盾。

另一方面,"德规并重"是一种社区工作模式,对推进社区治理能力提升和社会治理能力现代化具有重要意义。社区工作者要有大胆管理、勇于担责的责任心和使命感,在社区工作中让居民看到解决困难、为民服务的诚心和能力,使居民产生对社区的信赖感和归属感。与此同时,社区工作者要严格管理、教育引领,使居民产生对法律法规和规则秩序的尊重和敬畏。只有德规并重,才能促进居民与社区间凝聚力的提升,使社区治理走向制度化、规范化、程序化的长效运转。

在实践层面上,"德规并重"的内涵集中体现在对社区党建、社区服务和社区治理的"三覆盖":

1. 在社区党建方面,既要让驻区单位、居民党员感受到社区党组织的温暖,同时也要让党员同志深刻认识自己的党员身份,遵守党的纪律要求、遵守社区的规则和规范,团结带领社区居民听党话、跟党走。

2. 在社区服务方面,既要带着感情,能够做到"把心交给群众",同时也要敬畏法律规范,培养居民的规则意识。要做到"人在哪里,服务就做到哪里",想办法切实解决居民的实际问题和困难,在社区服务中让居民感受到解决问题的能力,使居民看到法治思维、规则意识、公平正义理念在社区服务中的实际效果,提升居民对社区的信任感。

3. 在社区治理方面,既要充分发动居民参与,尊重居民的意见和诉求,同时也要把制度规则立在前面,坚守公平正义。在社区治理的过程中,要"敢管善管""不等不靠",敢担当、敢尽责,使社区规范能够形成并坚持下去,形成制度化的长效机制。

三 具体方法及案例分析

针对不同的社区工作内容,"德规并重法"又可以具体拆分为如下几点工作方法和技巧。

(一) 党员覆盖法

"党员覆盖法"主要是指社区党员对社区治理的覆盖,旨在健全社区建设过程中的组织保证和引领，提升基层党组织的组织力和政治功能。其核心就在于使党员"亮身份、明责任、压担子、讲规则"。

1. 使党组织的关怀覆盖到所有党员，让党员身份"亮"出来，让党员带头引领"明责任"。一方面，以社区为平台，做好社区党员及社区内在职党员的管理和服务工作，做好驻区单位的服务与支持工作，使社区的党员、驻区单位都能有归属感和社区意识，并以此实现对社区内党员的覆盖。另一方面，积极发动社区党员彰显党员的身份，发挥作为中共党员的先锋模范的带头作用以及作为志愿者的志愿服务精神，让居民党员感受到社区的关怀与服务，让居民群众感受到来自党的关心和温暖，实现社区党建的全面覆盖与服务提升。

2. 充分激发党员的责任感和使命感，使党员勇于压担子、讲规则，使党员作用覆盖到社区的所有领域、所有工作。党员的身份并非一种"特权"，而意味着责任与使命，这就要求每一位党员都要勇于给自己"压担子"、敢于"扛担子"。在社区活动中强化党员身份以及责任感和使命感，不仅是社区党建的应有之意，同时也能够以点带面提升社区的规则意识，让党员受到党的纪律的约束，让居民群众树立起规则意识和敬畏之心。

案例一：红色业委会

在昔阳里社区管理的"八大片"中，泾水园小区是唯一的一个正式的"物业小区"，即商品房小区。而正式的物业小区管理难度也不小。王月华在接管泾水园小区时发现，现行的业委会成员有的并不是小区业主，在根本上就不符合物业法的规定，于是不合理的业委会被罢免，由小区业主重新进行业委会成员的选举。这时王月华也逐渐发现，有些积极想进入业委会的业主，往往带有个人私利，或是想要个车位，或是想在物业费上沾点儿光，这对于泾水园小区的居民和小区未来的发展都是不负责任的。于是王月华开始进行走访和动员，积极做泾水园小区党员业主的工作。

然而，毕竟业委会是没有报酬的自愿奉献，开始的时候这些党员业主也是不愿意、不认同的。于是王月华和工作人员跟这些党员居民讲："你们都不出来干，这业委会就拱手交给那几个'瞎搅和'，把社区搅和乱吗？还想让那些个不合理的业委会，要统治咱们的泾水园吗？如果那样，正义在净水园就没法伸张。"王月华还向居民宣传昔阳里社区其他的老旧小区的管理情况："你看到了我们管理的老旧小区，为什么都这么好？正是我们党员，老旧小区的管委会都是我们党员在那儿发挥作用，歪风邪气就没有市场。"在社区的积极动员和参与下，泾水园小区的"红色业委会"建立了起来，王月华又牵头组织成立了泾水园业委会党支部，以党组织的纪律对业委会的党员成员进行约束，再遇到想要"搅和"的业主代表，就用党的纪律制裁他。

红色业委会的成立也并非一帆风顺。在一次业委会换届时，有几个业主就想排挤掉社区推荐上来的党员和物业，并且私下和一家物业公司相勾结，想引进物业成为小区的"霸主"。这些业主在选举之前，不断在小区制造事端，无论是想修大门还是修路，只要想动用大维基金，就在小区里散播谣言，说业委会的人想要从中捞取好处。并且还在私下写一些"大字报"张贴在小区内，攻击红色业委会的成员。王月华狠狠地抓住了这一点，在小区中安装了摄像头，让大家都看看'大字报'是谁贴的，让大家看清"搅和"的人本来的面目。并发动居民展开社区内的大讨论，跟居民耐心地讲明"花钱买服务"的观念和道理："他说他选进来的物业，不可能涨钱（物业费），你们想可能吗？我们天津市的最低工资标准已经达到2050（元）了，泾水园入住的时候，5毛钱一平方米的物业费、60块钱的车位费，延续到今天。如果不涨钱，你又想要五星级宾馆的管理，还想要最低级的价格，可能吗？是不可能的。现在一般的物业都是民营的，谁在这赔着钱给你干这个物业呢？"

在王月华的带领下，小区中的歪风邪气被打压，"花钱买服务"的思想也树立了起来。最终小区的业委会成功换届，物业也在严格的选聘后正式进入小区，小区的物业费合理上涨，物业服务也获得了居民的满意和认可。红色业委会的模式建立起来后，小区的事务经由业委会党支部与物业的共同研究讨论，再以支部决议的形式体现出来。这样，不管是修路修门、提高车位费的缴纳比例，还是动用大修基金乃至更换物业，大伙可以议事也可以办事，达成共识后形成决议，既符合物业法的规定，也能够充分体现党的领导。

小区内的党员在当选了业委会成员之后，也深刻体会到了自己的责任，每天戴着红袖标在小区内巡逻，进行志愿服务。在小区内发现有业主私设地锁，就跟着物业一块去清理；发现有业主在绿地上乱栽乱种，就跟着社区的居委会、物业共同治理，去说服教育。其他居民看到了业委会成员的奉献付出，也看到了红色业委会诞生后小区环境的巨大改善，于是在这些党员的带动下开始渐渐地主动、自觉地维护小区的公平正义，形成了凝聚力。与此同时，业委会也积极接受群众的评议，深受群众欢迎，各项活动都能够实现正常、公正、顺利地开展。

案例二：民主社建靠党员

王月华非常重视社区党员在党建、共建、社建中的作用，王月华坚持"以党建带共建，共建促社建"，"决策之前访问党员、重大问题问党员、主要任务交党员、联系群众靠党员"是她总结出的工作方法。

通过让党员骨干担任楼门长并担任党小组长的方式，既是党员代表，又是居民代表的"双长双代制"建立了起来。通过健全并实行党员代表议事制度、党员听证会制度、居民代表大会制度，以党员楼门长为主体的社区民主议事制度建立了起来；以党员楼门长为主的"志愿者全帮办服务队"建立了起来。社区党组织与社区居民之间也搭建起了"连心桥"。在社区实践中，王月华带领社区党员楼门长、社区党员服务队，先后为群众解决急难问题上千件。微信群也成为社区党建服务的重要平台，例如遇到雨天，社区内哪里有积水、哪户居民出门不便需要社区帮助，党员们都会在微信群里及时发现、及时解决。社区党组织被居民们亲切地称为"群众身边的110"，王月华则被称为"全天候书记"。

目前的昔阳里社区已经形成了"党委在社区、党支部在小区、党小组在楼栋"的覆盖模式，社区49栋楼、218个楼门，楼门长全部由党员担任，成立的"红色业委会"也成为商品房小区治理的一种典型模式。与此同时，社区也组织了社团组织党支部，不仅将社区社会组织发展了起来，并且以贴近居民生活的形式和题材宣传党的精神和方针政策，深受居民的喜爱。

"党员覆盖法"的实践，将社区内的党员都发动了起来，让党员居民在感受到社区的关怀与服务的同时，也能够积极发挥带头作用，实现"党员带动"。例如，在昔阳里社区拆除乱搭乱建工作中，党员居民发挥带头作用率先拆除，不仅是遵守规则秩序的表现，也为社区其他居民做出了表率。在此基础上，社区党员的作用更在于对社区治理的覆盖式参与，即通过红色业委会、红色楼栋长模式，使社区党员深入到社区治理的方方面面，实现"以党建带共建，共建促社建"。

（二）将心比心法

"将心比心法"就是设身处地地为别人着想，这不仅是王月华工作法中"德"的一面的集中体现，在处理问题、解决矛盾纠纷的过程中，也树立起了"规"，使"将心比心"转化为引导居民遵守制度规范的策略和渠道。

1. "把心掏出来晒一晒再交给群众"是"将心比心法"的核心理念，即从心灵上做好为居民服务的准备。正如王月华所说："只要我们点对点、面对面，做好心与心的交流，让对方理解你，让对方看到你是没有一点私心的、全身心投入地为他去工作、为他服务，把一个诚实的、真实的一面交给对方，对方也会有心灵感应，被你打动的。"

2. "以心换心，赢得人心，众心归一心"是"将心比心法"的技巧方法，也是实践目标。在解决社区矛盾纠纷时，不仅需要社区工作者能够为矛盾双方着想，同时也要让矛盾纠纷的双方通过亲自"看一看"的方式，去感受到对方的难处。将心比心，相互体谅，邻里纠纷也能化成情感的纽带。

3. "讲诚心，讲真心，不藏私心"是"将心比心法"的基本要求。在化解矛盾纠纷的过程中，要秉持着正义感公正处之，依法依情依理，引导矛盾双方在相互体谅的同时树立规则意识。在处理完矛盾纠纷后，要能够使居民对法律法规、规则秩序、公平正义的理念产生认可，从而实现从根本上解决问题的效果。

案例三：被打动的"钉子户"

2003年8月3号，昔阳里社区接到了旧楼改造的任务，这项工作需要把社区内的违章搭建进行清理才能够推进。于是社区决定"借劲使劲"，彻底改善社区的居住环境，把社区打造成"美丽社区"。在社区书记王月华的带领下，社区向党员居民发出了"致党员的一封信"，动员党员居民带头拆除自家的违章搭建。在社区党员居民的带动下，广大居民积极响应、积极配合，社区"拆违章"的工作进展十分顺利。

2003年10月11日，王月华书记的母亲因病去世了。而正是同一天，社区接到城管部门的通知，10月15日将进行小区提升改造工作的验收，10月13日前要完成违章搭建的拆除。接到通知后的王月华没来得及给母亲守灵戴孝就去往了最后一家"钉子户"王大爷家做工作。到了王大爷家自盖的小院，王月华跟王大爷说："王大爷，我们10月15号就要进行旧楼改造了，'黄土不见天'的日子终于要过去了。今天就差你这一间，我148间都拆了，你这间可能不拆吗？为了改变大家的环境，你作为一个社区的居民，你应当怎么想？你应当怎么做？难道你这一间能留得住吗？"

王大爷看到王月华的诚心，也被她的精神所打动，很快就转身进了自己的小院，去把自己的东西都拾掇了起来，当天下午城管就完成了对社区内最后一间违章搭建的拆除工作。王月华的行动也影响到了一大片居民，社区内的违章搭建基本销声匿迹，昔阳里社区逐渐成为公园式的最美社区。

案例四：难拆的鸽子窝

昔阳里社区建成于 90 年代，作为一个老旧社区，漏水问题是困扰居民生活的主要难题。当地有句俗话说，老百姓最难的三件事就是"住漏房子，使破锅，炕上躺着病老婆"。因此，为了要彻底解决顶层漏水的问题，需要把整栋楼顶层的防水统一重新铺设，而由于昔阳里小区的房屋产权形式多样化，同一栋楼的产权形式并不统一，顶层住户产权的公、私差异性就给修理工作带来了困难。在老旧 23 栋楼的屋顶漏水维修过程中，6 个搭在楼顶的鸽子窝就成了"难啃的骨头"。

当社区工作人员上门劝说这 6 户居民拆除鸽子窝时，遭到了居民的反对，一户居民说："我这个（屋顶）我不用你给我修，我买了产权了，我在我自己的屋顶上，我自己盖的这个鸽子窝，我是有信鸽证的。你如果拆我这个，就对我不公平。"于是社区工作人员耐心解释，做顶层防水、二次隔热的费用全由政府承担，并且鸽子窝的搭建已经影响到了楼下居民的正常生活，但鸽子窝的主人依然反对。于是，王月华先对他进行了教育："你的鸽子有什么证也没用，你能保证楼下的居民不漏水吗？要不你就给写保证，你先拿出来 20 万的风险抵押金，你这一栋楼谁家漏了，你就给谁家修去。你能做到吗？如果你不拆，我就叫所有顶层的老百姓都出来看看，漏水是谁造成的；如果这次国家政府给做二次提升、保温改造最后（启）动不了了，是谁不让动，是谁自私自利造成的。"

到了下雨的时候，王月华又带着鸽子窝的主人去楼下漏水的住户家去看，并劝说他："你养鸽子是你的一个爱好，你讲了，（给）你有信鸽证，对吧？但是，你楼下这个房子它是一下雨就漏的，咱们换位思考，你在上面养鸽子，人家住的是漏房子，你忍心吗？人不能太自私，一定要有利他的思想，要为别人想想。"就这样，在她和其他居民的共同劝说下，这户居民理解了别人的难处，也被社区坚决维护集体公平正义的精神所感动，主动拆掉了自己的鸽子窝。"最难啃的骨头"拆掉了，王月华又去其他搭鸽子窝的居民家中一一走访，王月华说："（你们看）他拆掉没拆掉？他是信鸽协会的，他养那个鸽子说飞到国外都能回来。人家那么好的鸽子,人得过金奖的,人都能拆掉,你们难道不拆吗?"其他搭建鸽子窝的住户也纷纷效仿,想了其他的办法饲养鸽子,难拆的鸽子窝终于拆除掉了。

案例五:邻里纠纷不上法庭

昔阳里社区的居民楼都较为老旧,房屋产权构成十分复杂,这就给住房的维护和修缮带来了很多问题,其中一次邻里纠纷就是因二楼住户往一楼漏水而引发的:若要从根本上解决漏水问题,需要将一楼住户家的地面刨开重新更换水管,而一楼住户却不愿意自己家的地面被刨,坚持要求二楼住户赔偿。

当王月华上门调解时,一楼住户张阿姨说:"她(二楼李阿姨)把我们家墙这面都漏湿了,我新装修的。得给我多少钱?要不我就去鉴定去。"面对这种情况,王月华并没有急于进行劝说,而是站在张阿姨的角度,把若诉诸法律途径可能引发的问题进行了一番考虑,然后跟张阿姨说:"你们楼上楼下住着,远亲都不如近邻,对吧?她在你楼上住着,将来,虽然你通过法院(起诉胜诉了),那她才给你了多少钱?将来就为这点钱,难道就掰了吗?最后法院判决下来,哪怕赢了官司也输了感情。我现在给你们调解一下。楼上往你这漏水,是因为管道老化了,她也不愿意,对吧?你要是非不让她刨这个地,这漏水问题还就是解决不了。你说怎么办?"劝说完一楼的张阿姨,王月华又去二楼李阿姨家进行调解。李阿姨的态度也非常坚决:"我就治他。他不就不让刨这个管道吗?我就天天往他们家漏,他乐意找谁找谁去。"一楼和二楼的住户谁也不愿让步,张阿姨的儿子更是直接敲开了二楼李阿姨家的门,并扬言要"砸断她的腿"。

王月华赶紧又来到一楼张阿姨家做工作,王月华说道:"你看,为了这个小事,你儿子把她打伤之后,你儿子要进监狱的,要付出法律代价的。值吗?"在劝说完张阿姨后,王月华又劝说张阿姨的儿子:"你作为年轻人,不要看到你妈妈一说她受什么委屈了就要替她出头。你想到了吗?你们家不让刨,楼上就只能天天堵,那她家的水只有往你们家跑吧。"

在王月华的调解下,最终一楼和二楼两家握手言和,漏水问题得到了圆满的解决，李阿姨和张阿姨两家的邻里情也更浓了。等做完管线更换工作，李阿姨要给张阿姨钱她都不要了，张阿姨说："楼上楼下住着，与人方便与己方便。什么钱不钱的，我不要了。你这不寒碜我嘛！"

在调处社区居民矛盾纠纷的过程中，"将心比心法"的实践充分体现了其作为社区工作技巧的实用性。与此同时，"将心比心"的理念也能够促进居民与居民之间、居民与社区工作者之间以及居民对社区的理解和认同，进而为社区规约的推行创造了条件，"将心比心法"也就构成了"德规并重法"的重要一环。

（三）三管治理法

"三管治理法"是王月华"社区书记就要大胆管理，敢管、善管"说法的具体呈现，所谓"三管"，就是指"敢管、善管、全管"。这不仅要求社区工作者要有责任与担当，也要求社区工作者具备管的能力，其主要内涵包括三个方面。

1. 社区工作者要敢于管理，有"敢管"的担当和作为。社区治理具有特殊的复杂性，而诸多繁杂的事务又都与居民切实相关，这就要求社区书记必须能"管"起来，正如王月华所说"书记不管事要你干吗"。在面对居民时，要能够承担起解决困难、服务居民的职责，主动作为，为居民排忧解难。面对不正之风要敢于用公平正义的方式与之对抗，面对实际困难要敢于碰硬、大胆管理，把矛盾化解在社区。

2. 社区工作者要善于管理，有"善管"的艺术和招法。在社区工作中，要坚持"管理就是服务"的理念，遇事不能说"不"，要能够认真思考、积极沟通、多方协调，化解矛盾、解决困难。在解决问题的过程中，要能够运用法治思维和秩序观念，实现"德"和"规"的结合。

3. 社区工作者要全面管理，有"全管"的长劲和共性。在处理社区事务时，不能"只管一件事、只管一阵子"，要统筹全局、常抓不懈地管。与此同时，不仅要自己管，更要发动大家一起管，真正在社区实现"共管共治"。

案例六：担责破路通下水

2019年，昔阳南里污水外溢严重，排水队作为共建单位第一时间就来到了社区，然而情况并不乐观。经过现场勘察发现，下水管道拥堵、污水外溢是由于出户管老化造成的，排水队的刘队长只好跟王月华说："书记呀，这回污水外溢可不是我们的事了，如果要想这污水下去，你就得把外边有三米多的这个出户管换掉。"王月华赶紧问："这个责任是谁的呢？"刘队长说是由产权单位负责更换公共设施。于是王月华就去查找负责的产权单位，结果她一看，受下水问题困扰的4号楼一共有四个门栋，一号门的产权单位是德宏开发公司；二号门是凯利房地产公司，但目前处于破产倒闭的状态；三号门是原南开教育局的公产房，由于房屋补贴不到位，现在仍由南开教育局房管部门管理；四号门的产权则属于南开建委。如果分别联系四家产权单位，协调完费用再维修，居民又得好几天用不上水。

在这样的情况下，王月华从居民的实际困难和迫切需求出发，主动去联系了社区的共建单位：南开区旧楼改造指挥部，通过社区出面对接，走旧楼改造的路子更换出户管。旧楼改造指挥部的何科长听完王月华的想法说："换管可以，我可以用大维基金给你换。但是你必须走行政许可审批。换管得破路，如果不办破路许可，之后城市执法的市政就要来罚我们的。"王月华来到行政许可大厅，询问后得知，破路需要先由工作人员去勘查破路的深度和宽度，然后才能申请许可，而这个过程最快也要三天。然而，昔阳南里的下水已经堵了三天了，那老百姓哪能等啊？于是王月华又找到何科长并承诺："这个路你们破，我们给你写个承诺书。破路这一块，最后回填、修补，我们居委会带着我们党员志愿者，我们承担这一块。如果在破路期间，因为破路摔着人，或者出现一切情况，与旧楼改造办和施工单位没有任何关系。"在社区进行承诺、主动担当尽责的情况下，第二天抢修人员就带着施工队给昔阳南里的出户管进行了更换。

与此同时，王月华在从旧楼改造办回到社区的当天，就带领社区工作者把昔阳南里小区的车辆疏通开，为第二天的破路提供便利。第二天一早7：30，施工队顺利更换完塌陷的出户管，王月华就带领着党员楼门长、志愿者全部出动，一块对路面进行了回填。待路面沉降两天后，社区工作者又带领党员楼门长、志愿者从旁边的工地借了沙子和水泥，把破路的沟彻底填平。一番改造过后，居民的水也能正常使用了，路也能正常通行了，社区和居民协作填平的路面甚至比专业施工队做得还好。在这个过程中，社区敢于承担责任，共建单位协同双赢，社区党员志愿者也积极发挥作用，自己的事自己办。最终实现了没有耽误老百姓一天用水、没有耽误老百姓出行、没有耽误工程进展的良好效果。

案例七："这个责任社区担"

用水的问题不仅困扰着居民住户，也引发了住户和商户之间的矛盾。在更换老旧小区自来水管道的过程中，4号楼的一户底商和楼上的住户之间就产生了意见分歧。一楼的底商是从事汽车装饰行业的，商户的王老板跟楼上居民讲："这个自来水管道，你们要换你们换，我不让刨。要是刨了，你们得给我补偿。"管线改造本来是不用居民花钱的，但按照王老板的要求需要补偿他2万元，那么楼上涉及的24户居民每户就要拿出来将近1000元，居民对此难以接受。于是王月华天天就往王老板的店里跑，王月华跟王老板讲6楼居民用水的难处："因为你不让换（管），楼上的水管子锈蚀了，这水流都开不开，楼上就没有水，6楼天天都用水泵吃水。你再不让换，将来水管子漏了，如果二楼再往你们家漏水，将来你受的损失要比这个大，你知道吗？"但是王老板态度很坚决，表示不给钱就坚决不能换。

王月华找来了共建单位自来水第三营销分公司的队长，以彻底解决用水和漏水的问题。事实上，这时为老旧小区居民免费更换自来水管的时间已经过了，当时就是由于王老板提出额外的条件、不同意更换，所以才错过了免费更换的机会，现在想换就要交钱了。于是，王月华又去耐心说服自来水公司，替王老板说好话："因为一楼这个底商，当时还有一批活等着交。他当时是因为确实不方便，也不是说就是拒绝楼上、不给人家换。"王老板听完非常感动，王月华不仅主动把责任承担了下来、跟共建单位说是由于社区没有协调好才造成了这样的后果，还积极为免费更换水管而努力争取。于是王老板主动跟王月华说："王主任，你放心吧。这回我就是损失多大，我也积极配合。我当时有一部分装修的车我等着赶紧给人家送走，所以影响了改造。这回水管真的漏了，这回我还有一批活儿，哪怕这批活儿我舍了它、我不赚这钱，也同意给大伙改造。主任你就刨吧，一分钱我也不找大伙要。"最终，自来水管的更换十分顺利，楼上楼下都非常满意。

在"三管治理法"的实践中，王月华充分展现了她作为社区书记的担当和能力。通过"敢管"，社区居民感受到了王月华心系居民、勇于担当之"德"；通过"善管"，社区居民认可了王月华处理问题的方式和能力；通过"全管"，社区治理形成了长效机制。在此基础上，"德规并重法"就有成立的基础。

（四）社区规约法

"社区规约法"，即在社区中树立起规范秩序，社区居民共同遵循。社区规约的结成，不仅是德规并重法的核心，也是机制保障。

1. 树立社区规约，力求做到"搞一项工程就建立一项制度"。"熊瞎子掰苞米"式的工作方法在社区是不能长久的，只有把每次工作的成果以制度化、规范化、程序化的方式延续下去，社区治理和服务才能形成长效机制。例如，在社区旧楼改造工程完成后，王月华就带领居民建立了社区"10不准"规则，从不准楼道乱堆乱放、不准乱栽乱种、不准私设地锁、不准私搭违章等诸多方面提出要求，建立起社区新秩序。

2. 对于建立起来的社区规则和秩序，必须要长期检查、长期遵守、长期坚持。社区规约并不是形式主义，只有通过严格监督、严格检查，才有可能形成人人遵守的长效机制，社区的规则秩序才能真正落实。

3. 社区规约不仅指社区的实体规范，更是思维和理念。在社区制度化、规范化、程序化运行的过程中，不断培养居民的法治思维、秩序观念和规则意识，进而将这种思维和观念应用于社区的日常治理与服务，不仅社区的治理水平和效果会不断提升，社区风气也会随之改变，实现更好地向现代化转型。

案例八：拆违章要从进料开始

社区内乱堆乱放、乱搭乱建一直是困扰社区治理和环境提升的问题。在旧楼改造工程推进的过程中，王月华带领社区工作者和社区党员、志愿者成功拆掉了社区内的149间违章搭建。从那时起，王月华就开始提倡社区的"10不准"，从根本上消除违章搭建的问题。为了使居民信服，王月华拿出社区抗震减灾箱里的大板斧在居委会立志："从今以后，发现谁家再给我私搭违章、乱圈乱占，砸你没商量！从此以后，发现谁家进沙子灰，一旦有违章的动作，我们就开始砸。不许他干的坚决不能干！违章在我这绝对行不通。"

王月华积极发动社区网格长和党员楼门长，如果发现居民有进行私自搭建的意图，社区党员楼门长就会及时通知社区，并与社区工作者一起上门制止。与此同时，为了防止社区的"10不准"规则变成空话，王月华坚决反对"等、靠、要"，充分发挥社区的作用、承担责任。在她看来，如果都等着行政执法来解决违章问题，执法部门一道令一道令地贴，等贴到了可以拆的那天违章也就形成了。所以违章搭建必须要从一发现就禁止，从看到进料开始，就要告诉他们社区不能私搭乱建。不给任何加大违章成本的机会，拆除也就更方便。社区网格长、党员楼门长也坚持每天在社区巡视，发现问题及时制止、及时解决。

王月华用自己的一言一行向居民充分展现了她的决心和魄力，不仅社区内私搭乱建偃旗息鼓，楼道里的乱堆乱放也被杜绝。王月华更是因此获得了"王大锤"的称号，树立起了自己在社区中的威望。

案例九：车位与地锁

最初困扰昔阳里小区的"停车难"问题，主要是由于助力车、非机动车多而引发的。自行车、电瓶车等非机动车不仅停放不规整，电瓶丢失的情况也时有发生。通过建立三个存车棚的途径，非机动车的停放问题得到了解决，然而随着人民生活水平的不断提高，私家车的停放问题则成了难点。一方面，单双号限行的政策使"一户两车"的居民数量激增，许多居民为了接送孩子及上下班方便，夫妻两人分别购置单双号私家车的情况盛行；另一方面，随着新能源汽车的兴起，社区内不仅要为车辆的停放提供空间，还要为充电桩留出位置。与此同时，社区居民的诉求也各不相同，有车的居民希望减少绿地面积多划车位，而没有车的居民则巴不得一辆车都不让停进小区才好。在这样的情形下，如何更好地规划利用以满足居民的需求，成为社区面临的难题。

为了调和矛盾，从根本上解决问题，王月华通过社区民主议事协商会和听证会的制度和程序安排，认真听取了居民代表的想法，并在居民建议的基础上进行了社区的"退绿工程"，重新规划了停车位并建立了严格的管理制度。由于车位是不收费的，因此如何避免居民私设地锁、避免外来车辆乱停是制度存续的关键。针对这两个问题，王月华向居民强调了社区的"10不准"规则，绿地由社区内党员志愿者挂牌认养，不准乱栽乱种；停车位严格管理，按线停车，遇见私设地锁就要坚决拆掉，坚持做到绿地就是绿地，车位就是车位，秩序井然。与此同时，王月华充分发动党员楼门长"熟人"的身份，楼门长每天在社区巡逻的过程中，看到不认识的车就会给车主打电话询问，时间一长，即便小区旁边就是天津市最大的五金城，但外来车辆却一辆都不敢停进小区来。

"社区规约法"的推行，通过坚持公平正义，树立规约规范，引导居民尊重规则、遵守规则，既是立德，又是树威。只有把制度立在前面，社区治理和服务才能保障充足；只有尊重规则、遵守规则，社区治理和服务的机制才能长效运行。

四　学理依据及应用价值

（一）学理依据

随着城市治理理论和实践的不断深化，面对多主体的不同利益诉求以及基础功能的多样化需求，通过强调制度化要素提升城市自身治理能力的"城市秩序论"逐渐盛行。通过对制度规则的强调，不仅可以起到维护社会稳定的作用，同时也可以最大限度地实现资源的优化配置和高效利用，提升社会服务的能力和水平。如何在"秩序"与"活力"之间实现平衡，就成为极具反思意义的命题[①]。传统治理思想中的"德治"观念的践行与运用，以及"德治"与"法治"的有机融合，其重要意义也因此凸显。

1. "德规并重法"是中国传统思想文化与现代城市社区治理理念的融合。从西周的"明德慎罚"到孔子的"唯德威并重政令通"，法规命令的推行离不开刑罚制度的规范，但"德"也一直是存于家国治理中的关键词。"德规并重法"作为一种社区工作模式，将传统治理思想和现代社会治理的要求相融合，将秩序思维、规则意识引入社区治理中，促进居民思想观念的进步与提升，这也就为社会治理的刚性秩序注入了人文的活力，真正实现"法安天下，德润人心"。

2. "德规并重法"通过社区规约的结成，实现了对老旧社区秩序的重构。美国学者社会学家罗斯曾对社会秩序的形成和维持以及其与社会控制之间的关系作出了详细论述。在他看来，在确定的界限下开展特定的活动并根据一定公认的原则调节活动的结果，对于混乱情况的发生具有重要意义，完备的社会秩序亦使社会的运行趋于平稳[②]。面对昔阳里社

---

① 文军、王云龙：《寓活力于秩序：包容性城市治理的制度建构及其反思》，《学术研究》2020年第5期；李友梅：《秩序与活力：中国社会变迁的动态平衡》，《探索与争鸣》2019年第6期。

② ［美］爱德华·罗斯：《社会控制》，秦志勇、毛永政等译，高佳审校，华夏出版社1989年版。

区的社区背景和现实问题，社区规约的结成不仅适应了城市社区建设和转型的时代背景、实现了社区秩序的重构，同时也培养了社区居民对社区规约的认同感，建立起了遵循社区规约的规则意识和精神，这对于城市基层社会治理秩序的构建是至关重要的。

3. "德规并重法"对于城市社区治理中居民主体性的培育具有重要意义。我国的基层社会治理经历了从"居委会"到"社区"的变迁，这不仅意味着城市基层治理的环境变化，更是参与基层社会治理的主体及其思想理念转变的过程。因此，在新时代的背景下，居民如何实现从客体到主体的转变，社区如何实现治理能力的综合提升，就成为影响社会治理现代化的重要因素。"德规并重法"的实践，培育了居民作为"社区人"的意识，也增强了居民对社区的生活的体验感和参与感，社区居民作为社区治理的主体性地位也实现了转变和巩固。

（二）应用价值

随着城市社区的迅速发展，居民生活水平不断提高，诉求也更加丰富和多样化。与此同时，社区建设却仍然有待完善，社区工作者的治理服务水平也亟待提升。这也给新时代社区治理能力和水平提出了更高的要求和挑战。"德规并重法"通过对"法治""德治""自治"的有机融合，在社区实务中具有很强的技巧性和应用性。

1. "德规并重法"具有技巧性和针对性，其中的"党员覆盖法""将心比心法""三管治理法"等都极具实用性。在处理社区矛盾纠纷、解决社区具体问题的过程中，通过德规并重的方式，既可以使居民感受到人情的温暖，促进家庭、邻里和社区关系的凝聚，同时也能使居民理解规则、树立制度观念，实现思想观念的转变。作为社区工作者，若能在社区工作中具备法治思维和公平公正的意识，在处理具体事务时做到勇于担责、将心比心，社区自然能够收获居民的认可和信赖，社区和居民之间的凝聚力也会随之提升。

2. "德规并重法"的模式运用具有整体性和长效性。使社区工作者切实解决居民困难、为居民服务的诚心和责任心，随之转化为居民对社区的信任感和信赖感，社区的凝聚力被强化；社区工作者敢于管理、严格管理的做法也为居民树立了敬重规则、遵守秩序的导向，社区治理的长效制度得以存续。在共治共管的过程中，"法治""德治""自治"有机融合，社区治理能力也实现了全面提升。

昔阳里社区作为产权复杂的老旧小区，社区客观基础条件差、居民参与社区治理的意识弱、社区利益主体多元是其突出的特征，这种复杂的环境更需要"德规并重"地开展社区工作，方能从根源解决社区问题，这对于其他老旧小区的治理也更具启发性。

五　专家点评

"治国无其法则乱，守法而不变则衰。"习近平总书记指出，"要坚持依法治国和以德治国相结合，实现法治和德治相辅相成、相得益彰"。并且在基层治理上，"要加强基层政权治理能力建设，健全党组织领导的自治、法治、德治相结合的基层治理体系"。随着时代的不断发展，基层治理面临的形势环境更为复杂，创新治理理念，尤其是树立法治思维、强化道德约束、规范社会行为、调节利益关系就显得尤为重要。在城市社区治理中如何实现治理与服务的协调平衡，如何实现政府治理与社会调解、居民自治的良性互动，对于推动社区治理能力的提升乃至推进国家治理现代化的进程都具有重要的意义。

王月华社区工作的"德规并重法"，不仅体现了法治思维和规范意识，更是与中国传统的社会治理中"德治"思想的融合，并且在实践中促进了居民自治观念的转变和自治水平的提升。这对于城市老旧社区的秩序重构具有重要意义，不仅为城市基层治理注入了活力，也是对新时代背景下社会治理体系的创新探索。

点评专家：刘少杰，中国人民大学二级教授，中国人民大学社会学理论与方法研究中心主任。

六　王月华小传

王月华证件照

王月华，女，汉族，1956年10月生，天津人，1979年3月加入中国共产党，1979年10月参加工作。曾任天津市南开区向阳路街道昔阳里社区党委书记兼居委会主任，现任天津市南开区基层党建指导员，王月华工作室负责人。先后荣获全国三八红旗手、全国巾帼建功标兵、全国优秀党组织书记、全国优秀党务工作者、全国人民调解工作先进个人等荣誉称号，并被选举为党的十八大、十九大代表。

王月华出生在天津市的一个党员家庭中，从小就受到党的教育和培养。王月华的父亲是位老党员，工作生活积极向上、向善，爱党、爱国、爱岗敬业，父亲的熏陶对她产生了深远的影响。王月华一家兄弟姐妹5人，全都是优秀的党员，她的两个哥哥、一个弟弟更是廉洁自律的优秀干部。

在来到社区工作之前，王月华曾在天津市公交集团8路车队从事车队管理的工作，工作表现十分优秀。公交集团在性质上属于国有企业，同时也是全国先进单位，而王月华之所以选择离开，是为了照顾瘫痪在床的母亲。

2003年，为了方便照看，王月华搬来了母亲所在的昔阳里社区，恰好向阳路街道公开招聘社区的"小巷总理"，有党务工作经验的优先。在当时的她看来，昔阳里社区的环境虽然脏、乱、差，但社区工作与之前在车队的工作都是为人民服务，其理念是相通的，她有信心能够胜任。另一方面，社区工作毕竟是朝九晚五的，比在车队的工作能轻松些，也能有更多的时间陪伴和照顾母亲。于是王月华就抱着一摞在公交集团获得的各种证书前去应聘。

在组织部门依照规定标准进行严格的考评后，王月华被聘任为昔阳里社区书记，开展了她的社区工作。真正来到社区后王月华才知道，社区工作要比之前付出更多的辛苦努力，要想把工作干好，就必须得深入了解，就必须要跟居民知心、贴心、交心，真正地在岗位上能为老百姓做事，才能够得到老百姓的拥护。此时的她也暗下决心："要不我就不选择它，选择了它，我就要努力干好。干一行，我就做到爱一行，干一行我就要把它干好一行，要在这工作中体现我的人生奋斗的价值。"于是王月华向居民承诺：上班有时间，为民服务无时限，有求必应，随叫随到。随后，她开始对社区居民进行走访，切实了解社区中的问题和困难。

两个月后，社区居委会进行换届选举，王月华在聘任前的述职中郑重地向社区居民承诺："如果大家选我在这儿当'小巷总理'，当上（居委会）主任以后，我会带领着我们社区的党员和我们社区的居民群众，共同携起手来，一定要把我们小区的脏乱差的环境面貌彻底改变！如果我在这，一届（任期）三年以后，没有达到效果，那就证明我的管理能力是很差的，那占着茅坑不拉屎、当主任不尽责，到时候我就主动辞职。"居民也被王月华的诚心和决心打动，全票通过选举王月华作为昔阳里社区居委会主任。

2003年8月3日，刚刚当选社区一把手不久的王月华接到的第一个任务就是"旧楼改造"，王月华决定趁这个机会彻底改变社区的面貌。她马上行动起来，紧紧抓住党员的先锋作用和模范作用，对社区党员进行挨家挨户的走访，每天晚上她都要走访至少10户党员居民，和这些社区党员交心、谈心，让社区党员居民看到社区要在环境上打翻身仗，坚决治理脏、乱、差的决心跟信心。通过对党员居民的挨家走访、"致党员的一封信"的发布，社区党员居民纷纷带头拆掉自己家的违建，其他居民也纷纷被带动起来。为了社区旧楼改造工作的顺利推进，王月华几乎没有时间照顾母亲；而为了拆掉最后一户"钉子户"，王月华甚至没能在母亲的床前尽最后一份孝心。王月华的所作所为居民都看在眼里，社区书记"把心交给群众"的真情也打动了居民。

旧楼改造任务顺利完成后，王月华又趁热打铁，带领社区居民制定了"10 不准"规范，社区内出现的乱栽乱种、乱停乱放、乱圈乱占、乱搭乱建统统被她的"大锤"狠狠砸掉。从此，社区内的歪风邪气被打压，不仅王月华铁面无私的"王大锤"形象树立了起来，社区内也树立起了正义之风。昔阳里社区的环境风貌彻底改变，真正做到了客厅式的楼道、公园式的社区，小区三季有花、四季有草，被评为"全国最美社区"。

王月华从没有忘记自己对居民的承诺，时刻把居民放在心上，始终坚持"管理就是服务"的理念。她坚持每天早上 7：30 就到社区，骑着自行车把昔阳里社区的"八大片"转个遍，一遍一遍地去解决社区居民的问题。社区居民反映的问题不解决，王月华吃不下睡不着，只有让社区居民满意，她的内心才能踏实。本着"书记不管事要你干吗"的态度，王月华不等不靠，大胆管理。遇到不遵守秩序的歪风邪气，王月华坚决制止；遇到难以化解的矛盾纠纷，王月华主动担责；遇到社区处理不了的客观困难，王月华积极联系共建单位迅速解决。

在她的带领下，昔阳里社区建立了制度化、规范化、程序化的服务模式，实行错时工作制，打造成为"无假日社区"。社区工作者不仅要做到"迎候服务"，还要做好居民的"出气筒"，让居民带气而来，满意而归。对于社区内的特殊群体，尤其是独居空巢老人、低保户、失独家庭，网格长"每日必看望"。以居民的诉求为导向，社区积极协调、克服困难，社区终于为居民建立起了公园和一站式服务中心，昔阳里社区的居民过上了吃饭有食堂、看病有医院、健身有公园，活动有场所的幸福美好新生活。

有一次，社区居民家中有老人去世，需要到社区开死亡证明，王月华在完成了社区的基本职责后，第一时间带着社区工作人员去看望去世老人的家属，并向去世老人鞠躬。之后王月华将社区"致居民文明祭奠一封信"交给去世老人的家属，将晚上送路哪个门可以通行、钥匙放在哪里详细告知，并向家属解释："现在咱们要破除迷信、移风易俗，大家都能看到您家对老人非常孝顺，但是社区不许乱烧纸钱。如果在办丧事过程中，有任何需要社区帮忙的地方，我们一定会全力以赴！"这不仅方便了居民的行动，也安慰了他们的心灵。新成立的社区食堂具备场地条件，社区内要是有居民办婚礼，王月华都会准备喜面给大家，表达社区的祝福。王月华通过无微不至的服务和关怀，使居民紧紧团结在社区，社区的凝聚力和治理效果也明显增强。

2018年8月，王月华从社区书记兼居委会主任的一线岗位退休后，被天津市南开区特聘为基层党建指导员，并在昔阳里社区成立了王月华工作室，定期选派新任的社区一把手和社区后备干部到工作室学习轮训，提升政治素养、业务水平和履职能力。她始终坚持"把心交给群众"，"尽职尽责、担当作为"不仅是她对自己的要求，更是她培养社区干部的原则。她坚持"换人不如换思想"的理念，着力培养社区工作者主动作为的担当精神，并言传身教，将自己的宝贵经验与社区工作者传承分享。王月华"德规并重"的工作方法，也为社区治理能力的提升提供了借鉴和启示。

二十年如一日，王月华也实现了她的承诺："我们要用实际行动增强同人民群众的感情，不辜负居民、老百姓对我们的殷切希望。要在我们社区最低层最平凡的岗位上，创造出无愧于新时代的光辉，向党和人民交上一份满意的答卷。"

第 二 章

"安老怀弱":让社区成为"家"

——高安市筠泉社区付秀秀工作法

付秀秀工作照

"在社区办一个不离开家的养老院"在全国"最美城乡社区工作者"颁奖典礼上再次被筠泉社区党委书记付秀秀谈起,这句话是付秀秀在早期从事社区工作时许下的庄严承诺,也是她投身社区工作的初心。20年来,付秀秀始终抓住社区发展难点问题,以人为中心,重视人的多元化需求,服务人民,通过多元主体力量构建与价值理念引领为社区弱势群体构建起紧密牢固而又温情适意的社会支持网络。筠泉社区以孤寡老人、儿童、下岗工人、退伍军人等特殊群体为主要服务对象开展的"安老怀弱"工作法，正是对"老吾老，以及人之老，幼吾幼，以及人之幼"的传统精神的践行，也是对"为中国人民谋幸福，为中华民族谋复兴"的初心和使命的坚守。

一　产生背景

高安市，江西省辖县级市，由宜春市代管，位于江西省省会南昌西部，为自西向东入南昌的"咽喉要地"，素有"赣中明珠"的美誉。高安历史悠久，建县始于汉高祖六年，初名建成，为豫章郡十八县之一。唐武德五年，为避太子李建成名讳，又因其地势"北高南低、似高而安"，故改名为高安。1949年7月14日高安县人民政府成立，县城位于湘赣公路南侧，居锦河中游，夹水南北而城，向为县治所在地。新中国成立之后重设镇时该地取名筠阳，高安县城驻地即在筠阳镇。单位制时期，以锦河为界，高安县党、政、军机关驻地分布于河北，主要商业、工业区布于河南[①]。其中省属工业企业有江西第二电机厂、地区属企业有宜春齿轮厂，县属集体工业在1978年以后由教育局、林业局、水电局、县供销社等部门兴办逐渐增多，有服装厂、五金厂、刀剪厂、雨具厂、皮革厂、面粉厂、食品厂等18个。商业单位方面还有百货大楼、副食品公司等等。1993年12月8日，高安撤县设市。随着经济体制的转变，高安凭借其区位优势逐渐发展为全国县域经济百强县，现在的高安处于省会南昌"一小时都市圈"。"'一方粮食供万家、一辆汽车跑万家、一片瓷砖美万家、一个灯泡亮万家'，是高安农业、汽运、建陶、光电四大支柱产业的真实写照。"[②]

筠泉社区隶属筠阳街道位于锦河以南，其前身是早在1969年便成立的红旗居委会，社区地处商业旺区和人口密集区，是高安市最繁华的地

[①]　江西省高安县史志编纂委员会：《高安县志》，江西人民出版社1988年版，第9页。
[②]　搜狐网：《"中国物流汽运之都"落户江西高安》，https://www.sohu.com/a/211932610_751124，2021年1月8日。

段的商业文化社区。在20世纪八九十年代，主要商业、服务业和50%以上的城镇居民集中在该区，高安市内的工厂也多集中于此。21世纪初筠阳镇改制后，筠泉社区的前身红旗居委会隶属筠阳街道，后于2006年红旗居委会改制为筠泉社区。社区现辖区面积0.6平方公里，下辖8个居民小组，4126户居民，常住人口12556人[①]。现在虽有新城扩张，部分职能转移但其繁华依旧，除了原有的百货大楼外，辖区内还有新旧900多个商铺。产业集中带来的就是人员的集中，城市中人口构成复杂，如何消除人们的疏离感并建立社区的归属感则是社区工作的努力方向。在社区特点和人员结构的独特背景下，付秀秀着重关注独居老人、下岗职工与退役军人三类社区工作重点人群，展开社区服务。这三类群体的特点及现状如下：

一是独居老人问题。筠泉社区内部分居民小区的建立最早可以追溯到60年代。这些老旧小区因为处于高安市中心，人口与商业密集，进行大规模的小区改造较为困难。在城市建筑和基础设施逐渐老化的同时，居住于社区内的人们也逐渐老去，现在筠泉社区老年人口约占社区常住人口的10%。同时，老人不愿随子女离开社区，因而社区内老人中大部分都是留守老人或独居老人。有些独居老人时常会有子女探望照顾，但有些老人的子女离世致使老人成为困难户，晚年生活更为凄凉。老人们居住环境简陋，温饱得不到保障，独居老人还面临着突发疾病或事故的风险，除了基本生活需求难以满足之外，独居状态也使老年人的精神生活空虚匮乏，生活的不便与枯燥成为这些老人生活的底色。如何改善这些老人的生存现状，如何在保证老人吃住的情况下使他们从"老有所为"到"老有所用"进而到"老有所成"，这成为付秀秀及其所在的筠泉社区需要思考的问题。

二是下岗职工问题。筠泉社区位于繁华地段同时辖区内现驻有23个市管单位小区，20世纪八九十年代集中了大大小小几十个国营工厂与商业单位。除了这些经济单位外，还有23个行政事业单位。这些单位将筠泉社区的老居民整合在单位之中，并通过单位将居民组织化使个人与公

---

① 内部资料：《打造"三度"社区——综治中心实体化建设的"筠泉模式"》。

共体系连接，使他们较少受到外部冲击。21世纪初，筠泉社区中各级政府所属的国有企业、集体企业改制，曾经"单位办社会"的局面被打破，大量职工下岗。从"单位人"到"社会人"的转变给社区居民带来巨大的心理冲击，并造成了大量"4050"群体就业困难的问题。下岗职工脱离单位变得无所适从，对生活没有任何规划，逐渐出现一些不良嗜好。他们中有些人沉迷麻将、迷信非法宗教，不仅使自己意志消沉而且逐渐导致家庭脱离正常轨道，陷入困境。如何解决下岗职工的生活与工作问题，使人们生活充实、重拾信心，成为社区这一新的居民生活载体的责任。

三是退伍军人问题。江西是红色革命的摇篮。从早期的农村革命根据地到对越自卫反击战，这期间经历了无数的大小战争，大量的江西人投身军旅浴血奋战；在和平年代，同样有众多的江西人参军报国。大量人员服军役，随之而来的是退役军人返回地方后的安置问题。在筠泉社区，退役军人、参战老兵群体备受关注。按照户籍统计，社区现有现役军人29人，现役军人家属55人；现有退役军人596人，其中重点优抚对象30人①。其中有一部分退役军人为参战老兵，曾参加过抗美援朝战争和对越自卫反击战。退役军人的问题主要集中于两方面：一是退役军人补贴的区域性差异；二是军补贴的标准限制。退役军人的安置与问题解决本应由地方退役军人事务部门处理，但基层社区的中间性与基层事务的总体性使退役军人更愿就近通过社区寻求解决路径，另一方面，退役军人也是社区居民，解决他们的问题也在社区职责范围内。

这三类群体的治理与服务虽不能完全涵盖筠泉社区全部的社区工作，但1998年就在社区扎下根的付秀秀一直矢志不渝地投身到这三类群体的服务工作中，在社区中进行的各种针对性或辅助外延性的制度构建与治理实践逐渐获得成效，打造出基层社区治理的品牌。

---

① 内部资料：《让尊崇与荣光在社区优抚工作中闪耀——筠泉社区"尊崇工作法"典型经验》。

二　界定与内涵

"安老怀弱法"化用了《论语·公冶长》中"老者安之，朋友信之，少者怀之"一句，是对筠泉社区特色工作实践的高度总结。在付秀秀几十年的社区工作经历中，其促进社区善治的工作法不胜枚举，但她解决社区中老人等弱势群体的生存与发展问题所采用的工作法当是首屈一指。通过"安老怀弱法"付秀秀努力在社区做到老有所养、幼有所托、孤有所依、残有所助、贫有所保、难有所帮。因而，"安老怀弱法"可被界定为针对社区中老年人等弱势群体提供社区支持，以关怀和尊重的态度使他们摆脱心理与生活的困顿，拥有发展的机会去选择有意义生活的系统工作方法，其内涵主要有以下三个方面。

1. "安老怀弱法"的核心在于关注人的需求与发展。工作法通过构建多元主体的社会支持网络，在为居民解决日常问题的同时，积极参与到居民的生命历程，关注他们的个人的心理、生存与发展；尤其是着重解决弱势群体的实际困难并提供完善的服务帮助居民建立与社区的联结，并实现个人的成长与发展。

2. "安老怀弱法"重在通过建立认同促进社区参与，构建起社区治理共同体。对弱势群体问题的化解本身就是社区治理的重要内容，而"安老怀弱法"在化解弱势群体问题过程中使居民对社区工作人员与社区工作形成强烈认同，对社区怀有归属感。促使社区居民能够理解和配合社区工作，同时他们也将社区工作视为分内之事而积极参与其中。因此，"安老怀弱法"客观上促进了居民与社区之间的联结与互动，形成良好的社区治理格局，进而构建起社区治理共同体。

3. "安老怀弱法"构建起社区治理的主体力量，这也成为贯彻治理理念及工作法有效运用的关键载体。付秀秀在此过程中逐渐探索出有效整合社区力量服务居民的经验性做法，即"抓党建强核心，抓共建暖人心，抓治理保安心、抓载体聚爱心、抓阵地乐民心"的"五心"工程①,为社区居民提供精准化、精细化服务。全心全意服务居民的意识不仅是社区的职能定位,同时也诠释共产党员的初心与使命。

三 具体方法与案例分析

(一) 心理调适法

2018年,国家十部委联合下发的《全国社会心理服务体系建设试点工作方案》将社区心理建设提上日程。具有心理学知识背景的付秀秀将社区居民中复杂多样的具体问题定位为心理问题,将针对居民矛盾化解的工作视为"做人心"的工作,在此基础上形成了"心理调适法",这让社区工作见"物"更见"人心"。

"心理调适法"是指采用多种具有目的性的正向行为和心理技巧调适居民心理,使其达致良好的心理健康状态。社区进行心理调适的优势在于,社区工作者可以整合资源,以服务的形式免费为居民提供心理支持,并依托社区共同体的"共同生活"对居民心理进行前期干预。心理学意涵上的社区是这样的一种社会系统:"它承担着多种责任,促进个体生产,在各种社会和心理健康问题发生之前积极开展预防并为那些被贴上越轨者标签的人提供支持使其能有尊严地生活。"②"心理调适法"的核心是社区工作是做"人心"的工作,其应用实施应当包含四个方面:一是进行社区心理的组织建设与人员配备,并形成社区心理的常规运行机制;二是依据不同情境与居民的不同需求做好针对性的工作,努力做到忧居民之所忧;三是利用个人的心理,通过说服、激励、疏导等方式对居民进行心理建设以化解具体矛盾;四是通过社区工作人员日常引导,鼓励居民在生活中培养平常心、包容心,能够换位思考。

---

① 内部资料:《打造"五心"社区建设幸福筠泉》。
② [美]默里·莱文:《社区心理学原理:观点与应用》,杨莉萍译,上海教育出版社2018年版,第1页。

案例一：退役军人的抓"三访"、促"三感"

筠泉社区共有 500 多名退役军人，因为军人补贴的地区差异与退役后的工作安排等问题，退役军人出现无序上访行动。退役军人的事务安排本应由具体的退役军人事务局负责，但事实上因社区的属地管理职能，退役军人有问题就找来社区。因此，化解退役军人的怨气与不平衡感，尽量消除其"动不动就上访"的念头就成为社区的重点工作。江西省针对退役军人推出"尊崇工作法"①，即通过展开一系列针对退役军人的制度建设与活动，激发广大退役军人的自豪感、荣誉感和责任感。

以此为契机，筠泉社区组建了退役军人服务站专门处理退役军人事务，通过抓"三访"、促"三感"，在热情接访中，在真诚走访中，在交心互访中，让退役军人找到"家"的感觉，增强成就感、荣誉感和幸福感。并通过 7 月 1 日退役军人党员走访"江西省最美退役军人"陈训杨、8 月 1 日退役军人党员重温入党誓词等一系列社区活动，解决他们的实际问题，营造出一种家的仪式感。一系列活动的目的是通过引导教育，让退役军人铭记自己的军人身份，建立对社区、对人民的责任感，坚守本心而不是去惹是生非。在付秀秀看来，退役军人情绪性的行为发作是心理的问题，而她需要做的就是针对不同的群体、不同的需求，使用不同的心理知识帮他们解释沟通。只要把心理说通了，事情就好解决了。

退役军人在心理上也需要大家对他们的尊重爱护，通过心理调适付秀秀让退役军人坚守住本心并使付秀秀在退役军人中树立了威信。付秀秀不在社区他们就"不说话"，只要付秀秀在社区，不管大事小情都会向她咨询。付秀秀通过上门宣传、集中宣讲、座谈普及等方式，帮助退役军人和军属熟练掌握相关政策，杜绝了盲从上访现象。原重点涉军信访人员、参战老兵黄大爷，经过付秀秀 6 次上门对其宣讲政策法规和谈心交流，被成功转化为居民小组长。2019

---

① 宜春市退役军人事务局：《推广"尊崇工作法"，你想知道的都在这里》，http：//yc-styjrswj.yichun.gov.cn/news-show-1104.html，2021 年 1 月 9 日。

年国庆前的几天,付秀秀需要去参加天安门阅兵,但担心社区中的退役军人不稳定的问题,临行前走访了几个平时问题比较多的退役军人,其中包括黄大爷。付秀秀提醒他:"我十一期间要外出学习了,现在非常敏感,你好好的啊。"黄大爷也是满怀责任感地说:"书记您放心,我们都是爱国爱家的,我还买了红旗插在家里,您放心出门学习,家里你不放心,我带头来值班。"他们在国庆节也真做到了每天参加社区巡逻和治安值班。

陈大爷是一位参战老兵,退役后在铁道部工作之后经历了下岗。原来思想一直转不过弯,总觉得企业改制自己下岗了是组织亏待了他,加上在战场上受伤需要经常吃药而导致了经济拮据,想通过上访获得政策之外的补偿。付秀秀和服务专干坚持跳出信访范畴做工作,要加强与退役军人的平常沟通。但第一次去陈大爷家的经历却是十分惊险。付秀秀等人到陈大爷家,刚打开门,就有五只狼狗冲了上来。事发突然,付秀秀等人吃了一惊,但缓过神之后仍然站在门口且面无惧色。陈大爷看到后也觉得自己的做法不妥,就请付秀秀等人进了屋。多次走访沟通后,付秀秀根据其"无事可做才去上访"的根本原因,积极引导其养殖商品鸽和参加技术培训。原来的"仇人"变成了亲人,每次付秀秀去看望陈大爷,陈大爷都会邀请她们吃饭。现在陈大爷不仅积极参与社区建设,还主动参与到社区涉军信访稳定工作,常常用自己的经历现身说法,教育引导其他退役军人。

案例二:汪奶奶唱戏[①]

一天傍晚时分,一通十几公里外打来的电话让付秀秀措手不及。即将登台演出的老旦汪奶奶化好装后心事重重,向同伴说自己不想唱了:她很担心自己的身体状况,要是刚刚唱戏病就犯了,那可没什么办法了。同伴劝说未果,汪奶奶径自走出后台,大家只能求助

[①] 参考:《最美城乡社区工作者:"秀美筠泉"付秀秀》,央视网 http://tv.cctv.com/2019/12/05/VIDEmdkuCOR8C2Qdbab2Bdqv191205.shtml? spm = C55953877151.PXXwefeHcOAR.0.0,2021年1月9日。

付秀秀。

今天是"沙溪罗村第三届还愿节文艺晚会",付秀秀定期都会组织社区的采茶戏团去乡下演出,多年来通过这种方式,乡下村民有了丰富的文娱生活,也给了社区内很多喜爱表演的老人展示的舞台。今天是73岁的汪奶奶第一次登台,可演出在即,汪奶奶竟然不想参演了。付秀秀听闻后担心不已,她担心的不仅是节目的完整,更担心汪奶奶如果这次放弃上台,那可能以后的生活就更加一蹶不振。几年前,汪奶奶的老伴突然去世,老人自己独居一直郁郁寡欢。为了让汪奶奶走出失去亲人的阴霾,付秀秀鼓励她加入到社区的活动中,她几乎天天上门劝说,希望曾经喜欢唱戏的汪奶奶加入社区组织的戏团。好不容易说服汪奶奶参加,第一次表演汪奶奶又退却了。只有付秀秀清楚,汪奶奶是在拿疾病当借口,真正的原因是老人心理上不自信。她不想让汪奶奶就此放弃,因为付秀秀知道,对于汪奶奶而言这不止是一次演出,更是一次重拾生活信心的机会。付秀秀想给她带来的是在社区活动中的欢愉与阳光,让她不再沉郁而是对生活充满激情。在付秀秀不断鼓励下,汪奶奶终于拿出勇气登上舞台,献上了一场完美的演出。

现代社会中个体压力的增加与人际关系的疏离导致了现代都市居民的心理问题渐趋普遍化。疏导并化解居民的心理问题,保证居民心理健康也逐渐成为社区的重点工作。居民中出现的失范行为,不论是居民因为待遇等问题对上访的偏执,还是遭遇难以排解的压力对社会的报复,都可归结为人们遭遇挫折或者变故时过于主观地判断自己和他人由此造成的错误认知。"提供客观的社会心理服务就是帮助人们正确理解和思考他人,建立良好的人际关系。"[①] 因而在"心理干预法"中,如调解、疏导或激励,都是在意图化解个人在所处的矛盾关系中的症结。付秀秀在社区建立了较为完整的社区心理服务运作机制,这不仅化解了居民心理

---

① 俞国良:《社会转型:社会心理服务与社会心理建设》,《心理与行为研究》2017年第4期。

问题，还解决了社区的矛盾纠纷，并激励居民以积极的、有责任感的行为参与到社区治理中。

（二）共情法

"共情法"发端于付秀秀推行社区养老的初衷，她认为"我们每个人都有老的时候，都希望老的时候有人照顾"。当付秀秀遇到独居的老人时，深刻体会到幸福的老年生活并不仅在于拥有物质与金钱，而且更在于亲人的陪伴和有意义的生活。由此，她对这些独居老人产生了关怀与共情。共情是一个人走出自己的参照框架，采用对方的参照体系去从对方的角度理解对方的想法、感受和意愿。通过"共情法"，治理者首先要将自己的生活与他人的生活经历、体验结合并产生共鸣，运用同理心去体验他人的情感、思维，理解他人的经历；其次要通过情感表达，在理解对方的基础上给予对方尊重从而使其对工作者产生情感认同；最后要以情入理，情理交融，从而看到问题的本质并予以解决。付秀秀对待老人包括其他居民像亲人一般，老人也常叫她"秀闺女"，她与居民形成的"亲人"关系正是"共情法"的最好实践。

案例三：走访涂大爷[①]

1999年春节是付秀秀从乡镇分流到社区过的第一个春节，春节前她和同事一起去慰问特困户涂大爷。老人身有残疾，儿子不幸遭遇车祸去世，儿媳妇在丈夫去世后改嫁他乡，只留下了一个11岁的孙子与老人相依为命。付秀秀走访老人时看到老人躺在床上，老人的小孙子正跪在地上清洗自己的书包。看到屋角放着一只紫青的死鸡和一些发黄了的蔬菜，付秀秀很诧异，孩子解释说，鸡和蔬菜是他早上从菜市场捡回来的，准备留着大年三十跟爷爷一起烧了吃。付秀秀等人说明来意后，孩子慌忙从水中抽出双手，使劲地在自己身上擦了擦，接过慰问红包，非常懂事地对大家说谢谢。涂大爷一个劲地说："谢谢共产党，谢谢领导……"可是没想到，孩子突然哇

[①] 内部资料：《用心为居民群众服务　付秀秀同志先进事迹报告稿》。

的一声大哭起来。付秀秀清楚,这哭声中有艰难、有委屈,更有感动、有感恩。但这哭声也深深地刺痛到付秀秀的心,她抱着孩子也忍不住泪流满面。这件事对付秀秀来说震撼很大,大家同在一个美丽的城市中生活着,但生活境遇却如此不同。而对于身为社区工作者的付秀秀来说,她心里更是感到愧疚。在社区工作中,付秀秀在接待走访中遇到很多像涂大爷这样的老人,这种震撼与愧疚使付秀秀一改初进社区时的消极心态,真正投入到社区工作中。

案例四:居家养老中心

"社区养老区别于家庭养老与机构养老,是充分发挥政府统领性、群众的主体性以及社会的协同性,以整合社区内外的养老资源,为老人提供各种层次的养老服务。"[①] 付秀秀推行社区养老来源于一次偶然的走访经历。2003年付秀秀在走访中遇到一位八十多岁的孤寡老人彭奶奶,当时老人因年老而行动不便,独自居住在一间没通电的简陋棚房里,每天吃的只有霉豆腐和腌菜,很少见到新鲜蔬菜。付秀秀看到这些心里难受,想让老人搬到养老院居住,但老人不愿离开长期居住的社区。这种独自居住的孤寡老人在社区中还有很多,虽然他们的生活条件不好,但依旧对社区怀有眷恋而不愿离开。那时候付秀秀便突然间想到可以办一个"不离开家的养老院",由此建立了筠泉社区的居家养老服务中心。养老服务中心建成后,付秀秀第一个把彭奶奶接过来。2010年一个冬夜,付秀秀和往常一样来养老中心看望老人,发现彭奶奶卧床不起,付秀秀赶紧将她送到医院。医院一次又一次地下达病危通知书也没让付秀秀放弃,她一直陪伴在老人身边,喂水喂饭、端屎端尿,直到老人痊愈。老人在去世之前一直念叨着付秀秀,说付秀秀就是她的亲闺女。直到生命的最后一刻,彭奶奶也坚持一定要见付秀秀最后一面。

养老中心最初只提供基本的生活照料、居住和餐食,但随着社区内志愿者力量的发展与社会组织的引进,社区养老中心提供的服

---

① 景天魁:《创新和发展社区综合养老服务体系》,《苏州大学学报》(哲学社会科学版)2015年第1期。

务越来越多，逐渐配备了娱乐室、康复理疗室等等。筠泉社区的居家养老中心对于老人的照顾成效显著，疫情期间发生的一件事就是很好的证明。往年居家养老中心在过年期间并不关闭，但是为防疫需要，付秀秀在腊月二十八便关闭了养老中心，让老人们先各自回家。然而在家住了几天后老人们不乐意了，正月初八就吵着要开放养老院，但是那时候防疫正紧确实没法开。等过了正月十五之后老人们又要回来，还说要向上级告付秀秀的状，理由是她不开放养老服务中心。后来付秀秀顶着压力，开了养老服务中心但是实行封闭管理，老人们只能在院子里活动不能出去。老人们也很配合，只在这里吃住哪里也不去，独自居家得不到照料生病的老人也逐渐恢复健康。付秀秀组织社区养老，其目的不仅是解决老人的基本生活问题，更重要的是要给独居老人和孤寡老人一种"家"的感觉。人的社会性使人依赖于熟悉与值得信任的团体，这个团体可以是家庭、社区或者其他组织，而独居老人缺失的恰恰是团体的归属感。

案例五：照顾孤寡老人罗奶奶

罗奶奶是一位独居老人，付秀秀一般不谈这位老人的事，但每次说起都会潸然泪下。罗奶奶的儿子离世后，两个女儿并没有承担起照顾她的责任，反到一直"惦记"她的低保金，低保金的存折也经常莫名其妙地不见。大家也都猜到是两个女儿将存折拿去了，但是无可奈何。罗奶奶哭着找到付秀秀，付秀秀便自己掏钱贴补罗奶奶的低保金。最早低保金每个月只有100元，无处可去的罗奶奶便租了50元一个月的地下室，剩下的50元作为生活费。低保金无法满足老人的生活所需，因而她就出去捡垃圾，但是依旧收入微薄。付秀秀于心不忍，想着要帮老人解决基本生活问题。她让罗奶奶到养老中心帮着做饭，打扫卫生，解决她的吃住问题，这样吃住不花钱老人就可以把低保金省下来用作其他。2019年罗奶奶去世后，两个女儿并未先料理老人的后事，而是翻找老人的存折。第一次没找到，她们便怀疑是被付秀秀拿去了。付秀秀并不在意，而是说为老人办后事的东西她会买，有怀疑可以报案。付秀秀不理会这种怀疑，但是令她动容的是，两个女儿翻找存折的时候在老人枕头底下发现了一张写满付秀秀名字的纸。老人时时刻刻把付秀秀当家人，一直惦念感激着她。付秀秀从事养老事业常感到老人对自己比对自己的儿女还亲，老人真的把心交给她了。

随着城市的现代化发展，有些居民在社会变迁的过程中被边缘化，导致生活失去保障，原有的弱势群体更容易落入这种境地。共情意味着"进入另一个人的个人知觉世界，时刻敏锐地感受另一个人心中变化流动的意义"[1]。付秀秀对待老人将心比心，在理解老人需求的基础上给予老人期望的生活。当老人感觉到社区工作者与自己情感相通、感受相同，非常能理解自己时，会更容易消除双方间因身份不同而导致的隔阂，使老人对社区工作者产生信任与认同。"共情法"使社区工作者设身处地为居民着想，并将其作为工作态度内化到常规化的社区工作中。社区工作者与居民之间形成的是亲密的日常互动以及亲人般的关系，这对于社区服务职能的升级与良好的社区治理秩序的形成具有重要意义。

（三）文娱赋能法

弱势群体的失能往往是阻碍其发展的重要原因，失能群体常产生自我信任危机、社会关系疏离以及生活混乱缺少规划等负面现象。在看待这些问题或者这些"问题群体"时需要注意，有些人并非失能而是社会给他贴上了"失能"的标签。在"失能"标签的遮掩下，这些人不能很好地认清自身而导致一些负面行为的产生。但这些人并非像标签所限定的那样"一无是处"，赋能就是使这部分弱势群体重新获得社会生活的能力。

"文娱赋能法"是筠泉社区通过对部分弱势群体进行文娱训练以及组织其参加文娱活动的方式，以满足人民群众对美好生活的需求为切入点，让他们在学习技艺的同时收获生活乐趣与人生价值。"文娱赋能法"首先要去除居民的"失能"标签，不因心态、年龄、处境等因素的劣势而否定他们；同时也需要根据现实条件选择适合人们的发展机会，以文娱等

---

[1] 王水珍、田晓红：《咨询心理学》，科学出版社2019年版，第148页。

多种活动为载体进行赋能；最后赋能的目的是使居民有能力通过自己努力获得发展、达成自我实现。

案例六：改变郝奶奶①

独居老人郝继英入住居家养老服务中心和室友闹起了矛盾，原因是郝继英有抽烟的习惯，而居家养老中心的老人们平均年龄在85岁以上，支气管炎等呼吸道疾病比较普遍，整天身处在烟雾缭绕的环境中，其他老人都对郝奶奶抽烟的行为比较反感。不仅如此，郝奶奶还经常在床上抽烟打发时间而不愿吃饭，有时还会出去捡拾地上的烟头收集到被子底下。其他老人看到郝奶奶这些奇怪且令人反感的行为就渐渐孤立了她。然而，这些看似不可理喻的行为，在付秀秀看来却是由老人的心理问题所引发的。

身边没有子女，也不愿参加社区活动的独居老人往往会产生空虚感，心理上多少会有一些迷失，为了获得安全感往往会依赖于某件事物或行为。对于郝奶奶来说，她依赖的是抽烟，而随着她感到越来越不被大家理解和接纳，就越发依赖抽烟。在认识到这些后，付秀秀向她讲明抽烟的害处，并逐渐引导郝奶奶下来看戏，鼓励她和室友一起下来吃饭，让她参与到社区生活中。与此同时，社区生活不仅要参与更需要融入，需要参与者找到自己在社区生活中的位置，认知到自己的价值。得知郝奶奶红歌唱得好，付秀秀便鼓励她在大家面前演唱并录制下来，让老人时不时地参与社区组织的文娱活动。郝奶奶觉得这样唱歌玩乐的生活更有意思，逐渐融入社区的集体生活中并通过参与文娱活动重拾生活的兴趣，也逐渐改掉了抽烟的坏习惯。

案例七：社区文艺队

2003年，企业改制后许多工人下岗，有些人接受了当时的居委

---

① 参考：《最美城乡社区工作者："秀美筠泉"付秀秀》，央视网 http://tv.cctv.com/2019/12/05/VIDEmdkuCOR8C2Qdbab2Bdqv191205.shtml？spm=C55953877151.PXXwefeHcOAR.0.0，2021年1月9日。

会介绍的工作，但有些工人情愿坐在家里等。陈阿姨当时提前退休，又恰逢家庭变故，与丈夫的家庭矛盾比较突出，自己也整天沉溺在麻将上，精神状态非常差。付秀秀看到有些自暴自弃的陈阿姨就想方设法让她重新振作。付秀秀一次又一次找到陈阿姨，想让她和大家一起跳广场舞，但是陈阿姨却磨不开面子频频拒绝。有一天，陈阿姨收到付秀秀的一份通知，让她去北京跟著名舞蹈家陈爱莲学习舞蹈，这让她大吃一惊。陈阿姨以前根本不会跳舞，只是有跳舞的爱好，但经过一段时间在北京的舞蹈学习，陈阿姨已经成为广场舞高级教练，她还带领社区老年人参加广场舞比赛获得了金奖[1]。现在的陈阿姨神采奕奕，心态和容貌要比她二十年前还要好。

与陈阿姨有同样经历的人还有很多。针对下岗职工的再就业问题，付秀秀将"找工作"的思路转换为"学技能"。从2003年开始，付秀秀就组织居民到全国各地学太极、广场舞、舞龙舞灯、腰鼓，成立筠泉社区的旗袍队、汉服队等社区社会组织和文娱团体。付秀秀还将高安的特色采茶戏融入社区舞蹈队的编排中，真正传承了优秀传统文化。这些队伍通过承接企业庆典等各类演出活动，逐渐形成自己的表演特色并为团队积累了名气，在全国许多地方都出现筠泉社区文艺队的身影。有了这些丰富的精神文化活动，居民一改下岗后沉迷麻将、求神拜佛的心态，逐渐充实起自己的生活并利用社区的机会和平台展示自己。文化活动带来的不仅仅是职业与收入，也是给予下岗职工另一种生活方式，一种值得投入且有意义的生活。

赋能涉及社会工作中的视角选择，是优势视角还是问题视角。优势视角强调服务对象能力的提升，是一个增能的过程，即鼓励服务对象自决、尊重服务对象。赋能是优势视角的核心理念之一，即承认个体自身有其内在的能力，经过合适的引导并充分发挥个体及其周边资源以形成

---

[1] 参考：《最美城乡社区工作者："秀美筠泉"付秀秀》，央视网 http://tv.cctv.com/2019/12/05/VIDEmdkuCOR8C2Qdbab2Bdqv191205.shtml?spm=C55953877151.PXXwefeHcOAR.0.0，2021年1月9日。

个人发展的内生性原动力。具体来看,社区通过引导弱势群体逐渐融入社区集体生活,发现其优势促使其进行再社会化,帮助形成发展的内在动力,让老年人等弱势群体在生活与人生选择上不再局限于依赖家庭等有限的路径。"文娱赋能法"是为这些人去掉"失能"的标签,通过组织学习文娱技艺让他们重新找回生活的方向。而且通过学习文娱技艺来安置下岗职工也是另辟蹊径,文艺表演给居民带来的不仅是收入,还是集体的归属感以及生活的乐趣,也让社区焕发生机。

(四)红引擎法

"红引擎法"来源于党建引领。筠泉社区积极利用社区内的红色力量,将其作为社区管理与建设的核心,是各项任务、活动推进的主引擎。引擎又带有驱动的力量,基层党组织带动社区内的居民、各类组织团体等治理主体协同参与基层治理。筠泉社区的工作人员包括网格员在内共11人,而社区的工作服务项目内容却有几十项,如果社区要为居民提供更优质的服务就离不开社会力量的参与,而这其中党员志愿者发挥着主心骨的作用。付秀秀用一句话总结这些年的党建工作:通过党建统领社区治理,依靠社会力量来打通服务群众的"最后一公里"。

"红引擎法"实际是在基层治理中构建了一个以党员为核心,多元社区主体协同治理的体系合理、动员有效的组织治理结构。"红引擎法"的第一步是增强党员自身的服务意识,发挥党员示范带动作用;第二步是加强基层党组织建设,增强领导能力;第三步是带动多元主体参与到社区服务中。"红引擎法"形成了社区良好的参与氛围,同时也形成有序的基层治理格局。

案例八:党员连心

社区党组织作为红色引擎的核心力量,其引领和组织功能离不开制度的支撑。为整合社区党员力量,为社区居民提供精细、有效的服务,筠泉社区大力实施党建核心工程,推行"两委一中心"[①] 模

[①] 两委一中心:社区党委、社区居民委员会、党员群众服务中心。

式，建立了"党委—党支部—党小组"的三级组织架构，以网格为单位建立了12个党支部，以小区或楼栋为单位建立了36个党小组，共有党员183人。支部建在网格上，小区楼栋建立党小组，党组织随着行政层级向下延伸，使党的力量真正触及居民[1]。在党组织整合社区内在册党员力量的基础上，党小组的建立也将原先分散的在职党员组织化，以此激励党员服务居民的参与热情。付秀秀在社区开展了"筠泉社区心愿树"活动，将困难居民的合理诉求进行登记，并在心愿树上发布"微心愿"，由在职党员和志愿者认领，并上门完成"微心愿"，让在职党员与群众"结亲"。同时，还在在职党员的管理与激励方式等方面进行了积极探索，社区向在职党员发放"在职党员进社区活动证"，记录在职党员在社区的服务情况与其他表现。为动员在职党员积极参与社区工作，试行了在职党员积分考评办法，按照分值在"积分超市"兑换相应的物品[2]。以楼栋或小区为单位，党的意志与社区的任务可以通过社区党组织的触角传达到居民，居民的意见与问题可以通过党小组向上传递。

案例九：志愿服务

筠泉社区志愿服务的发展可以概括为"点带线带面"，诠释了志愿服务如何从筠泉社区自发生成，到渐成规模，再到联合起来形成紧密关联的共同体的全过程。从早期的"义工服务一条街"的志愿服务先锋，发展到"志愿服务之家"的志愿服务核心，党员始终是作为中坚力量贯穿其中。企业改制后，下岗党员凭借自身技能开店铺再就业，其党员身份又促使他们被信念感召而为群众服务。最先开始做义工的是下岗职工党员王大爷，他把自己开的小店设成了"党员义工服务点"，十多年来不间断为困难居民免费修伞。在其精神的感召下，越来越多的党员在自己的店铺门前贴出"义工服务点"的标识，为居民提供免费生活服务。服务内容依店铺经营项目而定，

---

[1] 内部资料：《打造"五心"工程　建设幸福筠泉》。
[2] 《付秀秀先进事迹》，中华人民共和国民政部官网 http://mzzt.mca.gov.cn/article/zt_2018zmsqgzz/xjsj/201902/20190200014908.shtml，2021年1月8日。

有修伞、修家具、量血压、缝补衣服、理发，等等。这些服务点虽然力量微薄，但这种志愿服务气氛却逐渐带动了其他商户也参与到服务点中，最终形成"义工服务一条街"。随着志愿者数量的增加，服务队伍组织化的程度越来越高，逐渐形成一些志愿类的社会组织，如志愿服务联合会、巾帼志愿服务队、人防志愿服务队等。这些社会组织有计划地进行各类志愿活动。除此之外，现在筠泉社区还有科普类、救援类、退役军人服务类以及文艺类等共13个社会组织。

随着社会组织中的人越来越多，在哪里设置组织的办公和活动地点又成为付秀秀心中的难题。当时社区办公楼刚刚竣工，社区为方便社会组织协商议事，将社区办公楼二楼全部让出给社会组织办公。社会组织在工作和互动交流中营造出了"家"的氛围，形成"志愿服务之家"。各类社会组织在日常交往互动中会出现矛盾，因此如何有效整合各群体的力量也考验着社区协同治理的能力。为解决这些问题，付秀秀成立了社会组织联合党支部，通过党员内部的组织管理与动员将各社会组织有序串联整合起来，形成了治理合力。

社区治理中多元主体参与已经成为共识，但是多元主体协同治理的要点则在于如何整合各参与主体力量形成协同治理机制与格局。"红引擎法"通过在基层各类主体中建立党组织，充分发挥党组织的核心作用，统领各类主体有序参与社区治理。同时通过"六联共建"① 将各类社区主体统合进新的组织中，避免出现社区主体的投机与牟利行为。如付秀秀所说：社区中的各个治理主体就像一颗颗"珍珠"，而党组织则是将珍珠穿起来的"红线"。党在多元主体之间形成区域关系外的强连接，通过组织内部的管理与动员，调动社区内部各主体的力量并形成结构性合力。

---

① 六联共建：即党建工作联创、宣传教育联做、文化活动联谊、公益事业联办、社会治安联防、社区环境联建。

四　学理依据及应用价值

筠泉社区以"心理调适法""共情法""文娱赋能法""红引擎法"等具体方法和技巧为支撑的"安老怀弱法",是以人为中心的社区治理理念的集中体现,在充分重视居民的心理、生存与发展过程中的需求的基础上,通过构建有效的社区治理主体力量,针对性地向服务对象提供社会支持,使居民摆脱生活的困顿,能够有机会享有期待的生活。

(一) 学理依据

1. "安老怀弱法"可以从社会支持理论中找到依据。从社会心理构建与个体心理健康之间关系的角度来看,"社会支持应该被界定为一个人通过社会联系所获得的能减轻心理应激反应,缓解精神紧张状态,提高社会适应能力的影响。其社会联系是指来自家庭成员、亲友、同事、团体、组织和社区的精神上和物质上的支持和帮助。"[1] 社会支持可以缓解居民个体的心理压力,实现自我恢复,建立社会性连接,使其顺利融入社区和社会生活。根据提供社会资源的不同性质,可以将社会支持分为"提供尊重和接纳的情感支持、提供有助于他人解决问题的信息支持、提供财力和资源的物质支持以及提供陪伴和消遣的陪伴支持"[2]。家庭支持与社区支持是社会支持在社会层面的体现,不同于家庭的亲密关系,"社区被视为个人社会网络外层的一般关系"[3]。有学者认为社区支持既有正式支持系统的组织性保障与救助职能,又有社会网络的互动、亲情和友情等非正式性,从而表现为"准正式支持"[4]。

对于筠泉社区的居民来说,获得的社会支持主要来自家庭与社区。但是受到社会转型或突发事件的影响,家庭所能提供的支持减弱,无法

---

[1] 李强:《社会支持与心理健康》,《天津社会科学》1998 年第 1 期。
[2] 荀雅宏:《社会支持基本理论概述》,《学理论》2009 年第 12 期。
[3] 文军:《西方社会工作理论》,高等教育出版社 2013 年版,第 214 页。
[4] 林顺利、孟亚男:《国内弱势群体社会支持研究述评》,《社会工作》2009 年第 11 期。

发挥对个人生活、心理、情感支持等方面的功能。筠泉社区则通过心理调适疏导解决居民的心理问题，通过建立居家养老服务中心提高困难独居老人的生活水平，对于社区的下岗职工、老人通过培训技艺使其得到认可并获得发展。这些做法使家庭的一部分支持功能逐步被社区承接，而社区则成为帮助个人解决困难和促进发展的主要途径。

2. 提供社会支持需要厘清社区与居民关系。基层治理中依靠权力控制或利益交换的社区行政化倾向往往造成社区与居民之间的区隔，社区治理应转变管理与被管理的传统认知，形成现代治理主体之间的平等共治关系。社区工作者并非将群众视为治理的对象，而是基于尊重与认同的服务理念感受其经验，体察其生活，为居民群众改善生活条件、提供心理关怀、促进个人发展，建立完善的社会支持网络。二十多年来，付秀秀在一次次的走访中积累经验、解决难题。她进入居民的真实生活，尊重居民的主体地位，了解居民的实际需求，感受个体的心理世界，帮助弱势群体走出生活的困境等做法，不断促进着社区与居民之间紧密关系的形成。

3. 提供社会支持不仅要以人为中心，还要关注需求的多样性。马斯洛提出了"人的需求层次"理论，将人的需求分为五个层次：饮食、居住和睡眠的生理需求，要求稳定生活免于混乱折磨的安全需求，渴望建立充满情感的生活圈子的爱与归属的需求，在社会交往中得到别人尊重的需求以及追求成就与发展的自我实现的需求[①]。因而，在社区工作中不能单一地看待居民的需求或者将需求局限于生存等较低层次。社区应该从多层面理解居民的需求并提供相应的社区支持。"安老怀弱法"中的"心理调适法"、"共情法"和"文娱赋能法"分别从居民的心理疏导与情感慰藉、基本生活的保障与需求的满足、自我价值的实现以及与集体生活的连接等多方面的支持，充分地考虑居民在社区生活中的多重需求。

4. 社区提供的社会支持最终指向是人的发展。依据阿玛蒂亚·森的发展观点，"发展是一个综合过程，可以被视为扩展人们享有真实自由的

---

① ［美］亚伯拉罕·马斯洛：《动机与人格》，徐金声译，中国人民大学出版社 2007 年版，第 18—28 页。

一个过程，而自由是享受人们有理由珍视的那种生活的可行能力"[①]。社会转型过程中，筠泉社区的部分居民在遭遇变故后自暴自弃，感到社会的疏离，自我价值被否定。但从阿玛蒂亚·森宏观的发展观理论去反思具体的个人，尤其是弱势群体的发展时，就不能将老人、下岗职工等群体视为社会需要承受的负担。即使面对生理机能退化与社会适应能力缺失的情况，弱势群体仍然有发展的机会。因此，对其提供社会支持不仅限于满足基本生活的需求，而且是赋予其能够按照自己意愿来过值得珍视的生活。"安老怀弱法"的实施使这些居民脱离外界强加或自我设定的否定标签，重新拾得生活的信心，让他们在社区的生活中找到自己的价值。

（二）应用价值

1. "安老怀弱法"是对中国共产党的宗旨与初心的践行。中国共产党的宗旨是全心全意为人民服务，初心是为人民谋幸福，为民族谋复兴。付秀秀"安老怀弱法"既是对宗旨和初心的深刻领悟，又是将思想转化为行动的实践。让社区变管理为服务，在尊重关怀居民的基础上帮助居民解决心理问题、生存问题以及发展问题，这不是外在的制度约束，而是来自于对工作的内心认同，是真心实意地为居民着想，为居民解忧。付秀秀以居民的生活幸福为指向，并在社区服务过程中不断丰富幸福的内涵，她通过一次次的走访，发现居民的需求与问题，并努力去满足与解决，不仅让居民摆脱生活的拮据，更让居民获得心理上的安定与精神生活的满足。同时，通过"红引擎法"充分调动社区内的党员力量一同参与到对居民的服务工作中，将付秀秀这种服务理念和价值追求发展成整合社区内部的各种力量的统一思想和行动指南。

2. "安老怀弱法"有利于社区治理共同体的形成。社区的长效治理离不开社区与居民的有机联系，社区的行政化趋向常使社区与居民关系连接减弱，这既不利于社区服务职能的发挥，也不利于居民参与社区治

[①] ［印度］阿玛蒂亚·森：《以自由看待发展》，任赜、于真译，中国人民大学出版社2013年版，第10页。

理，形成社区认同。"安老怀弱法"使社区以积极的态度与居民进行充分互动交流，在尊重、协助与发展居民的基础上形成相互熟识并有情感交流的社区共同体关系。这样紧密的关系下，社区内部能够以平和的沟通方式化解矛盾纠纷，形成良好的社区治理秩序。同时，对关系的认同让居民在治理中理解并配合社区工作，并让居民内部组织起来参与到社区治理。在"安老怀弱法"推动下形成的社区治理共同体，不再是机械的运作，而是彼此之间相互配合的有机合作。

3. "安老怀弱法"在实践中形成了解决居民问题的有效方式。社区工作应该看到真实的、有多种需求的个人，并以此为基础有针对性地采取长效的、根本的、发展的解决措施。在社会转型中，失去单位庇护的独居老人、下岗职工等多是自谋生活。付秀秀在看到这些人的生存境况后积极采取措施，通过社区的力量帮助他们改变。从付秀秀采取建立居家养老服务中心、学习广场舞、解决心理问题等措施看，产生了长效、根本地解决问题的积极效果，并且在过程中有助于个体发展。这些紧密地切合居民生活与满足居民需求的措施，以个体发展为导向，帮助居民重新获得生活信心与生活能力，并形成了良好的社区运行机制，紧密地贴合居民生活与满足居民需求。

4. "安老怀弱法"带动居民参与社区活动，繁荣社区生活。高效的社区治理与繁荣的社区生活不仅要依靠社区"两委"，关键还在于社区居民自下而上的认同与参与。社区治理出发点和落脚点是人的发展，筠泉社区首先通过基本生活的扶助解决了居民的后顾之忧，逐步打破居民与社区的区隔，增进彼此交流互动，形成了融洽亲近的社会关系，以及社区关怀居民，居民信赖社区的良好氛围，使社区生活呈现繁荣向上的景象。

五 专家点评

习近平总书记强调："要坚持以人民为中心的发展思想，切实解决好群众的操心事、烦心事、揪心事。"这在基层治理中表现得更为明显。随着现代城市生活逐渐呈现出异质性与陌生化，个体在现代社会复杂性与不确定性增加的过程中变得漂浮不定，且不得不面对大大小小未知的风险。在基层治理中，社区作为中间组织将分散的个体整合起来，并形成共同体来积极回应、协调、解决成员间的矛盾，并为个体成员的生存和发展提供支持。付秀秀社区工作的"安老怀弱法"着重解决的是社区内老人等弱势群体的问题，并通过"心理调适法"、"共情法"、"文娱赋能法"与"红引擎法"等具体方法和技巧解决居民的心理、生活、发展等问题。"安老怀弱法"的价值首先体现在以人为中心，这既是在落实中国共产党的初心与使命，也是将治理回归到真实个人的理念践行；其次，借助社区认同激发居民社区参与，形成了繁荣有序的社区治理格局；最后，工作法在解决社区居民问题时贯穿始终的价值理念与独树一帜的方法技术为基层社区治理的实践提供了示范，具有借鉴与推广的意义。

点评专家：张文宏，上海大学社会学院院长、博士生导师，教育部长江学者特聘教授。

六　付秀秀小传

付秀秀，女，汉族，1973年11月出生，1998年7月加入中国共产党，现任江西省高安市筠阳街道筠泉社区党委书记、居民委员会主任。自1998年进入社区工作后，付秀秀怀着"以初心为恒心、把职业当事业"的责任与使命，在平凡的岗位上一干就是20年，被社区居民亲切地称为"秀书记"。社区先后荣获全国社区侨务工作示范站点、全国妇女健身示范点、全国低保先进单位、全国民主法治示范社区、全省和谐社会建设示范社区等诸多荣誉。付秀秀个人先后被授予全国"三八红旗手"、全国爱岗敬业模范、全国老龄工作先进个人等诸多荣誉称号；2017年光荣当选党的十九大代表，2017年12月，当选为中共江西省委委员；荣获2018年度"全国基层理论宣传先进个人"及"全国最美社区工作者"称号，2018年当选中国妇女十二大代表，2019年荣获"全国最美城乡社区工作者"称号；2020年当选全国先进工作者。

"以初心为恒心，把职业当事业"是付秀秀二十多年社区工作的真实写照也是她内心的坚守。1973年付秀秀出生于江西宜春高安市的建山镇，父亲曾在水利部门工作，母亲则为普通工人。1990年，付秀秀刚刚毕业便被分配到筠阳镇工作。那时在乡镇工作人员众多，对乡镇工作人员的要求并没有多么严格，大家想着只要能进政府机关做什么事都可以。但付秀秀从事的文书工作却是十分忙碌，每天收发文件、电话接访、接待来信来访，有时还需要到文化站、土管所、司法所等多个部门兼职。虽然每天事情繁多且没有专职的工作，但付秀秀依旧觉得在乡镇工作是一段非常好的经历。这段经历锻炼了付秀秀的行政工作能力，积累了基层工作的经验，为她日后处理繁杂的社区事务打下了坚实的基础。1998年乡镇机构改革要对工作人员进行精简，没有编制的工作人员要被分流到社区。付秀秀被分流到红旗居委会（筠泉社区前身），正在乡镇工作中满怀理想、充满激情的付秀秀感到生活没有了动力。当时有些消极情绪，她总觉得在居委会中工作是被埋没。当时的付秀秀在社区担任会计，由于社区人员比较少因而她同时还要分管党建、计划生育等业务。除了社区常规性的工作外，当时的付秀秀还需要每天下去走访群众。让她改变的就是1999年春节前走访困难户涂大爷和他的孙子的经历。正是看到爷孙俩的凄苦生活，付秀秀的同理心才被激发出来。付秀秀每次走访接触到社区的留守儿童、独居老人等弱势群体时都有颇多感慨，一方面是他们生活的不易，为同在一个城市中他们却是如此处境而感到难受；但另一方面更令她感动的是这些人一直将社区当作自己的家，尊重社区工作者。这种"家"的共同体意识极大地影响了付秀秀今后的社区工作，使她更关注人心，关注社区中家的氛围的塑造。正是接触了这些群体，付秀秀在社区基层工作的心态慢慢转变，她逐渐认识到作为一名共产党员，在任何地方工作都不能忘记入党的誓词。她为自己不安心在社区工作感到惭愧，没有谁应该干什么不应该干什么，社区工作是普通，是平凡，但它却是党和政府联系群众、服务百姓的一个平台、一条纽带。付秀秀由此下定决心，"作为一名党员、一名社区干部，肩上有责任，心中有义务。既然组织上安排了，我就要定下心来，在社区好好干"。付秀秀经历此次心态转变后，逐渐融入了社区生活并对社区工作形成认同，踏踏实实地以一名社区工作者的身份开始了在筠泉社区工作的历程。付秀秀开始关注到社区中的独居老人、下岗职工问题，并且在 2003 年下岗职工潮中将大家派出去学习广场舞、太极、柔力球等，丰富了群众的文化生活，疏解了人们的悲观情绪。

  2006 年筠阳街道重新规划区域，新组建了一些社区，当时还在红旗居委会任职的付秀秀因工作成绩突出而得到领导的认可，以社区书记与居委会主任的身份被抽调去别处组建了一个新社区工作八个月。新社区组建完毕后，付秀秀返回筠泉社区担任该社区的党支部书记、居委会主任。2018 年 8 月，筠泉社区党支部升格为筠泉社区党委，付秀秀任社区党委书记。2016 年付秀秀经过严格考查后被选举为江西省委候补委员，2017 年付秀秀被递补为省委委员。付秀秀这种作为基层党员获任省、市级党委委员在全国已经不是个别现象，具备这一身份的付秀秀结合自己的基层工作来思考和关注全省发展。一直以来，付秀秀的工作都是以人为指向，她手中的笔记本记录了在走访中遇到的每一个困难户的信息，她熟悉他们每一个人的性情，在充分了解的过程中解决了一个个群体的问题并满足他们的需求；她自考了心理咨询师证书并在社区创办心理咨询室，认真解决每一位居民的烦心事。在付秀秀的带领下，筠泉社区党委以"五心"工作模式为抓手，借助党群服务平台、文体休闲平台、网络服务平台立足社区实际，通过创新推进，让居民的需求落地、志愿者的要求落位、党员发挥作用落实，形成综治中心实体化建设的"筠泉模式"，努力打造有温度、有力度、有风度的"三度"社区[①]。

  付秀秀的工作方法对解决独居老人、下岗职工、退役军人、海外侨胞等群体的问题上提供了优良的经验。为居民群众做了很多实事，也成功打造了许多社区品牌项目。面对赞扬和荣誉，付秀秀依然保持着平常心，因为在她看来，这些成绩正说明了社区的所想所为正是顺应了民心、切合了民意，最终才得到了群众的支持。

---

① "三度"社区即以平安幸福为目标，推出暖心组合牌，打造有温度的社区；以综合中心为信托，织就便民服务网，打造有力度的社区；以人民群众为中心，画好共治同心圆，打造有风度的社区。

第三章

"一首两翼":鸿雁真情暖万家

——阳泉市矿区段南沟社区任红梅工作法

任红梅工作照

党的十九届四中全会《中共中央关于坚持和完善中国特色社会主义制度、推进国家治理体系和治理能力现代化若干重大问题的决定》中提出,"坚持和完善共建共治共享的社会治理制度,建设人人有责、人人尽责、人人享有的社会治理共同体"。对于社区来说,调动多元主体参与的积极性,发挥多元主体的积极作用成为社区治理工作的重要方向。段南沟社区是依托煤矿企业建立的单位社区,伴随着阳煤集团①四矿的破产,职工的外流,空巢老人、留守儿童以及残障人士等特殊群体成为社区治理建设面临的第一道关卡。在这样的背景下,任红梅迎难而上进入段南沟社区开展社区工作,针对特殊群体开展特色服务工作,解决历史遗留问题;其次,结对共建,链接多方资源,助推社区工作;最后,加强服务,始终将解决居民的操心事、烦心事和揪心事作为工作的第一要义。

任红梅扎根段南沟社区,带领社区工作人员和居民群众在长期的基层社区工作中积累了丰富的实践经验,并在治理实践的基础上总结提炼出了"一首两翼"工作法,以党建引领为前提,社区居委会和社区便民服务中心为支撑,将党建引领与多元协同相结合,以联系服务群众工作为基础,不断健全工作机制,创新工作方法,将段南沟社区由问题频发的老旧社区建设成和谐稳定的"鸿雁"品牌特色社区。

一 产生背景

任红梅所在的段南沟社区位于阳泉市的矿区,是典型的老工业基地单位小区。谈及段南沟社区的成立背景,与阳泉市的发展起源不无关系。阳泉古称"漾泉",因其泉水充盈,喷涌不息而得名。"上世纪初,伴随着铁路交通的发展,阳泉火车站的设立,阳泉逐渐成为晋东物流、人流的集散地。"② 在山西省近代采煤、冶铁工业的发展进程中,阳泉市因矿产资源丰富占有重要地位。1916年,近代规模最大的民族资本企业——山西商办全省保晋矿务有限总公司在境内落户,揭开了阳泉地方近代工业的序幕,为阳泉市产业经济的发展奠定基础。除经济发展之外,阳泉地区较早经受马克思主义思想熏陶,并积极开展马克思主义思想宣传。中国共产党建立之初,正太铁路总工会阳泉分会、中共平定特别支部与

---

① 阳煤集团现已更名为华阳新材料集团,为保持行文连贯本章仍以其旧称记述。
② 高喜存:《阳泉建市与发展的历史回顾》,中国历史网,2016年3月6日,http://lishi.zhuixue.net/,2021年1月11日。

中共阳泉支部相继建立①。因而，阳泉人民很早便在中国共产党的领导下，投身于反对帝国主义、反对封建主义、反对官僚资本主义的革命洪流之中，为推翻旧政权、成立新中国做出了伟大的贡献。

20世纪前半叶，著名的平定武装起义、百团大战等重大事件都曾在阳泉这块大地上发生，并影响着阳泉发展和中国发展的历史。1947年，随着正太战役的胜利推进，阳泉宣告解放。基于阳泉丰富的煤铁资源、便利的交通条件和雄厚的群众基础等优势，1947年5月4日，晋察冀中央局和晋察冀边区作出组建中共阳泉市委、阳泉市人民政府的决定，将由车站发展成为工商军事重镇的阳泉镇及附近的3个村庄从平定县划出，设立阳泉市，建设为一个新型的工业城市。由此，山西省阳泉市作为中国共产党亲手缔造的第一座城市，被誉为"中共创建第一城"②，阳泉市的发展开启了新的篇章。

基于深厚的党性文化的积淀，阳泉市成为一颗闪闪发光的新星。新中国建立后，以煤铁等矿产资源为基础的大中型工业企业，如阳泉矿务局、阳泉钢铁厂、晋东化工厂、阳泉发电厂等不断发展扩大，既支援了全国的经济建设，也极大加快了阳泉作为国家能源重化工基地重要组成部分的建设步伐；既增强了对周边地区的辐射带动，也使阳泉成为名副其实的晋东地区的经济文化中心。

从地理空间上看，阳泉市地处山西省东部，三晋门户，晋冀要衡，地处太原、石家庄两个省会城市的中间位置，矿产资源丰富，是典型的一个煤炭资源型城市和老工业基地代表。从社会空间上看，依靠煤矿产业发展带来的高速城市化水平，在20世纪八九十年代，阳泉市曾有"小上海"之称，大量农村人口进入城市务工与生活，成了"新市民"。伴随着新型城镇化建设的推进，阳泉市统筹城乡发展，不断提升城镇化水平。阳泉市政府公开数据显示，对比山西省其他城市，阳泉市具有面积小、人口少、高城镇化率的特点，"其城镇化率达到了69.48%，仅次于山西

---

① 《"中共创建第一城"的历史考察》，阳泉市人民政府网，2019年11月28日，http://www.yq.gov.cn/ywdt/mszx/201911/t20191128_948031.shtml，2021年1月11日。

② 孟宏儒：《阳泉在山西近代发展史上的地位及贡献》，中国历史网，2016年3月6日，http://lishi.zhuixue.net/，2021年1月11日。

省会太原"[1]。总而言之，阳泉的发展与矿产资源息息相关，在长期高度依靠煤炭资源发展的前提条件下，资源的枯竭、能源的升级也对阳泉市的发展提出了新的挑战。

段南沟社区位于阳泉市矿区煤山路，地处城乡接合地区，是阳泉这座资源型城市繁荣发展的成果，也是新型城镇化建设阶段性成果的见证。段南沟社区成立于2000年，是阳煤集团四矿的职工家属单位小区，集团职工和家属的居民占比例高达98%。2002年，阳煤集团四矿因资源枯竭政策性破产，重组为天兴公司。由于阳煤集团四矿破产，停止资源开采工作，原有的煤矿坑口空置，一些采矿辅助设施撤离，空出大片的厂矿区土地。基于这一现状，山西省将段南沟社区列入采煤沉陷区的综合治理项目，将空出的矿区土地修建为居民区，在对附近居民区进行规划重整的基础上，2012年12月28日段南沟社区重新换届选举组建。目前，段南沟社区占地面积约0.26平方公里，共有居民3814户，10110人。

可以说，段南沟社区的成立和发展，与阳煤集团四矿的繁盛兴衰休戚相关。一方面，阳煤集团四矿从1907年投入开采，繁荣鼎盛一时，煤矿集团的职工平均收入水平相对较高，然而学历水平却没有达到相应的层次，高收入低学历催使部分职工居民走向吸毒犯罪的违法道路。同时，煤矿开采需要招聘大量工人，其中不乏外地人员。在社区融入的过程中滋生出多种治安及犯罪问题。需要注意的是，相较现今而言，以往矿场工作风险程度高，保障措施少，因伤致残的情况较多。这些共同构成了段南沟社区特殊人群多的特质。

另一方面，由于本地矿产资源的枯竭，四矿破产，阳煤集团着重在外地开采新的矿井，职工和部分家属跟随矿井迁移至外地工作，近在周边县市，远至新疆，经常往返家和矿井，形如鸿雁两地迁徙。社区呈现出空巢老人多、留守儿童多的特质。与农村的留守儿童不同，段南沟社区的留守儿童，其父母大多每隔几周或一两个月能够回来看望一次，但

---

[1] 社会科：《城镇化水平继续提升，发展质量不断提高》，阳泉市统计局官网，2020年7月3日，http://tjj.yq.gov.cn/，2021年1月11日。

因位于城区，青少年儿童受到的诱惑更多。在家庭中青壮年缺位的情况下，如何保障留守的孤寡老人和青少年儿童权益，及时解决实际问题，让外出工作的职工放心安心，对社区的工作提出急切需求。因此，针对这些特殊群体的服务，成为社区工作的重要指向。

2012年，段南沟社区重新组建，经过提名和选举，任红梅担任了段南沟社区的党总支书记兼居委会主任，开始了在段南沟社区的治理工作。重新组建的段南沟社区，包含了老旧小区自建房、排房、老旧小区和新建楼房，社区人口密度大，历史遗留问题多，情况复杂。在这样的背景下，如何带领全新的社区工作者团队，提升社区治理能力，提高社区服务水平，营造良好的社区居住环境，成为任红梅工作的首要目标和主要任务。基于社区发展背景和实践经验，任红梅创新性地提出"鸿雁真情暖万家，一首两翼工作法"，将中国传统的吉祥鸟"鸿雁"和传统儒家文化"仁、义、礼、智、信"相结合，形成"奉献、责任、服务、创新、诚信"的"鸿雁"为民服务理念，延伸应用至社区基层治理，以党建引领为核心，以"鸿雁"为民服务理念为导向，打造出一条党员带头模范，社区成员积极参与的社区治理路径。

二　界定及内涵

"一首两翼"工作法是对鸿雁现实形象的抽象升华，是山西省阳泉市段南沟社区任红梅书记基于社区治理背景和社区治理实践提炼总结的一种社区工作方法。其中，"鸿雁"是段南沟社区为民服务的品牌标志。"鸿雁"，作为中国传统文化中吉祥的候鸟，寓意着"仁""义""礼""智""信"的美德，作为段南沟社区的社区服务品牌。任红梅书记提出"鸿雁"为民服务理念，将"仁""义""礼""智""信"相对应地拓展为"奉献、责任、服务、创新、诚信"五种社区服务理念。

"一首"为党建引领，"两翼"分别为社区便民服务中心和社区居委会。"一首两翼"是对鸿雁的具象描述，抽象到社区治理方法层次，实质上是指社区通过发挥党组织建设引领作用，社区便民服务中心和社区居委会紧紧围绕，发挥辅助协调作用，多元协商治理，打造出一条党员带头模范，社区成员积极参与的社区治理路径。

具体分析，"一首两翼"工作法主要包含以下两层含义。

1. 正如鸿雁往返迁徙中的雁阵中有组织的团结协作，相互勉励完成飞行任务。"一首两翼"工作法中社区党组织，社区居委会、社区便民服务中心需要传扬同样的团结互助理念。领头雁的工作预示着党组织在社区工作中发挥引领作用的时候，要勇于担当，甘于奉献。雁群的团结协作，预示着各个服务主体要明确分工，同心同向。段南沟社区在社区工作中坚持党建引领，实现与驻地单位阳煤集团的共驻共建，实行大党委联合制，阳煤集团在职党员进社区报道，发挥党员带头模范作用，让辖区内党员切实参与到城市基层党建、社区发展治理中。目前，段南沟社区共有388名在职党员进入社区报到，社区居委会和社区便民服务中心紧跟党组织引领，切实解决社区居民的问题，满足居民的迫切需求，将党的政策法规及时传达给居民，做好社区治理第一线的排头兵。鸿雁在古代指书信，鸿雁传书为远隔两地的亲人报平安，"我们的初心就是不断满足居民群众对美好生活的期待，为社区居民做好服务，让外出工作的职工放心，让留守在家的老人孩子安心"。

2. 就社区治理宏观结构而言，要坚持党建引领，发挥党组织领头雁功能。就社区治理微观实践而言，要发挥每一个共产党员的带头模范作用，每一个人都是领头雁。引导党员正确认识党员身份，深化先锋模范意识，在社区治理活动中做先锋，做表率。在社区治理活动中，段南沟社区优先调动党员分子，一方面通过社区特色活动，激发党员分子活力，调动党员参与社区治理积极性，让党员参与到社区活动中来。另一方面，针对党员参与社区活动表现给予考核评价，表彰优秀党员社区志愿者，将在职党员社区考核与单位职称晋升相关联，鼓励和激励在职党员在社区治理活动中发挥先锋模范作用。把基层党建工作做细做实，促进社区党建工作高效推进。

三　具体方法及案例分析

针对不同的社区工作内容,"一首两翼"工作法又可以具体拆分为如下几点工作方法和技巧。

(一) 头雁领飞法

"头雁领飞法"即以党建为引领,充分发挥党组织在基层社会治理中的"领头雁"作用。"头雁领飞法"是在阳泉市广泛推行"契约化"党建的背景下形成的,即推动城市建成区驻地单位与所在街道社区签订契约化共建协议。2017年,在阳泉市委领导的牵头下,阳泉市委组织部和阳煤集团党委签订党建共建互促协议,随后阳煤集团与段南沟社区达成共驻共建合作意向。在党建联盟机制的基础上,以街道社区党组织为核心,有机联结阳煤集团下属单位各领域党组织,实现城市基层党建组织共建、资源共享、机制衔接、功能优化的系统建设和整体建设。社区基层党组织与联盟成员单位签订共驻共建协议,实现在职党员进社区,发挥党员先锋模范作用。

案例一:党员身份"亮"出来

段南沟社区主动挖掘社区隐性党员,引导党员正确认识党员身份,做显性党员,党员不仅仅是一个称号,更是一个需要践行党员责任的社会身份。2016年8月,段南沟社区组织社区青少年儿童开展"我为爸妈诵党章"活动,以对党的认识和理解为主题开展演讲比赛,同时留出活动结束后的作业,回到家中询问父母是不是党员,统计家庭中党员人数。

从青少年儿童着手开展党性教育活动,一方面有助于加强青少年儿童对党的认识与理解,引导青少年儿童树立正确的价值观。另一方面,动员青少年儿童与党员家长开展互动,孩子稚嫩天真的语言,激发每一位党员家长重新审视自己的党员身份,牢记党员身份,强化党性观念，践行党员标准，自觉发挥党员先锋模范作用。

在职党员不仅在单位是党员，在社区、在家中仍然是一名显性的共产党员。党员家长通过"亮"出红色身份，自觉树立党员意识，在家中为孩子做榜样，在社区中积极参与社区活动。青少年儿童不仅成为父母党员意识的发掘者，更是党员父母的监督者，党员家长为青少年儿童树立榜样，成为真正的"领头雁"。家长与孩子的互动，形成良好的循环机制。

案例二：创新主题党日活动

与相对呆板枯燥的会议形式的主题党日活动不同，段南沟社区开展主题党日活动的形式丰富多彩。有去红色革命圣地参观学习的实践感知形式，还有组织老党员开展党性分享会的思想教育引导。作为红色老革命根据地，加强革命精神学习传承是党性修养的一项重要内容。段南沟社区利用周末组织社区党员去西柏坡参观革命圣地，重温了老一辈革命家走过的历程，真切感受了在艰苦的革命历史条件下老一辈革命家开拓进取、艰苦奋斗的革命精神。通过为革命先烈敬献花圈，重温入党誓词等活动，让党员同志再次回顾初心，锻炼党性，坚定理想信念。

"七一"建党主题党日活动，社区开展了一次"奖状的故事"活动。社区里有一位八十多岁的奶奶，她不仅是一位有几十年党龄的老党员，更是一位善于表达的好党员，老人的家就是社区的党性教育基地。因为在老人的家中，一面墙上挂着八张70年代的泛黄的奖状，还有一面用油漆写着"先进个人"荣誉的镜子。"八张奖状"和"一面镜子"满满承载着老人的回忆与故事，是对这位老共产党员在工作中先进积极的高度肯定与认可。将老人的家设为社区的党性教育基地，组织全体青年党员和入党积极分子一起去老人家中过"七一"，聆听老人讲述"八张奖状"和"一面镜子"背后的故事，这是对青年党员最为生动的党性教育活动。

案例三：社区防疫的重要助力

2020年初，新冠疫情的暴发对社区的治理提出新的挑战。段南沟社区老旧排房、自建楼房和新建小区混合的现实状况，使封闭管理极为困难。在这种情况下，有一部分正好在家中休息的在职党员，主动申请加入疫情防控的队伍。以社区值班为例，疫情期间社区实施24小时全天候值班制度，社区进出口、楼门口设岗，24小时进行登记测温等各项工作。在职党员的志愿加入极大地弥补了社区内工作人员不足的问题，且一部分男性志愿者主动替一些不方便的女性工作人员值夜班，为社区工作人员多争取一些休息时间，甚至白天也为工作人员替岗，成为疫情期间社区治理的重要支撑力量。

与此同时，作为外出流动人口占比较大的社区，段南沟社区有一部分青年职工常年跟随矿厂在外工作，因为疫情的阻碍没有回到社区。这些远在外地的党员分子积极在社区微信群中传播防疫知识，引导社区群众不信谣不传谣，积极支持社区防疫工作，传播社区防疫规范与措施。这些在职党员积极参与社区防疫，以身作则，不论是身体力行的志愿参与，还是远在他乡的精神支持，都成为疫情期间社区工作的重要助力。疫情期间在职党员的带头模范作用，真正地彰显了党员干部"领头雁"的功能，成为社区治理中党建引领的重要作用。

"头雁领飞法"是任红梅在阳泉市"中共创建第一城"的红色基因和老工业基地单位社区的制度优势的基础上，结合上级政府的政策文件导向，将党建引领嵌入社区治理的生动实践。以党支部为引领，发挥党员带头模范作用，推行在职党员进社区，实现"社区+单位"的双重管理与双向反馈，通过强化正向激励和反向约束，引导党员亮身份、树形象、起作用。

（二）雁阵联飞法

"雁阵联飞法"即团结多方力量，构建"雁阵效应"。"雁阵联飞法"是以任红梅为代表的段南沟社区对"坚持和完善共建共治共享的社会治理制度"的积极探索实践，在基层社会治理中，串联社会中分散的各个群体，整合政府、社会、市场、个体居民等多方社会资源，实现多元协商共治，提升社会治理水平。段南沟社区以争取政府支持为前提，"十联十共"① 企地共建 1+1 为核心,辅之以社会志愿服务体系和社区社会组织,达到顶层设计、基层服务、互相联动、共治融合的效果。具体而言,"雁阵联飞法"的内涵可以概括为以下几个方面:

1. 政府支持。2013 年,在上级领导部门的支持下,段南沟社区成立党代表工作室,任红梅书记作为市级党代表,整合联动一批具有专业性和积极性的党员代表加入工作室,其中包括医生、教师、律师、政府工作人员、党务工作者等多重力量,形成党代表工作团,成为参与社区各项公共事务治理的一项重要支撑力量。

2. 企地共建。2017 年 4 月,阳泉市委组织部与阳煤集团党委组织部签署"地企党建互促共建"框架协议,并推动段南沟社区党委与阳煤集团党委组织部签订契约化共建协议,达成共驻共建机制。在顶层设计的推动下,段南沟社区进一步与阳煤集团下辖的多个单位签署合作协议,真正构成区域大党建格局,打破行政隶属壁垒,实现资源共享,平台共同建设,活动共同开展。

3. 社会组织联结。2014 年,任红梅自主出资,成立亲青社会工作服务中心,对接各项社会资源,针对辖区内部甚至周边留守的青少年儿童,开展亲情关怀服务。以社会服务中心为基点,开展青少年归巢五步工作法。其一,亲青守望,呵护成长。通过对接心理咨询中心、律师事务所等机构,为亲少年提供心理咨询和法律维权等服务,同时开展道德讲堂。其二,聚焦重点,延伸服务。通过对接机构、企业等社会力量,为一些重点青少年提供衔接性服务,如针对失学失业的边缘青少年提供就业、创业培训,预防青少年犯罪。其三,个案辅导,爱心呵护。招募"爱心妈妈"结对认领失爱失教儿童,网格员、老师、家庭联手对问题青少年重点关注;开展对服刑人员未成年子女关爱行动,设置心理咨询工作室,对重点青少年一对一地制定心理干预。其四,社会关爱,各方联动。依托法院、检察院、团委等社会力量建立未成年人司法保护、社会帮教工作机制,组成帮教小组,定期对未成年犯罪嫌疑人进行考察、教育。其

---

① "十联十共"指的是党员联管,平安联创,要事联商,家风联唱,文明联届,服务联做,文体联谊,防困联住,民生联住,三社联动。

五、回归家庭，共筑希望。设置"鸿雁邻里聊吧"，针对重点青少年家庭开展"雁巢正能量"活动、开办"家庭学校"，激发问题家庭的责任感，帮助重点青少年回归家庭。以社会服务中心为载体，对接各项社会资源，动员社区、社会志愿服务团体，为社区治理增添重要力量。除此之外，社区鼓励支持居民自发成立兴趣爱好组织，以鸿雁艺术团为代表，目前社区注册以及备案成立的共有十多个社区社会组织，构成社区参与的有生力量。

4. 志愿服务联动。在"鸿雁"为民服务理念的指导下，社区成立鸿雁志愿协会，首先，动员在职党员带头加入，同时挖掘社区积极热情的居民，树立榜样的力量，滚雪球式扩大志愿服务人数。目前，社区登记注册的志愿者就有两千多名。其次，吸纳有热情有热心的退休老年群体进入社区内部备案志愿者团队，一方面满足老年群体个人的价值需求，另一方面为青年群体和少年儿童做榜样，形成良好的示范效应。最后，鼓励青少年儿童加入志愿服务团队。从小培养志愿服务精神，养成正确的世界观、人生观和价值观。目前，鸿雁志愿者协会可划分为七大类：俏雁，以文艺志愿者为核心；威雁，以法律工作志愿者为核心；洁雁，以创卫清洁工作志愿者为核心；银雁，以发挥余热的老年志愿者为核心；暖雁，以扶贫济困志愿者为核心；归雁，特殊人群服务志愿者为核心；雏雁，以青少年儿童志愿者为核心。针对青少年志愿者再划分为八小志愿体系[①]。针对志愿服务者工作，设立考核评价体系，评奖评优；针对八小志愿者开展志愿表彰活动，传承志愿服务精神。

案例四：拆废弃粮食店

段南沟社区内有一家废弃粮食店，在市场经济的发展进程中，这家粮食店被淘汰，店铺闲置废弃。然而，废弃的粮食店一直占用着社区空间无法拆除。因为从职能部门归属来看，粮食店归粮食局

---

① 八小志愿体系主要是鼓励未成年的中小学生参与志愿服务活动，具体划分为：雏雁志愿小雷锋、雏雁环保小卫士、雏雁学习小标兵、雏雁普法小能手、雏雁才艺小明星、雏雁科普小精灵、雏雁防疫小先锋、雏雁禁毒小天使。

管理。想要拆除，必须先得获得粮食局的同意，拆除粮食店成为社区的"老大难"问题。2018年，阳泉创建国家卫生城市过程中，废弃粮食店的拆除成为社区工作的重要内容。恰逢国资委领导进社区，任红梅紧抓机会，将社区的难题向国资委领导反映。以情以理，任红梅阐述了拆除废弃粮食店的必要性和可行性。从必要性来说，这个粮食店是已经有二十多年，废弃停用占据社区场地的同时不利于社区综合治理，拆除废弃粮食店是社区工作的必要内容。从可行性来看，国资委是对国有资产进行监督管理的职能部门，有一定的权力对粮食店进行管理。如果在国资委领导的帮助下能够顺利拆除，这既是对社区工作的重要支持，更是对领导工作内容的重要补充。如果没能实现拆除，最坏也不过是维持原样。最终，任红梅通过与国资委的党组织和粮食局的沟通，社区与国资委的共同合力，废弃粮食店这块"硬骨头"被啃了下来。

案例五：亲青关怀

留守青少年儿童多一直是段南沟社区治理中的重要关注点之一，看到社区孩子沉迷于玩手机，进出网吧，甚至还有走向违法犯罪边缘的情况，任红梅自己出资注册成立了亲青社会工作服务中心，通过承接项目为青少年儿童开展心理咨询、法律咨询和教育支持等多项服务工作。成立六年，中心服务三万余名青少年儿童，其中针对服刑人员子女的个案辅导和爱心守护，成功帮助一位重点少年走到正常的社会生活。

少年成成的母亲去世，父亲是一位服刑人员，成成与奶奶二人相依为命。家庭的变故对成成的心理产生了深刻的影响，青少年时期的成成性格敏感内向且自卑。在了解到这一情况后，任红梅主动和成成实现"一对一"结对子，为他购买学习生活用品，辅导功课，尽可能地让成成感受到更多的关爱。以情换情，任红梅对成成的爱护，换来了成成一句真挚的"主任妈妈好"。与此同时，社区通过社会组织力量进行干预，从生活到学习，从心理健康到身体素质，通过多个相应的项目为成成申请到支持，采取"多对一"的方式，多方链接资源，帮助成成健康成长。2019年，成成考取了大学，社区通过对接政府部门和社会资源，为成成筹集到大学学费，帮助成成顺利地就读大学。2020 年春，随着新冠疫情暴发，高校普遍延长假期，身为大学生的成成也一直待在家中，社区工作的繁重，人手的紧缺被他看在眼里。他主动跑到社区来请求担任防疫第一线的志愿者，永远第一个来，迟迟不愿意走，常常为其他志愿者替班，尽自己最大的力量帮助他人，为社区防疫工作做贡献。在多方力量的帮助下，成成不仅学业有成，更成长为一个乐于助人积极向上的好青年，对任红梅来说，这是成立亲青社会工作服务中心最大意义的体现，帮助重点青少年儿童回归正常生活，且培养他们独立自强的精神与能力。

案例六："刷树"大动员

2018 年，阳泉市提出创建省级文明城市、国家卫生城市、国家智慧城市、国家创新型城市、全国双拥模范城工作，一共五项五城联创。在这个工作当中国家卫生城市创建是重点工作。创建卫生城市的过程中，树木的维修绿化是一项重要内容，也是一项任务量较大的工作，发动社区志愿者的力量是完成这项工作的重要支撑。

在给社区树木做维护的前一天，任红梅提前在社区在职党员群里发通知："明天上午我们要组织义务刷树活动，请休班的各位党员，如果您有空请来社区一起参加。"以防万一，任红梅又通知了一部分低保户，总共 12 名，加上社区工作人员，总共二十多名志愿者，预计一天完成刷树工作。令人意外的是，第二天一早，任红梅还在办公室处理工作，就被社区工作者激动地叫到窗边："书记你快出来看，楼下好多人。"透过窗户，任红梅看到楼下站了四五十个人，下楼细看，很多都是段南沟社区的居民、阳煤集团的在职党员。任红梅又高兴又疑惑，不禁问道："你们是谁叫来的？"居民回道："不是你叫我们来的吗？你在微信群里发的。"看到社区书记的微信，志愿者们自备小桶、盆子、手套和刷子等工具，早上前往居委会中心，助力社区创建卫生城市工作。在社区党员志愿者的助力下，原本预计一天的刷树工程，短短两小时内就全部完工。

"雁阵联飞法"是任红梅在党建引领的基础上，发挥多元协同力量，构建社区治理"共建共治共享"新格局的重要举措。作为社区的书记兼主任，任红梅一心一意为社区谋发展，积极争取政府部门、驻区单位和社会组织等多元力量的支持，保障社区服务的资源供给，优化社区服务的内容质量，提升辖区居民的获得感与幸福感。

（三）雁鸣呼应法

"雁鸣呼应法"即雁鸣声声，此鸣彼应，运用到社区治理层面是指及时了解居民需求，快速回应群众关切的一套服务预警机制。段南沟社区从亲情化联络站、亲情话联席会议和平安驿站三个层面，做到群众有呼声，快速回应；服务有问题，提前介入；社区有警情，及时干预。

1. 有呼必应——亲情化联络站。"有呼必应"是基于大党建联盟的前提下，段南沟社区与共驻共建单位建立密切的网络联结关系，实现"社区有呼叫，马上来解决"。社区通过互联网反馈问题，共建单位实现快速反应，积极解决。作为典型单位社区，段南沟社区建立至今的"三供一业"，即供水、供暖、供电和物业一直由单位企业阳煤集团下属升华分公司负责。为提高服务质量与用户满意度，他们提出"亲情化服务"的口号，在此基础上，社区设立亲情化联络站，最初尝试通过QQ群，将各部门调度值班室相关人员聚集在同一个网络空间中，一旦社区居民反映有关问题和需求，社区第一时间通过QQ群联系相应部门负责人员，节省部门层层沟通时间，实现发现问题第一时间解决。

一方面，段南沟社区通过亲情化联络站直接反映问题，畅通基层治理问题反馈渠道，提高基层治理效率；另一方面，共建单位通过亲情化联络站及时了解服务缺陷，快速回应居民需求，有助于提高服务水平，实现高质量的服务。

2. 提前介入——亲情话联席会议。"提前介入"是任红梅在党建引领和民主协商的基础上，以提前预防问题、发现问题和解决问题为主旨，在大党委工作机制的统筹下，提前收集民意，召开民主协商会议，对社区群众关心的问题做出回应，提出解决办法。在问题发生之前实施合理的预防手段，防止问题的集中爆发，是为提前介入法。段南沟社区在和驻地单位签订共筑共建协议的基础上，确立大党委联盟机制，以社区工作者为专职委员，驻区单位、社会组织和志愿者团队等党员群体担任兼职委员，形成合力解决社区问题的基础保障。定期就居民反应的问题，或针对特殊时期的隐患召开民主协商会议，提出相应的解决方案。具体内涵包含以下几个层面：

其一，民意收集。段南沟社区充分发挥鸿雁引领作用，以社区党代表工作室、鸿雁邻里聊吧等作为居民反映问题的窗口，收集居民问题与需求。

其二，会议协商。在收集民意以及综合往年社区治理经验的基础上，对社区居民集中关心的问题，社区服务中可能存在的问题，召集服务提供方、居民代表方与社区代表方，就社区居民反映的问题进行民主协商。

其三，党委引领，分化解决。针对社区居民反应的问题与需求，以社区大党委联盟为引领核心，协调整合各部门人力资源、物质资源、信息资源等，积极动员服务单位承担相应责任，同时引导群众自觉参与，实现政府治理和社会调节、居民自治良性互动，基层社区治理规范化和治理功能的不断优化。

3. 守望相助——平安驿站。"守望相助"是段南沟社区重建之初，为应对复杂的社区状况，提升居民安全感，设立的平安触角"民情眼"，以构建"治安岗哨、综治触角、温馨港湾、警民心桥"为宗旨，在社区辖区内精心选取理发店、超市等场所为两个"平安驿站"，在主要街道设置六个"平安守望岗"，充分发挥社区民警、网格员、驿站站长、平安志愿者、治安巡防队员"五位一体"作用，设置"平安服务分社"，充分发挥平安志愿者队伍和楼院长"民情眼"作用，及时了解社情民意，适时发现治安隐患，有效化解矛盾纠纷，使得社区里的大事小情能够及时发现、提前预防，起到预警作用，给社区居民带来更多的安全感。

案例七：一部快速接通的"热线电话"

以前几年社区应对突发事件为例。一天，网格员在社区巡查过程中发现社区有一处煤气管疑似煤气泄漏，立即上前检查，发现确有漏气现象。情况紧急，网格员第一时间疏散周边人群，自己站在管道旁边守着：因为当时正好是上下学高峰期，有很多孩子路过煤气管附近，人员密集风险程度高。在第一时间疏散人群之后，网格员立马上报社区，社区通过亲情化联络站，即刻联系上煤气管理所，对方立马派人对这一紧急情况进行处理，避免了安全事故的衍生。

前两年，段南沟社区还有很多自建房，不少房子建在山上，屋外私自拉建的电网线路盘根错节。当时因为连续暴雨冲击，一间房子的一面墙完全倒塌，顺势压倒自建房外屋主自己拉的电网线路，断掉的电线裸露在地面，暴雨洗刷下很容易引发触电问题，社区在了解情况后，第一时间在房屋两侧拉了警戒线，派人专门看守避免误闯危险区域。与此同时，任红梅书记通过信息化联络站联系供电部门，对方迅速回应，派出工作人员赶赴现场，将危险区域电源切断，处理好后续事宜。通过信息化联络站，实现居民、社区与服务部门的资源对接，能够及时满足居民需求，是社区成立联络站的初衷。但是值得一提的是，通过信息化联络站，社区可以在发现紧急突发情况时候，第一时间联系上相应部门，甚至不需要通过拨打110或者119，进一步转接对应部门，一步到位。可以说"联络站很多时候发挥了一部热线电话的作用"。

案例八：亲情化联络会

在大党委联盟机制的统筹下，段南沟社区每月召开一次亲情化服务联络会，把单位党代表、社区工作者和居民代表等人召集到一起，像聊家长里短的亲情话一样去倾听居民心声，协商处理居民反应的问题，满足居民的合理诉求。以社区供暖为例，供暖系统是个牵一发而动全身的系统工程，每年供暖问题多，解决难是社区的普遍情况。基于段南沟社区住房结构复杂的情况，供暖管网故障、供暖不足等问题是冬天社区居民反应的常见问题。针对这一问题，在开始供暖之前，段南沟社区召开亲情化联席会议，邀请供暖公司工作人员、社区居民代表与社区工作人员代表共同形成联席会议，沟通去年供暖过程中存在哪些问题，今年希望解决哪些问题，供暖服务有哪些不到位的地方，将居民关心的问题一一罗列，三方协商交流，提前给出解决方案，使得矛盾化解于无形。

"雁鸣呼应法"是任红梅坚持"心系群众,服务群众"宗旨的重要体现,坚持以居民为中心,及时了解居民各项需求,为居民提供精准服务是任红梅参与社区工作的基本原则。在任红梅的带领下,段南沟社区通过设立亲情化联络站和平安驿站,召开亲情话联系会议,构建了一套居民有需求快速反应,及时回应的服务预警机制。

(四)鸿雁安民法

"鸿雁安民法"是任红梅基于多年的社区工作经验摸索出的一套居民矛盾调解办法,在调解居民矛盾的过程中,不仅要了解居民不和的表面原因,还要深入了解矛盾产生的本质根源,抓住矛盾的源头,找到调解问题的核心办法,实现"鲜花要在基层开,疙瘩要在基层解"。透过现象看本质,找到矛盾的根源,进行调解。

一方面,段南沟社区通过开设多个沟通调解渠道,为社区居民提供矛盾调解平台,其一,设置"鸿雁邻里聊吧"为矛盾双方提供私密的沟通空间;其二,开设人民调解工作室,积极宣讲人民调解政策,在社区做出"有纠纷,来调解"的便民承诺;其三,依托"红梅党代表工作室"开展"相约星期二有话您来说"的活动,让居民有固定时间和地点谈心,将社区内矛盾纠纷化解在萌芽状态,做到小事不出网格,大事不出社区。有效化解了社会矛盾,维护了社会稳定。

另一方面,通过组建专业调解队伍,为社区居民提供解决矛盾的专业力量。任红梅把社区热心的楼院长、有威望的大爷大妈、专业律师和社区民警组成社区调解队,"威雁"法律援助志愿者团队就是其中重要一环,为矛盾化解提供专业分析,准确断案,依法调解。

案例十:漏水的暖气管

2021年1月24日,段南沟社区发生了一件紧急事件。小区10号楼的一位高层住户家中管道井暖气管路破裂漏水,致使楼下十户居民家中成了水帘洞,造成多处家具、墙面装修等各类损失,并且因为进水位置为电表箱部位,进一步引发供电系统损坏,10号楼住户无法正常用电。在接到居民的反馈情况后,任红梅第一时间赶赴10号楼现场,并紧急联系物业、供电公司等部门协助处理问题,尽最大努力降低居民损失,帮助居民恢复生活常态。但是,漏水问题严重,居民损失较大。为此,高层漏水住户与楼下十户居民产生矛盾纠纷,邻里关系紧张;住户与物业、供暖等部门之间围绕责任划分和损失承担等问题争吵不断;受到供电影响,家中一片漆黑的居民心情烦躁,不满情绪逐渐积累。面对这一突发情况,任红梅首先安抚居民情绪,她联合网格员挨家挨户开展思想工作,动之以情,晓之以理,两天内仅电话就拨出120多个;社区及时解决供电问题,保障居民日常生活和孩子上网课、写作业不受影响。其次,为了化解矛盾,任红梅组织全体涉及漏水事件的住户、社区的云潭物业、泉西热力以及律师等多方代表共同参加了矛盾调解会议。针对定责定损难题,请律师介绍了此类问题的相关法律规定和以往案例的处理方法,逐户解答居民的问题,帮助居民依法维护自己的合法权益。经过反复协商,以及随后近一个月的跟踪协调,商讨解决方案,缓解各方情绪,最终使得各种诉求回归法律、回归理性,在春节之际圆满解决了道歉、赔偿和部门协调处置等问题。

这次漏水事件的圆满解决,社区取得了居民、物业公司和供暖部门的一致认可与好评。在化解居民矛盾纠纷问题上,任红梅始终坚持自己"用'讲热情、讲实情、讲温情、真性情'的情理法德理念,解万家难、暖万家心"的初心,做好"新时代全国最美人民调解员"。

案例十一:艾灸馆的大喇叭

段南沟社区沿街有一家艾灸理疗馆,提供中医理疗服务。为了向来进行艾灸的老年人解释清楚服务项目内容,理疗馆每天利用大喇叭在馆内宣传演讲艾灸原理与功效。临近夏天,天气越来越炎热,理疗馆每天需要开窗通风,导致大喇叭的声音向外扩散,旁边居民楼的住户不堪其扰。"煤矿工人三班倒睡觉,他家早晨五六点大喇叭就开始宣传,很容易吵到人家休息。"有居民强烈抗议这家艾灸馆的行为,要求社区封停店铺。社区在接到这一民情反映后,多方开展社区矛盾调解工作。首先，根据法律法规，社区无权强制封停商户，必须向居民解释清楚社区的权责范围。其次，理疗馆的行为确实有不当之处，针对这种不当行为，社区找到店铺老板，与其进行协调沟通，要求商铺做出一定调整。第一，调整讲课时间，避免清晨授课；第二，关闭门窗，打开空调，尽量减少喇叭声音扩散；第三，更换高音喇叭，选取室内小型扩音器，社区进行分贝测试，保证周边居民在家中不受影响。最后，社区承诺商铺，如果艾灸馆能够在不扰民的前提下为老年人提供优质服务，真正发挥效益，社区可以为艾灸馆进行义务宣传。在开展了一系列调整工作之后，最终化解了商户与居民的矛盾，居民满意，商铺继续正常营业，避免了矛盾升级扩大。

社区介入矛盾调解，任红梅主张不采取"一刀切"式的强制措施，堵不如疏，"从根源上去把疙瘩解开，你不能说居民找你解疙瘩来了，你把前头两个疙瘩解了，后面的疙瘩不解，过两天疙瘩又一个一个堆起来，矛盾会越来越深"。换位思考，站在矛盾双方的角度，找到矛盾背后的深层原因，并提供相应的解决办法，才能真正实现"疙瘩要在基层解，鲜花要在基层开"。

"鸿雁安民法"是任红梅在多年社区工作实践中积累的矛盾纠纷调解技巧。段南沟社区经历重组，情况复杂，处理矛盾纠纷问题一直是社区工作的重要内容。针对段南沟社区的特殊情况，任红梅从搭建矛盾调解平台和组建矛盾调解队伍两方面入手，完善矛盾调解机制；并且，任红梅善于换位思考，注重透过纠纷事件看清矛盾根源，解决产生矛盾的根本原因，才能实现有效的矛盾化解。

四　学理依据及应用价值

（一）学理依据

20世纪90年代，面对政府失灵、市场失灵以及志愿失灵等多问题凸显的社会背景，治理理论逐渐盛行，协同治理成为重要的研究领域。1995年，全球治理委员会在其研究报告《我们的全球伙伴关系》中指出："治理是各种公共的或私人的个人和机构管理其共同事务的诸多方式的总和。它是使相互冲突的或不同的利益得以调和并且采取联合行动的持续的过程。"① 协同治理被认为是"各主体间相互合作，实现善治的有效途径，其具有匹配性、一致性、动态性、有序性和有效性五个特征"②。

考察中国社会发展的历史进程，秦汉以来，在中国传统的社会结构中，国家权力和以乡绅、宗族为核心的自治机构共同构成了有效的社会统治体系。费孝通曾指出，"在中国传统社会中，至少存在着皇权、绅权、帮权和民权四种互相作用的权力"③。时至近现代，在对封建统治体系反抗以建立新民主主义社会的过程中，中国共产党人总结革命失败经验，探索出一条农村包围城市的社会动员的行动路线，为新中国的成立奠定基础。进入单位制时期，高度封闭组织化的单位生活为单位时代的群体打下"联动协同"的烙印。改革开放以来，单位体制逐渐消解，单位组织"去社会化"的进程中，社区这一基层治理载体的重要地位逐渐显现。与此同时，社会结构的变动对基层治理提出新的要求，从"单位制""街居制"到"社区制"的转换④，提升社会治理水平亟须发挥基层能动性，整合治理资源，实现"小社区，大治理"。

自党的十八届三中全会首次提出"社会治理"以来，建立政府主导、社会参与、基层自治的多元协同治理格局逐渐成为社会治理的重要方略。"一首两翼"工作法，以大党建联盟为基础，整合多重资源，优化社区服务水平，调动居民社区参与积极性，强化社区凝聚力，是新时期党建引领下的多元协同治理的有效路径，为后单位时代破解单位共同体培育之困境，激发基层自治活力提供了有效的思路与借鉴。

---

① 全球治理委员会：《我们的全球伙伴关系》，牛津大学出版社1995年版，第23页。
② 李辉、任晓春：《善治视野下的协同治理研究》，《科学与管理》2010年第12期。
③ 费孝通：《乡土中国与生育制度》，北京大学出版社1998年版，第62页。
④ 何海兵：《我国城市基层社会管理体制的变迁：从单位制、街居制到社区制》，《管理世界》2003年第6期。

（二）应用价值

"一首两翼"工作法是基于政策文件精神和社区发展实践相结合而诞生的社区工作法，是实现"共建共治共享"的新时代治理新格局的重要实践运用。以多元参与、协同发展为主旨，联结基层社会治理的多个主体，实现多方联动，互促共进。"一首两翼"工作法跳出了社区职能的局限范围，注重培育社区的自治性和公共性，提升了社区治理效能，具有极高的应用价值，具体体现在以下两方面。

1. 坚持党的领导，充分发挥社区党总支在各类组织中的领导核心作用，积极调动社区党员参与社区治理积极性，发挥带头模范作用。段南沟社区依据与阳煤集团构建党建联盟的优势，将驻区企事业单位资源引入社区，合力提升服务效能；同时，利用党员先锋模范作用，吸引社区居民参与社区治理，激发社区自治活力。

2. 坚持居民需求导向，培育多元治理主体，提升服务能力，构建长效社区服务机制。段南沟社区发挥政府部门职能优势，如针对残疾人士、吸毒人士等特殊人群，直接对接民政、公安等部门，将有利于居民的政策落实到社区，解决特殊人群的实际需求，维护社区的和谐稳定。

五　专家点评

改革开放以来社会结构深刻变化、社会利益主体日益多元化，社会主要矛盾发生转化，对基层社会治理提出了新的要求。习近平总书记在基层代表座谈会上强调，"十四五"时期，要在加强基层基础工作、提高基层治理能力上下更大功夫。加强和创新基层社会治理，是适应社会主要矛盾转化和构建基层社会治理新格局的必然要求，更是实现国家治理能力和治理体系现代化的重要基石。打造"共建共治共享"的社会治理新格局关键在于坚持党建引领，更需要多元主体的共同参与，协同治理，合力实现社会的善治。

"一首两翼"工作法是在协同治理视角下社会治理"三社联动"的实

践升级，是推进社会治理能力现代化的有效路径。社会治理多元主体参与社区治理的过程中，政府职能部门充分发挥党建引领作用，准确把握治理的关键方向。社会组织一方面以社区志愿者协会为着眼点，发挥社区自治作用；另一方面，从社区社会组织承接项目着手，满足社区居民多种需求。市场层面对接驻区单位，实现企地共建，互惠共赢。与此同时，建立科学的矛盾纠纷预防化解机制，切实将矛盾纠纷化解在基层，维护好社会稳定。

总而言之，以"头雁领飞、雁阵联飞、雁鸣呼应和鸿雁安民"为具体内容的"一首两翼"工作法以党委领导为抓手，政府负责为保障，充分发挥了社区多元主体的协同作用，调动了社区居民参与社区自治的积极性，有效破解段南沟社区的治理难题，为新时期社区建设与发展提供了重要的经验参考。

点评专家：王星，南开大学周恩来政府学院教授、院长助理，民政部全国基层政权和社区建设专家委员会青年委员。

六　任红梅小传

任红梅证件照

任红梅，女，汉族，中共党员，1970年5月出生，山西盂县人，大专学历，现任山西省阳泉市矿区桥头街道段南沟社区党总支书记、居民委员会主任和阳泉市妇联兼职副主席、矿区妇联兼职副主席、桥头街道兼职副书记，社会工作师、国家二级心理咨询师。2017年当选为党的十九大代表。任红梅同志立足社区平凡岗位，践行为民服务宗旨，针对社区里空巢老人多、特殊人群多的特点，她提出了"一首两翼"工作法，构建"鸿雁"社区服务品牌，把社区打造成温暖的"大雁巢"；她创新人民调解工作模式，实现"疙瘩要在基层解，鲜花要在基层开"；在她的倡议下，社区成立了全省首家亲青社会工作服务中心，为社区及周边青少年提供创业就业、心理咨询等专业服务。先后荣获全国劳动模范、全国最美奋斗者、全国最美城乡社区工作者、全国基层理论宣讲先进个人、全国新时代最美人民调解员，当选为全国第十二次妇代会代表、党的十九大代表，被聘为山西省人民调解专家库专家，荣获山西省优秀党务工作者、山西省五一劳动奖章、山西省十佳最美社区干部、山西省巾帼建功标兵、山西省劳动模范、全国最美城乡社区工作者等荣誉称号。

相比较其他荣获全国最美城乡社区工作者的社区书记来说，任红梅的社区工作经历显得较为短暂。进入社区工作之前，任红梅是阳煤集团四矿的一名团总支书记，下面管理着一千多名青年团员。主要开展青年团员思想教育工作，组织团员青年学习党的方针政策，推荐优秀团员成为入党积极分子，推荐优秀团员做党员发展对象；开展多种互动活动，如开展智力竞赛、联欢活动等活动增进组织团结，提升团组织活力。从团支部调任后，任红梅从事了一段时间的工会工作，主要工作内容是团结引领广大职工，为职工服务，满足职工多元需求，维护职工合法权益。从团支部到工会，任红梅在阳煤集团四矿工作了十年，这十年的单位工作经历，为任红梅积累了丰富的党团活动组织经验，锻炼出了一流的群众沟通交流能力，为后来的社区工作打下了坚实基础。然而，伴随着矿产资源的枯竭，煤炭行业的不景气，阳煤四矿的经济效益逐步下滑，社会掀起"下岗下海"的热潮下。对任红梅个人而言，恰逢孩子上幼儿园，每天需要接送，与单位工作时间形成冲突。作为团支部书记，任红梅严格要求自己发挥带头模范作用，然而工作与抚育子女的冲突使得她质疑自己在岗位上的工作质量，为了避免被人说闲话，任红梅毅然选择从单位辞职，开始创业，希望从事一份时间自由的工作，方便照顾孩子上学。

从单位辞职后，任红梅成了一名个体工商户，开始自谋生计。并且进入保险行业，成为一名培训讲师。跳出体制外，任红梅打拼了十年，不论是经济水平还是社会阅历，都获得了很大的提升。然而，孩子一天天长大，父母却日渐衰老，父亲患病住院，工作与家庭再一次产生冲突。

为了照顾父亲，任红梅放下了生意，从保险公司辞职，再次回归自由人的身份。待业在家的任红梅听人介绍社区工作特别轻松，上班时间不严苛，任务轻，时间短，是个好去处。正好父亲家门口的社区招聘社区工作人员，通过应聘，任红梅考进了社区里。

2009年，任红梅进入社区工作，最开始在段北沟社区工作。初进社区，工作环境和工作强度与原先听闻全然不同，任务多，工作忙，待遇低，当时任红梅想的是"既然已经考了进来，也不能因为自己的私事就立马撂挑子，还是先干一段日子，慢慢地再找别的工作"。在她的心里，社区这份工作，可真不是一份长久的职业。

从小到大，任红梅都是在父母的关爱中长大，结婚工作后家庭也十分幸福美满，二十年的社会工作经历中接触到的人普遍家庭状况良好，生活自由自在，在她的眼里生活总是充满阳光的。然而，真正进入社区，深入居民中才发现社会中有如此多需要帮助的人。灾害、疾病等不幸的事可能给一个家庭带来致命的打击。开始社区工作，有一件事给任红梅带来了深刻印象。辖区里有一户人家，男主人过世，女主人也身患疾病没有工作，家中还有两个孩子。见此情形，社区向政府申请补助，为这个家庭争取到几百元的贫困补贴金。当社区书记和任红梅带着这笔钱去看望女主人时，女主人仿佛一下子找到支撑，抱住她号啕大哭，直言社区是来救命的。把社区这一点温暖带去一个遭受打击的家庭，就有可能给他们带来新的希望，那一刻，任红梅开始感受到，社区工作虽然微不足道，但是却能够帮助到最需要帮助的人。

后来，父亲过世，家人也曾询问她是否需要重新找一份工作，但是任红梅拒绝了："社区这个岗位让我有一种责任感，想要帮助到更多的我以前没关注到的人。"任红梅一直坚持在社区工作的岗位上，从误打误撞闯进社区，到对社区工作恋恋不舍，社区工作者这个身份带给她更多的是成就感与责任感，社区虽小，责任却大，"借助社区平台，将党和国家的政策带给需要的人，那种不断帮助别人被认可的喜悦，是任何事情都无法比拟的"，任红梅坚信，平凡的工作能够创造不平凡的价值。

在段北沟社区工作一年后，社区换届，公推直选，任红梅被选举为刘家堎社区书记兼居委会主任。在刘家堎社区，任红梅真正开始进入社区治理领域，针对刘家垴社区的特殊情况，围绕邻里关系改善，提出"邻里守望"项目，并取得一定成效。2012年，段南沟社区重新组建，由于情况复杂，街道领导希望她能够挑起重担，将自己的治理能力实践到段南沟社区。于是，服从组织安排，经过提名选举，任红梅担任段南沟社区的党总支书记和居委会主任。来到段南沟社区工作八年，任红梅在解决一件件小事里践行着为人民服务的初心，在帮困助老扶弱中拉近了同社区群众的距离。她提出的"一首两翼"工作法不断提升社区服务水平和治理效能，有效解决社区问题，获得了社区居民的高度认可。2018年，任红梅被评选为全国"2018年最美城乡社区工作者"。

第 四 章

"居民小两会"：让社区参与"议"彩纷呈

——重庆市沙坪坝区团结坝社区杨春敏工作法

杨春敏工作照（赵吉昌摄）

在团结坝社区的院坝旁，矗立着一座"议事亭"，自2007年4月10日开始，团结坝社区的"居民小两会"经常于此处召开，每次开会居民纷纷提前来到院坝，几十人围坐在一起，不大的亭子里承载着居民议事时的欢声笑语和脸上洋溢的笑容。"有困难，找杨姐"是团结坝居民心里的共识，这里的"杨姐"指的是党的十九大代表，团结坝社区党委书记、居民委员会主任杨春敏。2005年6月,因重庆特钢厂破产而导致的管理缺失,使该社区一时成为各种矛盾骤增的"问题社区","环境脏兮兮,人心乱麻麻,秩序乱糟糟,问题成堆堆"是当时社区情况的真实写照。面对涣散无序的社区,杨春敏动员与组织居民群众积极参与社区议事,形成了一套以"居民小两会"为核心的基层协商民主参与的工作模式,极大调动了居民的社区参与热情,有效解决了社区治理过程中面对的诸多难题,取得了良好的实践效果,让团结坝社区实现了从"企业有人管"、"破产无人管"到"转型人人管"的华丽升级,该工作法作为一种有效激励居民参与的综合性社区工作方法,成为社区工作法的一种重要探索与创新。

一 产生背景

改革开放以来,城市社区作为链接国家和个人的桥梁与纽带,其作用在中国社会治理进程中不断凸显,社区参与作为城市社区治理的核心要素,日渐成为居民行使民主权利以及实现自我管理、自我服务、自我教育、自我监督的重要方式和基础性环节。然而,如何能够有效调动社区居民的参与热情,动员与组织其积极参与社区自治,培养居民的主人翁意识与责任感,一直是社区治理过程中的一大难题。

团结坝社区所在的重庆市,位于我国西南部,地处长江上游地区,素有"山城"之美誉。从历史上看,它曾是西南地区重要的老工业基地之一,20世纪30年代便有近代工厂和手工工场四百余家,成为西南地区工业最集中、最发达的城市。抗战初期,宜昌大撤退后大量企业内迁至重庆,使重庆成为以军火工业为主的重工业城市,当时全国械弹一半以上为"重庆造",接续着中国工业的命脉。

团结坝社区坐落在重庆市嘉陵江畔双碑大桥西引桥下,隶属于重庆市沙坪坝区石井坡街道,占地面积约1.2平方公里。社区居委会成立于2001年11月,由原来的团结坝(十一段)、民主坝(十二段)、砖瓦窑(十三段)、刘家庄四个老旧生活区,两个老旧物管小区以及一个新型物管小区组成，现有常住居民 5111 户，共计 1 万余人。社区党委有党员 388 人，共设立 8 个网格党支部，24 个党小组以及 25 个居民小组（其中居民代表 51 人）。此外，辖区内包括 17 家非公企业。社区现有两委成员及专职工作者 13 人，办公场所 640 平方米（另有上下两处院坝 478 平方米），社区有可供居民群众进行休闲活动的"文体广场"和"德治广场"共计 7000 多平方米。团结坝社区先后荣获全国综合减灾示范社区、全国巾帼文明岗、全国侨联系统优秀侨胞之家、重庆市基层党建示范点、重庆市先进城乡社区组织等称号。2018 年 10 月 30 日，该社区被重庆市委组织部、重庆市委党校、重庆行政学院正式命名为"沙坪坝区社会治理创新现场教学基地"以及"重庆市干部教育培训现场教学基地"。

然而，拥有诸多荣誉与头衔的团结坝社区曾一度是远近闻名的"问题社区"，经历了从令人羡慕的"单位社区"逐步衰退为"老、旧、散"社区，又因重构起新的社会链接而重新崛起的曲折过程。该社区的前身为重庆特殊钢厂职工家属区，绝大多数居民为原来该厂的职工及家属，属于典型的"单位社区"。重庆特钢厂始建于 1934 年，作为云贵川大西南的工业之母，计划经济时期这里曾有"十里钢城"的美誉。在"单位办社会"①的模式下，该厂职工工资及其他单位福利待遇十分完善，职工及其家属的生老病死、衣食住行、入学就业等各种问题，都由企业承包下来。可以说，一切可能引发社会问题的矛盾和纠纷几乎都在企业内部得到妥善解决。当时曾流行这样一句话来形容计划时期的特钢厂："姑娘姑娘快快长，长大嫁给特钢厂。三天一只鸡，两天一个髈。"这便是当时单位型社会的真实写照。

步入 20 世纪 90 年代后，在迈向社会主义市场经济的过程中，既有单位制度逐步走向消解。2005 年，重庆特钢厂在市场经济改制的浪潮中被迫宣告破产，成为当时全市最大的整体性破产案，1.3 万名职工下岗，其中 2000 余名下岗失业者居住在团结坝社区，使昔日人人艳羡的"钢厂大院"面临着以下一系列严重的社会问题：

1. 市政设施破败不堪，社区卫生无人管理，污水横流，垃圾遍地，

---

① 田毅鹏：《作为"共同体"的单位》，《社会学评论》2014 年第 2 期。

社区内一个深达 8 米的垃圾坑多年无人处理，小区环境惨不忍睹。社区居民曾反映，由于社区环境太差，儿子谈了一个对象，都不好意思带到家里来。

2. 大多数原特钢厂职工及家属失业下岗，失去了稳定的工资来源和就业保障。此外，企业破产时，仍存在拖欠工人 5 个半月工资未发放、企业内部集资债券没有兑现、医药费没有报销等情况，曾经的荣耀变成了特钢人心里深深的忧伤，导致居民心态发生巨大变化，心理落差、怨气和火气不断增大，消极情绪开始在社区大面积蔓延开来。

3. 面对如此多的困难群体，街道被迫接下很多没有完结的工作，而无论是社区、街道还是政府部门，一时间都没有做好充足的对接应对准备。一方面，当时社区党组织涣散，没有与居民建立起良好的沟通渠道；另一方面，由于前任书记调任其他岗位等，社区工作系统尚不健全，导致居民对居委会产生极大的不信任感。曾经有领导来该社区调研，被居民从楼上泼下来的水浇成了"落汤鸡"，社区严重缺乏有效的链接和稳定的秩序。

4. 社区面临严重解组，主要表现为邻里关系、人员构成等方面发生了巨大变化。随着社区内流动人口不断增多，人员结构开始变得非常复杂，大量贫困人口、失业人员、空巢老人及未成年人同时存在。此外，社区中还有 446 名刑释人员、95 名吸毒人员、10 余名 HIV 阳性患者、179 名残疾人。总体来看，由失业群体、空巢老人以及未成年人（主要是服刑人员子女）这三类群体及其引发的社会问题较为严重，而复杂且流动性不断增强的人口结构也使居民的社区建设参与率十分低下。

以上诸多问题导致团结坝社区从昔日良性运转的"钢厂大院"一度演变成一个衰败的工业社区，沦为远近闻名的"问题社区"。在此背景下，杨春敏利用"居民小两会"的社区工作法，通过发动居民参与社区治理，进行议事协商，在社区内重新建立起新的社会链接，把一个正面临衰败的、涣散的单位型社区成功转变为一个美丽和谐的新社区。

二 界定及内涵

"居民小两会"是"网格民情分析会"和"网格居民议事会"的简称,是杨春敏在多年社区治理实践中总结提炼出来的一种社区民主参与的综合性工作方法。"网格民情分析会"侧重于邀请居民畅所欲言生活中遇到的各种麻烦和问题,"网格居民议事会"则是在民情分析会的基础上,针对居民提出的问题,由社区工作人员和居民共同协商讨论,探讨解决方案并现场落实问题责任人。两项会议于每周固定时间同时召开,共同搭建起了社区居民发表意见和建议的良好平台,有效解决了居民反映问题渠道不畅通、参与意识不强等问题,大幅提高了居民社区参与的积极性与能动性,被当地居民亲切地称为"居民小两会"。

该工作方法寻找探索出一种集社区参与及问题解决于一体的社区工作模式,其内涵主要包括以下几个方面:

1. 组织上坚持党委领导。"居民小两会"始终以团结坝社区党委为领导核心,坚持党委在发动居民参与和民主协商过程中的重要作用,通过大量党员带动居民群众,共同参与社区民主协商事宜,为"居民小两会"的顺利展开提供了组织层面的有力保障。

2. 方式上坚持民主协商。"居民小两会"依托社区搭建起民主协商议事的平台,通过"宣讲—建言—落实"的民主议事链条动员居民主动参与社区建设,共同为社区治理建言献策,从而保障社区自治的良性运转,并在民主协商的基础上,进一步强化对居民的教育与引导,有效培养与提高了居民的主人翁意识和社区参与能力。

3. 程序上连贯清晰。"居民小两会"通过四大议事程序,形成了"问题反馈—工作展示—居民议事—打分点评"的平台,同时也构建起"收集基础信息—找准群众需求—整合社区资源—实施精准服务"的工作流程闭环,做到事事有回应,件件有着落。

4. 目标上追求共建、共治、共享。团结坝社区利用"小两会"与居民、驻街单位、各级政府等相关利益部门构建了良好的沟通平台,其目标在于整合社会各方资源，建立起多元共享的平台，实现社会资源利用最大化。

该社区自 2007 年 4 月开展这项工作法至今，共收集居民意见 776 条，处理回复 754 条，发布民生实事 1000 余条，让网格内的民情民意上得来、下得去，实现了"小事不出楼栋，大事不出社区，难事绝不交街道"的治理目标，也真正做到了社区大事共商共议。

三　具体方法及案例分析

与普通的社区居民议事会不同，"居民小两会"有着自身独特的程序和模式："小两会"于每周三上午 10 点在社区设置的议事亭内准时召开，会议由社区工作人员每周轮流担任主持人，与会人员包括社区工作人员、支部委员、居民骨干及居民代表等在内的不同人员，每次四五十人参加，会议内容与程序分为问题反馈、工作展示、居民议事及打分点评四个环环相扣的步骤。

（一）问题反馈环节

"居民小两会"的第一个环节为社区工作人员向与会居民汇报上周会议上居民反映问题的处理结果或办理进度，以一种正式的形式向外部发话，使居民感受到自己反映的问题被社区认真对待，并能够及时掌握处理结果。通常来讲，居民反映的问题主要包括社区环境改善、社区陌生人口治理等方面，有的问题可以一周之内解决，但有的问题如下水管网修缮等问题需与多方对接，一周时间无法完成，那么社区工作者便会在下次会议上向居民通报这一问题解决的进度，目前进行到了哪个阶段，接下去会怎么办。而针对居民在"小两会"上提出的各种问题，杨春敏也探索与总结出了解决不同类型问题的工作方法与经验技巧，如称流动人口为"新邻居"、变"我需要"为"你需要"等。

1. 暖心称呼法

近年来，由于原特钢厂的老职工、老住户纷纷搬走，与此同时越来越多的外来务工人员成为团结坝社区的新住户,因此,社区流动人口问题成了居民在"小两会"上关心的热点问题。所谓"暖心称呼法"主要是指,在解决流动人口方面,以杨春敏为首的社区工作者运用称流动人口为"新邻居"的工作技巧拉近与他们的距离,以消除与流动人口之间的疏离感,温暖其内心,使他们从内心里感受到自己被社区居民接纳,能够更快地融入社区生活。

案例一:"新邻居"李大姐的春天

在一次"小两会"上,有居民提出:"陌生人进来我们社区,很容易给社区带来治安隐患,晚上听到楼道里总有声音,睡也睡不踏实。"有的居民接着说:"书记,我们都不晓得这些新来户谁是谁,是做什么的,跟他们做邻居,心里怕得很。"

在听取了居民反映的问题后,为了打消老居民们内心的担忧,找回以前"熟人社会"的氛围感,同时更好地服务与管理外来流动人口,让他们在社区里"生根发芽"。杨春敏开始探索开展"巷内无生人"活动,这一模式下,任何外来人口租住到社区,社区流动人口管理员都会立即主动上门,送去印有工作者联系电话和提供服务项目内容的名片,并告知社区生活办事指南,同时通过开设"新邻居服务窗口"来专门针对流动人口进行管理服务,并建立"新邻居民情档案"以便掌握流动人口的相关情况。

社区居民李大姐,是随儿女搬来社区的"新邻居"。刚来的时候,社区流动人口管理员主动上门提供带有联系电话和服务项目的名片,并为她建立"新邻居民情档案"。同时利用"暖心称呼法",即要求社区在服务治理过程中统一称李大姐为"新邻居",为她营造温暖的社区氛围。通过了解后,杨春敏得知李大姐性格内向,经济上也有些拮据,便推荐她应聘了一份保洁员的工作,以便赚点收入补贴家用。李大姐干活认真负责,很快便得到了居民们的认可。此外,社区还经常开展新老邻居交流联谊等活动,使新邻居能够很快融入社区生活,消除陌生感,增强归属感,实现社区和谐温馨的景象。渐渐地,李大姐不仅融入了团结坝这个大家庭,还成为社区

"幸福老伙伴"公益小组的组长,并经常带领社区其他志愿者共同照顾独居智障老人,这使她与社区原有居民建立起了良好的互动关系。现在的李大姐已经成为一个地地道道的"团结坝人",也迎来了她在团结坝生活的"春天"。

"暖心称呼法"通过转换对新来流动人口的称呼,一定程度上使其在心理上消除了陌生感与距离感,体现对流动人口的尊重与认可,同时配合"巷内无生人"行动,在建立"新邻居民情档案"的同时,送去印有联系电话和提供服务项目的名片,并告知社区生活办事指南,有利于其迅速融入社区,增强归属感,也使社区营造出了一幅温馨祥和的图景。

2. 利他表达法

在社区收集信息、进行民调的过程中,往往存在某些居民不配合的情况,导致信息收集不上来,此时社区工作者应转变工作思路,运用一种"利他"表达的方式与居民进行沟通,可以巧妙地打动居民,有利于提高社区工作效率。

案例二:利他表达法,民情信息巧收集

团结坝社区内有一户张姓居民。一天,老张在家里炖着汤,发现家里的盐不够用了。他便决定下楼去超市买盐,心想:"把燃气的火开得很小,买袋盐用不了多长时间,马上回来就可以了。"可哪知道在他去超市的途中,恰巧碰见两个以前的老熟人,便拉起了家常,一拉就是两个多小时,全然忘记家里还炖着汤,此时家里边的锅已经烧干冒烟,火蹿出屋来。隔壁居民发现情况不妙,却联系不上老张本人,急忙给社区网格员打电话。社区接到电话后立刻给老张打去电话,可他的手机放在家里根本听不到。于是社区一边联系消防,一边查询他儿子的电话,并通知保安在小区寻找老张,最后消防把门撬开,才把这个事情及时解决了。

杨春敏曾在收集民情信息的过程中对不配合的居民说:"你可以保证你的用水、用电、用气很方便,很安全,但是你不能保证你的隔壁,是吧?你并不能保证你周围的人跟你一样,是吧?你不能保证你的楼上跟你一样安全,当他们发生状况的时候,我可以很快通知你,这样能把你们家的损失降低到最小。"听到这样的话,居民们往往很快接受并配合社区民情收集工作了。这样一来,通过把"我的工作需要你的电话"变成了"你需要把电话给我",社区工作者很快收集到居民的电话,并通过整理收集上来的民情信息,制作成"民心联通卡"和社区办事手册送到每个居民家中,以后办什么事、找什么人、有什么程序可以通过卡片和手册一目了然,进一步方便居民生活需要。

在此案例中,社区工作者利用利他表达的方式,将"我需要"转化为"你需要",让居民感受到社区工作是对他有利的,是对他进行服务,进而能够有力劝说不配合社区信息收集工作的居民,提高了社区工作效率。

(二) 工作展示环节

"居民小两会"的第二个环节是每位社区工作者依次向居民汇报这一周自己做了哪些重点工作,内容涉及政策解读,如向居民宣传党的十九大精神、"两城同创"等中央、市委重大政策和区级重点工作,或通报社区不文明行为等,汇报的内容不拘泥于固定模式,也可以配以幻灯片等方式进行展示。

1. 盘点报账法

所谓"盘点报账法"主要是指,社区工作者需要将自己一周以来的重点工作向居民群众进行汇报,将重要的民生政策、社区资金流动等问题一一向居民汇报,用杨春敏的话说,"你可以梳理一条,也可以梳理两条、三条,但是必须是重点工作,不可以是一个事,那个叫日常工作,重点工作是与居民利益密切相关的工作,把它汇报出来"。这一环节的主要目的在于:第一,由于在实际开展社区工作的过程中,社区工作者往往忙得团团转,但是到底做了什么样的重点工作,居民并不知情,而利用"小两会"的平台,通过给居民做重点工作汇报,可以使居民很好地掌握与了解社区工作者的工作,同时也更有利于居民了解时事政策及社区的大事小情。第二，该环节可以有效锻炼社区工作者梳理工作和表达沟通的能力。在社区工作开展的过程中，经常出现的一种情况是，社区工作者明明做了很多工作，但是由于不会梳理和准确表达，一到汇报就说不出来，导致与居民沟通存在障碍，通过让每位工作人员轮流发言，可以有效培养社区工作者梳理重点工作的能力，往往锻炼几个星期就掌握了发言与汇报技巧。

案例三：党费和医保政策介绍

某次"小两会"上，到了第二个环节，社区党委副书记杨晓倩首先发言："大家好，我是社区党委专职副书记杨晓倩，下面我向大家汇报10月第3周党建重点工作。"她一边说一边用激光笔翻动幻灯片，"第一，上周我们是接收转入党员1名，会后请茹家庄支部黄书记与我进行进一步对接。目前团结坝社区党委现有党员388名。第二，向各位通报党费收缴情况，截至9月底，各支部收取党费总额37604元，会后请各支部对未缴党费的党员进行党费收缴。第三，关于服务网格的情况，我们这周关注的是金融街网格，这个网格居民反映的问题是噪声检测的问题，业主与开发商未达成解决方案，接下来我们会继续在线上和线下做好我们的追踪与协调工作，我的工作汇报完毕，谢谢大家。"

汇报有序进行，分管医保的社区工作者彭春开始发言："对于国家的医保政策，很多居民并不是很了解，我在这里再次向各位居民介绍一下我们国家的政策。"他滚动大屏幕，调出事先准备好的页面，接着说道："购买城合医保（就是居民口中的居民医保）的居民，如果购买的是一档，到石井坡社区卫生服务中心就医住院，享受80%的补贴，到二级医院，比如重庆东华医院就医住院，享受65%的补贴，到三甲医院，比如重庆新桥医院、西南医院、肿瘤医院就医住院，享受40%的补贴，而购买二档的居民，到石井坡社区卫生服务中心（补贴）是85%，到东华医院（补贴）是72%，你到新桥医院这样的三甲医院，那么你的补贴是50%。"

居民听了汇报，连连点头，有的边听边拿出笔和纸进行记录，社区工作者每人按照这一模式向居民进行工作汇报和政策讲解,在场居民纷纷给社区工作者的专业和敬业竖起了大拇指。

案例四:从北京带回来的"礼物"

在某次"小两会"上,有居民听说杨春敏要去北京开会,便打趣地对她说:"杨书记,你这次进京可别忘了给大家从北京带点礼物回来啊!"

28日上午,到了"小两会"第二个环节,杨春敏站起来对大家说:"你们要的礼物,今天我就给大家带来啦!"杨春敏没让大家失望,她给社区居民们带回了一份特殊的"礼物"。"我把十九大的精神带回来了,把党和国家对我们的关心和问候带回来了!"杨春敏绘声绘色地讲起十九大报告精神和她在北京参会期间的所见、所闻、所感,她几次提到:"作为党员,就是要为居民们服务,要抓好基层党组织建设,起到带头作用,带领大家过上更好的生活,永远把人民对美好生活的向往作为奋斗目标。"居民们都说,这份"礼物"很实在:"要让我们都过上好日子这句话说得最好!"杨春敏接着说,"这只是个开始,接下来还要继续给大家宣讲十九大报告,要分批、分楼栋、分小组传达,争取做到家喻户晓、尽人皆知。"

通过"小两会"的第二环节,不仅能让居民了解社区工作者一周以来忙了些什么,让其有参与感,密切二者之间的联系,同时也能使社区工作者认真对待自己的工作,锻炼和培养了其梳理工作、表达交流的工作能力,起到一举多得的作用。

2. 三搞定法

"三搞定"法是杨春敏在治理社区过程中摸索出来的一条重要工作经验,在面对一些不配合社区工作的驻街单位时,社区工作者往往感到无从下手,此时通过动员社区居民填写"满意度调查问卷",能够有效收集民意,再将居民对他们的意见反馈给驻街单位。一般来说,社区工作者难以解决的问题,居民也往往对该单位存在诸多不满,因此,将收集上来的民意结果交给相关驻街单位,能够在一定程度上使他们感到自己职能的缺位,用民意向其施压,从而有效解决问题。杨春敏在采访时谈道,

"搞不定人就搞定事,搞不定事就搞定人,既搞不定事也搞不定人,那就搞定我们自己",这里的"自己"指的是社区工作者。

案例五:"空调搞定了"

团结坝辖区水、电、气、讯、银行等服务窗口曾一直饱受居民诟病,其中燃气公司缴费大厅的空调最让居民恼火。在某次"小两会"上,有居民反映:"(燃气公司)夏天大厅内的空调一直是坏的,窗口上的老花眼镜镜片缺了一大块,凳子也是坏的。"另一位居民说道:"下雨天雨伞还不让带进去,老年人听力不好,多问两句就不耐烦……"

事实上,燃气公司的空调前年就写着"正在维修",而几年过去了空调却一直没有修好,重庆的夏天异常炎热,给前来办事的居民造成了极大的不便。杨春敏了解到情况后,找到燃气公司的领导进行沟通,可他们却说:"我们的空调就是正在维修,你们再等等吧。"可是等了又等,一点反应也没有。"社区的事,摊开来说都不大,莫得点'扭到费'①的劲头,恐怕办不成。"于是,抱着这样的心态,杨春敏再次上门,可得到的答案依然是"等一等"。几个回合之后,杨春敏改变了策略,在她的带领下,社区居民开始制作若干份"服务窗口问卷调查表",调查内容包括对燃气公司的服务态度是"满意"、"一般"还是"不满意",以及居民有哪些建议等。统计后,燃气公司的满意率竟然不足60%。随后,杨春敏把收集上来的问卷反馈给服务窗口的主管部门。燃气公司的领导一看,脸上挂不住,说:"谁叫你干的?你凭什么给我们搞测评?"这位负责人翻翻表,里面的评价很是刺眼,他有点脸红,但瞬间又被怒气代替。杨春敏回答:"就凭我是团结坝的社区书记,服务辖区企业是社区党委引领社会治理的重要职责。为辖区的企业服务,这是我义不容辞的责任,不为你服务好,那是我失职,如果你连解决这个问题都有问题,那我可以直接与你的上级党组织对接。"听到这样的话,再面对眼前这

---

① "扭到费"是重庆方言,是指抓个事情不放手。

份居民满意率不及格的问卷结果，领导脸上挂不住，很快命令下属将大厅的空调修好了。

"三搞定"法旨在以民意为核心，将"搞定人"、"搞定事"以及"搞定自己"三个方面的策略灵活、有机结合起来，可以将调查结果呈现给服务并不让居民满意的驻街单位，向其施压，导致相关单位不得不关注自己的服务质量，使其主动解决存在的问题。此法对于处理与驻街单位之间的沟通、协调问题起到了良好的效果。

（三）居民议事环节

"居民小两会"的第三个环节是居民议事环节，这也是"小两会"的重头戏，社区工作者现场接受居民反映的情况，包括投诉与意见等。通常居民代表和支部书记会在开会前收集群众日常生活中出现的问题，以便在"小两会"上进行汇报。此外，居民不仅可以针对社区存在的问题畅所欲言，同时还可以就应该如何解决建言献策，与社区工作者共同讨论问题的处理方案。杨春敏会一一记录下居民反映的问题，并现场落实处理问题的相关负责人。

通常来讲，居民在"小两会"上反映的问题主要包括邻里纠纷、市政设施缺失等。例如，社区居民老肖在一次会议上反映："老李锻炼身体以后回家总是一边洗澡一边唱歌，影响我们娃做作业，能不能告诉他不要再这样了？"社区居民杨某拿着报纸说："1994年修三峡大坝，当时报纸刊登大坝修好后，会给我们居民减免电费，可是到现在了都没有消息，杨书记你去电力局沟通一下啊。"这些问题都是居民日常生活中的小事，每周拿到"小两会"上进行落实与解决。而居民之所以有如此高的参与热情，与以杨春敏为首的团结坝社区运用独特的工作技巧密不可分。

1. 家底盘活法

对于如何动员居民参与民主议事，进行社区自治，杨春敏提出了"家底盘活"法，社区居民内多为原国企职工中的党员或先进生产者，将其视为社区的"家底"，并充分利用国有企业退休党员素质高、产业工人有纪律、熟人社会能组织等优势，动员其参与社区自治，将其盘活成能为社区建设与治理所用的宝贵"资源",并在其带动下,激发与引领更多居民群众共同参与社区建设治理。

案例六:居民里的"纪委书记"

在一次"小两会"上,有居民代表反映:"书记,咱们社区的微信群总是有人发上来一些不相关的东西,本来这里是大家关注社区信息的地方,可是他们却随意把链接、视频、广告发进来,搞得乌烟瘴气的。""是啊,有人发那么多信息,搞得你们社区干部发来的信息,可能就错过了,春敏,你想想办法,管管这些人吧。"另一位居民道出了同样的困扰。

面对居民提出的问题,杨春敏决定在社区居民微信群中设立居民"纪委书记",主要负责提醒与监督在群里乱发无用信息的人。她私下找到几位居民组长和支部书记,对他们说:"以后再有居民乱发链接、广告,影响微信群内其他居民,你们就站出来,在群里提醒他们,不要再这么做了。"以后,若有居民不遵守规定,依然将与公共事物无关的信息发到群里,就会有"纪委书记"去监督他、去"指责"他。有一次,居民小李将砍价链接发至群中,一位居民"纪委书记"看到后,便在群里发言道:"这个群是大家接收社区生活信息的地方,你这样做会影响其他居民收信息,请你以后不要再发这样的链接进群了。"看到这样的文字,小李感到自己确实不该这么做,并承诺以后一定遵守群规,不乱发链接进群。

就这样坚持了一个星期,群里除了社区工作者发布信息以及居民咨询的问题以外,再无其他非相关信息了,几百人的居民群没有一个人乱发链接、视频、广告等,团结坝社区的居民微信群变得"晴空朗朗",社区工作者与居民的互动也开始变得井然有序了。

针对这一工作方法,杨春敏在采访中提到:"社区党委就是要占领微信群这个群众喜闻乐见的阵地。如果你去发一个视频,他发一个视频,那么居民群就成了广告群,社区怎么引领舆论?"因此,在社区居民群设立居民"纪委书记"可以有效缓解公共平台被乱用的现象,不仅有利于整治公共信息发布与讨论的环境,而且有利于提高社区工作者与居民之间的沟通效率。

案例七:"一案两人三组团"解决多年漏水问题

所谓"一案",是指有利益牵扯的一个案件,"两人"则是指网络责任人和社区综治专干,"三组团"是指由特钢能人团队及链接专业律师或专业社会机构,组成的一种多元化的解决居民问题的团队,以便在居民遇到麻烦与问题时,能够及时、专业地为居民提供服务。

团结坝380-8-2号业主顾某向社区反映,称自家厕所屋顶长期漏水,他语气激动地说:"我家屋顶一直漏水,我们已经忍无可忍,如果楼上住户再不现身解决问题,我们就采取极端措施!"事实上,这户居民家墙面大面积渗水的问题,社区曾多次到现场进行过查勘,并自该楼8楼开始往上一楼层一楼层地梳理,但是该楼10楼住户林某一直以工作忙为由不到现场,使该问题一直得不到彻底解决。面对这样的局面,社区采取"一案两人三组团"的方式,分别约请辖区派出所民警、专业维修人员、支部书记、网格员及8楼至11楼的业主共同到现场,通过实地勘验,发现380-8-2号业主家厕所积水主要是因为下水主管道破损所致。8楼业主情绪依然很激动,对10楼业主恶语相向,此时,社区网格员张盈站出来进行调解:"您先消消气,咱们给您带来了最专业的团队解决您家的问题,让咱们维修人员先给您家管道检查检查。"在"三组团"的调解下,最终380楼幢的4家业主达成一致意见:由4家业主自请专业工程队对10楼和11楼的破损管道进行维修和更换,产生经费1200元,由四家业主均摊300元,而由于10楼住户家厕所里的杂物堵住了出水口,工程方将对出口水进行疏通,产生费用50元,单独由10楼业主自行承担,圆满地解决了该楼多年房屋漏水的问题。

"一案两人三组团法"充分发挥了"特钢能人"和专业社会组织的优势,为居民群众在排危拆迁、邻里纠纷、居家安全等方面提供服务,将社区内的可用人力资源有机结合起来,实现居民自治,有利于维护居民

2. 借力打力法

所谓"借力打力法"主要是指借助与利用社区党员、居民代表等人力资本解决社区问题,完成社区自治的相关活动。在这样的工作模式下,围绕基层党建、信息收集、矛盾化解、志愿服务等方面形成了包括"零报酬主任助理法""今天社区我当家"等特色工作经验,引导原特钢党员和能人怀着"失业不失志,退休不退党"的精神,从"企业能人"逐步向"社区能人"进行转化。

案例八:"亚州最牛茶馆"

2005年重庆特钢厂破产后,一些下岗待业的居民为了维持生计,将原来属于大家运动休闲的足球场"霸占"后开起了茶馆、麻将馆,当时被称为"亚州最牛茶馆"。这么一大片区域需要治理,可社区一共也只有十来名工作人员,无法及时解决出现的各种问题,杨春敏看到这样的情况很是头疼。不久,她发现居民中有很多人曾是原特钢厂的党员、劳动模范及先进生产者,这些居民身上普遍有着守纪律、讲奉献、有追求的精神,且很具有号召力,是社区的宝贵"资源"。这一发现让杨春敏像是找到了宝,为了利用好这一得天独厚的"资源",2008年,她计划以"社区今天我当家"的方式,在社区设立"零报酬主任助理"岗位,把这批居民动员与凝聚起来,盘活成"富资源"。她在社区内张贴招聘启事,说明此岗位并没有报酬,由辖区居民自愿申请,同时规定了"主任助理"岗位的责任与义务,要求担任此岗位的居民需要代表社区居委会主任到相应楼栋收集情况,社区为选拔出来的"主任助理"制作工作牌,并对其进行基本的培训,再经社区党委考察后上岗。

招聘主任助理的通知张贴出去后,出乎所有人意料,一周时间就有70多人来报名,其中能长年开展服务的就有40来人。党员老王说:"作为党员,我们应该为党和人民办点事。"这些主任助理不仅帮助社区工作者接待社区群众,收集了解社情民意,还协助解决居民日常生活中的问题。他们的参与不仅减轻了社区工作者的工作负担,更得到了广大居民们的认可。其中令居民们最满意的事是"收回"运动场。2010年开始,主任助理们对足球场上的茶馆、麻将馆进行劝退,并带领居民们主动到运动场锻炼身体。与此同时,社区也积极为失业居民寻找机会,给他们推荐工作,用了大概一年的时间,居民们终于重新"收回"了运动场。

这项活动开展后,"社区编外书记""主任助理"最先由居民群众轮流当值上岗,后来一些大学生、社会单位的干部也纷纷参与到活动中来,为居民自治开辟了新途径。自2008年至今,共选聘231名人员当值一个时期的社区主任助理对群众进行服务,取得了良好的效果。

通过动员这些"主任助理"可以帮社区工作者进行基本的接待工作,搜集居民诉求信息,督促民主议事会等决议事项的落实,而工作的具体形式可根据居民自身情况选择。担任期限也没有固定的限制,用杨春敏的话说:"你当一天也可以,当一个星期也可以,当一个月、一年都可以,由居民自己选择。主任助理负责接待和宣传,我来进行处理。"这一工作经验成功动员起社区居民参与社区治理,也使他们成为社区工作者的得力助手。通过居民议事环节,居民的参与热情被充分调动起来,因为不仅可以畅所欲言,将生活中的麻烦事、糟心事一一道来,同时还参与讨论解决方案,获得了极大的"参与感",久而久之建立起居民主动参与社区自治的良性循环。

(四)打分点评环节

"居民小两会"的最后一个环节是由杨春敏点评每一位社区工作者一周以来的工作情况,并要求社区工作者和其居民组长一块对接,利用下一周的时间解决会上反映出来的问题,并在下周的"小两会"上的第一个环节进行汇报,以回复居民提出的疑问。

1. 量化点评法

在这一环节中,居民需要在打分表上对社区工作人员的工作及表现进行打分,依据工作态度、汇报水平等指标按"好、一般、不好"三个层面进行评价。这一程序可以量化社区居民对工作的满意度，更好地指导接下来的服务。会后，社区工作人员会通过编发简报、微信（或QQ群）推送、宣传栏公示、召开社区新闻发布会等方式，将议事情况传达到社区内的每一位居民。

案例九：社区工作者在"小两会"上的汇报

曾有居民向杨春敏反映："你们很多社区干部都说自己很忙，忙得不得了。"这样的反映让杨春敏意识到，应该设立专门的环节和平台以便让社区工作者有机会向居民展示自己的工作内容，同时也进一步拉近与居民间的距离。

杨春敏在一次"小两会"上进行了一次民意评比。摆在每位居民面前的是一份打分表，每位居民需要给社区工作者进行评价，评价分为"好、一般、不好"三个选择。接着，轮到另一位社区工作者进行工作汇报，她指着幻灯片上的图片说："城市管理10月第3周重点工作汇报，这里是我们团结坝社区一旁的马路，但是这条公路上面停了大量的私家车，由于我们356号的居民反映，车辆压着人行道停产生大量的尾气，于是我们在上一周重点治理私家车乱停放现象，后来社区在这边的路沿上安装了一排U形砖，将这里管控起来了，所以车辆没有再停进来。""大家好，这是社区专门为辖区生活不能自理的老人准备的洗澡专用车，目前已经有3位老人登记了，请还有这方面意愿的老人来我这里登记，这些惠民政策以后还会经常开展。这周有施工队在小区进行维修，由于施工产生大量垃圾，堆放在居民楼前，请相关居民出行注意安全，在这里也提醒城管专干，敦促施工方把施工垃圾规范堆放。"又一位社区工作人员向居民展示着自己的工作。

待全部发言结束，杨春敏说道："他们汇报工作的能力有所提升，大家是有目共睹的，但是做幻灯片的水平还要进一步加强。"最后，杨春敏对居民说，"大家现在可以进行打分了，如果你认为他讲得好，讲得清楚，而且是你非常感兴趣的，没有敷衍你，那就打好，否则就是一般或者不好。大家可以看到，他们有的人幻灯片做得很漂亮，这个漂亮不是说它很花哨，而是他拍的照片很清晰。这里我要表扬一下杨毓霞，她拍了一个全景，又拍了一个乱堆乱放的近景，非常好，我听着，再一看就知道她说的是哪个地方，是什么样的问题，说得非常好，进步很大，你看，你的居民组长都在表扬你了。"

通过"居民小两会"上四个环节的展开，形成了一个"了解情况—沟通问题—解决问题"的平台，同时也建立起了工作流程的闭环，有利于做到事事有回应，件件有着落。此外，通过"宣讲—建言—落实"的民主议事链条，有利于强化对居民的教育引导，有效培养了居民的主人翁意识。

2. 三张清单法

在量化打分的基础上，更重要的是如何推进工作的落实。为有效解决这一问题，杨春敏提出"三张清单法"，主要是指，依托街道、社区了解驻社区单位各方的优势资源和合作意向，并将街道办事处和社区"两委"提供的服务制定"资源清单"，通过征求辖区单位、居民群众的需求制定"需求清单"进行配对，借助联席会议等群众服务平台，采取社会组织认领和党员群众个人认领相结合的方式，对接"需求"与"资源"，从而形成解决民生实事的"项目清单"，有效整合了各类资源力量，使社区由"单打独斗"走向"抱团合作"的多元共治局面。

案例十：把服务居民放心里

"社区无小事，为居民服务，不仅要做，还要做好。"杨春敏在采访中曾这样说道，"居民的需求在哪里，我们的工作就在哪里。社区环境好了，就业问题解决了，邻里之间熟悉了，怎么样才能更好为群众提供精准化、精细化的服务呢？"

杨春敏带领社区建立了"三张清单"以便提高服务的针对性。团结坝社区是老年人居多的社区，以前老年人基本都记不得缴纳水电气费，所以经常会出现滞纳的情况，水电气部门就会上门贴欠缴单，结果就是满社区都是欠缴单，显得很难看！后来社区安装了防盗门，水电气部门就进不去了，他们很着急，就在楼栋口到处贴！

杨春敏于是主动联系水电气部门，商量由社区工作者来通知欠缴户，这样的结果是不仅水电气部门减少了工作量，而且社区工作者也不用撕单据了，与此同时，通过去居民家里通知缴纳水电气，更是拉近了与居民的互动关系。水电气部门很感谢社区工作人员，他们各自把能够为居民提供的无偿服务项目给社区，比如燃气公司承诺，每年为贫困业主免费更换燃气表到燃气灶之间大约 2 米的软管，免费检测是否漏气。水务公司承诺，免费测试水压、免费更换水压箱等，电力公司承诺，免费提供线路安全检测等，这就是社会单位的服务项目，以杨春敏为首的团结坝社区把这些服务项目梳理成清单，就是社会单位的清单。

一系列的创新管理，架起了社区联系居民群众的桥梁，十余年里，杨春敏和她的团队，开展"走进群众"活动 300 多场次，上门入户五万余人次，处置解决居民群众问题数千件，开创了社区多年"零上访"的和谐局面。在她的努力下，社区居民的惠民政策知晓率 100%、社区建设支持率 100%、服务工作满意率 100%。如今的团结坝社区，重新焕发了生机，团结坝社区重新走向了团结。

可以看出，自 2007 年以来，政策解读、邻里矛盾、路灯维修、垃圾清理等各种大事小事，几乎都要在"居民小两会"上宣讲或商议，居民现在在会上的发言不仅底气十足，还有理有据。如今，在大家的共同努力下，"居民小两会"让居民们感受到自己真正成为社区的主人，居民自治的观念深入人心。

四 学理依据及应用价值

（一）学理依据

"居民小两会"是杨春敏在多年社区治理工作实践中积累与形成的一种激励居民参与的综合性社区工作方法，是基层社会治理创新的重要实践，探索其学理依据，主要表现在以下几个方面：

1. 社区参与是社会治理的重要环节,"居民小两会"是居民参与社区治理的具体体现。对于社区参与,学界一种较为公认的观点认为,主要是指社区居民参与社区公共事务及活动的过程或行为①。社区作为基层社会治理的重要单元,社区参与和居民自治是提升社区治理现代化的重要一环②。学者杨敏指出,参与是一个过程,是居民能以主体的身份介入有关社区决策的过程,一个不同行动者进行博弈的过程,一个既充满争议又激发认同的过程,人们通过参与过程提升了原本没有或遭到忽略的家园意识和主体意识,经由认同的产生和转化将共同生活的物理空间建构为具有社会意义的地域共同体③。"居民小两会"体现了社会治理体系的主体参与性和过程的完善性,通过定期举行"网格民情分析会"和"网格居民议事会"两项会议,不仅搭建起居民反映社区问题的平台,同时邀请居民对于如何解决这些问题建言献策,给予居民最大程度的参与空间,满足居民切身需求,提高了居民的参与意识和参与能力,从而不仅使面临解组的社区重新建立起新的社会链接,也激发了居民参与机制的创新,促进了团结坝社区共建、共治、共享社区治理格局的形成。

2. "居民小两会"体现了对民主协商理论的有力探索,是民主协商形式的创新和发展。作为一种治理方式,民主协商更强调公众对公共决策的参与,集体决定应当通过讨论、协商的方式来形成。"居民小两会"强调深度对话,通过磋商、讨论等协商形式实现了各种意见的表达、各种要求的碰撞。增强公共决策的民主性,提升公民对公共事务的责任感,促进社会的整合④。可以看到,"小两会"以民主的形式达成代表多数人意愿的共识,实现了公民平等参与政治生活及决策的科学化和民主化理论意涵。此外,"居民小两会"还具备广泛性和代表性,以党员、"特钢

---

① 雷洁琼主编:《转型中的城市基层社区组织——北京市基层社区组织与社区发展研究》,北京大学出版社2001年版,第187页。
② 徐永祥:《社区发展论》,华东理工大学出版社2000年版,第229页;黎昕主编:《中国社区问题研究》,中国经济出版社2007年版,第337页。
③ 杨敏:《作为国家治理单元的社区——对城市社区建设运动过程中居民社区参与和社区认知的个案研究》,《社会学研究》2007年第4期。
④ 李文彬:《论我国基层协商民主的问题与对策》,《华南理工大学学报》(社会科学版)2007年第2期。

能人"带动群众,为民主协商不断扩大提供了深厚的实践基础和群众基础。概言之,"居民小两会"以协商主体的多元化、协商目标的过程化、协商内容的多样化和协商方式的互动化,能够有效协调各方面的利益矛盾与冲突,增强了基层自治的合法性,有力推进"社区大事共协商"的治理理念。

3. "居民小两会"突出强调社区治理中公共性的建构,蕴含着公共性理论意涵的表达。从学术角度上看,社区参与具有公共性、过程性和再生产性等特征[1],而"公共性"是个体超越自我而关注公共生活的前提,是现代社会中激发公众参与意识、提升社会自我协调和管理能力的动力源泉所在[2]。学者田毅鹏曾指出,公共性概念最具核心意义的要素在于共有性、公开性及社会有用性,是一种基于正义和公正为达致公共善而努力行动的价值体系[3]。团结坝社区"居民小两会"的推进,使得个体通过公开协商对话的形式就公共议题展开讨论,最终达成解决问题的共识,充分体现出公共性最为本质的意涵。而通过发动居民"发现问题"与"解决问题"两方面营造和培育了社区集体意识,激发起群众从只关心自我或自我利益,发展到超越自我、维护公共利益的价值倾向,并逐步树立社区认同感以及为维护社区共同利益而自觉自愿地参与各种公共活动的公共精神。李友梅等人进一步指出,"公共性认同"是指以个人为基础并以超越极端个人主义即利己主义为旨趣的参与认同[4]。在社区治理中,"居民小两会"辅之以"家底盘活法"等一系列工作方法,使得其更有效激发出社区民众的"我们的事务"意识,形成共享观念,有效培育了居民对社区的公共性认同,并最终形成凝聚和吸引社会多元力量共同参与社区治理的格局。通过生产与培育社区公共性,以公共精神为黏合

---

[1] 杨敏:《作为国家治理单元的社区———对城市社区建设运动过程中居民社区参与和社区认知的个案研究》,《社会学研究》2007 年第 4 期。

[2] 高红:《城市基层合作治理视域下的社区公共性重构》,《南京社会科学》2014 年第 6 期。

[3] 田毅鹏:《东亚"新公共性"的构建及其限制——以中日两国为中心》,《吉林大学社会科学学报》2005 年第 6 期。

[4] 李友梅、肖瑛、黄晓春:《当代中国社会建设的公共性困境及其超越》,《中国社会科学》2012 年第 4 期。

剂，使曾经涣散的社区重新建立起共同体式的团结。

（二）应用价值

1. "居民小两会"将"民情收集"和"居民议事"融于一身，是引导居民社区参与的有效形式，不仅有效解决了居民日常生活中出现的各种问题，同时也成为居民共同参与社区治理的重要平台。通过动员居民建言献策、民主议事，能够最大限度地发挥社区居民在社区治理中的主体作用，在组织居民议事的过程中，动员与培养了一批对社区工作有热情、有担当、有想法的"特钢能人"，并带动居民自发自觉地服务社区，齐心协力解决好家门口的问题，对于激活社区居民参与性具有重要意义。

2. 作为民主协商的重要载体，"居民小两会"强调深度对话和互动协商，通过"宣讲—建言—落实"的民主议事链条，推动了人民民主协商在基层的深入实践，促进了社区民主协商机制的创新和发展，突出了居民在社区治理与建设中的重要地位。在解决社区环境、邻里纠纷、公共管理等关系群众切身利益的问题等方面发挥了重要作用，实现了衰败工业社区的重组及居民涣散状态的内聚，对于基层协商治理及社会整合具有重要价值。

3. 通过搭建居民反映日常问题的平台，此法密切了居民与社区工作者之间的互动与联系，使社区工作能够在了解居民需求的基础上有效回应居民的需求，从而摆脱了由于沟通不及时、信息反映渠道不畅通造成的闭塞状态，具有极强的链接性。此外，通过会议当场指派问题责任人，能够将问题的解决落实到实处，有利于提高工作效率，摆脱"虚化"或相互推诿等现象，真正满足居民群众的日常生活需要，使基层工作焕发生机与活力。

五　专家点评

十九届四中全会决定指出，要围绕健全充满活力的基层群众自治制度，健全基层党组织领导的基层群众自治机制，在城乡社区治理、基层公共事务和公益事业中广泛实行群众自我管理、自我服务、自我教育、自我监督，推进基层直接民主制度化、规范化、程序化。"居民小两会"着重突出体现了这样的精神，它建基于城市社区群众参与基层治理的探索，其突出价值在于，第一，突出"党委引领"，充分发挥原特钢厂党员居民的模范带头作用，以党员带动群众，搭建民主自治体系。第二，体现了"自我管理、自我服务、自我教育、自我监督"的精神，有效培育居民参与意识，"小两会"在为居民反映日常问题提供良好渠道的同时，也成为居民共同参与社区治理的重要平台，发动居民建言献策、积极落实，大幅提升了居民民主参与意识及议事水平，使从前涣散的老旧社区重新构建起新的链接，成为紧密的社区共同体。第三，恰当地利用工作技巧与策略，会议四大程序环环相扣，互为补充和支撑，集规范性、系统性、技巧性于一身，巧妙破解了国企破产后居民社区参与度低等问题，使得基层民主更加制度化、规范化、程序化，是社区治理创新工作模式的一次成功探索。随着"居民小两会"的持续推进，团结坝居民不断"议"出社区的美好生活，为新时期社区民主参与提供了重要的经验参考，对于进一步全面推进城市社区社会治理创新及其现代化提供了重要的借鉴范本。

点评专家：文军，华东师范大学社会发展学院院长、博士生导师，教育部长江学者特聘教授，民政部全国基层政权和社会建设专家委员会委员。

六 杨春敏小传

杨春敏，女，汉族，中共党员，1963年4月出生，大学学历，重庆巴南人，现为重庆市沙坪坝区石井坡街道团结坝社区党委书记、居委会主任，党的十九大代表，重庆市第四、五次党代会代表，沙坪坝区妇联兼职副主席、沙坪坝区侨联兼职副主席、十七届沙坪坝区人大代表。先后荣获2009年重庆市优秀基层党组织书记、2010年重庆市优秀党务工作者、2011年重庆市创先争优优秀共产党员、2016年重庆市基层理论宣讲先进个人、2017年10月重庆市第64期"重庆好人"、2017年12月重庆市第九期"最美巴渝·感动重庆"月度人物、2019年全国"最美城乡社区工作者"、第五批"全国岗位学雷锋标兵"、2020年3月荣获抗击新冠疫情全国三八红旗手。

杨春敏出生并成长于原重庆特钢厂职工家属区,她的祖辈、父辈以及家里的部分亲属都曾在特钢厂工作过.因此,她称自己是地地道道的"特三代",而这样的家庭因素和成长环境也在她的心里烙下了深深的"特钢情结"。1980年高中毕业后,杨春敏顺利进入技校学习,1982年技校毕业后,她考入重庆市团委,此时的她面临是去国有企业还是政府部门工作的选择,怀着一份特钢人特有的荣耀与情结,她毅然选择进入特钢厂工作,而在这里一干便是二十余年,期间她先后担任过不同的领导岗位,包括销售科长、工会主席,等等。到了破产前,杨春敏在企业经营负责向重庆市中小学销售自制牛奶。

2005年7月,由于国企改制等因素,杨春敏下岗了,下岗后的她开始了一条艰难的谋生之路,打工、开火锅店、为了照顾好孩子也做过全职妈妈……一个偶然的机会,当杨春敏看到自己居住和生活的社区招聘工作人员后,她心想,"社区离家里很近,这样既能上班又能照顾儿子"。具有大学学历、党员身份,又从事过多年国企领导工作的她,很快便得到了这份社区的工作。到了社区后,她从为困难家庭办理最低生活保障的办事员开始做起,并于2007年当选社区书记、居委会主任一职。

然而,由于企业破产转型等因素,该社区居民产生了巨大的心理失

杨春敏证件照

落感，加之企业服务管理职能的突然缺位，使得原来欣欣向荣的钢厂大院竟演变成了远近闻名的"问题社区"，居民用"环境脏兮兮，人心乱麻麻，秩序乱糟糟，问题成堆堆"来形容当时的社区。面对眼前这个衰败的社区，杨春敏怎么也没有料到，社区工作是这样的棘手，"问题社区"这团乱麻，到底该从何处解开，一时间成为困惑她的头号难题。思前想后，杨春敏决定从入户调查开始开展工作，先摸清社区的基本情况。可是，这项最基本的工作却让她吃了不少的"闭门羹"。面对她热情的走访与询问，有些居民冷嘲热讽、故意刁难，有些居民甚至连家门都不开，并斥责道："你们连卫生都搞不好，还能做什么？"这句话深深地刺痛了杨春敏，也使她迅速调整了自己的工作思路，"既然居民对社区环境卫生不满意，那么我就先从环境卫生整治开始，给居民把环境问题首先解决掉"！就这样，杨春敏带着社区工作者开始了艰难的垃圾清理工作。

　　社区有一个深度为 8 米左右的垃圾坑，一到夏天臭气熏天，想下坑连台阶也没有。大家都犯了难，有人甚至想放弃。可是杨春敏暗下决心，"别说是一个垃圾坑，就是火坑，我也要下去扑灭它"！她找来一根麻绳拴在腰间，让同事把她从边坡上吊下去，就这样一筐一筐地往上清运垃圾。一天下来，她的腰被勒出了血痕，一碰就疼，但她咬着牙消毒上药，继续清理。看见眼前的这一幕，很多居民开始主动加入帮忙。在杨春敏的带领下，社区环境愈来愈干净整洁，居民群众也渐渐对她改变了看法，一心一意为居民们做事的她，也逐渐获得了居民的接受和肯定。

　　除了社区问题外，摆在杨春敏面前的一个更大的难题，便是如何帮助社区就业困难人员实现再就业。由于当时网络并不发达，杨春敏就采用"牵手居务"的笨办法，一方面一家一家地去跑用工企业，收集用工信息，向他们推荐社区失业人员，另一方面一家一户地去走访，了解失业人员的家庭情况、求职意向以及技能特长，并向他们介绍社区收集到的岗位信息。杨春敏就这样日复一日地收集信息、对接情况，一年间帮助了 400 多名就业困难人员找到了新的工作岗位。当年，团结坝社区也成为"重庆市优秀充分就业社区"。

　　多年的国企管理工作经验以及杨春敏身上不服输的劲头，使她在工作中不断创新思路，不停思考如何将社区建设得更好。"居民的需求在哪里，我的工作就在哪里。社区环境、就业问题解决了，下一步怎么样才能更好地为群众提供精准化、精细化的服务呢？"带着这样的思考，杨春敏开始着手建立"三张清单"以提高社区服务的针对性，并依托街道、社区党建联席会了解驻社区单位各方的优势资源和合作意向，并根据街道办事处和辖区社会单位提供的服务制定"资源清单"；通过征求辖区单位、居民群众的需求制定"需求清单"，将"需求清单"和"资源清单"进行配对，借助党建联席会议等服务群众平台，采取社会组织认领和党员群众个人认领相结合的方式，对接"需求"与"资源"，形成民生实事"项目清单"，有效整合了各类资源力量，使社区由"单打独斗"走向"抱团合作"。一系列的创新管理，架起了社区联系居民群众的桥梁，让团结坝社区重新焕发了生机，团结坝社区重新走向了团结，十余年兢兢业业的工作让杨春敏成长为将"问题社区"居民幸福起来的"好当家"。在她的心里，把群众的事放在心上，把群众当亲人，群众说满意，才是硬道理。她曾说，"社区是什么样子，我的家就是什么样子，社区就是我的家，社区的居民就是我的家人。如果我的家人需要我，我理所当然地要冲在最前头。为社区群众服务，不是一阵子，更不是做样子，而是一辈子"。

第五章

"五化聚力":从"一点红"到"党旗红"

——唐山市路北区祥富里社区陈林静工作法

陈林静工作照

2016年7月28日,在纪念唐山抗震40周年之际,习近平总书记专程对唐山市祥富里社区进行了考察并指出,社区是党和政府联系、服务居民群众的"最后一公里",要健全社区管理和服务体制,整合各种资源,增强社区公共服务能力。社区工作要时时处处贯彻党的宗旨,让党的旗帜在社区群众心目中高高飘扬,让社区广大党员在服务群众中充分发挥作用、展示良好形象。

总书记的到访让陈林静永远难忘,总书记的一席话也成为陈林静的工作信条。以此为契机,她把"人民对美好生活的向往就是我们的奋斗目标"作为社区的工作目标,围绕发展抓党建,抓好党建促发展,优化服务为居民,强化社区党总支的政治功能、拓展服务平台、提升服务水平,以十几年来在祥富里社区工作中积累的实践经验为基础,创新工作方法,通过"五化"聚力,使社区党总支联系群众和服务群众的"最后一公里"更加畅通,全面提升社区服务的能力和效果。

一 产生背景

唐山地处环渤海湾中心地带,南临渤海,北依燕山,东与秦皇岛市接壤,西与北京、天津毗邻,是连接华北、东北两大地区的咽喉要地和走廊。唐山是一座具有百年历史的沿海重工业城市,早在旧石器时代就有人类生存的痕迹,唐朝时李世民两次东征,均屯兵现在位于唐山市区的大城山,山赐唐姓,唐山由此而得名。在明朝时,唐山开始有一定程度的开发,主要以农业、采石业和制陶业为主,随着近代"洋务运动"的兴起,唐山的地位也越发凸显。清光绪三年(1877年)在唐山设开平矿务局,引进西方先进技术,办矿挖煤。1878年唐山建乔屯镇;1889年改名唐山镇;1938年正式建市,是中国近代工业发祥地之一。中国第一座近代煤井、第一条标准轨距铁路、第一台蒸汽机车都在唐山诞生,唐山也被誉为"中国近代工业的摇篮"和"北方瓷都"。

1949年中华人民共和国成立后,唐山市仍归河北省管辖,下设12个区,同时设立唐山专区,由中央政府直接领导。随后唐山市的行政区划经过几次调整,1960年唐山专区被国务院正式批准撤销,原归唐山专区所辖的县基本并入唐山市。1959年中央决定唐山市为全国45个开放城市之一。1961年,国务院批准恢复唐山专区建制;1968年,唐山专区改为唐山地区,唐山地区的唐山市改为省辖市。

然而,1976年的大地震却对唐山造成了极其惨烈的影响。1976年7

月28日北京时间凌晨3时42分，唐山、丰南一带发生了强度里氏7.8级的大地震，有感范围广达14个省、市、自治区，其中北京市和天津市都受到严重波及，唐山市几乎顷刻之间被夷为平地，造成24.2万多人死亡，16.4万余人重伤。随后发生的两次余震又在很大程度上加重了唐山的人员伤亡和经济损失。唐山市的基础设施几乎被摧毁，城市发展也陷入中断。1977年5月，经3000多位来自全国各地的专家、技术人员共同参与制订的《唐山市城市总体规划》被国务院批准，1979年下半年开始，唐山市开展了大规模的重建工作，来自全国各地的援建单位和工人都共同参与到唐山的重建工作中。1983年，国务院批准撤销唐山地区，实行市管县体制；1984年国务院批准唐山市为全国13个"较大城市"之一；1986年唐山市的恢复建设基本完成，唐山经济也开始进入快速发展的阶段。根据唐山市的整体规划，其城市定位为环渤海地区中心城市之一，国家新型工业化基地和港口城市。

2001年开始，唐山市正式启动城市社区建设，2005、2006年连续两年将社区建设纳入年度"市政府为民所办实事"；2009、2010年连续两年将市民中心建设纳入市委、市政府实事工程。从整体上看，唐山市对城市社区基础设施建设的投入大，也在积极吸纳社区工作者，逐步完善社区服务体系。但唐山市的城市社区建设起步晚，社区工作缺少明确的规范，居民对于社区也缺乏认识和了解，社区工作者也缺少社区工作的经验和方法。如何从无到有实现城市社区的建设和发展，是唐山市社区建设的重要挑战，陈林静正是在唐山市社区建设的探索时期参与到社区工作中来的。

祥富里社区位于唐山市的中心城区——路北区，是唐山市震后第一批安居工程，始建于1996年。社区总面积约0.5平方公里，有住宅楼89栋，包括劳教所、联通公司等单位的集资房，以及12栋回迁房，共有居民4557户1.2万余人口。祥富里社区面临的问题主要集中在三个方面：

第一，从基础设施建设上看，祥富里社区房屋普遍老旧，影响居民生活质量，老旧小区在管理上的共性问题在这里集中存在。并且，社区内缺乏可供居民活动的公共空间和场所，居民的精神文化需求难以在社区内得到满足。

第二，从居民情况上看，由于唐山市城市社区建设的起步较晚，居民的社区意识较弱。社区居民普遍缺乏对社区的了解和认知，自治的观念和能力很低，对于社区工作者也有着排斥和不信任感，这给社区参与度的提升以及社区工作的开展造成了一定困难。

第三，从居民诉求上看，社区居民对于社区治理和服务的需求存在多样性。提高生活环境质量是社区居民的普遍需求，满足基本生活需求是社区特殊群体所迫切需要的，充实精神文化生活则是社区老年群体期盼的。

在这样的背景下，陈林静开始跟社区老书记、老主任、老党员们学习取经，在社区工作中不断积累经验，并最终形成了"五化"目标，推动社区服务和治理模式的创新，把社区打造成幸福家园。

二 界定及内涵

"五化聚力法"中的"五化"，指的是社区组织科学化，社区建设和谐化，社区服务多元化，社区文体多样化，社区教育普及化。陈林静以社区党建为核心，通过对社区五个方面的建设，逐渐丰富并完善社区的服务体系，从而把社区打造成红色的幸福家园。"五化聚力"不仅是社区工作的抓手，也是社区发展的目标。

1. 完善机构设置，建立"横向到边、纵向到底"的社区服务网络体系，实现社区组织科学化。在纵向上，对楼栋的重新组合，建立健全"社区党总支—楼栋党支部—楼门党小组—党员责任区—党员责任岗"的五级组织网络。在横向上，根据驻区单位的行业性质进行分类，建立行业党支部，并选拔有特长、专长的党员任党建指导员。在此基础上，结合"五位一体"服务模式，与河北路房管所、祥丰道派出所等共建单位开展共治、共建、共享服务，形成覆盖全社区的"点站结合，立体覆盖、全面包容"的服务网络体系。

2. 深化综合治理，建设党员魅力工程，实现社区建设和谐化。通过以党员为主要成员的"同心圆志愿服务队"和"我是党员我先行"等形式和活动，调动起社区党员的积极性；通过推进"在职党员进社区"，促进为民服务的力量凝聚；通过定期开展社区党总支、社区居委会、业主委员会、楼门长、社区综合服务站、物业公司"六位一体"联席会议，每个月召开一次民情恳谈会、每季度召开一次事务协调会、每半年召开一次民主评议会，每年底召开一次总结大会的形式，全方位、多角度服务居民，实现共建、共治、共驻、共享。

3. 细化服务内容，创新服务形式，针对居民需求实现社区服务多元化。通过打造"家门口的政务超市""谏言议事中心""民情流水线""情感交流中心"等形式，创新服务体制机制；通过党员引领、资源联动，实现对社区特殊群体的关怀和帮扶；通过"特色创建"工程，打造幸福家园"党旗红"特色党建品牌，开展党性教育；通过实施民情流水线工程，实现"民情收集—限期办理—结果反馈—跟踪监督"的运行机制，全面保证社区服务效果。

4. 丰富文体活动，以建设"书香社区、文化家园"为主题，展现社区文体多样化。通过红色文化的宣传，提升居民的精神文化水平和文明素养；通过不断完善公共文化服务体系，实施文化惠民工程，打造社区特色的文化阵地；通过开展社区道德讲堂、"我是党员我先行"主题演讲比赛、"学习十九大，文艺进万家——千场巡演"等丰富多彩的文体活动，丰富群众性文化活动，满足居民的精神文化需求。

5. 强化素质建设，以市民学校为中心，道德讲堂为载体，实现社区教育普及化。通过学习平台的打造，既能够提升社区党员工作者的党性和服务能力，也能够为社区党员提供学习的平台和交流的机会，并在社区内形成读书学习之风、邻里互助之风、低碳节俭之风、孝老爱亲之风，全面促进社区居民素质的提高。

三 具体方法及案例分析

在社区的具体工作中，"五化聚力"法又可以具体拆分为如下几点工作方法和技巧。

（一）三维人法

"三维人"法就是指"做社区的名人、能人、好人",这也是陈林静对自己社区工作方法的第一条总结。社区工作者要想做好社区工作,最基本的就是要做到"底数清、情况明","千里眼""顺风耳""飞毛腿""婆婆嘴"是社区工作者的基本功。"三维人"具体包括以下三个层面:

1. 做社区的"名人",就是要让社区内的居民都能认识自己,都能够和自己说说心里话。社区工作者要有"飞毛腿"的本领,对社区和居民的基本情况都要清楚掌握。与此同时,社区工作者也要有"婆婆嘴",能够和居民谈心交流,对居民的困难需求都要了解清楚。只有了解居民的所思所想所求,才能给居民提供更好的服务。

2. 做社区的"能人",就是要帮助社区居民解决实际困难,增强居民对社区的信任感。居民有困难找到社区时,要竭尽全力地帮助居民解决问题,消除居民对社区的怀疑和顾虑,从而增加居民对社区的信任感和归属感,增强社区的凝聚力。

3. 做社区的"好人",就是要在社区工作中做到一视同仁。社区工作面临的问题和对象都具有复杂性,在处理问题的过程中,就更需要社区工作者坚持自己的原则和标准,要一碗水端平,不能欺软怕硬。在服务的过程中接受居民的评价和监督,做到居民满意。

案例一:"飞毛腿"与"婆婆嘴"

"飞毛腿"和"婆婆嘴"就是陈林静苦练的两门基本功。2005年,刚参与社区工作的陈林静发现,社区的老书记、老主任们都是"活电脑""活地图",不仅对社区的街路了如指掌,社区里4557户居民,一提到哪家哪户,他们马上就能把居民的情况说得清清楚楚。她在自己工作经历的基础上用心思考,又向老书记、老主任学习取经,一有时间就骑着自行车去摸清社区的情况,借着走访入户、清理社区私搭乱建等机会了解社区。陈林静也逐渐发现,社区工作是跟居民打交道、为大家服务,只有跟居民熟起来,居民才会把心里话说出来,"人熟是一宝"。于是在社区日常的业务工作中,她也抓住机会和居民沟通：收党费的时候，就和党员同志互相认识"熟"起来；组织文体活动的时候，就和文体、骨干队长互相交流"熟"起来；网格管理的过程就和楼门长"熟"起来，再进一步跟居民熟起来。就这样通过"飞毛腿"和"婆婆嘴"，陈林静对社区的每条道路熟了，每个商户熟了，每个家庭熟了，工作起来也就更加得心应手了。

2006年，祥富里社区一街之隔组建了新社区，陈林静被街道委以重任，到祥荣里社区牵头带队。新成立的社区没有办公地点，陈林静的社区工作者队伍也仅有其他三位没有社区工作经验的年轻社区工作者。在这样的情况下，陈林静背着公章，带着三位社区工作者，开始了从无到有的社区建设。她充分施展"飞毛腿"的基本功，将以往的工作经验应用并传授给新的社区工作者们，开始入户、走访、摸底。面对社区居民的不同态度，陈林静也用"婆婆嘴"巧妙应对。有的居民非常欢迎社区工作者，他们说"终于有人管我们了！"，面对这样的居民，陈林静积极和他们聊天谈心，掌握他们的基本情况，也通过他们了解社区、楼栋、楼门的情况。而也有很多居民有排斥的态度，还有的居民说，"我用着你们社区啥了？我这还有工作"，连基础信息都不愿意提供。于是陈林静不厌其烦地向居民解释社区的工作内容，让居民对社区有认识、有概念，再根据居民家庭的实际情况，提供相应的服务：居民家中有老人，就着重提供为老服务；居民家中有孩子，就着重提供未成年人服务；居民家要是有下岗待业的，根据具体情况提供就业帮扶等。

慢慢地，陈林静成为社区的"名人"，她"管千家事、操万人心"的爱心、耐心和责任心，使她赢得了越来越多的信任和支持，也让越来越多的居民从小家门中走出来，进入了社区的大家庭。

案例二：段大爷去养老院

段大爷是祥富里社区有名的"倔老头"。段大爷当时已近90岁了，曾经为了给患病的儿子治病，卖掉了房子。后来儿子还是因病去世了，段大爷没有地方住，就到附近的农村租了一个房子。然而适逢他租住的平房要进行"平改"工程，房东和村干部多次找到段大爷请他搬走,段大爷的态度都很坚决:"我就不搬,搬了我没处住。"后来实在没有办法,村委会找到了陈林静,村书记跟陈林静说:"你们老段不搬走,我们这个村都没法拆。没法拆呢,就影响我们的'平改'进度。"于是陈林静就开始想办法,做工作。

她先帮段大爷办理了低保,让段大爷的基本生活有了保障。之后她又耐心地做段大爷的思想工作,陈林静跟段大爷说:"咱们上敬老院吧,这是唯一的一个办法,是吧?敬老院我帮您联系。"然而段大爷觉得去敬老院就没有自由了,不愿意去。后来村里催着他搬家,段大爷找了搬家公司,拉着全部家当、锅碗瓢盆被褥卷,直接到社区来了,他说:"社区是家,我就住社区!"陈林静又开始给段大爷做思想工作,跟他讲道理,想办法。后来搬家公司都被陈林静的耐心和责任心打动了,搬家公司的工作人员直接跟陈林静说:"书记你别发愁了,东西我给他拉回去。我们也不要他钱了,我们也不跟你们要钱,然后我们拉回去就行了。"

在陈林静犯难的时候,社区的党员居民也纷纷主动帮忙劝说、出主意。最终段大爷终于被说服,陈林静也通过努力联系了敬老院,送段大爷过去安享晚年。段大爷去了敬老院之后,陈林静定期去看望他,有时给段大爷买吃的、买点儿常用药;有时带着社区文体队去敬老院开展慰老演出等文体活动,段大爷每次都特别开心,还会跟其他老人说:"你看,这是我们社区的,是我们社区来演出的。"有时段大爷也会不高兴发脾气,或者和其他老人闹矛盾,陈林静会第一时间过来解决,也因此被敬老院称为"小书记、大家长";有时段大爷也会拿着布包,装上自己养得特别漂亮的茶叶花,坐公交车来社区,来看看陈林静。从不理解到理解,从彼此陌生到成为亲人,在像亲人一样的互相关心、相互牵挂中,段大爷走完了人生的最后一程。

"三维人"法的实践,能够高效地在社区工作者与社区居民之间实现链接,具有很强的可操作性。通过做社区的名人、能人、好人,获得居民的认可和信任,进而加深居民对社区的了解、促进居民社区意识的培育和提升，这对于社区整合和凝聚力的结成无疑具有基础性的意义。

（二）一点红法

"一点红"指的就是社区的党员，"五化聚力"法也正是以社区党员为基础才得以开展和实现的。通过对社区党员的动员，充分依靠社区党员的力量，通过"给关怀、压担子"，让党员"亮身份、明责任"，以党员的"一点红"汇聚成"党旗红"，从而实现社区服务能力的提升。其实践可以从三个方面展开：

1. 通过走访、沟通的形式，与社区党员建立起联系并熟悉起来，从而获得社区党员的信任。作为年轻的社区书记，难免会受到质疑，这时就可以从社区党员入手，争取到社区党员的认可。

2. 通过学习、咨询的形式，向社区党员学习经验、听取建议、接受他们的意见和监督，从而在提升自身工作能力的同时，激发党员参与社区事务的积极性和主动性。

3. 通过特色活动的载体，充分调动社区党员的积极性，从而使党员在社区建设实践中做出贡献，同时也能够带动社区群众居民加入社区建设，真正实现"为群众创建，靠群众创建，创建成果由群众共享"。

案例三：党员"金点子"，晨练场秩序井然

陈林静刚来到社区时，居民们对这位年轻的"小书记"存在诸多不信任，有怀疑、有顾虑，也有冷漠和拒绝。为了摸准居民们的心思，她在社区党员中发起了"金点子"征集活动，请党员群众就最关心、最关注的问题，提出意见和建议，社区能解决的即刻解决，不能解决的积极上报寻求支持帮助。

祥富里社区有一块空地，许多居民都在这儿打羽毛球。有时一大早打羽毛球的居民们就来到了空地上挥洒汗水，打到高兴的时候也会有叫喊声、欢呼声。但这些居民感受运动快乐的同时，旁边楼的住户不堪其扰，认为严重打扰到了自己的休息，于是就到社区投诉。开始社区也没有什么好办法，只能每天早上四五点钟就派工作人员"值班"，遇见来打球的居民把他们劝回去。然而这不仅增加了社区工作人员的工作量，还激发了居民的逆反情绪：要打球的居民非要打球不可；要休息的居民为了不让他们打球，采取了在空地停车、往空地扔垃圾等多种办法，双方矛盾一度激化。

社区党员开始还加入社区工作者一起看场地，后来大家都认为这不是长远之计，于是积极献计献策，最后提出了在空地建一个小花坛的办法。建花坛没有经费，社区党员就和社区工作者一起去周围正在施工的场地去捡废砖，回来后一起动手把花坛垒起来。虽然花坛看起来不是很美观，但解决了眼下的棘手问题，居民的休息权得到了保障。与此同时，社区热爱运动的居民很多，想打羽毛球的居民他们的娱乐权利也要保障。社区党员和文体协会的队长之间积极协调，重新规划了社区内两个小健身广场的利用时间：早晨5：00—6：00打太极；晚上6：00—7：00广场舞；7：00—8：00健身操……通过合理地安排时间、规定场地，大家的娱乐健身问题也得到了解决。

通过社区党员的群策群议，建立社区党建文化广场、文化长廊、规范居民晨练秩序等几件事儿办下来，居民们也认可了陈林静："没想到陈书记还真能干大事儿！"

案例四：周末奉献日，拔草美化社区

祥富里社区一共有89栋居民楼，有许多单位的集资房，也有回迁房，房屋产权构成复杂。因为社区大部分是由唐山市住建局开发的，因此现在主要由住建局下属的河北路房管所负责日常管理。随着房价不断上涨，祥富里社区的房价翻了近十倍，但物业费却始终维持在3毛钱/平方米的最低标准，虽然政府也提供了补贴，但是这对于社区绿化或者是公共设施的维护还是远远不够的，物业服务陷入了恶性循环。社区居民遇到问题时，也往往是直接找到社区，再由社区出面去和物业沟通；物业又是隶属于房管所管理，社区又要先去跟房管所协调。如此一来，不仅耗费时间久、效率低，解决问题的效果也难以让居民满意。

前些年，由于物业管理不完善，一到夏天，社区内杂草丛生，也会有大量蚊蝇活动，对社区环境产生了负面影响。社区找物业协调除草,当时的物业或者说没有机器,或者说没有工作人员,或者说机器没有油了不能使用,各种困难和难题都摆在面前。于是陈林静决定带领社区工作人员自己干,并且选择在社区的党员"周末奉献日"进行拔草活动,发动社区党员共同参与。出乎陈林静意料的是,社区党员到了周末都非常积极,在炎热的夏天,大家都戴上厚手套和社区工作者一起拔草。有位老党员因为年纪大了膝盖活动不便,就自己带了个马扎和大家一起干。这个场面也感动了社区的居民,周围路过的一些居民也自发地停下脚步,加入到拔草的队伍中来。经过这次活动陈林静也更加深切地感受到,只要党员走在前面,社区工作就不难。

社区工作的开展和社区建设的推进仅仅靠社区工作者的力量是远远不够的。通过将社区内的党员发动起来,以党员的"一点红"带动社区实现"党旗红",不仅是中国共产党优良传统和政治优势在社区的集中呈现,更是推动"五化聚力"的力量源泉。

(三) 红色网络服务法

"红色网络服务法"主要是通过社区党建网络的覆盖、社区党建服务平台的搭建,以建设"凝心聚力、彰显活力、独具魅力"为特色的党员魅力工程的形式,实现社区党建服务的全方位和制度化。与"一点红法"不同的是,"红色网络服务法"着重强调党员对社区服务的制度化、常态化参与,更加注重社区党建的机制创新。

1. 强化社区党建服务网络体系。祥富里社区按照"就近、类聚、小型、灵活"的原则,对楼栋进行了整合重组,建立健全了"社区党总支—楼栋党支部—楼门党小组—党员责任区—党员责任岗"的五级组织网络,并与驻区单位积极开展共治、共建、共享服务,形成覆盖全社区的"点站结合、立体覆盖、全面包容"的红色服务网络体系。

2. 注重社区党建服务的现实性和问题导向。祥富里社区通过定期开展社区党总支、社区居委会、业主委员会、楼门长、社区综合服务站、物业公司"六位一体"联席会议的方式,解决居民关心的热点、难点问题。与此同时,坚持每个月召开一次民情恳谈会、每季度召开一次事务协调会、每半年召开一次民主评议会,每年底召开一次总结大会,"访民情、惠民生、聚民心、解民忧"。

3. 完善社区党建服务流程。陈林静创新建立"民情收集—限期办理—结果反馈—跟踪服务"的"民情流水线"模式和"365党员工作室"平台,并通过"创先争优党员星级评比"活动评选星级党员,全面提升了社区党员志愿服务的能力和服务质量,也在社区中建立了"有困难找党员"的意识。

案例五:老旧小区改造问计于民

祥富里社区的房屋始建于1996年,老旧小区的环境给社区治理带来了很多困难。第一,设施老旧,居民生活不方便,影响居民生活质量;第二,没有完善的商业化物业管理模式,设施维护、小区绿化、楼道清理等方面都存在不足;第三,居民观念老旧,乱堆乱放、乱扔垃圾的现象普遍。

2018年,在社区党总支、社区居委会和物业公司的多方努力下,祥富里社区被纳入唐山市首批老旧小区改造任务的重点小区,借这个机会,陈林静通过现场摸底调研、询问征求党员意见、组织群众座谈、召开联席会、恳谈会等多种形式,了解社区居民的问题和需求,力求做到"从群众反映最强烈、最需求的地方改起"。在对社区存在的主要问题进行了详细分析,祥富里社区最终确立了"功能性提升改造、房屋质量提升改造、安全性能提升改造、环境综合提升改造"的总体规划,总投资10879万元,针对4大项12分项27小项具体内容进行改造。主要涉及包括建筑节能改造、供水供热污水管网整体改造、楼体改造维修、小区道路硬化提升改造、坡屋顶改造、强电弱电入地、技防设施的提升和全覆盖、绿化提升改造、服务设施提升改造等,并对小区楼体内外色彩统一设计,统一粉刷。

提升改造需要对社区内的私搭乱建进行拆除,为此陈林静也带领社区工作人员提前开始做工作,利用社区内的条幅、橱窗进行宣传,营造整治提升的大氛围。与此同时,她依托社区文体协会,以文艺会演的形式宣传，引导居民观念的转变。通过两种形式潜移默化地对居民进行教育后，陈林静带领工作人员上门入户，逐个劝说居民进行拆除工作。如此一来，社区一楼住户破墙开店、私搭乱建的情况迅速得到缓解，整治工作也少了很多阻力。在治理过程中陈林静也遇到过难事儿：住在一楼的一个大爷，在自家屋外搭了小车棚用于停放电动三轮车，大爷是位残疾人，确实有出行不便的实际困难，因此不愿意拆除车棚。工作人员上门劝说，大爷拿着小马扎就坐在车棚边不让工作人员拆除，而周围的居民也都在观望，想看看社区到底能不能拆掉车棚、能不能在整治工作中做到一视同仁。陈林静得知情况后，马上派社区工作人员登记了大爷的情况，使惠民政策、社区服务能够及时送上门。在给予大爷关怀的同时，针对大爷的停车问题，陈林静先是和大爷沟通、讲道理，然后自费购买防水布帮大爷把三轮车罩起来，后来又通过与共建单位协调，联系了社区一个存车棚，并为大爷争取到了减少停车费的优惠。最终大爷家的违建车棚被顺利拆除，社区也持续关注、关心大爷的生活。社区改造工程收获了大爷和其他居民的认可和满意。

2020年，祥富里小区又被确定为唐山市首批精品小区提升改造项目的重点小区，社区也将继续对管线、监控、楼宇门等事关居民生活的项目进行整体提升，并不断挖掘小区文化内涵，提升设计独有的红色教育广场，重新规划新建文化长廊，促进社区物质文明和精神文明同步发展，不断增强小区居民认同感、归属感。

案例六：党员侯大爷调解邻里矛盾

"民情流水线"是陈林静社区治理实践中的模式创新。祥富里社区在党建网络覆盖的基础上，又组建了以党员、楼门组长、文体骨干为成员的1600多名民情收集处置队伍。这些党员和骨干不仅是民情收集员，也是矛盾纠纷调解员、社会治安巡逻员、社区居民服务员。通过民情流水线的模式，社区民情民意的收集上报、事务办理、结果反馈、跟踪监督等环节基本完善。一方面，党员群众可以积极献计献策，参与到社区治理中；另一方面，遇到矛盾纠纷时，居民不方便和社区说的，可以和党员敞开心扉；居民不愿意让社区介入的"家务事",可能会给党员居民"面子"。不仅社区服务提升了,社区党组织建设也加强了。

居住在5栋的侯荣凯大爷就是祥富里社区的一位民情信息员。他所在的楼门,有一户因为家里的儿子要结婚,为了赶工期每天都在装修。楼下的邻居因为被打扰难以休息,于是两家之间就产生了矛盾。侯大爷听说之后,积极发挥自己民情信息员的作用,在向社区反映情况的同时,主动上门去调解。当时两家之间的矛盾很激烈,楼下的住户扬言:"你结婚的时候我就捣乱,让你这婚结不成!"楼上居民则说:"我就得快点装修,反正你爱睡不睡。"眼看着两家话越说越多,越说越难听,最激动的时候都要动起手来。社区工作人员和侯大爷多次上门调解,通过坚持不懈的劝说,最终两家冰释前嫌,楼上办婚礼的时候楼下住户还送去了礼金和祝福。邻里纠纷在民情信息员、党员楼门长和社区的共同努力下,最终被化解。

案例七:365党员工作室

"365党员工作室"是陈林静首创的社区党员服务模式,旨在落实习近平总书记"让社区广大党员在服务群众中充分发挥作用、展示良好形象"的指示精神。以365党员工作室平台为依托,社区增设了党员代理服务项目,365天都有党员志愿者值班,为行动不便或工作忙碌的居民代办事项或者提供服务。

2016年9月的一天,"365党员工作室"接到空巢老人"电子保姆"通知:203楼的李世勋老人突发心脏病。值班的居民党员田玉荣、解秉均收到消息后,第一时间赶到现场,并及时将老人送到了医院。因为得到了及时救治,老人转危为安。四个小时后,老人的女儿才匆匆赶来,热泪盈眶地说:"如果再晚送几分钟,我爸可能就没命了,感谢你们救了他一命!"

2016年"十一"假日期间,社区居民刘宝荣年过八旬的母亲突然在家病逝,办理丧事需要开具死亡证明,而当时正值放假期间,联系相关医院、单位很不方便。不知如何处理的刘宝荣抱着试一试的态度,拨通了社区"365党员工作室"的值班电话。令刘宝荣没想到的是,值班党员接到电话后,第一时间就来到了她家里,一边安慰家属的情绪，一边帮忙联系了社区医院的值班大夫，在确认老人因病离世后开具了死亡证明，解决了家属的燃眉之急。

在"365党员工作室"的基础上，陈林静还设立了"党员点将台"，公布党员志愿者代理服务项目的信息，使居民可以根据需要选择党员志愿者为其提供服务，实现了服务的精细化。"365党员工作室"自成立以来，已先后抢救危重病人12次，调解各类纠纷数百余次，提供代理服务数千余次，切实发挥了党员先锋模范的带头作用，也在社区内树立起了"有困难，找党员""爱党、信党、跟党走"的风气。

通过红色网络服务体系的建设，以"一点红"带动"党旗红"的成果得到了巩固，社区党建服务的创新发展也有了平台和方向。通过网络化、系统化和流程化建设，祥富里社区实现了社区党建服务的全方位和制度化，不仅完善了社区的服务体系，也加强了对社区服务质量的保障。

（四）文化家园法

"五化聚力"法中，社区文化建设以及社区居民精神文明素质的提升是十分重要的层次。陈林静通过"文化家园法"的实践，用红色教育活动凝聚民心、用传统节庆活动和谐邻里、用群众文体活动激发活力、用文明创建活动推动美化家园的方式，建设书香社区，文明家园。

1. 推动社区文化阵地建设，以宣传主旋律、弘扬正能量为目标，不断完善社区公共文化服务体系。2006年，祥富里社区就成立了唐山市首家社区文体协会，并以协会为平台发展22支文艺队伍，打造了"文明堂""书香斋""文化广场"等一批有特色的文化阵地。

2. 开展社区文体活动，深入宣传社会主义核心价值观、广泛弘扬中华优秀传统文化。祥富里社区相继开展了"初心如磐，使命在肩"广场舞大赛、"社区道德讲堂祝寿礼"、"京唐书法名家送书法进社区"、"重阳节文艺会演"、"学习十九大，文艺进万家——千场巡演"等丰富多彩的文体活动，通过群众性文化活动的开展，让社区居民在潜移默化中受到教育，提高文明素养。

3. 创新社区红色教育模式，把党性教育融入社区文化，使思想政治教育深入党员和居民心中。在提升社区工作者和居民党员政治素养和服务能力的同时，推动习近平新时代中国特色社会主义思想在基层落地生根，开花结果。

案例八：拾秋诗社

2006年，祥富里社区成立了唐山市首家社区文体协会，并组建了包括诗歌、舞蹈、广场舞、京剧、小品等丰富多彩的共22支社区群众文化队。文化队的成立不仅丰富了社区老年居民的晚年生活，从队长到队员也都与社区之间建立了紧密的关系，群众文化队伍成为社区联系群众、服务居民的纽带和桥梁。

同年，陈林静被街道委任为祥荣里社区党总支书记，面对一个新组建的社区，如何能够让居民了解社区、如何能够更好地服务居民？于是陈林静将在祥富里社区组建文体协会的经验与祥荣里社区的实际情况相结合，决定举办文体活动。她通过"借节目"的策略，邀请祥富里社区的文化队来祥荣里社区进行文艺会演，一方面让新社区的居民通过观看文艺表演的形式了解社区、了解社区的工作，和居民之间熟悉起来；另一方面，也让文体活动的形式感染新社区的居民，让居民们看到退休生活也可以多姿多彩。在看表演的过程中，祥荣里社区的居民看到"腰鼓打得这么好""舞跳得这么棒"，渐渐产生了"我也行"的想法，新社区的文体队也开始组建。以此为契机，居民的精神文化生活丰富了起来，社区的凝聚力也更强了。

2015年3月19日，祥富里社区居民活动中心热闹非凡，唐山市首家社区诗社"拾秋诗社"正式揭牌成立了。拾秋诗社的名字是通过向社区居民征集、评选最终确定的，用社长李占臣的话来说："社区里的老人年龄也大了，也等于是秋天了，我们以诗会友，丰富自己的生活，老有所为，老有所乐。"在揭牌仪式这天，唐山市诗词学会的老师们纷纷带来了各自的得意之作，祝贺诗社的成立；70多岁的社区居民董大爷带着他的相机来充当摄影师，并成为第一个加入"拾秋诗社"的居民；仪式当天就有30多名居民踊跃报名参加诗社的活动,争当"社区诗人"。目前,拾秋诗社有47名成员成了中华诗词学会会员,制作诗词链接298期,制作对联链接75期,创作诗词16000首,其中《小诗社大作为》《手挽春风花满途》报中华诗词学会并刊发。诗社不仅是社区居民文化交流的平台,也吸引了众多区域外诗词爱好者的参与。在切磋互动的过程中,中华民族优秀传统文化也得到了宣传和弘扬,新时代特色社会主义思想也以多样的形式更加美满。

案例九:红色教育模式创新

发挥党员作用,强化社区党建是陈林静社区工作方法的核心。通过先后在社区开设搭建"红色讲堂""红色沙龙""党员加油站""拾秋诗社"等平台,社区党员有了学习充电的基地,党性素质不断提升。

2018年7月,祥富里社区以"新时代、新思想、新征程、新作为"为主题,以加强党员教育、规范组织生活为方向,组建了社区组织生活馆,以展示社区党组织生活、群众活动为主线,设立了党史教育的园地、领导关怀、党性教育的基地、社区发展、党员活动的阵地、群众活动的天地、社区党建特色、荣誉展示等八大板块。在此基础上,社区深入开展党史国史教育、革命传统教育,深入开展道德品行教育、法治思维教育、反腐倡廉教育,把党章和党规党纪学习教育作为党性教育的重要内容。

2019年5月,祥富里社区在机场路街道党工委的指导下,成立了"林静课堂",由社区"两委"班子和党员志愿者组成讲师团,通过"党性教育+技能教育"的"双育"模式,对社区党员开展教育培训,促进学习素质和业务水平的提升。陈林静创新教育方法,通过编发《"两委"班子讲党课》《楼栋党支部书记讲党课》《拾秋诗社书刊》的教材和电子书,扩大了学习覆盖面、丰富了学习形式、拓展了学习领域。截至目前,已累计授课240余期,受教育党员群众达7200余人次,实现再就业240余人。

通过不断创新实践,因人施教、因地施教,陈林静也打造出一套完备丰富的"356"党性教育工作法,即"三基点"理论设置

（理论教育固党性、交流互动育党性、对标达标强党性）、"五优化"资源建设（优化现场教学建设、优化教育载体平台建设、优化队伍建设、优化方式方法、优化党代表引领教育）和"六模式"考核管理（选人用人模式、规范运行模式、特色创建模式、平台建设模式、素质提升模式、榜样塑树模式），促进社区党性教育工作水平全面提升，实现把基层社区党组织建设成为宣传党的主张、贯彻党的决定、领导基层治理、团结动员群众、推动改革发展的坚强战斗堡垒。

"文化家园法"的实践以居民喜闻乐见的方式开展，不仅回应了社区居民的诉求，丰富了居民的精神文化生活，也极大提升了居民的社区参与意愿和参与效果，社区的凝聚力不断增强。与此同时，以建设社区文化家园的方式进行宣传，更潜移默化地提升了居民的文明素养，推动了党性教育和思想政治教育在社区的深入。

（五）一家亲法

"一家亲"法主要是针对社区特殊群体开展有针对性的帮扶，秉承"居民是家人，民情是家事"的服务理念，把特殊群体和困难群体视为"家里人"。这是陈林静社区"五化聚力"法的重要方面，也是建设社区和谐化、实现服务多元化的具体表现。

1. 面对社区特殊群体，要给予尊重与理解，将他们视为社区大家庭中的一员。从而端正心态，发自内心地去理解、帮助他们，并在社区中树立起关心帮扶特殊群体、弱势群体的风气。

2. 面对社区特殊群体问题，要深入了解政策，通过惠民政策的实践帮助社区内的特殊群体、困难人群，在帮助他们解决困难的同时，使其树立起对社区和党组织的信任。

3. 解决社区特殊群体问题，要能够发现问题的根源，并充分调动资源。"授人以鱼不如授人以渔"，只有从问题的症结入手，才能长远地解决问题，既解决燃眉之急，又能够使社区特殊群体尽快摆脱其特殊的身份，走出困境。

案例十：盲人踏上光明路

祥富里社区有一位盲人居民李会保，离婚后没有收入，独自带着还在上小学的女儿，生活十分困难。陈林静多次上门给予他物质和精神上的帮助，但是陈林静也考虑这样并不是长久之计，只有帮他找到收入来源，一家人的生活才能有保障。然而李会保是一位盲人，找到合适工作岗位的难度非常大，社区虽然有帮助居民对接求职用工信息的平台，任李会保都难以达到工作岗位的需求。左思右想，陈林静帮李保全联系了一所培训学校，让他去学习按摩掌握一技之长。然而培训学校需要一定的费用，李会保拿不出这笔钱。于是陈林静就和社区工作者们说明了李会保的情况，组织社区工作者们共同捐款，为他凑出了学费。李会保在学习掌握了按摩技巧后，在一家按摩院工作，成功地依靠自己摆脱了家庭困难的局面，也燃起了对生活的希望和信心。

李会保通过按摩治好了一位皮具厂老板的老毛病，皮具厂老板拿着自己厂里生产的皮衣做答谢，李会保就问能不能不要皮衣，给他点儿小东西。后来李会保在女儿的搀扶下，拿着一沓皮带来到了社区，找到了陈林静说："陈书记，你们看看这皮带，皮具厂老板给我的，说上面镶的全是钻。我也看不见，你们看看。你们女同志系上肯定好看。"陈林静没有收下，让他换成皮衣穿在身上，社区工作者的心里也都是暖暖的。李会保说："逢年过节，我没啥要看的人，但是社区我必须得来，这儿有我一个亲人，就是陈书记。"

案例十一：徐大哥"回家"

祥富里社区有一位居民徐某，在监狱服刑十余年后，刑满释放后回到社区，自己的家人却不接纳他，走投无路的徐大哥拎着简单的行李来到了社区办事大厅。面对这样一个刚刚出狱、表情麻木、气质冷酷的人，周围的人都不敢接近，但陈林静就像对待普通居民一样，真诚地请他到社区的"市民客厅"坐一坐。陈林静像面对家里大哥哥一样的态度让徐大哥敞开心扉，他泪流满面地和陈林静说："我不知道社会发展到这种程度了。我那会儿入狱的时候，连马路上车都没这么多，现在回来我连过马路都不敢过。我现在也没啥奔头了，家也回不去，也没人理解我，没人搭理我，我也没朋友。"陈林静设身处地地为他着想，苦口婆心做他父亲和弟弟的工作，劝说徐大哥的家人接纳了他。

而徐大哥社会化的另一个难题，则是找不到可以谋生的出路，言语之中也能感受到他"吃不起饭可能重蹈覆辙"的危险想法。陈林静赶紧劝说他："这种想法千万不行。你在里面接受教育，你好好表现争取减刑，是为了什么？不就是为了重获自由，实现自己的价值吗。"然而社区通过各种平台和门路积极推荐，但用人单位一看他的情况，都不愿意录用。徐大哥的失落陈林静也看在心中，她想到徐大哥比较心灵手巧，在监狱里还学会了做衣服的技能，于是她以个人的名义担保，为徐大哥联系了在服装厂的工作，帮助他重新走入社会。

在陈林静"社区大家庭，一个人也不能掉队"的关怀下，徐大哥不仅从困境中走了出来，还做起了自己的小生意，干起了装修队。他经常会到社区来，和陈林静表示社区哪家居民有苦难、有上下水管堵塞可以找他解决，以自己的方式回报社区。

案例十二：社区书记的一封信

祥富里社区有一个叫杨伯舒的小学生，奶奶刚刚去世；爷爷患有严重的糖尿病，并引发了并发症；父亲患有尿毒症需要经常透析；母亲与父亲离婚后就音讯全无。杨伯舒小小年纪就要承担起照顾家人的重担，不仅要做饭、打扫，有时还要面对爸爸的坏脾气。在非常无助的时候，杨伯舒决定给社区书记陈林静写一封信。

看到这封特殊的信，陈林静赶紧到杨伯舒家里去看情况，在力所能及的范围内给予帮助。她发动自己身边的资源，在身边有人想做好事、献爱心时，介绍杨伯舒的情况，帮他争取捐助。每次有来捐款的人，陈林静都带着他们去杨伯舒家里看看，既让捐款的人安心，也确保善款能够送到杨伯舒手中。在陈林静和爱心人士的共同努力下，仅仅三天就为杨伯舒一家筹集了三万余元，帮助他们一家渡过了难关。仅靠社会捐助是不能长久的，陈林静通过政策申请又帮杨伯舒一家办理了低保，在一定程度上缓解了家里的生活困难。

虽然最后杨伯舒的爷爷还是没能够战胜病魔，但是杨伯舒和陈林静之间的感情却在交往的过程中越发深厚。

　　杨伯舒每次路过社区都会去看一看陈林静，聊聊家里的情况，也会关心"陈阿姨最近怎么样"，令陈林静感动不已。有一次聊天时，杨伯舒和陈林静倾诉了许多无法和别人说的委屈，还有在学校被同学欺负的经历。陈林静了解情况后，去找到了学校的校长，和校长表达了希望学校能多关心特殊家庭孩子，希望孩子们能互帮互助、友好亲爱，巧妙地帮杨伯舒解决了困扰。9月刚到，陈林静加班忙完工作，就带着杨伯舒去商场，买两件新衣服准备迎接新学期。看到杨伯舒发来的微信："谢谢妈给我买衣服，到家早点儿休息。"一声"妈"，表达了孩子对陈林静的全部信任和感谢之情，陈林静感到很欣慰，她收获的不仅是一份普通的关心，更是来自社区大家庭的认可。

　　社区特殊群体所面临的问题具有个别性、多样性和复杂性的特点，这也是对社区治理和服务能力的考验。陈林静始终坚持"不掉队"的思想，通过"一家亲法"的实践，把社区的多元群体都纳入社区的大系统中来，在对社区弱势群体的帮扶的基础上，使之成为促进社区团结协作的有效力量，从而增强社区的凝聚力和向心力，使社区成为和谐家园。

四　学理依据及应用价值

（一）学理依据

　　美国学者帕森斯从结构功能主义的视角，提出了"A-G-I-L"社会系统理论框架。在这一框架中，社会系统或社会结构的功能包括四个维度：适应，即社会系统对环境的适应；目标达到，即社会系统确立总目标的功能；整合，即协调社会系统各组成部分，使他们达到某种程度的团结而开展有效的合作；潜在的模式维持，即根据某些规范与原则，维持系统行动秩序与活动方式连续性的功能。陈林静"五化聚力"的社区工作方法，实质上也是从适应、目标达到、整合和潜在的模式维持四个维度入手，以实现社区系统的功能。

1. 完善机构设置，深化综合治理，以实现社区组织科学化、社区建设和谐化，其实质是社区系统对社区客观环境、人文环境的响应和改造。在明确社区基本情况，全面了解居民诉求的基础上，通过党建系统的覆盖和党建模式的创新形成合力，以此实现维持社区存续的资源与能量，为社区的建设和发展奠定基础。

2. 以党建引领下的社区服务为导向，细化服务内容，实现社区服务多元化，旨在通过对目标的设定，明确社会成员活动的指向性，即为社区工作者以及社区建设指明方向。仅有适应改造，社会系统的运行就是无方向的；仅有目标而没有适应过程，社会系统的运行将会陷入失效。因此，必须将二者结合起来，才能够确保社区系统的适应改造是有效的，并推动社区的整体发展。

3. 针对社区人口构成的特点，秉持"弱势群体不掉队"的理念，将社区的老年人群体、青少年群体、特殊群体等都纳入到社区中来，是实现社区系统整合的关键。只有将社区中的多元要素都整合进社区系统中，才能够达到团结、形成有效合作；只有将情感要素注入社区系统，才会克服功利冲突的弊端，从而使社区系统走向稳定。

4. 丰富文体活动，展现社区文体多样化；强化素质建设，实现社区教育普及化，其实质是通过多样化的形式，潜移默化地将社区观念和秩序以一种稳定的形式确定下来，避免社会成员活动的动态性造成社区系统运行的间断，是一种维持社区系统长效运转的保障机制。通过社区文化和精神文明建设，社区系统中成员逐渐形成共同体价值观，继而结成"集体意识"，这对于社区系统的深化整合以及持续发展是至关重要的。

（二）应用价值

陈林静的社区工作方法，在搭建科学化的组织网络的基础上，创新了社区党建工作的方法和机制，不仅增大了社区党组织覆盖的范围，同时也提升了社区党组织服务的深度。在优化组织设置、科学分类指导、全方位整合的社区党建模式下，社区党建服务具有了扎实的基础。

1. 在"五化聚力法"开展的过程中,"一点红法""红色网络服务法"等许多具体方法的操作都有利于党员先锋模范作用的发挥。通过一系列活动和阵地建设,完善规范的服务流程和机制保障,社区党员对自己的身份都能有明确的定位,能够"怀揣一颗红心,练就一身本领,传承一代精神,弘扬一番正气,承担一份责任,不辱一身使命",在社区实现"我是党员我先行",这对于构建和谐社区的推动、居民幸福感的提升是十分关键的。通过"党员我先行""党员服务365"等方法,社区服务不仅更具实效,同时也将党的温暖带进居民心中。

2. 陈林静通过和党员熟起来、和文艺骨干熟起来、和全社区的居民熟起来的具体做法,使得了解民意的渠道畅通了起来,群众参与社区建设的意愿也被激发了起来,从而社区建设真正实现了"为群众创建,靠群众创建,创建群众由群众共享"。《中国共产党章程》第一章对党员义务的规定中指出:"密切联系群众,向群众宣传党的主张,遇事同群众商量,及时向党反映群众的意见和要求,维护群众的正当利益。"联系群众、服务群众不仅是对党员的义务要求,更是优良传统和政治优势。"想问题、做决策、办事情都要站在群众的立场上,通过各种途径了解群众的意见和要求、批评和建议,真抓实干解民忧、纾民怨、暖民心,让人民群众获得感、幸福感、安全感更加充实、更有保障、更可持续"也是党员"不忘初心、牢记使命"的践行。

3. 社区丰富文体活动和教育活动充实了社区居民的业余生活和老年生活,增强了社区的参与感和凝聚力,与此同时,多种文体形式和教育阵地也是新时代中国特色社会主义思想宣传的重要阵地。居民在享受社区党组织服务的同时,精神文化生活也得到了满足,更在思想上潜移默化地受到了教育。这不仅是提升居民精神文化生活和文明素养的重要方法,也是党的宗旨深入民心的重要过程。

五 专家点评

在新时代的背景下,构建基层社会治理新格局,推进城市基层治理现代化，需要推动社会治理和服务重心向基层下移，健全党组织领导的自治、法治、德治相结合的基层治理体系，健全社区管理和服务机制，更好提供精准化、精细化的服务。陈林静"五化聚力"的社区工作方法，从社区组织科学化、社区建设和谐化、社区服务多元化、社区文体多样化和社区教育普及化五个维度入手，以网络化、系统化、模式化的方式，推动社区党建服务体系建设和创新发展，全面提升社区治理和服务水平。

习近平总书记在党的十九大报告中强调，要以提升组织力为重点，突出政治功能，把街道社区等基层党组织建设成为宣传党的主张、贯彻党的决定、领导基层治理、团结动员群众、推动改革发展的坚强战斗堡垒。陈林静通过社区文体活动和文化阵地建设，丰富居民的精神文化需求、提升居民的精神文明素质，把祥富里社区打造成为文明和谐家园的同时，也使社区成为红色阵地。这种方法和模式对于城市基层社区治理具有重要的借鉴意义。

点评专家：张文宏，上海大学社会学院院长、博士生导师，教育部长江学者特聘教授。

六　陈林静小传

陈林静，女，1976年10月生，河北省唐山市路北区机场路街道祥富里社区党总支书记兼居委会主任，祥富里社区党代表工作室、社区人大代表联络站、"林静课堂"负责人。先后荣获河北省首批"千名好支书"、河北省全民国防教育工作先进个人、唐山市三八红旗手等荣誉称号，并被选举为党的十九大代表、河北省第九届党代会代表、唐山市第十五届人大代表。在社区工作近20年时间里，她始终坚持练好"千里眼"、"顺风耳"、"飞毛腿"和"婆婆嘴"的基本功，担起"小书记大家长"的责任，尽心尽力照顾好社区大家庭的成员，并通过创新机制、多样方法促进社区党建和社区服务的提升发展，不仅践行了"社区大家庭一个也不掉队"的初衷，更带领社区获得了"全国创先争优先进基层组织""全国文明单位""全国敬老文明称号""全国最美志愿服务社区""全国三八红旗集体""全国民主法治示范社区"等百余项荣誉。

陈林静出生在唐山市一个普通的工薪家庭,父亲是一名兢兢业业的开滦工人,母亲是一位朴实的家庭妇女。在单位同事和邻居眼中,她的父母都是有求必应、乐于助人的"实在人",而父母也经常叮嘱陈林静:"一定要踏踏实实做事,实实在在做人。"在父母潜移默化的教育下,陈林静从小就是一名品学兼优的好学生。在中专部时陈林静担任学生会体育部部长的职务,在学生会工作中获得锻炼,收获经验。

陈林静证件照

1997年,陈林静从中专毕业,通过招聘来到了唐山市路北区的商业局下属的经贸公司。这家公司是当时唐山市首家引进桶装水业务的公司,陈林静进入公司后被任命为"开发部主任",负责桶装水的销售工作。

从自行车换成了摩托车,陈林静在开发部主任的岗位上一直干到了2002年。由于实体经济不景气,公司也开始实行改制,职工可以选择"买断"工龄,也可以分流到公司下属的其他单位。陈林静的女儿当时只有2周岁,作为母亲让她很难抽出精力另谋出路,并且多年的工作经历让她对原公司也有难以割舍的感情,于是她选择留下来,最后被分配到加油站做加油工。在加油站的一个月让陈林静感触很深,她自己也陷入反思:难道才二十多岁,就要做"拧盖—加油—再拧盖"这样单一的工作,一直干到五六十岁吗?左思右想,陈林静觉得应该更好地实现自己的价值,于是她找到领导商量:不要"买断"钱,也不要工资,由单位持续缴一段时间的社会保险,由她利用这个缓冲的时间去另谋职业。

第五章 "五化聚力"：从"一点红"到"党旗红"

她积极尝试，自己去批发市场进货，干起了卖服装的小生意。但是因为缺乏经验，第一段创业草草收场。但陈林静没有气馁，而是不断抓住尝试的机会，通过去人才市场应聘，又来到了汽车配件公司做业务人员。她和司机、一位业务员共同组成了三个人的小团队，负责在唐山市下辖的5区10县范围内"跑业务"，主要包括走访老客户，开发新客户，宣传代理的新车型、新配件。

历经一个冬夏，陈林静心想，反正现在的工作都打破"铁饭碗"了，不如横下心来自己当老板，自己干。有了创业的想法后，陈林静没有像上次卖服装一样冲动，而是决定先观察，在生活中寻找商机。有一次去洗车，她发现洗车排队的人很多，是一个很好的行业。

陈林静在规划完停车、洗车的场地后，又全面考虑，为工人留出了宿舍和食堂，另外一间比较大的房子她也想做点儿和居民生活息息相关的事儿，于是早点饭馆的生意就这么做了起来。在完成基本设施的装备后，陈林静以招聘方的身份重新来到了就业市场，为洗车部招工。自己下岗的经历让陈林静有很深的感触，她对于下岗失业群体有很深的感情，客观上，有过企业工作经验的人员工作经验肯定是十分丰富的；主观上，她也相信，如果再给这些下岗失业人员一次就业的机会，他们一定会更加珍惜，能做得很好。她招聘的首要标准就是：下岗失业人员优先。在陈林静和她招聘来的下岗失业人员共同合作、努力下，洗车部经营得有声有色，还增加了补胎、车辆动平衡等新业务。

2005年，祥富里社区换届选举，社区也在大力宣传，动员大家报名。陈林静看到后回家询问家人的意见，陈林静的公公在2000年退休后就到了社区工作，因此听到了陈林静有想到社区工作的想法后非常支持，就这样陈林静将洗车部转给朋友，主动报名参选，最终通过选举成为祥富里社区一名普通的社区委员。刚接触社区工作的陈林静对于社区工作没有经验；对于社区职能的了解仅限于看到公公做过的事务性工作和调解工作；对于社区环境的了解仅限于社区的小花园和公公家所在的楼门。但陈林静迅速调整状态，进入角色。她一方面虚心向老主任取经，并利用做社区党务工作、低保工作、妇联工作、计划生育、精神文明等多项工作的同时学习积累；另一方面她发挥自己曾经工作中积攒的经验，通过在社区转的方式，了解社区的基本情况，了解社区居民的情况，了解居民的需求。不久之后，河北省妇联开展首届基层妇联干部直选活动，陈林静通过演讲的形式参加选拔、竞聘上岗，成为社区妇联主席。2006年，祥富里社区一街之隔组建了新社区，街道领导找到了陈林静让她去牵头。于是陈林静就带着三名年轻的社区工作者，来到了办公场所都没有的新社区重新上岗。在这段经历中，陈林静将"飞毛腿""婆婆嘴"的基本功发挥得淋漓尽致，在她的带领下，新社区不仅有了办公地点、有了服务能力，更在居民中树立起了信任感，社区文体活动和精神文明建设也蓬勃开展。

2007年，祥富里社区的老书记因为年龄和身体原因，不得不卸社区工作的担子，街道领导又找到了陈林静，商量让她回来"挑大梁"。陈林静又回到了祥富里社区，一干就是十几年。2007年，"科学发展观"的提出也为社区建设指明了方向，唐山市在当时确定了60个科学发展模式，其中祥富里社区属于"市民中心建设"模式。以此为契机，陈林静虚心向党员同志求教取经，"集民智、聚民力"，认真听取社区居民意见，带领大家进行社区党建和精神文明建设，从社区基础社区的维护、社区环境的整治，到社区文化广场、文化长廊的修建，再到社区文化团体的举办，一件件事情办下来，陈林静用行动彻底消除了居民对她的不信任，成为社区的"小书记、大家长"。

在社区工作中，陈林静不仅重视社区党建网络的搭建，注重社区党员作用的发挥，同时还通过工作方法和模式的探索，推动社区党建模式的创新。通过打造"家门口的政务超市""谏言议事中心""情感交流中心""5181物委会民情处置中心"，社区的服务能力大大提升；通过打造"365党员工作室""陈林静党代表工作室""人大代表联络站"，社区倾听群众呼声、回应群众期盼的能力大大提高；通过打造"红色课堂""红色沙龙""党员加油站""拾秋诗社""社区组织生活馆""林静课堂"，社区红色底蕴大大增强。

陈林静通过共治共建共享凝聚共建单位力量，和社区工作者、社区居民齐心协力共同建设，祥富里社区"党旗飘起来，党员动起来，文明和谐家园建起来"的社区模式誉满全国，将总书记的嘱托落到了实处。

陈林静也在不断深化社区工作方法，以饱满的热情推进新时代背景下的社区建设，做好服务群众的"最后一公里"，让党的旗帜在群众心中高高飘扬。

第六章

"民情日记"：以情感治理推动社区治理现代化

——延吉市园辉社区林松淑工作法

林松淑工作照

延边公园街道园辉社区的会议室里摆满了各种荣誉证书、奖杯和锦旗，但最引人注目的还是那一摞堆得高高的19本共40余万字的民情日记。在这些朴实无华的笔记本中，泛黄的纸张饱蘸着社区书记林松淑坚定的笔墨，浸透着她深情的热泪，记录着林松淑每日在社区的所见所想，也铭记着居民群众的所困所求。在科技快速发展的今天,林松淑依然坚持用笔和纸记录下真实,因为那一字一句都是她对居民群众饱含深情的誓言和承诺。林松淑的"民情日记法"看起来似乎是落后于时代的"土办法",但实质上却是在她二十年社区工作经验中总结而成的一套行之有效的问题化解路径,即通过了解民情,解决民忧的思路,为群众办实事、谋幸福。民情日记也因其真实性和实用性而被誉为记录民情的"晴雨表"、服务民生的"百宝袋"、情系居民的"口袋书"、建设家园的"作战图"。这正是林松淑以真挚的情感投入和熟练的群众工作技巧对城市社区治理现代化的本土化路径给出的朴实而真切的回答。

一 产生背景

延吉市位于吉林省东部,是延边朝鲜族自治州的首府,全市户籍人口54.13万人,朝鲜族人口30.84万人,占总人口比重的57%。城市化水平超过90%,是一座以工业、商贸、旅游为主的具有朝鲜族民族特色的宜居旅游开放中心城市[①],具有地广人稀、城市人口相对集中的特点。延吉市地处东北亚经济圈的腹地,是联合国开发图们江流域"大三角"中的三个支点城市之一,开展对外贸易以及劳务输出的区域优势明显。20世纪80年代,随着延边地区单位制逐渐解体以及劳务政策的优化,以及境外劳务的高额回报等因素影响,大量延吉人远赴韩国、日本和国内沿海开放地区务工。青壮年劳动力人口的大量外流使延边地区的家庭结构、社会结构以及经济态势都发生了巨大的变化,家庭结构断裂及其产生的系列社会问题和发展瓶颈的逐步显现。2016年延吉市民政局数据统计,延吉市老年人口数9.56万人,因子女外出打工而留守的老人4.08万人。同时,随着当地旅游业的发展,流动人口占到了总人口的1/6,服务业占全市经济的比重达到了66.3%,小而散、多而杂的新经济和社会组

---

① 延吉市人民政府网站,http://www.yanji.gov.cn/sq_2473/yjgk/201911/t20191127_9270.html,2019年11月27日。

织大量涌现①。

　　面对复杂的城市治理和发展的难题，延边州立足加强街道党工委领导核心地位、增强基层社会治理能力，积极推进各县（市）街道行政体制改革创新，建立了"1+3+N"街道大工委领导机制。在街道党工委的统一领导下，依托街道党建联席会议有效联结驻街单位党组织。通过街道行政联合党委全面整合各行政部门职能，成立街道非公企业和社会组织综合党委加强对新经济新业态党建工作的指导，进而推动所辖社区党组织各项工作实现整体提升。延边州积极响应吉林省社区"五有一创"工程。紧密结合边疆少数民族地区特点，积极推进"五好社区"建设，出台了《社区党组织书记培养工程二十条》，实施社区党务干部常态化培训机制。在全州陆续挂牌成立了23个"老书记工作室"，充分发挥"老书记"的"传帮带"和区域辐射作用，推动全州城市基层党建工作水平不断提升。延吉市大力实施社区工作者职业化体系建设，使有能力、有水平的社区工作者有岗位、有保障、有奔头。市财政每年持续投入城市基层党建工作经费，为社区党组织开展工作提供了有力支撑。

　　林松淑服务了近二十载的园辉社区正是在这样的社会背景下发展起来的。延吉市公园街道园辉社区成立于2001年，由园辉、园华、园虹3个老居委会合并而成。社区地处繁华老城区的商业地带，是多民族聚居的社区，现有居民4400户、8600人口，其中一半以上居民是朝鲜族。辖区内有两所公办中小学、两家大型餐饮企业以及420个小商户。与大多数城市老旧小区一样，园辉社区也面临着诸多现实困境和治理难题。主要集中在以下四个方面：

　　1. 园辉社区是位于市中心的老旧小区，社区内的居民楼大多建成于20世纪90年代，是本市第一批建起的楼房。由于开发时间较早，社区基础设施落后，无市场化物业管理，居民居住环境"脏乱差"。

　　2. 受到延边地区境外劳动输出的政策和传统影响以及利益的驱动，社区大量青壮年居民选择常年在国外工作生活。随之而来的留守儿童、

---

① 洪庆：《吉林延吉：聚焦边疆城市治理构建基层党建新格局》，《中国城市报》2020年5月18日第7版。

问题青少年、空巢老人、失业妇女等问题凸显，社区结构断裂松散，加剧了社区治理的难度。

3. 随着延吉城市发展，大量外来人口拥入城市工作和生活。园辉社区的"新市民"就业创业以及社区融入等问题，随着城市旅游业的发展和人口流动的加剧而愈加突出，成为社区治理的又一难题。

4. 在传统老旧社区居民的基本需求之外，随着人民群众对美好生活向往的与日俱增，在社区中又呈现出居民需求的多样性和品质性与社区服务供给能力和资源的有限性的矛盾。

社区书记林松淑的"民情日记法"，正是为解决这一系列现实困境而在工作中逐步形成发展的。以民情日记簿为载体，记录"知民情，解民忧"的全部过程，林松淑以问题导向和项目化思维指导日常社区治理与服务，赢得了社区居民的信任与爱戴，被誉为"社区建设的领路人"、"社区居民的贴心人"、"外出人员的娘家人"、"外乡人员的婆家人"、"老年群体的赡养人"、"留守儿童的监护人"以及"失足人员的帮教人"。

二 界定及内涵

"民情日记法"实质上是一种超越文本记录本身的思维性和方法性转化，是对"民呼我应"的具体化和操作化，即将群众工作中个人的情感性和经验性的所见、所闻、所感、所悟通过记录者的重新叙事、构建和再加工，形成一套"主动发现问题—精准识别问题—积极解决问题"的系统性、规范性的工作方法。其具体内涵包括两个方面：

1. "民情日记"是真情实感的投入，是对"民之所呼"抱持着的关切之心和责任使命感。记录民情日记是基层工作者的惯常做法，但在实践中往往因缺乏内在动力和热情而难以持久或流于形式。只有真正对居民群众产生共同体情感，以"亲如一家"的感情对群众的困苦感同身受，对群众的诉求产生责任感、使命感，对解决群众问题具有像办自己的事情一样的紧迫感，才能让群众对社区产生信任感和亲密感，从而联结起社区共同体的情感纽带。

2. "民情日记"是科学系统的提炼，是以科学有效的工作方法对群众的困难和需求做出精准的回应。不同于个人日记和工作日志，也有别于文学作品，民情日记的目的不在于个人情感的抒发，而是要将情感经验理性化，即要通过一系列科学的分析和系统的规划进而有目的地指导实践，通过具体的方法和技术提升社区治理和服务的信度和效度。

三　具体方法及案例分析

"民情日记法"根据"发现问题—识别问题—解决问题"的实践逻辑，具体又可分为以下几点方法和技巧：

（一）角色归一法

"角色归一法"是指林松淑书记以"为民服务"为宗旨，整合自身多重的身份和资源作用于社区治理与服务过程中，聚焦社区书记抓党建、抓治理、抓服务的主责主业，实现为群众谋福利，为社区谋发展的工作方法。这是一个动态过程，随着林松淑书记的社区治理工作日益深入和广泛的开展，其社会角色及资源网络也将愈加丰富并汇聚合力，为提升治理和服务的能力和水平提供持续保障。

1. 角色与资源的归一。林松淑书记既是社区书记、居委会主任，又是党代表、妇联兼职主席，同时也是生长于社区的老街坊，这些"公"与"私"兼备的身份角色以及"正式"与"非正式"的资源网络在社区治理的实践中灵活地发挥着作用，拓展了获取社区治理资源、满足群众服务需求支持的渠道，提升了解决问题、化解矛盾的能力。

2. 角色与价值的归一。林松淑书记作为老党员具有坚定的党性和初心；作为居委会主任具有为居民群众奉献牺牲的服务意识；作为党的十九大代表具有为民众奔走疾呼的职责担当；作为从小生活在园辉社区老街坊具有关爱居民的家园情怀。这些来自不同社会角色的观念都诠释着一个相同的价值，即全心全意为人民服务，让居民群众感到满意、感到幸福。这不仅体现着林松淑优秀的个人情操和品德,更是党通过基层代理人向群众传达的关怀与温暖。

案例一:林书记的十九本民情日记

"我熟悉这里的一切,对这里的居民有着深厚的感情。居民信任我,选我当书记,我有责任为居民服务好。""党旗因服务更加鲜红,城市因服务更加美丽,群众因服务更加幸福,党员因服务更加可亲。""我的格言——心中无居民,不配当社区书记。""作为一名社区书记,就是要始终和社区群众在一起,千方百计满足他们的各种需求,若居民安好,我就幸福。"这包含着社区居民深情热爱和责任担当的话语正是出自林松淑书记40余万字的民情日记。

2001年,林松淑刚刚走上社区书记的岗位,还没有适应社区烦琐的工作。一位社区的老居民跑来告诉她自家的下水道堵了,家里到处都是污水,非常焦急。林松淑满口答应了,她说让居民等着,自己马上就过去。但由于工作太多,这件"小事"很快被淹没在纷繁的工作海洋中。下午4点,居民气鼓鼓地来找她,林松淑这才意识到自己把这件事给忘了。林松淑嘴上在不停地道歉,心中也是深深的愧疚。居民失望的背影牢牢地烙印在她的心里。从那天开始,为了实现每一句对居民群众的承诺,林松淑开始记录民情日记,这一写就是十九年。

起初,林松淑只是简单把每天看到的、听到的、做到的和还没做到的以及明天必须做的都记下,或者把社区活动的照片贴在日记上并在下面附上一段个人感受。后来随着社区治理理念的发展和项目运营经验的增加,林松淑的民生日记内容愈加丰富和规范,按照项目化思维和规范形式对群众需求以及社区服务进行理性分析和科学策划。林松淑的民情日记成为社区治理和群众工作实务的宝库。为了全面提升社区工作者队伍的业务素质,培养青年社区工作者对社区和居民的感情,林松淑还要求社区工作者也养成写民情日记的习惯。锻炼工作者通过发现、记录、分析和反思的过程,将片段的思路和感悟提炼成方法和技巧,形成科学、系统的项目化思维。

十九年来,林松淑坚持用手写日记,她坚信自己用笔墨写下的日记是最真实的记录。十九本日记,从一名一线工作者的独特视角记录了中国社区工作从管理到治理的发展过程,见证了一名老社区书记为群众解决问题,真诚服务的真实历程。这一过程不仅提升了她的业务能力,也让她发自内心更加热爱自己的职业。

案例二:没有血缘的大家庭

"社区是弱势群体、社会救助的最前沿。要真正做到弱有所托、老有所依,社区才真正做到居民群众的温馨家园。"

——摘自林松淑的民情日记

园辉社区有一个低保户家庭的儿童,一家三代都是精神疾病患者,只有父亲和她两个精神正常。林书记经常在深夜一两点接到居民电话说"她家人又犯病了,拿着刀到处乱砍"。为了孩子的人身安全,林松淑赶紧把孩子抱回了自己的家。第二天家长神志恢复正常,她就又要把孩子送回去。由于经常发生这样的事儿,林松淑决心把孩子接到自己家里生活。而社区里像这样生活特殊家庭中的孩子还有很多,有的是因为父母是残障人士无法抚养,有的是父母常年在外打工无人照顾……林松淑就这样一个、两个、三个地接回家,让他们跟自己一家人生活在一起。林松淑代养的最后一个孩子是年龄最小的裕美。她的父母都是未成年人,母亲生下她后就举家搬迁,至今杳无音信;父亲听说有人在韩国看见了她母亲于是去寻找,也没了消息。之后,裕美奶奶也要去韩国找儿子,便托付林松淑帮助照看孩子三个月。三个月又三个月,几年过去了却始终没有人来接裕美。在孩子幼小的心中,那个原生的家已经模糊,而这个有社区"妈妈"和好多"哥哥""姐姐"疼爱的大家庭才是真的家。

林松淑起早贪黑地照顾孩子们的生活起居,自己出钱为孩子们供书教学,却无暇照顾自己的亲生儿子和身患重病的丈夫。正如她在民情日记中所写的:"儿童是祖国的未来,为他们付出多少都是值得的,要把更多的幸福送给孩子们。"为解决社区留守儿童群体照料问题,林松淑积极奔走,争取到了英国儿童救助会11.4万元的项目资金,还成立了"保护儿童爱心协会",动员社会力量关注困境儿成长。她把自己家楼上曾经开幼儿园的大房子让出来,为留守儿童打造了一个"蒲公英之家",让更多的留守儿童得到妥善的照顾和家庭的温暖。在这个没有血缘的大家庭里,孩子们都真心呼唤林松淑为"妈妈"。

十九年来,林松淑在与居民群众打交道过程中悟出了一个快速拉近人心的办法。她发现老年人痴迷买保健品,并不是因为药的疗效,而是因为在卖药的过程中推销人员将老人们奉为亲爹亲妈的热情态度和无微不至的关怀。林松淑非常理解老人们的心情:园辉社区空巢老人很多,他们的儿女不在身边,情感空虚无处寄托。为解决这个问题,林松淑积极地想办法出对策。她借鉴了推销保健品的经验,对待社区老年人"嘴甜心细""嘘寒问暖",站在老年人的角度思考他们真正的需要,帮助老人解决养老生活中的各种困难。林松淑也被社区的朝鲜族老人们称作"达拉"①。

案例三:这个冬天不再冷

园辉小区在市政供暖的末端,一到冬季社区居民就要忍受严寒。2001年6月,延吉市开展"暖房子工程",改善老旧小区冬季保暖问题。林松淑深知群众"熬冬"之苦,积极争取使园辉社区成为第一批进入"暖房子工程"的小区。虽是政府的惠民工程,但因为园辉社区有部分朝鲜族特有的"火炕房"需要改造,改造火炕房、木窗换塑钢窗、翻新室内以及过渡期租房等费用需要居民自理,3万余元的费用让一些居民难以承受。有些人认为"暖房子"还要扒火炕是多此一举;有些人则认为是书记收了建筑商、开发商的回扣,所以才这么热情天天替他们跑,于是便组织起来阻碍社区工作。

面对着巨大的阻力林松淑并没有退缩。她在民情日记中写道:"既然我们选择了这个职业,选择了这个岗位,就必须接受它的全部,而不是只享受它给你带来的益处和快乐。就算委屈和责骂也是工作的一部分。我们社区工作人员不言放弃,耐心做社区居民的思想工作,想方设法确保暖房子工程顺利开展,在工作人员的脑子里,

---

① 朝鲜语"女儿"的意思。

已经没有上下班的时间概念，经常是两顿饭合并成一顿吃，但工作人员没有任何怨言。"

除了以情动人和以理服人，林松淑还善于分析问题的主要矛盾并逐一击破。一方面，为了解除群众的误解，林书记以身作则带头砸掉了自家的木窗户，扒掉了火炕。在书记的带动下，党员家庭行动起来，最后群众跟着行动起来。另一方面，林松淑发现有一些留守老人，因为子女在国外打工，信息传达不畅或是自己"做不了主"，也阻碍工作进展。她主动联系老人在国外的子女，将"暖房子"的政策内容准确地传达，并告诉对方：如果错过了这次集中改造，自己单独改造的成本会更高，留守在家的父母、孩子还要忍受寒冷的冬天。林松淑带头自己拆火炕、主动帮助困难家庭垫付资金等举动使她获得了居民的认可，基于对书记的信任，加上书记动之以情，晓之以理，原本反对和徘徊不定的部分居民成了支持工作的力量，最终成功地瓦解了反对的声音。

在整个过程中，林松淑入户宣传劝导15000余次，造成了声带撕裂的永久性损伤。居民们再也听不到林松淑悠扬的歌声了，但园辉社区居民的冬天从此却不再寒冷。林松淑在民情日记中写道："社区居民在这老城区里住了十多年，冻了十多年。2011年冬天，家里终于暖气来了，多亏了'暖房子'，老百姓再也不用熬冬了。"

林松淑以群众利益为出发点，将多种身份责任意识和为民情怀融合到社区治理和服务的过程中，彰显了新时代社区书记全心为民的服务理念和务实高效工作作风，为社区治理打下了坚实的情感基础。

（二）动态采集法

"动态采集法"指的是社区工作者以网格走访、入户慰问、抓住关键时机等动态民情、数据收集形式，主动了解群众需求，收集群众意见。这种方式能变被动处理居民"有情绪的意见"为主动倾听居民心声，建立"民情气象站"，将收集社情民意、化解基层矛盾的阵线前置。采取"一事一议、按事组团、对症施策"的方式，集中力量开展针对性服务，具有顺应民意、防微杜渐以及快速反应等特点。在具体实践中主要包括三个方面：

1. 网格走访，即"取消"网格员的固定工位，使其流动于各自负责的网格中，主动联系居民收集社情民意，及时处理矛盾和反馈意见。一方面能够促进社区工作者与居民群众的情感联系，另一方面也能提升问题反馈和解决的效率。

2. 入户慰问，即针对社区弱势群体、困境居民等特殊群体进行专门的慰问活动。在"送温暖""唠家常"的同时，掌握居民精神状态、思想动态以及现实需求等。

3. 关键时机，即抓住居民生活中主动寻求社区协助和服务的特殊时机。例如，在居民退休登记、委托社区代办事宜、新住户咨询、开展社区活动等特殊时机，通过主动服务群众，增进群众对社区的认知度和信任感，并在其间掌握更多的居民诉求等。

案例四：流动办公室

担任社区书记工作 19 年，林松淑没有自己的办公室。哪里群众有烦心事，哪里有解不开的难题，林松淑的"办公室"就在哪里。林松淑从不计较个人得失，通过化被动为主动，密切联系群众，了解居民真实诉求，为群众排忧解难，赢得了群众的信任。

在园辉社区，林松淑的手机号码可谓家喻户晓。只要群众一通电话，无论刮风下雨还是凌晨半夜，她都能及时赶到为居民解决问题。为了方便居民找到自己，林松淑十几年没换过电话号码。在她的民情日记中记录了这样一个不眠之夜："晚上 11 点多，园华委居民打电话来：'林书记，不好意思，我家楼上租房居住的饭店服务员半夜下班太闹，又唱又喊，根本睡不了，你可以来一趟吗？'我说，行……回家已经是早晨 1 点 30 分了。"这样的"不眠之夜"对于林松淑来说却是平凡的一夜。

林松淑还经常把工作阵地放在社区服务大厅，常年的驻守使她对社区居民的诉求和社区工作者的工作情况都了如指掌。她说："这样我能及时解决社区居民的问题，工作人员沟通不畅的，我也能立刻上前协调解决。"林松淑还认为,"网格员坐在办公室里就不是真正的网格员"。因此,她精心挑选的网格员常年在行走在网格里,与居民密切接触,以求及时发现群众困难,反映群众意见。林松淑在日记中写道:"今天上午和社区工作人员一起,走访了低保失独家庭,为他们送去了慰问品,让他们感受到我们的关心和温暖。"正是在这样一次次的走访中,林松淑结识了社区"外来户"陈景华,她身患癌症又是社区低保户,彼时刚刚离异带着年仅4岁的儿子艰难度日。林松淑在交谈中得知她的困境,帮助她申请了廉租房,自掏腰包资助她的儿子上学。陈景华在林松淑身上感受到了党和国家的关怀以及社区大家庭的温暖,使她以积极阳光的态度面对生活。

十九年来,林松淑这间"流动办公室",对居民"有求必应",赢得了居民群众的信任。所以她在日记中自豪地写道:"居民有困难的时候,第一个想到我。"这是群众对她的肯定,同时又在她的肩上加上了一份责任。

案例五:疫情之下的"生命热线"

2020年伊始,突如其来的新冠肺炎疫情防控战役打响,让这个春节成了林松淑近年来最繁忙的一个假期。用林松淑的话说:"19年来今年的日子对我来讲是最辛苦的,是意义最大的,也是为居民服务最到位的。"大年初二,林松淑即刻返回工作岗位,带领工作人员打电话核查住户情况、挨家挨户入户调查。原本做过声带手术的她,在每天几百个电话沟通、入户走访的重压下,嗓音也越发沙哑。

通过每天的电话访问,林松淑敏锐地体察到了居民复杂变化的内心世界。一方面,他们对疫情的未知而感到恐惧,另一方面,则因为单调的居家生活感到焦躁烦闷。掌握了居民的心理诉求,林松淑开始寻求社会资源的支持。她积极联络了几家报社,收集了大量的库存杂志,并和社区工作人员每天入户送报纸杂志,帮助居民转移注意力,避免密集接收疫情消息造成恐慌心理。同时,通过送报观察居民情绪动态,说上两句贴心话,让居民感到被关注和支持。

随着疫情的发展,境外疫情越发严重。曾经最盼望接到子女电话的老年人们开始害怕电话铃声响起,担心收到在国外打工子女生病的坏消息。面对老人们复杂的情绪，林松淑利用自己在延边大学心理学专业研修的经历，动员延边大学心理学专业教师和同窗们组建成一支三十余人的志愿服务队伍，进入社区为居民提供心理疏导服务。就这样，林松淑在防控疫情的特殊时期密切观察着社区居民的心理动态，畅通着这条"生命热线"，慢慢平复了居民的恐惧和焦虑的心情。

一天清晨，天降大雪，林松淑如往常一样在社区巡视。因为园辉的小区是开放式的老旧小区，没有物业门禁管理，道路四通八达，封闭管理的难度很大。然而眼前的一切让林松淑感动了：园辉小区整个楼前面厚厚的白色雪地里，除了自己一路走来的痕迹之外，居然一个脚印也没有。

以动态的信息采集替代静态的问题接收，变被动处理"已然"的矛盾为主动发现"未然"的隐患，这不仅仅是工作方法上的形变，更重要的是工作作风的质变。通过日常生活式的"网格走访"，在特殊时间对特殊对象的"情感慰问"以及抓住关键时机的"精准推送"等方法，使工作者更加灵活、柔性地掌握了社区人、物、事的全面状况，为社区治理、为民服务以及问题化解锚定了现实基础。

（三）组织纽带法

"组织纽带法"是破解社区团结纽带松散的一种方法。林松淑立足于园辉社区的现实困境，在诸多社区发展"短板"中发现优势和资源，通过"聚沙成塔""双向渗透""抓关键少数"等工作技巧，将社区内联系松散居民、党员和社会资源重新有序地组织起来，使其成为社区治理和服务的参与主体并结成内生动力。其内涵主要包括三个方面：

1. "聚沙成塔"是指通过网格员平时在街区走访，充分了解居民及其家庭成员的兴趣爱好、困境需求等有效信息，有针对性地引导居民加入相关的文体协会和社会组织，参与社区活动，并逐渐将其培养成社区志愿服务力量。

2. "双向渗透"旨在通过党群的双向渗透，促进党组织领导下的社区服务工作有序开展。通过将社区在职党员和退休党员有计划地编排进各类社会组织中,以及帮助社会组织建立党支部、发展党员、选任楼栋长等方式,让党员的先进性渗透到群众生活的方方面面。同时,将群众中的热心人、能人等吸纳进党组织,以壮大党组织的群众基础和影响力。

3. 社区中的"关键少数"是指在外务工者、外来务工者、社区能人以及低保户、残障人士、更生人士等特殊群体。通过抓关键少数,将这些群体组织化,使其发挥团结和凝聚社区情感的积极功能。

案例六:党群1+1,我们不分离

经过多年社区工作中对退休居民的观察,林松淑发现许多退休在家的居民无所事事,身体和情绪都大不如前。她开始思考:"女同志50岁、男同志60岁就退休了,而人的平均寿命延长了,这么漫长的退休时光人们应该做些什么?"于是她想到,年轻时因为时间精力的限制没有学会的技能、因为自身条件没有实现的梦想,在社区的各种社会组织里则可以摒弃身份地位、经济条件和身材相貌等外在因素,尽情发挥特长,实现愿望。为此,林松淑组织并整合组建了门球队、舞蹈队、模特队、书法队等14个文化艺术团体和专业协会。在了解了退休居民家庭背景、工作经历、兴趣特长等个人情况后,引导居民根据自己的喜好"点单"入会,重新进入新的组织环境,实现从"单位人"到"社会人"再到"社区人"的转变。

同时,为了充分发挥党组织引领作用,林松淑在每个协会中建立党支部,发掘业务骨干作为协会的会长,选派思想觉悟高党员成员作为党支部书记,并将党员按照年龄分配进入不同的社会组织发挥作用。例如,将年龄在20~40岁的青年党员划入保护儿童爱心协会,为留守儿童及困境儿童提供服务;将年龄在40~50岁中年党员分配划入巾帼创业协会,为留守妇女及返乡创业妇女提供服务;将年龄在60岁以上老年党员划入进入退休党员支部及各社区文娱协会党支部,组织老年人开展健康有益的文体活动,积极参与社区事务等。14个协会党支部在社区党组织的统一领导下,通过丰富社区活动为各类型弱势群体和重点服务对象提供情感支持和志愿服务。例如，采用"1+10"共助法为困境儿童过"六一儿童节"。"1"是困境儿童，包括残障、贫困等需要帮助的孩子；"10"是保护儿童爱心协会的10个会员。保护儿童爱心协会将会员共分5个组，每组10个会员共捐款500元给1个孩子过节。林松淑对会员们说："这500元钱对于一个贫困家庭的孩子来说是很大一笔开销，而每个人捐出的50元钱却对个人来说很少。可能你们少买一个化妆品，少抽一包烟，就行了！"这样的方式既不会让捐赠者感到压力，又能够让受益者感到温暖，还解决了社区资金有限的难题。

在协会党支部的带领下，协会成员成长为社区志愿者，培养出了对社区生活归属感和幸福感，形成了党群一家亲的良好氛围。一方面，通过协会活动载体，体现党员服务群众的先进性；另一方面，也能够将群众的需求和意见真实地反映给党组织，促进党群关系和谐发展。

案例七：人在国外心在家

园辉社区的居民都知道，社区书记林松淑有一个"小金库"，里面装的不是金银珠宝，而是比那还珍贵的宝藏——社区居民的信任。园辉社区有一半以上的居民是朝鲜族，由于语言和地理位置的优势，一部分青壮年居民选择去韩国从事餐饮等服务行业，许多人一去就是十来年。林松淑发现，在外打工虽然赚钱很多，但居民还是会担心自己未来的保障，担心自己出国期间医保社保等会断保、财物房产无人看管。同时，家里老人日常照料、疾病救治，孩子的抚养和教育等问题，也是最牵动神经却无力解决的实际困难。找准了这些困扰外来务工者群体的"心病"，林松淑开始对症下药，为其解除后顾之忧。

林松淑专门买来了保险箱，将居民的金银首饰、存折、房本以及房屋租赁合同等贵重物品妥善保管，并在民情日记中一笔一笔清晰地记录着。进入了灵活就业缴费和医疗保险缴费期，林松淑提前打电话挨个提醒居民转账过来，一次一次地帮忙代办，并留好各种凭证，让在外的群众安心。林松淑在日记中写道："居民留下的不仅仅是房照和存折，而且是一份份对党和政府的信任。赢得居民群众的信任，是做好社区工作的前提。"

同时，让外出务工者们牵挂的还有家里老人和孩子。林松淑把这些家庭的事情当成了自己的事一样无私地提供各种帮助和关怀，通过为老人孩子办了实事，解除了外出务工者们后顾之忧，也在他们心目中建立了威信。

为了将在韩务工人员团结和组织起来，社区党组织指导并建立了在韩务工流动党员党支部，通过计生委"流动人口"项目建立了流动党员联络办公室。在此基础上，通过制度化的方式将社区党组织与在韩务工群体紧密联系在一起，利用微信群等互联网平台传递国内新政策、新消息，指导开展管理和服务工作，将留守儿童的生活学习近况及时反馈给在外的父母，定期分批组织延吉留守儿童赴韩参观学习并与父母相聚，使在外务工人员感受到了组织的力量，形成了面向祖国和故乡的向心力。

近年来，随着延边旅游业的迅速发展，越来越多赴韩打工者凭借着在韩国餐饮服务业打工时学到的朝鲜族传统饮食制作技艺以及餐馆民宿的管理经验，返乡创业就业。回到了延吉，回到了园辉，回到了自己牵挂的家。

案例八：城里人外来人，住在园辉一家人

在园辉社区有 1500 个外来务工家庭。林松淑通过走访了解到，外来务工者群体中的部分居民具有木工、泥瓦、粉刷、通下水等劳动技能，这些技能正好可以为老旧小区提供日常维修和便民服务，解决资金和劳动力短缺的问题。林松淑帮助外来务工者组建起一支家政服务队，为社区居民提供无偿或低偿便民服务，既解决了老旧小区没有物业维修服务的窘境，又为外来务工者提供了就业渠道，同时也增进了社区居民对"新市民"的了解。从便民服务变成为民服务，通过长时间的服务与融合，新市民群体凭借着过硬的技术与真诚的服务获得了社区及居民的认可。

林松淑的民情日记中记录着许多"外来户"的故事。在林松淑的帮助下，这些异乡人能够靠自己的双手创造美好生活，努力扎根于社区，把园辉社区当成了自己的第二故乡。房庭宝原是舒兰县的

农民，来到延吉打工却没找到合适的工作，只能靠打零活，生活难以维持。后来，他辗转来到园辉社区，林松淑得知了他的处境，主动帮助他成立房屋装修维修部。房庭宝通过低偿或者无偿方式，高质量地为居民服务，通过自己的勤奋努力，逐渐赢得了社区居民的认可，走出了生活的困境。

外来务工者田力在园辉社区居住十余年，凭借着踏实肯干，不怕吃亏，获得了群众认可。林松淑将田力推荐为社区城建主任，在向民政部门申请后，经居民代表大会全票通过当选，开延吉市外来务工者担任社区城建主任之先河。林松淑还帮助田力的妻子在社区开设了小超市，协调孩子上学等问题，解决了田力一家的后顾之忧。田力个人也因优异的表现被发展成了一名党员，参与组建了外来务工人员党支部，继续为社区居民服务，成为外来务工人员群体学习和效仿的榜样。

在园辉社区外来务工人员口中传唱着这样一句话，"城里人外来人，住在园辉一家人"①。正是林松淑对外来务工人员的无私相助，融化了外乡人融入社区的坚冰。

"组织纽带法"不仅是一种技术性较强工作方法，也是一种实现有效的资源整合思维模式。通过"聚沙成塔""双向渗透""抓关键少数"等工作技巧将社区原子化的个体进行有目的的整合，使个体同时兼具社区居民、社会组织成员、社区党员等多重身份和权利义务，成为一个多元资源的联结点，再由社区党组织提纲挈领，将相互关联的节点编织成汇集情感合力的组织纽带。

（四）项目思维法

"项目思维法"是"民情日记法"实现效能的关键环节，旨在通过运营政府购买服务项目和运用项目化思维两种途径，发挥社区治理和服务

---

① 邓新平：《林松淑：用爱心奏响民族团结的和谐之音》，延吉新闻网，http://yanjinews.com/html/news/chinanews/2019/0718/130126.html，2019年7月18日。

的功能。两者都以解决实际问题、满足合理需求为根本目标，前者是在精准识别群众需求和困境的基础上，通过搭建政府购买社会服务项目吸引社会资源共同解决困境和提供服务的工作方法。后者则是将项目运营的基本模式延伸到社区日常工作的思想和行为中，以标准化的流程规范改变社区从前随意、临时、缺乏系统性等经验性的工作方法，逐渐形成问题导向、目标明确、逻辑清晰、计划周详、分工具体的体系化的思维方式和实施策略，成为社区组织策划品牌活动和进行社区治理行动时一以贯之的行动指南。其具体方法和技巧如下：

1. 搭台引凤。在社区人力资源和财力支撑的有限的条件下，依托于项目平台，积极引导社会组织、专业社工融入街区治理，并将居民群众的需求转化为服务项目，吸引党建资源和社会力量参与社区治理与服务，为社区服务提供优势资源和支持网络。

2. 双向驱动。搭建区域化党建联动平台，撬动辖区学府资源、社会资源和共建资源三项优势资源。找准社区与共建单位之间的"供""需"平衡点，在社区党组织的领导下，促进建立双向价值驱动的动态平衡和长效机制。并将这种互助的逻辑延伸到社区日常生活中，形成"联盟单位有困难找社区，社区要资源找联盟"的共识。

3. 无边界思维。在统筹社区资源时转变思路，打破资源的区域限制，以开放的胸怀和热情的态度招纳贤才、吸引资源为社区所用，在更广泛的社会层面构建社区的支持网络。

4. 本土转化。在充分考虑项目或活动所在地居民特征、历史文化、风俗习惯等地域化特征的基础上，将服务项目的设计和解决问题的思路进行本土转化，进而提升社区治理和公共服务的精准度。

5. 巧花经费。合理统筹社区现有的可利用资源以及居民需要解决的各种问题和亟待满足的各类需求，有目标性地安排项目活动，灵活运用项目资金实现项目效益最大化，扩大项目的受益范围，有效解决项目运营过程中有钱不会花或不敢花的痛点和难点。

案例九：寻找共建共治共享的"伙伴"

2007年，一个偶然的机会林松淑得知了一个叫作"英国儿童救助会的项目",这让正困于社区留守儿童的照顾与教育难题的林松淑眼前一亮。她通过市妇联、州妇联与英国儿童救助会中方的官员取得联系,获得了赴京面谈的机会。园辉社区儿童的真实困境和林松淑的真情实意打动了对方,最终林松淑得到了项目的资助,给留守儿童创造了更好的学习和生活的条件。在这次经历中,对林松淑影响最深远的是英国儿童救助会中方官员提出的一个问题:"请告诉我你的合作伙伴是谁?"当时的林书记还不能确切地理解"伙伴"的含义,但她灵机一动马上就说:"我的伙伴是妇联、关工委,共青团!"正是这个答案让她拿下了这个11.4万元的项目。也是这次经历让她懂得了寻找真诚、可靠、资源丰富的伙伴共同运营项目的重要性。

2017年,依托于公园街道,杨柳社工服务中心成立,林松淑为法人。作为承接国家项目的载体,林松淑通过杨柳社会工作服务中心承接了国家三区项目、延边州妇联政府购买妇女儿童公益服务项目、吉林省妇女联合会人才培养项目等多个事关社区居民切身利益的服务项目。为了提升项目的持续性和专业性,服务中心与州妇联、工会、延边大学等单位建立了长期合作关系。林松淑还成功打造了为困境儿童、留守儿童提供帮扶,开展丰富课外实践活动助力儿童身心健康成长为目标的"蒲公英之家";以弘扬敬老孝亲传统和朝鲜族"花甲"文化为目标的"孝文化节"系列活动;帮助驻街企业培养人才,凝聚向心力的"职工服务站"项目;关爱农民工子女,促进社会融入"红领巾筑梦之旅"服务项目等系列品牌活动。

经过了多年的项目运营,林松淑更加理解了"伙伴"的含义:"你自己干活不行,必须要找伙伴一起把这个事情做完它。这就是资源共享。以前做事单枪匹马,想到哪儿干到哪儿。但接触项目以后,我们都要按计划办事,然后我们每一年做一个活动的册子,共建单位一翻看感到很自豪,也很惊讶自己做了这么多事。所以这个办法是非常好的。这就是我在项目中学到的。"

有了寻找伙伴的经验,林松淑对建设区域化大党建工作更加自信。利用区域化党建平台,将社区困难群众的微心愿都收集起来,共建单位根据自己的特长和资源进行服务认领。例如,针对困难家庭儿童的视力问题，辖区内的爱尔眼科提供为孩子免费配眼镜或做近视矫正手术的服务。目前活动范围覆盖整个公园街道，根据参与活动的积极性，党建联盟单位名单每年进行调整和更新。在"微心愿"活动良好的社会效益带动下，越来越多的爱心企业和社会组织积极主动参与到党建联盟中来，改变了过去社区"求"企业来参加活动的被动局面。

在新冠疫情防控期间，林松淑的"伙伴们"发挥了尤为重要的作用。林松淑组建了党建联盟微信群，由她本人担任群主，群里汇集了社区两委班子、共建单位的领导、社会组织的会长，以及志愿者群体的领袖等社区精英骨干力量60人，充分发挥社区互助功能。林松淑每天在联盟群里分享中央、地方的权威信息，发布疾控中心疫情防控的信息和要求，及时帮助联盟成员解决各种实际困难。例如，服务行业复产复工后，一些商户需要在室外设置遮阳棚做测温登记使用，社区主动帮助协调安置。同时，当社区防控人手不足时，林松淑在联盟群里发布了求助信息也会得到联盟成员的积极响应。社区居民志愿者、辖区企业和青年职工入党积极分子以及高校的心理疏导专家团队等纷纷贡献人力、物力、智力等资源，帮助社区共度时艰。功在平时，利在当时。林松淑和她的伙伴们充分检验了园辉社区区域化大党建工作的实效。

案例十：让思路转个弯

与其他基层社区工作者一样，林松淑在开展社区服务和群众工作中经常会遭遇"情"与"理"的碰撞。可林松淑并没有陷入偏执一方的死胡同，而是站在尊重群众真实需求的立场上，让思路转个弯，困难就迎刃而解了。

在运营英国儿童救助基金项目的过程中，林松淑发现由于中英两国国情不同，项目中的资金使用上难以满足实际需要，尤其是开展作为儿童思想教育重点的红色教育和革命精神传承等活动并不包括在项目经费中。因此，林松淑在对项目理念以及儿童发展需求进行了深入研究后，融入了延边地区独特的历史文化、民族特色、革命传统等实际情况形成了新的方案与项目方沟通，最终获得了项目方的支持。通过项目，孩子们可以到光荣院探望革命老兵，为烈士家属表演节目，参加朝鲜族民俗活动……不仅改善了孩子们的物质生活条件，更培养了留守儿童的家国情怀和民族认同。林松淑让这个"洋项目"真正在园辉社区落地了。

在社区治理的过程中，更需要这种能将工作需要与居民需求之间的矛盾弥合的思维转弯。旧城改造和创文明城工作即将开始，看着改造后的效果图林松淑心里非常激动。但要让居民们住上这"花园小区"，就需要拆掉420个居民的小仓库和菜窖，清理掉楼道里堆放的咸菜缸。对于朝鲜族居民来说，这些仓库、菜窖和咸菜坛子不仅是泡菜存放的地点，也是老一辈朝鲜族群众宝贵的记忆。林松淑非常理解群众不舍的心情，但为了社区未来的发展，清理行动势在必行。经过反反复复的宣传劝导和旷日持久的"拉锯战"，清理工作还是没有成效。直到有一次，林松淑看到一位老人抱着破旧的咸菜缸就像抱着自己孩子一样不肯放弃的场景，让她心头暖流涌动。她明白老人们并不是想再腌泡菜，而只是想让自己的老伙计有个好归宿。于是林松淑转变了思路，在园辉社区里建起一个"园辉文化园"，把社区老年人的"老宝贝"们请到新家来。林松淑还请人对这些老物件进行了美化设计，在咸菜缸里种上了各式各样的鲜花，老奶奶们一看就放心了。"老宝贝"得到了新生，延边特色民俗文化也留住了。

这种灵活的工作思路在人手少、任务重的特殊时期，更能发挥创造性的能效。随着新冠疫情的发展，延边作为对外劳务输出的重点地区，境外输入性防控压力增大。在社区人力有限的条件下，怎样才能守住这道防线？"人盯人"的防控策略显然难以继续，林松淑想到了依靠科技力量解放人力。因为疫情期间林松淑无暇照顾生病的丈夫，只能用监控设备监督丈夫吃药。受到启发的林松淑想，能不能用电子设备远程监控居家隔离呢？她在网上搜索，果然找到了这样的"神器"——电子封条。只要把电子封装在居家隔离的居民门上，如果门开了，与系统相连的手机就会发出警报。这样既能够缓解社区人力不足的困境，又能够实现全天候的实时监控，确保防控无死角。

林松淑在日记中写道："我们都是寻常百姓，为百姓就是为自己。"正是这样的为民思想，才能让她在社区琐碎的事务里仍能保持清醒，让思想在重重矛盾和复杂现实面前转弯，使群众满意，社区工作顺利推行。

案例十一：让项目活起来

在项目运营的过程中，工作者经常会陷入项目经费不会花、不敢花，以及社区资源动员力不足等困境。面对这个难题林松淑却有自己的一套巧妙的方法能让项目经费转起来，将社区资源联结起来，最终使项目活起来，让更多的群众受益。

吉林省总工会的职工服务站建设项目，每年提供 5 万元项目资金，为 18 岁到 50 岁以内的劳动者提供技能锻炼和就业创业服务。园辉社区辖区内的丰茂串城和河坝串城是两家大型餐饮企业，服务行业青年职工众多。林松淑积极联络两家企业，让他们自行推荐最优秀的青年职工各 5 名，又联系延边大学推荐即将毕业的应届毕业生 5 名，再加上社区工作者 5 名，一行 20 人到外地参观学习先进经验，以此推动就业创业支持项目开展。在这一过程中，不需要企业花一分钱，既调动了企业职工的积极性，又增进了青年职工与社区的情感联系。青年职工通过活动成为社区志愿服务的积极分子，在关键时刻能够发挥出积极的作用。

吉林省计生委流动人口协会项目，每年提供 5 万元项目资金。利用项目平台，林松淑帮助流动人口群体成立了一个流动人口协会，建立了流动人口党支部，还经常举办流动人口联欢会、流动人口心理疏导、健康知识讲座、创业就业援助等丰富的活动。利用"流动人口项目"资金，社区组织留守老人组成艺术团到韩国与打工子女团聚，活动每两年一次，成员的护照、路费等费用全免。艺术团到韩国精彩演出后，子女们流着泪说："我以为我离开家后父母在家里会过得不好，没想到会这么幸福！"

每年阳历的 8 月 15 日是延边朝鲜族自治州的老人节。以此为契机，通过弘扬社会主义核心价值观和朝鲜族民族特色文化，就形成了社区常态化的"孝"文化品牌活动。林松淑为了广泛调动社会资源参与，在活动的每一个环节引导不同的单位或组织贡献力量：社区内知名打糕工厂的老板为老人送上象征吉祥长寿的生日蛋糕；社区书法协会的书法家们现场写就朝鲜族传统节庆的吉祥对联；社区留守儿童、驻区幼儿园、中小学的孩子们以及社工和志愿者代表向老人们敬献鲜花并行跪拜大礼；社区群众艺术团等社会组织为老人表演丰富多彩的文艺节目……此外，围绕着孝文化主题，社区还借助民政部福彩基金关爱留守老人项目两万元资金开展了"千寿宴"和"花甲"等大型文化活动，深受社区群众与驻区单位的喜爱和支持，形成了良好的群众口碑和社区文化氛围。

运营社会服务项目单凭社区几个社工的人力资源是远远不够的。林松淑想到，可以统筹整个街道的社工资源共同运营，既减轻的人手不足的压力，而可以带动其他社区共同成长。公园街道共有持证社工30人，其中杨柳社工中心专职社工5人，其他社区社工均为兼职，即在中心有项目时参与项目，没有项目时正常开展本社区工作。一个项目由多个社区共同认领，不仅扩大社区可利用资源的范围，同时也能促进社区工作者个人能力的成长，增加其社工项目运营经验。这个想法得到了街道的认可和社区的响应。这样就形成了社工中心承接项目、街道社工机动参与、园辉社区统筹监督的机制，让项目"活"起来。

"项目思维法"是林松淑"民情日记法"得以实现的最终环节。通过以思想理念定位服务基点，以民情采集锚定现实需求，以组织个体凝聚共治合力等基础性工作，畅通了发现社区现实问题的渠道。最后，利用公共服务项目及项目化思维将各项惠民政策和多元为民服务精准传递到居民心里，进而打通了社区治理与服务的"最后一米"。更为重要的是，通过标准化、系统化的项目思维转化，将各项社区工作的模式和方法制度化。形成了"发现问题—分析问题—寻找共治资源—协力解决问题—强化社区认同"的治理闭环，提升了基层治理能力现代化水平。

四　学理依据及应用价值

（一）学理依据

情感还是理性？传统还是现代？在现代化社区治理研究视域下始终存在着一种二元对立的观点。但正如美国学者乔纳森·特纳所言，对情感的理论研究是理解理性的关键，而且"情感在所有的层面上，从面对面的人际交往到构成现代社会的大规模的组织系统，都是推动社会现实的关键力量"①。因此，在当前推进社会治理体系和治理能力现代化语境下，更应该看到社区治理实践对制度和技术的凸显以及对"人"及情感的忽视②。

从社区"情感治理"的理论渊源上看，"社区"的概念自诞生之日就蕴含情感的内核。"共同体"的概念最早是由德国社会学家滕尼斯提出的，它表征着一种与冷漠的、理性计算着的现代社会截然相反的充满温情的共同体精神。同时，法国社会学家涂尔干用"社会团结"描述"人与人、人与群体以及群体与群体之间的联结关系，这种联结关系既可以建立在共有情感体验、共有道德情操和共同理想信念之上，也可以建立在因为生活需求、功能依赖而形成的相互依存关系之上"③。而这种集体意识则被认为是产生社会团结的精神纽带。

从我国社会治理政策导向上看，从社会管理向社会治理转变，既是治理理念的多元共治转变，也是治理方式向柔性韧性的转变。因此，社区治理技术在顺应时代的潮流，以大数据和数字化等技术手段彰显现代化先进性的同时，绝不能忽视情感要素在社区治理中的关键作用，中国传统的仁治思想，乡土社会的情感根基以及中国共产党的为民宗旨和情

---

① ［美］乔纳森·特纳、简·斯戴兹：《情感社会学》，孙俊才、文军译，上海人民出版社2007年版，中文版序言第2页。

② 文军、高艺多：《社区情感治理：何以可能，何以可为？》，《华东师范大学学报》（哲学社会科学版）2017年第6期。

③ 刘少杰：《国外社会学理论》，高等教育出版社2006年版，第47页。

感动员的"老办法",都在基层发挥着重要作用。

林松淑的"民情日记法"是以群众利益为出发点,以真诚、热情、责任、使命等情感为内生动力,通过主动发现民情、精准分析民意,全面组织民众,有效解决民愁,形成社区治理和服务的完整闭环。正是以"知民情,解民忧"的为民思想为精神内核,结合具有传统性、本土性、现代性与技术性的多元工作方法,实现了情与理、道与术的共生共荣。

(二)应用价值

"民情日记法"是针对园辉社区存在的现实问题而进行的一种社区治理能力现代化的自我完善和强化的工作方法,是对"民呼我应"服务理念的具体演绎和进一步探索,是一个民生品牌、一记基层治理实招。园辉社区的地域、文化和社会结构背景具有特殊性,但林松淑面对社区治理困境时对群众的真切情感以及所运用的工作思路和方法仍具有较高的借鉴意义。

1. "民情日记法"的根基在于对社区共同体的情感投入和责任担当。林松淑对园辉社区的家园情怀和责任意识不仅来源于自身的成长经历和母亲的言传身教,更产生于29年党龄的老党员的觉悟与19年躬耕园辉与群众结下的情谊,折射出一名基层党组织书记一心向党的忠诚品格、一心为民的大爱情怀、一心成事的责任担当。随着城市基层治理体系和治理能力现代化以及社区工作者队伍职业化专业化水平的提升,社区党组织书记呈现出年轻化和高学历的发展趋势,这更需要年轻书记对前辈工作者社区情感治理理念和方法的继承和发扬。

2. "民情日记法"的关键在于精确聚焦社区发展困境和个体现实需求。园辉社区位于老城区,不但具有城市老旧小区普遍性的发展困境,还面临延边朝鲜族聚集社区特有的现实问题。在此基础上,"民情日记法"还关注到了在社区人口流动性大、家庭结构断裂、社区结构松散、自身资源匮乏等社区结构性问题,充分聚焦于真实生活在社区的居民真切的情感体验和现实的困境需求。通过主动发现问题,精准识别问题,科学分析问题,为有效解决问题做好铺垫。

3. "民情日记法"的重点在于将原子化的个人重新组织起来。随着单位制的消解，紧密联结的"单位人"成为原子化的"社会人"回归到社区；迫于经济压力，社区内赴国外务工的青壮年群体增多，改变了原有的家庭结构；随着延边地区经济的发展，越来越多的外来务工者流入了社区，打破了熟人社会的基础，原子化的个人失去了彼此联结的情感纽带。面对这一社会现实，林松淑通过社区工作对辖区内人员及资源进行了再组织，以各种社会组织以及项目活动为纽带，将离散于组织外的个人与社区重新联结起来。无论是在社区安家的老街坊还是"新市民"，也无论是在他乡打拼的打工者还是在街区奋斗的企业单位，都既是社区服务的提供者又是受益者。"有困难找社区，要资源找联盟"的共同意识，有力地推动了社区动员、社区治理以及社区服务能力的提升。

4. "民情日记法"的精髓在于以项目化思维提升现代社区治理能力。林松淑由此将情感性和经验性的日常工作提升为科学性、系统性的理性思维模式和工作方法。在社区有限的人力和物力条件下，通过依靠各级党组织，突出社区工作的问题导向，运用项目化思维科学有序地引入社会资源，帮助社区群众解决实际问题。多元共建主体在互助中各取所需，在共享中凝聚共识，最终形成了一条党组织为核心、广泛团结了社区群众和驻区单位的精神纽带。这种社区共同体意识的一致性在抗击新冠肺炎疫情的社区战斗中表现得异常明显。无论是居民群众的自觉居家隔离，志愿者自愿为社区工作者分担工作，还是辖区企业人力物力的无偿支持，都是林松淑书记区域化大党建工作的最佳检验成果。

五　专家点评

社区既是人类生产生活的基本载体，也是社会治理的基础单元。随着城市化进程的加快，因城市规模不断扩大而带来的社区管理困难日益增加。同时，人民群众对美好生活的向往也驱动着社区服务不断发展变化，为新时期社区治理带来了新挑战。

学界在研究基层社会治理时，往往存在着传统与现代、国家与社会、情感与理性二元对立的视角。社区究竟是基层社会的行政治理单元抑或是地域性的情感和精神的共同体？壁垒分明的两个阵营并没有在理论的思辨中得到答案。然而，这两种分歧却在扎根于基层，服务于一线的社区工作者日复一日的工作中得到了艺术性的弥合。习近平总书记强调："共产党是为人民服务的政党，为民的事没有小事，要把群众大大小小的事办好。"这正是说明在提高制度化、标准化、科技化的社区治理体系和治理能力现代化的硬指标的同时，社区工作者还应从思想上、情感上着力提升基层治理的软实力。林松淑的"民情日记法"正是以自己十九年的工作实践将"硬指标"与"软实力"、"好方法"与"真感情"进行了柔性转化，形成了一套具有问题导向的思维模式和工作技巧，实现了社区情感治理内核的理性表达。

点评专家：崔月琴，吉林大学哲学社会学院教授、博士生导师，吉林大学区亚明特聘教授。

六　林松淑小传

林松淑，女，朝鲜族，吉林延吉人。1963年10月生，1980年12月参加工作，1992年8月加入中国共产党。2001年任新园辉社区党组织书记至今，现任延吉市公园街道园辉社区党总支书记、居委会主任，党的十八大、十九大代表，延边州妇联兼职副主席。她将自己十九年的青春岁月奉献给了社区工作和居民群众。她用自己无私忘我的宗旨意识，真心为民的服务理念以及干练敢为的工作魄力，为群众办实事，让百姓真受益。林松淑在19年兢兢业业的基层工作中先后获得了中国青少年社会教育"银杏奖""全国优秀党务工作者"

林松淑证件照

"全国民族团结进步模范""全国三八红旗手"等 50 余项荣誉。

林松淑自幼生长在园辉社区,她的母亲是一位有 35 年群众工作经验的老居委会主任。童年的林松淑每天放学之后都要帮助母亲抄写居民名册,每个居民家庭的情况她都烂熟于心。在林松淑童年的记忆中,一家六口人从来没有单独吃过团圆饭,母亲总是把生活困难的"五保户"、残疾人接到家里与他们一家同吃同住。母亲对弱势群体的关怀和同情也深深印在她的记忆中。

"上山下乡"返城后,19 岁的林松淑被分配到延吉市公园街道企业针织厂。那时候企业里中老年人很多,林松淑因为活泼开朗的性格和能歌善舞的才艺,被组织选中担任团支书,主要负责组织企业职工的文化生活。5 年之后,她又被街道幼儿园院长相中,通过招聘成为幼儿园老师。改革开放后,幼儿园改制,林松淑和几位老教师承包下了幼儿园自己经营,直到老教师们纷纷退休,就剩下林松淑独立经营。在 19 年的幼儿教育工作中,她用心教育好每一个孩子,帮助困难家庭儿童免费入园,在社区居民心中建立了值得信任的良好形象。

2001 年,园辉社区重新组建要进行换届选举,居委会的老主任想请对社区情况熟悉且群众基础好的林松淑做社区书记。刚开始,林松淑有些犹豫,因为林松淑非常热爱自己的幼师职业。可换届选举时间临近,老主任心情更加急迫,先后六次来到林松淑家里劝说。最后,老母亲对她说的一句话点醒了她:"你是不是党员?我们公园街道 10 个社区都有书记人选了,咱们园辉社区也有 6 个同志非常积极地报名,但因为不是党员不能做书记人选。人家把你推荐为社区书记,你身为党员怎么能让人家来六次你还反对?"听完母亲的质问,林松淑开始反思,她决定从大局着眼服从组织安排。为了满足群众的期待,林松淑毅然关掉自家开办的幼儿园,全身心投入到社区工作中,在延吉市公园街道园辉社区党委书记兼主任岗位上一干就是 19 年。

2020 年,新冠疫情期间,延边地区境外输入性防疫压力巨大,林松淑带领社区工作人员严防死守,调动党建联盟资源共度时艰。作为归国人员的担保人,林松淑在东北寒冷的午夜守在机场等待居民回家,回到社区后又开始一天紧张忙碌的工作。林松淑的丈夫本身是典型的基础疾病患者，又有严重的心脏病，不仅需要每天按时吃药，还需要家人更多的关照。这样的情况本该是重点的照顾对象，但在疫情防控的重要关头，林松淑只能选择舍小家，为大家。她能为丈夫做的仅仅是每天上班前把丈夫一天需要吃的药都提前分好，而等到她忙碌了一天回到家中已是第二天的凌晨。林松淑担心丈夫的病情却放不下社区防疫的重任，在她的带领下，面对着巨大防疫压力的园辉社区实现了无一例确诊病例，打赢了疫情防控的攻坚战。

"居民利益无小事"，林松淑始终牢记十九大会议时习近平总书记对吉林代表团的讲话。她始终把居民群众的幸福和自己的责任担当放在首位，无论面对何种困难都无所畏惧，并积极地想办法一一攻破。同时，刚强的林松淑深受母亲的影响，内心柔软关怀弱小。她不仅成立"社区保护儿童爱心协会"，还把自己的家改造成"蒲公英之家"，把6个特殊家庭孩子带到身边，共同生活10年，如今3个孩子已经参加工作、2个孩子正在读大学。她不仅像母亲一样无微不至照顾这些没有血缘关系的孩子，还经常用自己的奖金资助社区的困难群体，用真心和真情守护着社区这个大家庭。

林松淑爱才识才，更善于培养人才。她思维活跃且具有超前意识，经常鼓励工作者大胆创新，并先在实践中体验，当遇到难题时及时给予指导和纠正。她容许年轻人犯错，但绝不容许工作中的怠惰。她带领社区工作者参与社区服务项目，与年轻人共同学习和成长。经过项目运作实务的历练，培养了十余名优秀的社区干部，园辉社区被誉为"培养社区书记的摇篮"。

"一枝一叶总关情"。林松淑二十年如一日躬耕于基层，那十九本厚厚的民情日记里铭刻着的是她以基层干部的真情书写下的民心晴雨，以及一个共产党员忠诚诠释的责任担当。

第 七 章

"13335"："三个如何"命题的精准答卷

——福州市鼓楼区军门社区林丹工作法

林丹工作照

"昔日纸褙军门前，今日文明一枝花"。走进军门社区，古色古香的闽式牌楼上镌刻着一副让军门人引以为傲的金漆对联。这正是1995年时任福州市委书记习近平第二次来到军门社区视察时，对军门社区以党建创新推动社会管理好做法的褒奖。

20世纪80年代的军门曾是一整片木屋区，老百姓在褙着报纸的木板房中生活，生活十分不便。而如今的军门社区已经成为环境优美、功能齐备、服务便捷、居民幸福的智慧社区。五十年躬耕于军门，见证了从单位制时期"街居制"到20世纪末期"社区服务"和"社区建设"概念的提出，再到新世纪以来由"社会管理"到"社会治理"的转变，林丹始终以"真心为民，敢拼会赢"的精神，亲历了基层社区工作从边缘地位到重要地位的历史性转变的全过程。通过丰富的群众工作经验积累总结而成的以"13335"为核心内容的军门社区工作法，也成为全国党建引领社区治理和新时代群众路线生动实践的先进典型。这些荣誉和成绩不仅代表着党和国家对军门社区工作的肯定，也凝聚着社区书记林丹以社区工作为志业五十年奋力前行的热血与忠诚。

一 产生背景

福州是福建省省会城市及政治、经济、文化中心，地处我国东南沿海，是海上丝绸之路的门户。西晋末年"衣冠南渡，八姓入闽"，使福州深受中原文化影响，被称为"海滨邹鲁"。随着近代五口通商，福州又成为西方宗教文化、中原文化、闽都文化的交融之地，产生了大量的富有先进思想和爱国情怀的政治文化精英。福州是20世纪下半叶华人海外移民最大的移出地之一，侨民宗族感情根基深厚文化馥郁，福州评话、拗九节、吃太平蛋等正是世代传承的闽俗文化的鲜明印记。福州开放博大、兼容并蓄的海洋性地域特征和源远流长的历史文化，塑造了福州人民破浪而行、爱拼才会赢的豪爽义气以及尊儒尚礼、恋乡敬祖的独特品质和城市人文底蕴。

福州城市历史久远，可上溯至秦汉。作为海上丝绸之路的门户及多元文化的交汇点，福州在现代化城市治理水平上也向着更高的水平发展。福州市以党建引领城市治理及以保障民生作为发展的出发点和落脚点的思路展开了一系列的积极探索。

20世纪90年代初，时任福州市委书记习近平谋划实施了"堡垒工程"[1]，强调以街道党组织为核心，理顺条块关系，力量下沉基层，并通过区域共建等形式来优化街道的综合协调功能，为福州城市基层党建奠定了基础。此后，福州市开始了城市基层党建的积极探索。2012年福州市总结推广"135"社区党建工作模式，构建条块结合、资源共享、优势互补、共驻共建的基层区域化党建工作新格局，获评全国基层党建创新最佳案例，得到了国务院、中组部、民政部以及省市各级领导的批示，并在全国推广。2014年11月，习近平总书记视察鼓楼区军门社区时，充分肯定了鼓楼区以党建创新引领社会治理创新的经验做法，并作出"三个如何""要多想想如何让群众生活和办事更方便一些，如何让群众表达诉求的渠道更畅通一些，如何让群众感觉更平安、更幸福一些，真正使千家万户切身感受到党和政府的温暖"的重要指示。2018年，福州市立足建设"新时代有福之州"的实际，以整体系统的思维推进城市基层党建工作，探索形成了"1235"工作路径，进一步将城市基层党建系统化。2019年为深入贯彻落实党的十九大精神和习近平新时代中国特色社会主义思想，中共福州市委组织部大力实施"红色领航工程"全面提升基层党组织的组织力。此外，福州市先后多次开展城市老旧小区景观改造工程，完善福州市政务服务体系，打造"最短距离便民服务圈"，建设数字福州等系列惠民工程和便民服务，增强了人民群众获得感、幸福感和安全感。林丹正是在这样的发展背景和思路下，扎根军门，服务群众，见证并参与着由城市管理到城市治理的变化。

军门社区位于福州市鼓楼区市中心最繁华地段的中心区域，毗邻三坊七巷和朱紫坊历史文化街区。军门居委会始立于1952年，于2001年7月与南营居委会和石井居委会完成整合，组建成了新的军门社区。总面积0.18平方公里，现有楼院68座，3500户居民，1.3万常住人口。与其他老旧小区一样，军门社区也面临着一系列社区治理中的难题。

---

[1] 中共福州市委组织部：《福建福州市：从"135"社区党建工作模式到整体系统推进城市基层党建的嬗变》，中国共产党新闻网 http://news.fznews.com.cn/dsxw/20191009/5d9dfcbcda2d4.shtml，2019年10月9日。

1. 市中心的老旧小区部分楼房多为原单位宿舍楼，单位制解体后失去了管理单位，同时又无市场化的物业公司提供服务。小区建造年代久远，楼体立面景观陈旧、基础配套设施落后、私搭乱建现象普遍存在，居民生活不便且存在安全隐患。

2. 随着住房商品化和人口流动迁移的加剧，原来的熟人社区逐渐向陌生人社区转变，对社区治理和服务提出了更高的要求。

3. 社区居民群体构成的多样性和复杂性，导致居民及家庭的实际需求多样化。随着社会生活水平的提高，人们对社区服务的需求也在不断提升，并逐步向精神层面发展。

为积极回应习总书记"三个如何"的殷切嘱托，军门社区在实践中不断深化各项工作，在长期实践过程中逐步形成了独具特色的军门社区"13335 工作法"。2018 年，"13335 工作法"被民政部评价为"来自于基层探索实践，生成于基层改革创新，具有鲜明的民生性、系统性、创新性、操作性、示范性"[①]，并在全国范围内组织推广。2019 年，"13335 工作法"又入选了中央组织部编选的"贯彻落实习近平新时代中国特色社会主义思想、在改革发展稳定中攻坚克难案例"丛书。社区党组织经过数十年的潜心治理，将军门社区打造成了环境整洁、资源集中、邻里和谐、人人称羡的明星社区。

二 界定及内涵

"13335 工作法"[②] 正是林丹将五十年基层服务经验与党建创新推动社区治理现代化理念相结合形成的一套全面性、系统性、精准性的社区工作方法，是对习近平总书记"三个如何"追问的积极回应。

---

① 民政部：《民政部办公厅关于推广军门社区工作法和开展优秀社区工作法征集展示活动的通知》（民办函〔2018〕42 号）。
② 本文中"13335 工作法"的主要框架和核心内容依照《民政部办公厅关于推广军门社区工作法和开展优秀社区工作法征集展示活动的通知》（民办函〔2018〕42 号）文件中"军门社区工作法"的相关表述。

"13335工作法"的核心要义如下:"1"是坚持党建引领;"3"是健全政社互动、居民自治、社区共治三项机制;"3"是搭建社区工作、社区诉求、社区服务三个平台;"3"是强化队伍、设施、资金三项保障;"5"是打造以"安居在社区""友爱在社区""和谐在社区""欢乐在社区""幸福在社区"为内容的"五在社区"品牌。"13335"工作法不仅有严谨的理论逻辑,还具有丰富的实践内涵。

1. "13335工作法"是以党建创新引领社区治理体系的现代化。以党的领导贯穿于基层治理和服务的全过程,将政府、社会与市场各参与主体的互动机制制度化,将治理与服务的各个环节规范化,逐步形成了党委领导、政府负责、民主协商、社会协同、公众参与、法治保障、科技支撑的现代化基层社会治理体系。

2. "13335工作法"是以聚焦主责主业推动社区治理能力的现代化。坚持以党建引领社区治理,不断完善机制、搭建平台、打造品牌,实质上就是社区抓党建、抓治理、抓服务具体实践过程。在公共资源下沉和治理重心下移的政策背景下,社区通过完善的服务体系在日常工作中将公共服务和惠民政策有序向居民传导,让群众在真实的社区生活场景中真切感受到党和政府的关怀。基层治理与服务的全面化、规范化和精准化,提升了居民群众在社区参与中的获得感、幸福感和安全感。

三 具体方法及案例分析

为精准回应"三个如何"的追问,真正做到"使千家万户切身感受到党和政府的温暖"。"13335工作法"在党建引领、完善机制、搭建平台、强化保障以及打造社区品牌等方面做出了整体性和系统性的探索。具体工作方法如下:

(一)党建引力法

习近平总书记曾指出:"回顾党的奋斗历程可以发现,我们党之所以能够不断历经艰难困苦创造新的辉煌,很重要的一条就是我们党始终重视思想建党、理论强党，坚持用科学理论武装广大党员干部的头脑，使全党始终保持统一的思想、坚定的意志、强大的战斗力。"城乡社区是居民群众日常生活的真实场域，也是社会治理的基本单元，同时也是党和政府服务的神经末梢。"党建引力法"就是要使基层党组织在思想上引擎、组织上引路、宣传上引导，全面提升党建引领社区治理能力，突出党在基层治理的领导核心地位，始终以党组织的引领贯穿于社区治理和服务的全过程。

1. 加强思想建设。着力提升基层党组织统一思想能力，发挥党员带头示范作用。军门社区以习近平新时代中国特色社会主义思想为引领，利用信息化技术平台、网络社交媒体平台等技术手段开展灵活多样的线上教育，增强党员理论素养和党性修养。通过党组织书记带头，党员示范等方式，落实党内生活规范化和各项党员活动，增强党员的宗旨意识。同时，注重思想培育引领企业、社团党组织发挥桥梁纽带作用促进党群团结。

2. 健全组织保障。党的全面领导、党的全部工作要靠党的坚强组织体系去实现。社区基层党组织着力提升基层党组织的组织力，发挥党组织战斗堡垒作用。实施区域化大党建，建立社区党委—网格党总支—居民小区党支部—楼栋党小组"四级网络"；实行社区党委"兼职委员"制，汇集社会资源组建"党建联盟"等方式夯实党组织基础，扩展党组织覆盖范围。通过推行党员登记卡、书记"三记"和"三必访"工作制度以及党员积分制管理等方式，不断强化党内组织性。

3. 强化宣传引导。着力提升基层党组织的宣传能力，发挥党组织的政治引领作用。党的宣传思想工作就是要巩固马克思主义在意识形态领域的指导地位，巩固全党全国人民团结奋斗的共同思想基础。军门社区通过推行"红色领航工程"，突出党员引导示范作用，将"坚持党的领导"等内容写入居民公约；组织发动身边典型为居民上党课，依托党建服务站增添红色元素等方法，充分发挥社区基层党组织政治功能。

案例一：头雁领航——别样的林丹，同样的拼搏

躬耕基层50年的"小巷总理"林丹。虽然已是年逾古稀，但她敢拼敢闯、勇于担当的精气神仍然让年轻的工作者敬佩。"社区工作没有最好，只有更好。"林丹不断以高标准要求自己。为了提振社区工作者为民服务的信心和干劲，她喊出了"真心为民，敢拼会赢"的响亮口号，号召全体社区工作者和社区党员，把各项工作做好，倾情为群众服务。

林丹始终在以精神感人，以行动服人。在社区工作50年，她几乎不坐在办公室里，经常到入户走访或到群众中去找问题，群众反映什么，社区就做什么。在她的思想和行动的引领下，社区党员积极践行党员宗旨，通过党员认领微心愿、"党员义务十大员"、"我为党旗添光彩，志愿服务我先行"、"红色领航工程"等项目服务活动，帮助社区弱势群体，服务社区居民，树立创新争优的排头兵意识。尤其是在遇到事关个人利益时，党员的党性宗旨意识和示范引领作用充分显现出来。

2012年，军门社区被列为福州首批景观改造工程，军门社区作为第一批工程需要拆掉居民楼违建的阳台，这件事引起了一些居民的强烈不满。尽管相关负责领导以及社区工作人员积极与居民沟通协商，但都不能取得居民的理解。激动的居民从楼上泼开水抗议，极易引发冲突。情急之下社区工作者只得联系正在上海开会的林丹。居民看到自己信任的书记回来了都纷纷安静了下来。林书记在安抚双方之后，争取时间先找党员居民单独谈话。"你是不是党员？你是不是应该先支持工作？党员就应该先带头。这是关系到全体居民切身利益的，你多一平方米自己是方便了，但是影响了整个社区的和谐。"跟党员讲明道理后，以党员家庭为突破口，又一家一家做工作。同时，号召党员、志愿者、社区工作者等积极入户宣传解释，动之以情、晓之以理，终于获得理解和支持，最终全面顺利完成景观改造。景观改造后不仅改善了社区环境，还提升了小区的房价。小区居民受益了，不仅对林丹书记由衷感谢，也对社区更加信任了。

案例二：军门社区的党建三部曲

1991年，时任福州市委书记习近平来到军门社区视察时向林丹询问道："居委会是否有党支部？党员关系都在哪儿？"当时的军门居委会三个工作人员中只有林丹一名党员,党员的关系在街道的居委会综合党支部。当得知这是福州市居委会的普遍现象时,习近平指出:"今后福州市的居委会都要成立党支部。"习总书记为基层党组织规划了发展的大方向,同时基层党建的重要性和基层党员的使命感也在林丹的心中扎下了根。

军门居委会党支部成立于1991年,2007年升格为社区党委。社区党组织逐步建立了"四级网络",将社区划分为社区党委—网格党总支—居民小区党支部—楼栋党小组,实现"一小区一支部"。网格党总支书记由社区党委从优秀的社区党员干部、退休老党员、转业退伍军人、业委会代表、物业公司负责人等业务骨干中选拔。小区党支部书记由网格党总支从有公心、有热心、有能力、有威望的居民党员中选拔。旨在以上带下、以下促上,推进基层党建有效运转,促进各项工作在社区落地生根。2010年,军门社区率先在社区推行"135"社区党建工作模式,通过强化社区党组织核心领导地位,健全社区工作者、党员、志愿者三支队伍,完善共同参与组织、民主管理监督、基本建设保障、长效服务群众、党建责任落实五项机制,拓展了社区党建的新思维,提升了社区党建的水平。这种通过基层党建推动社区治理新实践得到了中组部、民政部、省市各级领导的批示,并在全国推广。

2014年,习总书记第三次来到军门提出"三个如何"的命题,军门社区在"135"党建工作模式的基础上,又经过多年的努力和探索,形成了更为全面系统的"13335"社区工作法,再次得到民政部认可并向全国推广。如今,军门社区共有党员360余名,辖15个党支部、18个居民党小组,区内共建单位16家,市内共建单位51家,组织架构全覆盖。党员工作在单位、活动在社区、奉献双岗位,形成了组织化制度化的党员队伍建设与培养机制,为党建引领社会治理打下坚实基础。

城市社区是基层社会治理的基础单元,也是推进国家治理体系和治理能力现代化关键的一环。党的十九大报告中提出推动社会治理重心向基层下移，其内涵不仅是指将资源和服务向基层传递，更重要的是指加强基层治理中党的领导地位，健全基层党组织的工作体系，推动党的思想建设、组织建设、阵地建设向基层延伸，强化基层党组织的战斗堡垒功能，为基层社区治理提供坚强思想和组织保障。

（二）机制聚力法

"机制聚力法"指的是通过"健全政社互动机制"、"居民自治机制"和"社区共建机制"三项社区治理的重要机制，明确社区治理的参与主体，并理顺各参与主体间的互动关系与权责边界，凝聚各方力量有序参与社区公共事务的管理与服务。在社区构建起党组织领导下，政府负责、民主协商、社会协同的社区治理主体的良性运行机制，以社区治理维护国家行政与居民自治间的动态平衡，汇聚广泛的共治合力。

1. 健全政社互动机制。"政社互动"是指政府与基层群众自治组织通过"衔接互动"，理顺社会管理职能、调整社会管理结构、改进社会管理方式，从而更加有效地建立利益协调机制、诉求表达机制、矛盾调处机制、权益保障机制。针对街道与社区职责不清、基层群众自治组织作用发挥不够、社会组织承接公共服务能力不足等问题，落实街道在基层治理中的主体责任，着眼治理中心下移，整合资源向社区倾斜。抓规划，在基层政府指导下制订社区发展规划；立规则，制定街道在社区治理方面的权责清单，依法厘清街道办事处和社区居民委员会权责边界；促规范，建立街道社区和区直部门工作的双向评价机制，明确社区组织对驻区单位评先选优话语权。

2. 健全居民自治机制。健全社区党组织领导的充满活力的基层群众自治机制，就是要把基层党组织的领导作用体现到基层群众自治的各个方面和环节，突出居民群众在社区治理中的重要地位。通过社区"两委"选举的民主程序和交叉任职推动民主选举；建立民主恳谈、议事、听证、咨询、评议5项协商制度，规范民主协商；重大事项实行居民代表提议—"两委"会议商议—党员大会审议—居民会议决议的"四议"程序，保障民主决策；组织居民制定完善居民自治章程、居民公约，健全民主管理；组建"两代表一委员"工作室，设立居务监督委员会，实行社区党务、政务、事务、财务、警务"五公开",强化民主监督。引导居民参与共同治理,实现自我管理。

3. 健全社区共治机制。通过社区动员与资源链接,在社区居民与社会资源间形成物质和情感的双重联结,构建人人有责、人人尽责、人人享有的社区治理共同体。构建社区党委领导,社区居民委员会主导,社区工作服务站、社会组织、业主委员会、驻区单位、居民群众共同参与的社区治理体系,落实共建;推行社区、社会组织、社会工作"三社联动",引进社会工作专业人才和社会组织,提供专业化、精细化服务,推进共治;社区与驻区单位在停车健身场所、应急抢险、人才队伍等方面资源共用,方便社区居民和单位员工的工作生活,实现共享。

案例三:政社互动活起来[①]

鼓楼区作为"13335工作法"的诞生地,以军门社区等试验区为抓手,制定了社会治理三年行动规范,要求各社区对照军门社区工作法的各项内容,在党建、机制建设、平台建设、服务保障、五在社区服务等5大方面35项工作内容清单上发力,形成"对标军门、赶超军门"的良好氛围。强化示范引领带动当地社区治理水平跃升。推进国家治理体系和治理能力现代化的基础性工作在基层。鼓楼区为积极落实十九大精神,先后出台了《鼓楼区创建"全国社区治理和服务创新实验区"实施方案》《鼓楼区关于贯彻落实社区减负增效工作意见》《鼓楼区加强和改进社区工作的若干意见》《鼓楼区关于社区购买社会工作服务经费补助方案》等系列社区规范化建设文件。为社区治理和服务体系建设提供了政策性引导以及为社区工作减负增效提供制度支撑。

一是抓赋权减负。推行街道社区和区直部门工作"双评议"机制,要求区直部门在评先选优、年度考核时,应充分征求所在社区

[①] 本案例部分内容参考中共福建省福州市鼓楼区委等《发挥典型示范作用 深入推进社区治理和服务创新》,民政部门户网站 http://www.mca.gov.cn/article/wh/whbq/jsmlsq/cssqzl/201812/20181200013887.shtml,2018年11月6日。

组织意见。全面厘清政府、社区的功能定位和职责要求，实行社区工作准入制度，制定社区印章管理规定及负面清单试行办法。职能部门不得随意将工作任务摊派到社区，社区承接事项由原来的 106 项压缩为 34 项，社区工作者将更多精力放在组织建设和为民服务上。

二是抓资源倾斜。建立公共财政投入和党费回拨、慈善捐赠、居民自筹、低偿服务等多种社区经费保障机制，出台文件提高社区工作者待遇和绩效奖惩力度，以"办公场所最小化、服务场所最大化"为原则建设社区公共服务平台，社区"一老一少一普"活动场所、社区服务中心、社区综合受理平台成为鼓楼区所有社区的"标配"。

三是抓责任传导。出台加强社区服务规范化建设意见，做到工作有目标、检查有标准、考评有依据。建立精品社区、示范社区评选奖励和社区、社区工作者奖惩机制，开展常态化督查，完善居民评议社区机制，从物质奖励、评先评优、岗位调整等方面进行奖惩，倒逼责任落实。

案例四：我的家园我做主[①]

福州市鼓楼区在全省率先试点"参与式预算"微实事协商项目[②]，吸引居民参与社区公共事务协商，而军门社区则作为鼓楼区试点率先实践探索。

2012 年军门社区进行景观改造，规划将南营巷破旧的木屋拆除改造为一个小公园。在南营巷口袋公园的"苏公井"旁，有意留下一小块空地，准备用于开展便民服务。什么样的便民服务才能做到老百姓的心坎儿里？百姓的需要还得问百姓。林丹回忆道："老百姓

[①] 本案例部分内容参考福州市政协《鼓楼"家门口早餐工程试营业"力争年底前社区全覆盖》，政协福州市委员会，http://zx.fuzhou.gov.cn/zz/csfz/tpxw/201809/t20180929_2626642.htm，2018 年 9 月 29 日。

[②] 参与式预算微实事协商项目，原则上定位于小微实事，是政府为民办事计划之外的补短板项目。只适用于试点街道、社区的公共利益范围，不含小区物业管理公司等其他社会主体应承担的职责范围之内的项目，且不与市、区在建、拟建的政府投资项目重复。协商项目涉及居民群众关注度高、受益面广、急需解决的，与居民切身利益相关的安全保障、环境整治、文化娱乐、教育培训以及普惠性公益活动等方面。

提出，希望就近买到好吃又放心的早餐，经过多方考察比较，我们最后选择深受百姓喜爱的福州老味道，本地知名的'安泰楼'小吃入驻。"

2013年4月，南营巷便民早餐点开业，军门社区向安泰楼低成本提供场地，安泰楼也从口味、价格和食品安全等方面保障丰富的早餐供给。在林丹看来，这个只有7平方米的早餐店，不仅让上班族、上学孩子和老年人吃上放心又实惠的早餐，更重要的是在繁忙的现代生活中，让街坊邻里再多一些接触和交流，大家趁着买早餐聊上几句家长里短，社区就多了一些浓厚的烟火气和温暖的人情味。随着百姓对军门试点的高度认可，这种促进睦邻友好的便民早餐摊在全区迅速铺开，鼓楼十街（镇）69个社区居民得到了实惠。

项目让百姓受益重要的是充分动员百姓积极参与。军门社区的老党员再次发挥了排头兵的作用。军门社区党员许大爷从征集项目开始，他就热心参与，提出很多有建设性的建议，还主动联系居民征求意见，动员楼组长们组织起来共同商讨。结合当地人的生活习惯和实际情况，社区通过拆墙透绿、小院变大院等，规划建设出6条健身路道，增配健身器材等，为居民休闲、运动营造良好环境。在党委政府、辖区单位、社会组织、居民群众等多方主体共同参与下，社区居住环境和人文环境在逐步改善，居民的参与热情大大提升，真正实现了"我的小区我做主"。

通过将政社互动、居民自治和社区共建三项机制的制度化与常态化，理顺国家、社会与市场之间的权责边界，明确各社会治理主体的共同目标与职责分工。避免了权责不清而造成的阻碍，全面提升了基层治理效能。

（三）平台运力法

"平台运力法"是指通过搭建社区工作，社区诉求和社区服务三个社区治理平台，将党和国家的惠民政策、各治理主体的资源和力量等通过平台有效传递给居民群众，打通社区治理与服务的最后一环。优化居民办事体验，畅通居民表达诉求的渠道，增强使群众获得感和归属感，形成民情民意的收集、分析、处理和反馈闭环，提升居民参与社区治理的主体性、能动性、感受性。

1. 搭建社区工作平台。社区是政府政务服务"最后一公里"，军门社区利用智慧平台等技术支撑和真心为民的宗旨理念为群众打造了方便办事的"贴心一米"。设立集党建、民政、卫计、综治、人社等服务于一体的综合受理窗口，推行"一门式服务""窗口无否决权服务""错时工作制"和"无假日社区"等方案，方便居民群众办事。

2. 搭建社区诉求平台。为了更全面掌握居民需求，畅通诉求渠道，军门社区常态化开展"入民户、访民情、交朋友、解难题"活动；设立社区书记、主任信箱；建立居民恳谈日制度，畅通"网格信息收集—工作人员现场解决—相关部门群策群力"的诉求化解渠道。

3. 搭建社区服务平台。创新服务供给方式，利用"互联网+"等技术手段，提供一线（社区总机）、一台（信息化平台）、一册（社区服务手册）等服务方式，实现社区信息互通、资讯共享、查询方便。开展形式多样的社区公共服务、文娱活动、节庆活动等，寻找社会资源，满足居民普遍性和个性化需求。

案例五：便民服务做到家[①]

思考如何让居民办事更方便，军门社区将便民的周到服务做到群众家门口。随着大数据技术的广泛应用，军门社区积极运用科技支撑推动社区服务。运用"互联网+"思维，着力打造"智慧社区"，依托"鼓楼社区幸福通""鼓楼智脑"等线上载体，建成智慧社区信息综合服务平台，实行"一号"申请、"一窗"受理、"一网"通办的互联网+服务模式，为居民提供在进行在线互动、政策推送、办事流程查阅等业务。军门社区投入130多万元，将60平方米的一站式服务窗口扩大至145平方米，添置了便民服务触摸屏信息查询系统，详细收录了市民交通出行、水电服务、社区保障、教育

---

① 本案例部分内容参考《福州军门社区治理经验获民政部点赞将向全国推广》，海峡网 http://www.hxnews.com/news/fj/fz/201712/01/1355717.shtml，2017年12月1日。

政策等与居民生活密切相关的信息，使居民不出社区就能查询到各项政策、生活信息，实现为民服务效能最大化，努力实现"数据多跑路，群众少跑腿"的政务服务新模式。

同样，对于不便上网的居民来说，依然可以在线下享受便利的服务。从跑多个部门，走多个流程简化为在一个中心或窗口，简化流程，简洁办事。军门社区居民可以享受到"一门式"社区事务受理平台的便利。社区还实行窗口无否决权，社区各窗口应将每项行政审批服务事项的依据、条件、时限、程序和所需提供的材料制作成办事指南，通过纸质或网上办事指南进行公示，方便申请人查询。窗口工作人员改变工作作风，树立宗旨意识，主动对书面告知和公示告知的有关内容回答居民的咨询，及时向其做好口头说明和解释。改变"不是我办""不能办""不知道怎么办"为"告知谁能办""应该怎样办""想办法协助办"，为进一步加强社区建设的要求，提高社区工作效能，拓展社区服务，适应社区居民日常办事和活动需要，使群众在"八小时之外"仍然可以享受到社区服务，真正起到为民办实事的效果。社区还开通了24小时服务热线，提供办事电话预约、上门受理代办等便民举措，打造"社区10分钟服务圈"，打通为民服务的最后一米。

案例六：雷打不动的居民恳谈会[①]

为了积极回应总书记"如何让居民群众表达诉求的渠道更畅通？"的嘱托，军门社区积极探索畅通居民诉求渠道的方式。自2015年开始，每个月10日都被设定为军门社区的居民恳谈日。在鼓楼区"街道吹哨，部门报道"的机制的支持下，恳谈日由居民代表、社区书记、社区工作者、相关部门工作人员共同解决。截至2019年初，军门社区居民恳谈日共接待2595人，收集整理群众意见2958条，当场解决的2887条，及时反映上报相关部门协调解决的71条。

每个月1—9日由楼长、居民代表、党员等渠道收集等群众反映

---

① 本案例部分内容参考《民情恳谈提升军门幸福》，《法制报社区版》，https：//www.sohu.com/a/289656467_ 120060043，2019年1月17日。

的问题，或由居民直接来社区登记。社区了解了情况后，联系相关部门针对群众提出的问题在现场办公。现场无法解决的就记录下来会后再解决并及时给予居民反馈。同时，利用网格化管理和党员宣传动员力量建立起"网格信息收集——工作人员现场解决——恳谈日相关部门群策群力"的协商议事平台，让被动的民情反馈变成主动的牵线服务。林丹始终坚持，居民的事情马上办，即使确实解决不了，也会向居民解释原因并提供优化意见，热情的态度和件件有回音的实效让居民急迫的心情得以纾解，避免将小问题激化成大矛盾。

2018年，鼓楼区政府补贴军门社区进行老旧小区安装电梯改造。但高层住户与低层住户对电梯到底该安在哪儿却产生分歧。接到热心住户的反映后，林丹邀请了40多位居民代表以及电梯公司施工代表，参加了当月的民情恳谈会。会上，大家敞开心扉表达意见，并通过协商的方式订下各方接受的电梯安装方案。

南营8号是军门社区的一个无物业小区，在小区景观改造后组建了业委会。但居民对业委会管理混乱、费用不透明等问题不满，出现了住户拒交停车费，车辆进出严重受限，最后竟演变成无奈砸锁的局面。矛盾僵持不下，林丹便在当月10日召开的居民恳谈会上，邀请社区党委委员、综治人员、民警以及小区居民、业委会等多方与会，对这个纠纷进行专门座谈。最后，经过近3小时的讨论商议，居民们一致同意推选一名新楼长，筹备成立新一届业委会。同时重新科学合理规划车位，及时进行账目公示，共同把小区停车以及其他事务管理好。合理规划停车场、科学布局煤气管道、旧楼体电梯安装、自来水实行一户一表……这些对新建的商品小区再平常不过的基础设施，对于老城区来说却非常困难，通过居民恳谈机制，终于啃下了一块块硬骨头。

案例七：没有最好，只有更好[①]

刚参加居委会工作，林丹发现居委会工作内容单一，只是被动

---

① 本案例部分内容参考谢宗贵等：《和谐社会的基石：记福州军门社区居委会主任林丹》，新华网http://news.cctv.com/china/20070227/106589.shtml，2007年2月27日。

地接受命令缺乏主动性，在群众心中的地位不高。年轻敢拼的林丹当上了居委会主任之后决定创新一些服务项目扩展居委会的工作。她带工作者对军烈属、五保户开展服务。在"服务"概念还没有确立和兴起的80年代初，这些暖人心的创举不但赢得了百姓的认可和拥护，还获得了民政部门的嘉奖，林丹获得了福州市三八红旗手，劳动模范等众多荣誉称号成为先进典型在全市分享经验，这些荣誉使她备受鼓舞，也为她打开了为民服务的广阔舞台。

随着时代的进步和社区工作不断发展，林丹将自己的能动性和创造性不遗余力地挥洒在社区的热土上。她到处筹集资金创办了社区老人活动中心"星光屋服务站"，为老年人提供理发、助餐、缝纫等服务项目；在社区开办了面向0～3岁婴幼儿的"娃娃托"，招聘社区下岗待业的女职工为保育员，不但解决了社区双职工家庭的幼儿照料问题，又为社区失业人员提供了就业岗位。社区居民李阿姨原来是福州市汽车运输公司职工，1997年下岗，贫困无助，心理压力巨大。林丹得知她的情况后，动员她到"娃娃托"当保育员。重新走上工作岗位后，李阿姨一家走出了经济和情绪的双重困境。为了解决下岗人员再就业问题，林丹不断思考新招，她想到将拓展社区服务与再就业结合。在社区办起了便民食堂、托儿所、家政服务、自行车修理、家电维修、小卖部等5大系列30项社区服务项目，形成了"再就业一条街"。同时还积极向辖区单位推荐下岗职工再就业。在她的努力下，军门社区的就业率达到98%以上。

习总书记曾嘱托"社区工作没有最好，只有更好"。这句话成了林丹不断奋斗的目标。激励着她不断创新社区服务。如今的军门社区，利用科技推进服务。互联网+综合治理的平台让居民足不出户享受周到服务，智慧社区让群众感到便利和安全。"公建民营"的社区居家养老服务照料中心、福州市第一家公办小学生托管中心等硬件设施配齐配强，各项服务标准和服务理念也在不断提升，特色服务与品牌创建社会效应深入民心。民之所向，计之所谋。林丹为解决社区居民的实际问题和多元化服务需求而持续探索中。

满足人民对美好生活的向往是党和国家的奋斗目标，而这一目标落实到基层治理的实际，则是为居民群众提供丰富的服务内容，提高服务能效以及满意的服务体验。这对社区工作者全心为民的服务理念，解决问题、化解矛盾的行动力以及统筹资源的组织力等各服务环节的能力提出了更高的要求。因此，组织化、系统化地搭建"社区工作""社区服务""社区诉求"平台，正是对日新月异的现代城市生活和居民群众不断提升的生活需要及情感诉求的积极回应。

（四）保障助力法

"保障助力法"，即通过强化人才、设施和经费三个层面的系统性建设，为社区治理与发展提供可持续性的保障力量。通过建立素质优良、结构合理的社工人才队伍，为社区治理提供人才支撑和智力支持；改善社区办公环境和服务环境，提升群众对社区服务的体验感和获得感；强化形成持续稳定的多元经费保障机制，保障社区各项行政事务和社区服务有序开展。通过整合政府的下沉资源，科学有效地分配人、财、物，提升社区治理和服务质量和效能。

1. 强化队伍保障。社区工作者的服务意识和业务能力水平直接影响到群众对社区工作满意度。通过成立"林丹党代表工作室""林丹社区工作者培训基地"，做好传帮带，打造"示范型"带头人队伍，推行职务职业资格"双轨并行"人才培养链，让社区工作者上升有渠道、待遇有保障，打造"专业型"社区工作者队伍等人才培养机制，将大批职业道德好，业务本领强，工作热情高的职业化、专业化社工人才向群众工作的一线输送。同时，还要紧紧抓住社区志愿服务人才队伍的建设，通过建立志愿者电子档案，设立"爱心银行"，采用积分制管理，打造"奉献型"志愿者队伍。

2. 强化设施保障。军门社区按照"办公场所最小化、服务场所最大化"的原则，优化社区场所配置，建设"一老一少一普"[①]，引进社会力量开办社区居家养老照料中心、"阳光朵朵"托管中心等公办民营的社区

[①] "一老一少一普"场所指的是老年人服务站、少儿成长服务站、文化普及服务站。

服务站点。为社区居民解决助老扶幼的现实困境，为家庭提供便利。利用旧城改造契机发展智慧社区，提升居民安全感与幸福感。

3. 强化经费保障。优质的服务离不开稳定、充足且可持续的经费保障。通过财政投入、便民服务低偿运营和党费回拨、社会捐赠、居民自筹等多方支持的供给模式，形成了政府主导，多方支持的社区经费保障机制。

案例八：优秀社区工作者的摇篮[①]

作为党的十七大和十八大代表，林丹在军门社区成立了全市首家党代表个人工作室。以党代表工作室为载体，林丹将党代表履责日常化。她除了要在工作时间内走社区、听民声、解民忧外，还要利用周末时间接访社区居民，帮助居民解决棘手的问题。在她看来，周末时间接访群众，可以避免上班族为反映社区事情而专门请假，也可以最大范围地听取到民声。林丹党代表工作室同时还是党建阵地，组织社区党员每月开展一次集中学习，向党员传达并解读党和国家最新的政策，使党员发挥红色小喇叭功能，在日常生活中向居民群众讲解。另外，工作室还是社情民意交流站。党员积极将在居民群众中发现、收集到的意见和建议在会上报告，林书记将问题和意见记录在案，积极联系相关部门协商解决。

作为有五十年群众工作经验的老社区工作者，林丹还积极发挥"示范型"带头人积极作用。通过建立林丹社区工作者培训基地，以实践教学、集中授课、选派挂职锻炼等方式，重点培训新任社区党组织书记、居委会主任和软弱涣散社区党组织书记，努力培养一批"林丹式"社区工作者，提高社区工作者队伍整体素质和专业服务水平，为社区工作者队伍建设提供人才保障。在教学中，林丹对优秀社区工作者的培养有自己的方法，她说："我会先跟她们沟通，在沟

[①] 本案例部分内容参考《福州市首个以个人挂名的社区工作者培训基地挂牌林丹收了两个"80后"女徒弟》，福州文明网 http://fz.wenming.cn/fzjj/201411/t20141110_1442333.html，2014年11月10日。

通中教他们做人。因为做社区工作先要学会做人，懂得做人才懂得为人服务。社区工作者不是'官'，如果觉得自己是个'官'，这种心态就不行。然后，我要教他们用心，要让老百姓感受到充满心意的服务。在这之后，我才慢慢教他们开展社区工作的方式方法。"在这种的教育理念下，从林丹社区工作者培训基地走出了大批有情怀、有宗旨、有方法的社区工作接班人。

在人才培养制度方面，为破解社区工作者成长"天花板"难题，福州市探索推出职务职称"双轨并行"社区人才培养链，保障了社区工作者们的上升渠道和待遇保障。通过构建"社区工作者—社区书记—事业编制社区书记—街镇副职"的职级培养链和"社区工作者—助理社会工作师—中级社会工作师—高级社会工作师"的职称培养链，推动社区人才专业化道路。

案例九：从纸褙军门到智慧社区的五十年巨变[①]

20世纪70年代，林丹来到军门做居委会主任。那时候，居委会工作环境简陋，工作内容单一，人员老龄化，缺乏管理制度并且社会地位低下。军门居委会的办公场所仅16平方米左右，仅有的三名工作人员挤在两张桌子前办公。

1994年，军门社区地段进行了拆迁改造，回迁后的军门社区办公场所从16平方米扩建到了400平方米。2001年，由三个小居委会合并而成的新军门社区成立，工作人员从3个发展到9个。林丹想到利用扩大后的社区场地为老年人开办了星光工程服务站。其后，又以社区场地为平台为居民提供了受众广泛，种类多样的服务项目。社区服务面积达3700平方米，打造"一老一少一普"社区综合服务场所，初步形成了"幼有所教、老有所养、难有所帮、残有所助、孤有所扶、老有所依"的和谐发展格局。

福州市鼓楼区先后于2012年和2018年启动两期军门社区改造工

---

① 本案例部分内容参考朱志训等：《福建福州军门社区：建设治理统筹推进，培育发展内生动力》，中国建设新闻网 http://www.chinajsb.cn/html/202009/17/13830.html，2020年9月17日。

程，军门社区以开展环境综合整治和老旧小区改造为契机，全方位改造了68座楼院，整治无物业服务小区7个。结合本地实际，拆除打通相邻封闭小区围墙，拓展公共活动空间，新增文化活动中心，建设了口袋公园、小广场等空间。针对军门社区地理位置的特殊性，社区将改造整体风格与三坊七巷、朱紫坊保护修复的整体风格有机衔接，使得军门社区成为两大历史文化街区的重要转承点，充分展现历史文化积淀。

在注重传统文化保育的同时也重视科技支撑。军门社区服务中心依托智慧社区系统平台，利用先进的物联网、大数据和人工智能等技术，为社区消防监测、环境监测、治安监控等布下了严密的安全网。智能门禁系统通过人脸识别技术，摸清社区流动人口底数，实现人口动态管理，社区精细治理；智能系统的预警功能实时发布"用户存在漏水""垃圾桶已满"等滚动信息可以帮助工作人员及时掌握社区动态，相关工作人员也将在第一时间获悉并到场处置。智慧社区通过对水表等数据的实时监测，对独居老人建立了专项服务管理方式，老人起居的相关数据一旦出现异常，系统将及时预警，提供安全保障。除此之外，智能灯杆、智能井盖、智能烟感、语音提示智能垃圾分类箱，停车、充电、防盗"三合一"的智能充电桩、智能信报箱等设施提升了居民幸福感和安全感。

通过强化队伍保障、设施保障以及经费保障，形成了社区人、财、物的统筹与联结。不仅完善了以科技为支撑的现代化社区治理的硬实力，还提升了以人才为动力的社区精神共同体的软环境。

（五）五在一体法

"五在社区"，就是军门社区在党建引领下，通过健全机制、搭建平台、强化保障，立足闽都文化，依托社区治理和服务，调动社区内外社会资源合力打造而成的社区品牌，是如何让群众更方便、更安全、更幸福的具体解答。通过建立系统化治理体系，提升精细化治理能力，达到"安居""友爱""和谐""欢乐""幸福"的整体性社区治理目标。使居民群众在生活上依靠社区，情感上信赖社区，行动上支持社区，形成共同促进发展，共同享受发展的精神共同体。营造和谐宜居、睦邻友善、文明祥和的新"熟人社会"，提升居民群众的获得感、安全感和幸福感。"五在社区"各目标具体实现方法如下：

1. 安居在社区。通过推行四级网格化管理体制，建立治安、调解、普法、帮教、巡逻、安全"六位一体"的群防群治志愿者队伍；运用"e福州"APP，实行"住户自防、楼院互防、小区联防"的"三防"社区治安群防群治机制；发挥社区"五老"[①]积极作用，构建"调解员＋律师＋志愿者"矛盾调处模式；按照"沟平、路通、灯亮、整洁、有序"的标准，整治无物业小区，构建无物业老旧小区长效管理机制等。

2. 友爱在社区。推出"吉祥三宝"项目，动员党员干部和爱心人士为困难群体提供助学、助医、助困服务；建立外来务工子女、失足青少年、低保户、失独家庭的档案和联系卡，开展"代理妈妈"志愿行动、"爱心之旅"夏令营等活动，实行常态化结对帮扶。

3. 和谐在社区。推行"五情"[②]教育，积极倡导邻里相亲、守望相助的近邻理念；开展"居民周末义务劳动""清洁家园"等活动创建文明家园；开设"道德讲堂"，以身边人讲身边事、身边事教育身边人，促进人际和谐、社区和美。

4. 欢乐在社区。开展"社区读书月"，设立社区文化长廊，宣传"新二十四孝"，弘扬社会主义核心价值观和家风家训等传统美德；组建社区舞蹈、曲艺等文化队伍，开展"走进美的小区""激情广场大家唱""每周一台戏"等文艺活动，打造社区文化品牌。

5. 幸福在社区。组织"最美阳台""最美屋顶""最美庭院""最美墙体"四美评选，为60周岁以上老年人购买意外伤害险及第三者财产损失险，全面建立居民健康档案，鼓励退休医生社区义诊；将本土特色的民俗文化与现代节庆活动相结合，组织"浓浓拗九粥、深深感恩情"敬老活动、"温馨五月天、感恩母亲节"春游活动、"端午寄深情、香粽献

[①] "五老"即老党员、老干部、老法官、老教师、老军人。
[②] "五情"即祖国培育情、父母养育情、夫妻恩爱情、邻里友谊情、社区互助情。

邻里"睦邻活动等，带动群体居民构建向上向善的温暖幸福家园。

案例十：友爱互助在军门

"吉祥三宝"是军门社区为老年人、残疾人、未成年人、优抚对象、流动人口等人群提供助困、助学、助医等系列专项服务。

助学方面，社区干部带头，共建单位积极参与。在侨乡文化带动下，社会企业积极回馈乡里，为考取大中专院校的困难家庭子女每年资助4000～6000元，帮助学生安心完成学业。

助困方面，社区特困户经社区牵线，全部与辖区单位和社区党员签订了结对帮扶协议，根据各家庭不同情况给予每月200～300元资助，使特困家庭的生活得到改善，逢年过节还上门慰问。送岗解决困难群众的"自我造血"功能是最根本的助困。社区创办再就业一条街，通过社区单位腾岗、开发社区公益性岗位，鼓励和扶持大学毕业生、退伍军人、社区就业困难人员灵活就业、自主创业。同时社区还为就业困难人员提供小额贷款担保，帮助实现自主创业。

在助医方面，引进医生免费为社区困难群众、孤、老、残疾人员提供免费看病、取药服务。并为低保户办理了医疗救助卡，社区卫生服务中心，提供预防、保健、康复和计划生育技术等服务，做到"小病治疗不出社区"。

案例十一：精彩生活在军门

军门社区积极共建，为居民群众提供丰富多彩的文娱活动。主要包括节庆文化活动、日常文化活动以及个性化文化活动。

"拗九节"是福州地区的传统民俗节日，每年农历正月廿九这一天，家家户户都用糯米、红糖，加上花生、红枣、荸荠、芝麻、桂圆等原料煮成甜粥，称为"拗九粥"，用来祭祖或馈赠亲友，祝福老人平安健康。林丹将这一文化传统与社区实际情况结合起来，从1993年至今，每年的"拗九节"都会给社区所有70周岁以上的老年人端上一碗"拗九粥"，还有一碗象征着幸福安康的太平面和太平蛋。军门社区老年人健康长寿，100岁以上长者有6位，90岁以上长者50位，社区老年人近千人。在区域化大党建制度的支持下，社区、共建单位以及志愿者汇集力量，有序开展。活动现场，四张桌子上摆放着5大桶拗九粥，一千个小碗整齐地排列着，等待着装满祝福后，由志愿者恭敬地摆放在老人的面前。

在社区日常文化服务中，社区挖掘区域文化特色，积极开展群众文化活动，为人民群众搭建丰富的文化展示平台，使文化活动参与更加广泛，形式更加多样，内容更加丰富，表演更加精彩，群众更加满意。充分发挥辖区学校、共建单位等公益性事业单位人员的公共文化服务作用，开展面向基层的群众性文化活动。社区文艺队、社区读书月、激情大家唱、每周一台戏等文化活动丰富居民生活。每周五为社区老人送戏，邀请福州评话艺术团的艺术家为老年人表演福州方言戏曲。表演者将敬老孝亲的传统文化、十九大精神等内容进行文艺创作，以居民群众喜爱的福州伬话演绎出来，深受居民喜爱。

除了满足社区居民普遍性需求，社区还积极配合满足居民的个性化需求，主动拓展新的社会资源。社区老年人退休后独居在家，有了钱和时间却没有儿女的陪伴，精神空虚寂寞。有一次，一位老人拿着报纸来到社区找书记说："书记你看，森林公园的樱花开了，我们想去外面看看！"但是森林公园入口离樱花林有很长一段距离，老年人很难步行前往。虽然工作繁忙，但林丹把老人的事儿也装在了心里。一次在市里开会的时候，她发现森林公园的书记也在现场，便主动向他问好，并说起社区老人想去森林公园看樱花的事情。书记高兴地说："欢迎！欢迎啊！"林丹又道出了带老人们看樱花的实际困难。书记听后说道："你们的车可以直接开到樱花树下，老人们玩好之后再坐车回去，而且老人们可以全天候在公园里免费体验全部活动项目。"于是，老人们坐着社区共建单位提供的大巴，在疾控中心全科医生的陪伴下在森林公园度过了美好的一天。

虽然社区有助老食堂，但一些社区老人仍希望去老字号"聚福园"吃大餐。林书记与聚福园联系协商，争取到团购价，社区负担30元，老人自费50元。每桌10人800元就享受到了上千元的地道闽菜。老人退休后有时间也有经济实力，希望社区能带着坐上动车旅游。社区理解老年人的心情，积极与老人子女沟通，在征得子女同意后，社区工作者带领老人坐动车去周边城市游玩参观。正是这些居民日益增长的对美好生活的向往，不断推动着社区为民服务的新思路。而社区居民也切实感受到了生活在军门的精彩与幸福。

案例十二：抓两头带中间，幸福社区在身边[①]

2017年5月，军门社区社会居家养老服务照料中心投入使用，该中心采用"公建民营"模式，引进社会专业服务组织力量参与对接管理，为社区空巢、独居、孤寡老人提供涵盖机构照料、社区照护、居家护理的24小时综合性服务。中心建筑面积2000平方米，各功能区十分完善，包括诊疗咨询中心、餐饮、文化娱乐、休息洗浴、养护等区域，服务内容涵盖了老人生活照料、膳食供应、保健康复、助餐、助行、助医、助急等。中心配备了与开展服务相适应的管理人员、专业技术人员和护理人员，社区每天还安排医生党员志愿者免费出诊，保证老人们小病不出社区，大病及时就医。不仅社区开设了长者食堂供社区老年人低偿就餐，还为老年人提供了多元化的服务选择，年满60周岁的老年人可以办一张就餐服务卡，凭卡可以在福州百年老字号"味中味"饭店吃半价餐。餐食方便快捷，种类花样繁多，口味地道，受到老年人的喜爱。

2014年6月，军门社区将原有开办多年的"小学生四点钟服务站"改造升级为全市首家公办少儿托管服务中心，聘请了有资质、有经验的厨师、教师以及管理人员共10名，确保中心管理有序、食品安全卫生。托管中心采取午托、中晚托等形式，开设围棋、书法、珠心算等兴趣班，让孩子们放学后有去处，切实解决了双职工家庭接送孩子的后顾之忧。军门社区的幼儿园拆迁多年，军门社区的孩子都要到外面去上幼儿园，给部分家庭带来不便。林丹心里特别急，一直向区里报告，经过她不断的努力，终于在社区里又重新盖起了一座公立幼儿园。

---

① 本案例部分内容参考《军门社区居家养老服务中心启用 采用公建民营模式》，福州新闻网http：//news.fznews.com.cn/shehui/20170505/590c17b571edc.shtml，2017年5月5日。

抓稳了社区的一老一少，自然就带动起中间的力量。社区面向全体居民打造了"我们的节日"系列品牌活动，在春节、元宵节、端午节、七夕"邻里节"、中秋节以及重阳节等重要的节日，以弘扬社会主义核心价值观、敬老爱幼传统美德以及文明友爱的社区风尚为导向，组织开展丰富多样的社区活动，居民参与积极性高涨，在亲密的社区互动中逐渐形成浓厚的邻里情。

"13335 工作法"以党建引领为核心，通过建立工作制度、搭建共治平台、提升治理和服务硬件和软件实力，最终实现了"安居""友爱""和谐""欢乐""幸福"的社区治理目标。通过社区基层工作者的务实行动，让居民群众切实感受到党和国家的热切关怀。

四　学理依据及应用价值

（一）学理依据

1. 功能主义理论将社会与有机体作类比，认为社会是相互依存的各部分构成的整体系统，并且各部分都在系统中承担一定的作用或功能。美国社会学家帕森斯从社会系统论出发进一步关注了社会结构的基本功能，"给出了从宏观层面把握社会系统矛盾运动、争取协调发展的基本战略"[1]。并由此提出了"A–G–I–L"社会系统分析框架，通过适应、目标达到、整合以及潜在的模式维持四个系统，阐释社会系统的结构及其各部分间的关系，以及结构与其功能间的制度化运行机制。强调了社会系统的整合功能，即四个子系统执行着各自的功能，共同作用且相互影响，维持整个系统的协调运行。

"13335 工作法"，正是这样一套全面、系统且各部分相互支持的整体性社区治理体系。通过党建引领构建多元主体参与的社会治理与服务体系，营造社区参与的积极性；通过厘清参与主体互动关系，科学建设服

---

[1] 刘少杰：《国外社会学理论》，高等教育出版社 2006 年版，第 164 页。

务平台，提升服务供给水平；通过培养社区共同价值的模式，构建个体的身份认同与社区认同；通过强化人力、财力和物力投入，保障社区治理与服务水平稳步提升的可持续性，四个方面形成了一个全方位、立体式、多元化的公共服务供给网络，并在与政治、社会、文化、经济相对应的各子系统中发挥一致性作用，最终达到了"安居""友爱""和谐""欢乐""幸福"等治理目标功能的实现。

2. "精英"最早是指优秀的、精选出来的人物。意大利社会学家维尔弗雷多·帕累托首先将这一概念纳入社会学的研究范畴。他对精英的定义是："精英是指强有力、最生气勃勃和最精明能干的人。"[1] 不同于处于上层社会拥有制度化的权力、地位、财富的统治型精英，林丹这类社区领袖则是具有卡里斯马气质的草根精英的典型代表。林丹成长于军门，具有天然的熟人社会资源。同时五十年如一日扎根基层，凭借着担当奉献的精神、敢拼才会赢的魄力以及真心为民的工作作风，获得了群众的认可，成为军门社区魅力型权威的典型代表和文化符号，林丹带领的军门社区在党和国家的关怀下不断成长，尤其是习近平总书记三次军门社区考察经历，形成了社区居民的集体记忆，促使社区形成了强烈的一致性价值认同。在魅力型权威的引领下，使大批有威望、有影响力的社区精英在党建工作和社区治理等方面充分发挥资源和行动的效能。林丹的个人社会资本和军门社区的品牌效应也不断吸引着更多的社会力量参与社区共建共治，不断形成新的资本积累和反馈的良性循环。

（二）应用价值

五十年躬耕于军门，林丹亲历了从居委会到社区，从社会管理到社会治理，从边缘地位到重要地位的历史性转变。其"13335工作法"正是源自五十年基层群众工作经验的科学总结和提炼，具有很强的时代性和代表性。

---

[1] ［意］维尔弗雷多·帕累托：《精英的兴衰》，宫维明译，北京出版社2010年版，转引自田毅鹏、康雯嘉：《单位社区精英的"资本"构成及其运作研究——以C市H社区为例》，《学习与探索》2017年第11期。

习近平总书记提出的"三个如何"是在精准识别社区居民真实需求基础上的充分提炼与概括[①]，而"13335 工作法"法则正是对"三个如何"命题的本质问题——如何提升公共服务的供给能力，给予了示范性解答。

1. "如何让群众办事更方便一些？"就是要理顺政府社区之间的关系。明确社区的中介位置，打破政府部门之间、政府层级之间的界限，形成一个权责清晰、联动有序的互动系统。依托政府的政务、公共服务平台在基层的延伸，社区进一步简化办事流程，灵活办事渠道，提高基层行政办事效率和服务供给效率。

2. "如何让群众的诉求渠道更畅通？"就是要在社区党组织领导下，建立多种途径落实居民自治和民主协商制度。一方面，要求社区变被动处理矛盾为主动发现问题，在网格、单元门内的"流动交通站"为居民群众提供便利且多元化的表达途径；另一方面，要求社区变等待群众提出为积极牵线搭桥，积极协调社区内外资源帮助居民解决问题，建立鼓励和保障群众向社区表达需求的动力机制，培养居民参与社区公共事务的意识。

3. "如何让群众感到更安全、更幸福？"就是在全面把握居民群众的困境与需求，想尽办法、用尽资源，精准提供服务。首先是要强化社区利用网格化管理、互联网技术等手段对群众需求做出精准识别，就是让社区想方设法地调动社区内外企事业单位、社会组织等资源共同参与社区治理和社区服务。通过需求与服务的精准对接，帮助居民群众解决问题，满足愿望，发展能力，提升公众的"获得感"和"幸福感"。

林丹生长于军门土地，自有其独特的成长背景和个人魅力，其工作法更是扎根于军门社区，蕴含着闽都文化，具有自身的历史文化和城市的政策背景。但在以党建引领社会治理的总体体系和破解治理难题、精准服务居民、化解基层矛盾、弘扬文明风尚以及维护社会稳定等分项工作的目标方向和具体方法技巧上，则是具有可操作性和可复制性的。

---

① 王佃利：《独具特色的"军门社区工作法"》，《济南日报》2018 年 3 月 20 日。

五 专家点评

习近平总书记强调:"社区工作是一门学问,要积极探索创新,通过多种形式延伸管理链条,提高服务水平,让千家万户切身感受到党和政府的温暖。"城乡社区是社会的基础单元,不但是各种利益关系和社会矛盾的交汇点,也是社会治理的基点和重点。如何提升基层社会治理体系和治理能力的现代化?如何提升社区服务的供给效率和质量水平?如何让居民群众切实感受到党和政府的关怀?军门社区以党建引领创新社区治理体系,创新机制,搭建平台,强化保障,为居民提升幸福感与获得感的实践方法给出了一种答案。

军门社区"13335工作法",实质上就是林丹在五十年的群众工作中摸索练就出的一套精准发现问题,精准对接资源,精准解决问题的成熟工作思路和灵活工作技法。"13335工作法"的形成既适逢时代际遇又蕴含着地域性特征,但其系统性、全面性、精准性的治理思路却具有可操作性和可复制性,具有较强的示范引领作用和启发作用。

点评专家:向德平,武汉大学社会学系教授,新世纪百千万人才国家级人选,中国社会工作教育协会副会长。

六 林丹小传

林丹,1949年出生于福州市,是共和国的同龄人。1972年在军门居委会参加工作,1982年加入中国共产党,现任福州市鼓楼区东街街道军门社区党委书记。2007年和2012年先后当选为党的十七大和十八大代表。曾获各级表彰嘉奖130余项,其中荣获全国优秀共产党员、全国五一劳动奖章、全国劳动模范、全国优秀社区工作者、全国优秀妇女思想政治工作者、全国首届道德模范、全国巾帼建功标兵、中华敬老孝亲十大楷模、全国三八红旗手、全国"最美社区人"等国家级奖项10项。五十年间林丹书记参与并见证了社区工作发展的整个历程，其间数次放弃了公司的高薪聘请，放弃了街道的提拔，只专注于社区工作，一辈子只干好一件事。她始终以"没有最好，只有更好"高标准要求自己，带领军门社区不断创新和提升社区治理与服务。

林丹出生、成长、工作在军门。1972年上山下乡返城等待分配工作时，她接受了当时的居委会老主任的邀请到居委会帮忙，这一帮就是50年。20世纪70年代，居委会还是被人看不起的边缘职业，工作繁杂，工资微薄。居委会仅有三个工作人员，却要负责卫生、妇联、民政、人民调解、计划生育、文化教育、居民议事监督等多项工作。接到命令上级开展卫生检查，居委会还要为居民洗地板，刷楼梯，甚至连居民的锅盖都要擦得锃亮。寒冷的冬天，冰冷的肥皂水顺着林丹的袖管流淌，无助的她只有咬牙坚持。

年轻敢拼的林丹当上了居委会主任之后，决定一改老居委会主任被动接受指派的工作方式，主动拓展居委会工作内容。面向所有居民以及军烈属、五保户等特殊困难群体开展服务。在"社区服务"的概念还没有确立和兴起的80年代初，这些暖人心的创举不但赢得了百姓的认可和拥护还获得了民政部门的嘉奖，林丹获得了福州市三八红旗手，劳动模范等众多荣誉称号成为先进典型在全市分享经验，这些荣誉使她备受鼓舞，也为她打开了为民服务的广阔舞台。

1991年初，时任福州市委书记习近平第一次到军门社区调研，军门居委会党支部刚刚成立，办公条件很简陋，墙壁上都褙着报纸。习书记很受触动，当即提出两点指示：一是要通过拆迁改变居委会落后的办公

林丹证件照

条件，二是今后福州市的居委会都要成立党支部。在领导的支持下和推动下，这两点很快在社区得到了落实。1994年，军门社区进行了拆迁改造，辖区内一家倒闭的工厂有一座废弃的仓库，林丹书记看准了机会，想要用这个仓库的位置扩展社区的办公和活动空间。这间工厂的厂长正是军门社区的居民，经过林丹多次上门积极反复的沟通协商，终于劝服了厂长同意将仓库转让给了社区。林丹将扩建的想法和协商的结果向上级部门汇报得到了充分的肯定。为了解决资金难题，林丹奔波于省财政厅、省民政厅等相关部门，以为民谋福祉的真情和全力推进工作的担当积极筹措资金400余万元。重建后的军门社区拥有了3700平方米的办公和服务场所，为日后开展各项民生服务提供了设施平台。

1995年4月时任福建省委常委、福州市委书记习近平再次到军门社区参观，并了解了依托社区服务设施开展的"星光工程"和"娃娃托"服务。在深感社区工作环境和服务发生的巨大变化时，习近平总书记脱口而出两句诗："昔日纸褙军门前，今日文明一枝花。"这两句话被镌刻在军门社区的大门上，也深深印在全体军门人心中，使林丹和军门社区工作者备受鼓励。

2014年11月，习近平总书记莅临军门社区视察。在充分肯定了军门以党建创新推动社会管理创新的同时，又对新形势下的社区工作作出了"三个如何"重要指示，充分肯定了社区工作的重要性："社区虽小，但连着千家万户，做好社区工作十分重要。"还留下了"社区工作没有最好，只有更好"的期望。这些话语成为林丹积极投身社区治理与服务的精神动力，也使军门社区工作者和居民群众产生了幸福感和自豪感。

从服务"五保户""军烈属"，到建设退休老年人"星光服务中心"和婴幼儿"娃娃托"，再到以社区服务带动社区就业的"就业一条街"……林丹把军门社区的一摊死水搅活，让居民受到了实惠也获得了领导的认可。各种荣誉纷至沓来，四处宣讲掌声不断，在荣誉过后，林丹并没有停下创新的步伐，反而更加努力。习总书记三次来军门视察，每次都深有感触。"社区工作没有最好，只有更好"，习总书记的嘱托让她倍感责任重大。

为了让居民群众感受到幸福感、安全感和获得感，林丹不断在提升服务供给渠道和服务供给质量上下功夫。抓住党建的牛鼻子，建立四级网络党建网格体系，充分促进党群融合；建立了"居民恳谈日"制度，形成"网格信息收集—工作人员现场解决—恳谈日相关部门群策群力"的协商议事平台，畅通居民诉求表达渠道；通过引入社会组织建立"公办民营"社区养老服务中心，提供助餐、助浴等养老服务，还满足老年人个性化的服务需求，成立"四点钟课堂"、阳光朵朵托管中心以及青少年科技中心等，缓解双职工家庭接送孩子的困难；社区打造了"我们的节日"系列品牌活动，将福州传统文化与现代节庆活动相结合，促进社区邻里互动。抓住社区一老一小，带动中间群众积极参与，形成了和谐的社区氛围。林丹在五十年社区工作和群众工作中总结提炼的"13335 工作法"已经被民政部认可并向全国推广。

在林丹家里的客厅有一面荣誉墙，里面摆满 50 年来社区工作获得的"全国优秀共产党员""全国五一劳动奖章""全国劳动模范""全国优秀社区工作者"等 130 余项荣誉和嘉奖。这些闪亮的荣誉背后却饱含着一名基层工作者的辛酸。有一次一位居民因为林丹没有帮他成功解决问题就对她大发脾气，还质问林丹说："你说你整天做什么？你都这么出名了，还是十七大、十八大代表，领导看你都要让三分，你却说不能解决？"面对居民的不理解和责难，林丹内心很委屈，她自认开展工作当中，不贪不占，所做的都是为了居民。军门社区是自己亲手把它建起来，一个个项目也都是自己费尽心思打造出来的。在 80 年代、90 年代几次遇到公司高薪聘请的机会或是街道想提拔她到街道工作，她都婉言谢绝了，因为她热爱这份工作。虽然无愧于心，但她也深知不管怎样努力在现实中总是有一些凭借个人力量无法做到的事情。每当这时林丹总要回到家里一个人静静地凝望这些用真心和血汗换来的党和人民最高的认可和褒奖，她的付出都值得了。

如今已经 71 岁高龄的林丹书记不仅仍然活跃在基层治理与服务的一线，还肩负起培育优秀社区人才的重任。2020 年，长春市社区干部学院在军门社区成立了"教学实践基地"，并聘请林丹书记任"首席培训导师"。林丹书记"真心为民，敢拼会赢！"的座右铭不仅是军门社区的精神象征，也将成为新时代社区治理生动实践与宝贵经验在更广阔的天地间代代传承。

第八章

"绿主妇":借助公益环保,唤醒社区自治

——上海市徐汇区梅陇三村社区尚艳华工作法

尚艳华工作照

步入上海市徐汇区凌云街道梅陇三村,人们常常能看到这样一幅场景:整洁而温馨的社区中,绿树环映,欢声缭绕。老人们坐在长椅上聊天,孩子们在一旁玩耍,有位和蔼又干练的社区书记热情地和每位居民打着招呼——她就是尚艳华,原梅陇三村党总支书记,上海市徐汇区凌云"绿主妇"环境保护指导中心理事长。在她还没有来到梅陇三村就职

时，这里曾被老百姓戏称为"垃圾三村"，正是在尚艳华的带领下，社区工作人员和居民齐心协力，共同创造了属于梅陇三村的"花园奇迹"。

尚艳华的"绿主妇"工作法是"奇迹"发生的关键所在，通过鼓励女性居民参与公益环保活动，带动整个家庭投入到绿色社区建设，从而形成稳定的邻里社会资本和社区自治队伍，为梅陇三村的转型发展起到重要作用。

一 产生背景

上海是我国省级行政区、直辖市、国家中心城市、超大城市，中国国际经济、金融、贸易、航运、科技创新中心和国家物流枢纽。其北界长江，东濒东海，南临杭州湾，西接苏、浙，得天独厚的地理条件为其经济发展奠定自然基础。因而上海自古以来渔盐业发达，享有"江海之通津，东南之都会"美名。元至元二十九年（公元 1292 年），中央政府设立上海县，标志着上海城市建设的开始。

1843 年，根据《南京条约》和《五口通商章程》的规定，上海正式开埠，西方列强争先在此设立租界，彼时的上海俨然成为西方侵略者"冒险家的乐园"。作为中国第一批被迫开放的通商口岸，上海于 19 世纪中后期迅速卷入现代化浪潮中。随着外国商品和外资的纷纷涌入，上海现代化程度日渐加深，从中国的海滨县城成为远东第一大都市，并于新中国成立后逐步发展为我国中心城市和经济重地。

繁华的国际都市吸引大量人口入住，在这片 6340.5 平方千米的土地上拥有着庞大的人口数量。以 2019 年为例，上海常住人口 2428.14 万人，户籍常住人口 1450.43 万人，外来常住人口 977.71 万人。[①] 繁荣的经济和高密度人口结构使上海成为生活垃圾围困的"重灾区"，近年来其生活垃圾年产量达 900 万吨以上，按每天 2.47 万吨的垃圾产生量计算，14.25

[①] 上海市统计局：《2019 年上海市国民经济和社会发展统计公报》，http：//tjj.sh.gov.cn/tjgb/20200329/05f0f4abb2d448a69e4517f6a6448819.html，2020 年 3 月 9 日。

天即可堆出一座重量相当的金茂大厦，37.4 天即可堆出一座上海中心大厦。① 在"垃圾围城"的困境中，上海于 2010 年启动实施"百万家庭低碳行，垃圾分类要先行"活动。在将近 10 年的实践基础上，2019 年 7 月 1 日正式颁布《上海市生活垃圾管理条例》，拉开了上海全民垃圾分类热潮的序幕。

近年来，上海的社区治理一直走在全国前列，如何打赢这场城市环境治理攻坚战，对于我国其他地区的社区环境治理具有借鉴意义。尚艳华所在的梅陇三村就是上海环保公益的示范社区，在上海正式实行垃圾分类之前，梅陇三村早已率先开展生活垃圾分类活动，为上海乃至全国社区提供了环保公益的优秀范例。

梅陇三村居民区位于徐汇区凌云街道梅陇路 555 号，建于 20 世纪 80 年代末 90 年代初。其所属的梅陇地区在 1958 年划归为上海市，改革开放以前属于梅陇公社陇兴大队，分属于徐汇地区，由长桥街道管理。90 年代末期，上海市为了推进社区建设，对梅陇三村所在区域进行了第一次动迁工程，梅陇路 394 弄、555 弄和 565 弄的三个自然村合并搬迁至现在的梅陇三村。初建成之时，还没有形成现在的街道，所以梅陇三村代由其他街道管理。1996 年 7 月 25 日，市政府批准建立凌云路街道办事处，于同年的 12 月 12 日正式挂牌成立，辖区内共有 28 家居委会，梅陇三村位列其中，同时也是规模较大的社区。②

现如今，辖区内有 2369 户居民，常住人口 6500 人左右，外来租户 500 多户，居民数量在凌云街道排第三位。作为从中心城区动迁而来的安置小区，梅陇三村的居民构成情况较为复杂，其中低保人群 300 多人（现减少至 70 人），残疾人群 143 人，精神病患者 41 人，历年来有前科的特殊人群（包括两劳人员、刑满释放人员以及吸毒人员）达百余人，用尚艳华的话说："是一个典型的老百姓社区。"城市建设改造的遗留问题众多，引发社区内部各方矛盾，特别是动迁安置的过程中，部分居民

---

① 搜狐新闻网：《上海年产 900 万吨生活垃圾排名全国第二，究竟谁第一？》，https://www.sohu.com/a/323618474_157078，2019 年 7 月 2 日。

② 于梦娇：《三社联动：城市社区环境治理的实践逻辑》，硕士学位论文，华东理工大学，2017 年。

和政府未达成一致意见,导致居民通过频繁上访的方式表达诉求并对政府和社区工作人员产生敌对情绪。此外,老旧小区基础设施条件较差,物业几次解决无果,使居民对物业服务存在严重不满。总结来说,该社区存在如下问题:

1. 老旧社区特征明显。梅陇三村成立于20世纪80年代末90年代初,距今已近三十余年,起初建设的社区内部建筑以及公共基础设施早已陈旧,不适用于居民日益增长的物质文化需要。老旧建筑的陈列给社区笼罩了一层灰蒙蒙的色彩,人们长期在这样的环境中生活,渐渐失去了维持公共空间整洁的耐心,久而久之社区环境让居民感到越来越差。

2. 社区成员结构复杂。梅陇三村作为动迁安置小区,社区成员结构极其复杂,异质性较强,有大量拆迁户,还有许多外来流动人口,是一个较为开放的"陌生人"社会[①];复杂的居民结构给社区动员和社区治理带来了难题。首先,居民之间基本不存在共同工作、生活的经历,聚集到一起没有情感基础和共同话题,难以形成居民间的有效互动;其次,外来流动人口和特殊人群较多,使其他居民产生不安全感,从心理上排斥与其进行日常交往和社区活动,更难以产生社区归属感;最后,许多动迁而来的居民对当时的安置结果不满意,因此对政府、街道及社区工作人员有所怨言,其根深蒂固的敌对态度和激烈的表达方式往往让社区服务难以为继。

3. 社区秩序相对混乱。梅陇三村之前的物业服务水平与居民服务需求不匹配,导致居民满意度较低,物业费上缴率较差,而物业费上缴不足进一步降低了物业服务水平,由此产生恶性循环,形成社区"散养"局面。尚艳华介绍,她刚到梅陇三村时,居民在社区里摆摊、卖菜,干什么的都有,"像极了一个菜市场"。混乱的社区秩序使社区生活环境遭受严重破坏,垃圾、废品满地扔,人们对此竟视若无睹。经几届社区干部努力,情况稍有好转,但重建家园工作仍然迫在眉睫。

2010年,上海举办第41届世界博览会,借此契机,梅陇三村迎来了

[①] 王芳、邓玲:《从自治到共治:城市社区环境治理的实践逻辑——基于上海M社区的实践经验分析》,《北京行政学院学报》2018年第6期。

综合改造，社区环境治理工作正式开启。为迎接会议，梅陇三村社区开展了"清洁家园"行动，实施了"平改坡"项目改造，并逐渐改善社区居住环境。在党总支和居委会的引导下，梅陇三村自发地走上了"三社联动"引领社区环境治理和社区自治的道路。凭借社区书记尚艳华、社区工作者、物业人员和社区居民的一致努力，如今的梅陇三村获得了"全国科普示范小区"、首批"上海市低碳示范社区"、"中国美好社区实践创新基地"等荣誉，成了生态社区的典范，已然从"垃圾三村"变成了"花园三村"。而尚艳华所创立的"绿主妇"工作法亦成为一种社区品牌，逐步走向更加广阔的天地。

二 界定与内涵

尚艳华创建的凌云"绿主妇"环境保护指导中心（以下简称"绿主妇"）是由社区内部居民自愿组成的民间环境保护组织。"绿主妇"志愿服务起始于 2011 年 4 月，注册于 2012 年 7 月。2017 年，"绿主妇"被评为上海市先进社会组织，2018 年被评为 4A 级社会组织，2019 年 3 月被评为品牌社会组织，同年 9 月被评为中国好社企。同时，2019 年"绿主妇"团队的"湿垃圾就地处理打开循环链"被收录为全国十佳案例。

在"绿主妇"团队中，居民就是环保志愿者。通过推广绿色健康、低碳环保的文明生活理念和方式，传播社区"绿色正能量"，以此发挥居民在建设宜居、和谐家园中的积极作用。近年来随着团队人数的日益增多和高质量活动的持续开展，"绿主妇"也发挥了其他延伸功能，如：整合社区内民间组织各类资源，更好地服务社区；促进社区的精神文明建设，开展环境保护的宣传、教育、咨询活动，普及环境保护的法律、法规、政策和相关知识；为保护环境、环保社区建设、污染调查以及大型环境保护活动等公益事业提供服务；组织和参加各环保组织的环保服务及交流活动；承办政府及有关组织委托的环境保护工作；在社区内开展关爱老人、扶持再就业等公益性活动；等等。①

总结来说，尚艳华的"绿主妇"工作法具有以下三点内涵：

1. 以环保公益为社区活动切入点。尚艳华认为，公益是激发人向上的力量，"如果人人都能随手做公益，在一些邻里小事上也就不会斤斤计较"。公益活动的正能量有助于带动社区居民积极向上，并且易于为居民所接受。相比于才艺类活动，公益活动受众面较大，且对社区居民的自身能力要求不高，无论受教育程度、工作经历如何，所有人都可以参与到环保事业中去。

2. 趣缘群体的集结助力社区自治。梅陇三村的居民通过动迁安置而来，邻里间大多非亲非故，有着不同的生活经历和工作类型，仅仅依靠社区内部的日常交往而产生情感联系，难以走出"集体行动的困境"。"绿主妇"把爱好环保公益的居民集结起来，使居民"从闲散的游击队分派成正规的八路军"。在党总支和居委会的支持下，给予"绿主妇"项目固定活动场所，为营造居民间互动交流的公共空间提供物质基础，也在精神层面促进趣缘群体的集结行动。居民在此结交新朋友，增加了居民之间、居民与两委干部互动的频率，提升了彼此的感情。在具有相同兴趣爱好的群体中，居民不仅可以找到归属感，而且能够通过发挥个人特长实现成就感和自我价值感，久而久之这些居民愿意发挥自己的作用，用实际行动响应社区党组织和居委会的号召，同时自发带动周围的居民和朋友参与社区公共事务当中，以此形成社区自治的强大内生力量。

3. 发挥女性社区动员能力。以尚艳华为代表的"绿主妇"是一支主要由女性居民构成的社区自治团队，在社区动员中起着重要的引领作用。女性因情感细腻、善于沟通、共情性强等特质，在为人处世上更偏向于人性化，商谈的方式更为柔和，因而在社区动员过程中更易于让人接受。② 尚艳华在工作中善于发动女性力量，最大限度发挥每个人的专长，如善于编织者参与送爱心毛衣活动、善于家政者组织社区清洁活动、善

---

① 引自"绿主妇"微信公众号简介。
② 侯秋宇、唐有财：《社会性别视角下的城市社区治理》，《中华女子学院学报》2017 年第 4 期。

于农作者进行绿色蔬菜种植,等等。不仅从生活的细节处彰显了女性在社区参与中的作用,还进行各类评比表彰,增强女性参与社区治理的信心和动力。一个主妇带动一个家庭,一个家庭影响一个楼道,一个楼道辐射整个社区。"绿主妇"发展至今,已有不少男性参与其中。他们说,看到社区建设得热火朝天,他们不能坐享其成,也纷纷来到社区献出自己的一分力量。

三 具体方法与案例分析

(一) 改头换面法

上任初期,面对垃圾随处扔、人心不稳的梅陇三村,尚艳华决心将其逐步进行改变,还居民一个舒适整洁的宜居环境。此外,梅陇三村作为动迁安置小区,困难群体、特殊人群较多,加之2007年国企产品结构调整,下岗失业的居民人数增加,给社区治理带来新的难题。如何维护社区安全、帮助问题人员生活步入正轨,实现居民自身的"大转变",是社区内部亟待解决的重要问题。因此,这里的"改头换面法"具有双重含义:一是指尚艳华带领社区"三驾马车",争取资源用以改造梅陇三村的社区环境,使"垃圾三村"变为"花园三村";二是指尚艳华安置社区内下岗失业人员和特殊人群使其重获个人价值感和社区归属感。

案例一:从"垃圾三村"到"花园三村"

尚艳华初到梅陇三村时,正赶上中环动迁,小区内有诸多问题需解决。面对当时的社区景象,她决定从外部环境为抓手,先清理外部,再有序地整理内部。所谓"一屋不扫,何以扫天下",尚艳华决定带领她的居委干部们从居委会办公室环境做起,从小区的道路环境抓起,一点一滴地发动群众,爱护环境、维护小区清洁。尚艳华说:"我到了一个地方,我喜欢干净,喜欢整洁,所以要自内到外,展现给居民看。"她认为,社区工作者要求居民保持小区环境整洁,首先自己的环境不能一塌糊涂,否则是没有说服力的。

在保证居委会办公室整洁明亮的前提下，尚艳华和她的同事开始思考如何从内部改善社区环境。面对"垃圾随处可见"的现状，尚艳华决定发动广大居民的智慧和力量，把社区环保特别是垃圾分类减量，作为社区治理的"抓手"，成立了名为"绿主妇，我当家"的低碳环保自治行动小组，最初参与小组的十多位成员，都是家庭主妇。刚开始，参与垃圾分类减量环保活动的，只有三百多户居民，相较于2300多户的常住居民，效果并不好，多数居民不愿参与。如何调动居民的兴趣，把垃圾分类减量做下去，成为首先要考虑的问题。为了解决居民参与兴趣不高的难题，"绿主妇"们想出了把回收的垃圾变废为宝的方法：将可再利用的利乐包，自行设计并制作成各种手提袋、围裙、遮阳帽、环保包、家庭摆饰等美观实用的生活物品，让居民们不仅直观地感受到变废为宝的神奇，还进一步宣传了低碳环保的理念。这样的环保方法，吸引了越来越多的居民参与"绿主妇"活动，在她们的带动下，社区的垃圾减量回收工作，也逐渐打开了局面：在每月最后一个周四，"绿主妇"们会定时定点为居民们回收各种利乐包、塑料制品等，并在零废弃会员卡上按重量登记积分，年底可按照积分兑换各种生活日用品。梅陇三村的垃圾回收分类参与率，已经超过了90%。[①]

在垃圾分类方面，"绿主妇"已经成为社区进行绿色环保的重要行动力量，梅陇三村居委会主任诸萍说道："只有通过长期的、不间断的激励制度，才能使得社区环保长期坚持下来，绿主妇们无疑是其中良好的榜样力量和重要的制度保证。"正因有了"绿主妇"们日复一日的辛勤付出，带动越来越多的居民参与到垃圾分类中去，才让梅陇三村的社区环境焕然一新。

案例二：下岗居民大变样

作为动迁安置社区，梅陇三村人员构成复杂，"吃低保"和下岗居民人数较多。为了帮助这些下岗职工再就业，尚艳华首先对他们

[①] 陆娟、蒋晨蕾：《梅陇三村："垃圾村"变身"花园坊"》，《昆山日报》2018年5月25日。

进行一一排查，把每个人的具体情况做到心中有数，再根据不同人的情况介绍相对适合的就业岗位。

针对成天有无所事事的人去社区门口喝酒闹事的不良现象，尚艳华指出社区保安应当负首要责任，只要有一个人来社区门口闲逛闹事就扣保安100块钱，以此类推。当时这些保安的最低工资水平只有六七百块钱，一听书记说这话立马慌了。"书记你给我们介绍工作我们很感激，但是这件事情是不是太不讲道理了。"尚艳华语重心长地说："你们既是居民又是社区的保安，要肩负起守卫居民的责任，给你们介绍工作不仅仅是为了让你们有更好的生活，也是希望社区能够有个更加安全和谐的面貌，其他的人也能居住得安心。"听到这番话，他们备受鼓舞，第二天再没有人去社区门口寻衅滋事。尚艳华说："这就是真正的居民做居民工作的效果，我真是打心眼里觉得高兴。"

对于特殊人群，尚艳华要求社区工作者、用人单位和居民家属签署承诺协议，以此作为监督凭证，同时要求这些人员的家属在家庭内部对他们进行监管。尚艳华提到："有几个年轻的居民，自从给他们介绍了工作，一直到现在这几个人都生活得很好，而且已经成家立业，恢复了正常的家庭生活。"尚艳华所提到的这几位居民中，有两个是家徒四壁，家里只剩一张床、一个床头柜和一个用红砖搭起来的煤气灶。在社区走访时，他们的父母经常和尚艳华诉苦。尚艳华听到后十分着急，立即动用所有能够动用的资源，给他们介绍工作，并定期找他们谈话寻问需求，还积极建立学习班、培训班等，将他们的时间安排得满满当当，再没有闲心去寻衅滋事。有了固定工作之后，这些人不仅有"正事"可做，还能成为家里的主要劳动力。当他们拿着薪水回家时，不仅让家里人刮目相看，受到了来自家庭的尊重，还极大地提高了自我价值感和实现感，更积极主动地投入到工作中去。尚艳华从解决居民就业入手，让终日混迹于社区的"小混混"变成了社区居民的"保安员"，让困难家庭里的"负担"成为撑起一个家的"骨干"。居民社会角色的变化带来心理、价值上的转型，呈现出更有干劲、更加积极阳光的精神头。尚艳华说：

"安置一个居民，就是温暖一个家庭，进而稳定社区一方。"

尚艳华的"改头换面法"是她上任梅陇三村书记烧的"第一把火"，这把火着眼于梅陇三村当时最突出的矛盾，从外部进行环境改善，内部进行人员安置，由内而外实现了社区面貌的焕然一新。概括而言，"改头换面法"以绿色为底色，实现社区治理理念、治理角色和治理面貌的大转变。尚艳华表示，很多社区书记在面对复杂多元的社区问题时往往不知从何处入手，其实改造环境是一个很简便的方法。"居民能够直观地感受到自己所处的家园发生变化，自然心情愉悦，认可社区工作，社区办起事来也就更加方便有效。"

（二）绿色动员法

家园的整洁美观、就业的稳定保障使梅陇三村的良好面貌渐渐恢复。但动迁产生的心理落差，仍使居民对社区缺乏认同感。为此，尚艳华一直积极寻求让居民"动起来"的有效途径，在接触"环保达人"姜玫瑰后，尚艳华敏锐地认识到"公益，应该是一个能引起居民兴趣、让他们参与社区活动的关键点"。所谓"环保动员法"就是指尚艳华通过以"绿主妇"为主要代表的居民力量开展公益环保事业，激发居民的好奇心和创造力，以此动员居民参与到社区建设中来。

案例三："一平方米菜园"

"家庭一平方米小菜园"是徐汇区环境教育基地——上海徐汇区凌云"绿主妇"环境保护指导中心开展的旨在"让绿色走进千家万户"的生态环保家园建设活动。在上海市妇联等各级领导机关、各公益组织和企事业单位的大力支持下，"家庭一平方米小菜园"于2012年3月在梅陇三村正式启动，得到了小区居民的热烈响应，并很快拓展至周边居民小区。

"上海中心城区寸土寸金，要在小区的有限范围内开辟菜园子，居民们各出奇招。在上海徐汇区凌云街道梅陇三村小区，居民们将居委会后门一块200平方米的闲置空地改造成一个种植体验基地。露天菜地里种植着种类繁多的当季蔬菜,室内菜园的长架上摆放着成排的水培芽菜,由于保持25℃恒温,原本抗拒酷暑的芽菜在8月里也长势喜人,绿油油一片。"①

在居委会和"绿主妇"的带领下,居民们利用厨余垃圾制肥、制酵素,打造出小区"一平方米菜园"。"绿主妇"环保指导中心项目经理王菊萍说:"'一平方米菜园'项目自2012年试点以来,再也没出现毁绿种菜的现象。"第七届徐汇区学习节的开幕式上,"绿主妇"们在徐汇区青少年活动中心展示了"家庭一平方米小菜园"活动的成果,前来参加开幕式活动的各级领导和徐汇区市民纷纷来到凌云街道"凌云生态家——家庭一平方米小菜园"的展台前仔细观看、询问"一平方米小菜园"活动的情况。"绿主妇"们向参加活动的市民们宣传"绿色走进千家万户"的理念及家庭种植的方法,并现场向参加活动的市民发放了用于家庭种植的菜苗。据统计:在2012年有1000多户市民参与了"家庭一平方米小菜园"活动。

尚艳华以"家庭一平方米小菜园"为精品活动,向社区居民普及推广了绿色生态家园建设的理念,提升了居民参与环保活动的积极性,使居民群众在茶余饭后有了更多健康向上的话题。这里的居民种着松柳菜、黑豆苗、萝卜苗,不时还一起交流举办冷餐会,大人小孩其乐融融。社区居民之间的相互关系增进了,也促进了家庭和睦以及社区居民整体素质的提升,推动了宜居和谐的社区文化建设。尚艳华说,做出名堂之后,不断有社会组织或基金会来接洽,包括北京地球村、妇联、万通公益基金会以及传递希望基金会等。随着环保活动越来越多,居民参与度也越来越高。

案例四:"绿主妇"议事会

微绿地、有机芽菜种植、爱心编结社以及绿居行动等公益项目相继组建,居民们走出家门融入社区。尚艳华觉得"让居民跨出家门只是第一步,要让居民参与到社区事务来"。于是,"绿主妇"中

---

① 上海新闻网:《上海中心城区出现"亲瓶菜园""一平方米菜园"》,《解放日报》,http://www.sh.chinanews.com/qxdt/2018-08-31/44151.shtml,2018年8月31日。

部分居民站出来，成立了"绿主妇"议事会，19名议事会成员可以参与居民代表会议、小区事务联席会、听证会、妇女代表会等自治性会议，受理居民诉求、调解邻里矛盾、参与小区管理。

停车问题是几乎所有老小区都面临的难题，梅陇三村小区也一样，经常有私家车把绿化带的路缘石撞坏，消防车等应急车辆都进不来。针对这些情况，"绿主妇"们在议事会上提出更换侧石、拓宽路面的建议。

7号楼旁的绿化带移植问题争议最大，这栋楼左侧的绿地把社区主干道和一条小路隔开，如能将两条路打通，就可使道路环通，利于消防车、救护车通行。但也有部分居民担心道路开通后，影响其居住的宁静和安全。议事会迅速召集"绿主妇"们在7号楼旁对附近居民宣传，耐心说服劝导，最终取得了居民们的同意。"居民自己起劲了，事情就好办了。整个拓路过程历经了近一个多月，我只是重点做了两户居民的思想工作。"① 尚艳华觉得这事放在以前是难以想象的，社区居民的动员能力之高和解决问题能力之快让她深有感触。

此外，"绿主妇"议事会还承办了废旧衣物零抛弃的项目。他们动员所有居民把废旧衣物不要扔到垃圾桶而是放在箱子里，经企业分拣以后，把可利用的中粗毛线和旧毛衣臭氧消毒再运送回来。尚艳华动员"绿主妇"中的有基本编织技巧的阿姨妈妈都来到社区编织爱心毛衣，还引进了不少社会企业。在这期间，梅陇三村党总支作为召集人，动员了260多位阿姨妈妈共同启动了"一针一线总关情、手拉手做公益爱心大传递"的慈善项目。"绿主妇"从2012年初到现在，已向全国六个省市、十多所希望小学送去亲手编织的爱心毛衣近2万件，也送去了上海人民的温暖与关爱。尚艳华表示，这次活动给了她很大的启发，她认为基层社区可以与企业、基金会、社会组织等合作，在全国建立示范点，凡是需要精准扶贫的地方在当地都通过扶贫办、妇女联合会，把当地的这些妇女动员起来，让

---

① 张骏：《老居民区书记的新"试验田"》，《解放日报》2014年5月6日。

每个居民都真正参与到精准扶贫建设中去。

规范化的运作，使民情、民意、民智源源不断地汇集到指导中心，指导中心再和党总支、居委会、物业公司等各方齐心协力，先后解决了小区道路设施改造、绿化护栏建设、居民乱晾晒衣物、宠物随地便溺等10余个老大难问题，小区治理和发展步入良性轨道。这一系列富有成效的自我管理，让小区居民的凝聚力更强，更重要的是，邻里之间的信任、友爱，在参与小区治理的过程中，变得更加紧密无间。"我是个'绿主妇'，我同时还是我们小区'绿主妇'议事会的成员！"已经退休的"绿主妇"周宝娣说道，"我们的议事会成员都是志愿者，大家既是邻居又是朋友，只要我们在，小区里鸡毛蒜皮的小事都能圆满解决，都不需要麻烦居委会。我觉得特别有成就感！"[1]

"绿色动员法"是尚艳华在寻求居民有效参与社区途径中形成的实践经验。从起初只有十名家庭主妇组成的低碳行动小组，而后发展成社区内部自治团队，现如今演变为已注册的社会组织，辐射带动周围社区甚至全市，"绿主妇"从社区逐步走向更广阔的公共领域。尚艳华表示，党总支、居委会对"绿主妇"议事会全力支持，在梅陇三村44号建立了专门的工作室。议事会将通过自我服务、自我教育、自我管理，放大主妇们当家做主和"管闲事"的影响力，这种团结向上的民间力量正是将居民们的主人翁意识体现到了最大化。[2]

（三）"红+绿"双引法

"'红+绿'双引法"中的"红"是指在社区自治过程中发挥党员的先锋模范带头作用，将党组织集中力量办大事的优势在社区充分发挥出来；"绿"代指梅陇三村的内生型社会组织"绿主妇"，通过挖掘骨干主

---

[1] 东方网：《居委书记尚艳华：让"广场舞大妈"变身环保"绿主妇"》，https：//news.jxnews.com.cn/system/2014/08/20/013277414，shtml. 2014年8月20日。

[2] 侯秋宇、唐有财：《社会性别视角下的城市社区治理》，《中华女子学院学报》2017年第4期。

妇进而辐射广大居民。"红"与"绿"的结合体现在党支部书记和居委会干部兼任"绿主妇"核心职务，即形成了"社区两委与社会组织并行的模式"。尚艳华作为社区党总支书记同时担任"绿主妇"理事长，选定两名居委干部从居委会行政工作中抽离出来分别担任理事和秘书长。尚艳华表示："居委会与社会组织并行的模式，在当时（2012年）是全国首家，实际上也是对社会建设的一大创新与贡献。"

案例五：党员学习班

梅陇三村居民老龄化情况显著，不少居民退休之后难以适应从"单位人"向"社区人"的转变，心态上发生了很不平衡的变化。尚艳华说："党组织书记来了以后干什么？就是要给我们党员办学习班。"她说："一个党员就是一面旗，要身体力行。身体好的我们应该积极参与社区活动，身体不好的也能做口头宣传，当好社区的宣传员，把我们党组织居委会要推进的所有工作能够宣传给居民、能够告诉给居民，居民有意见建议能够带到我们社区来。给党员办学习班还不够，我们还要给居民业主代表、群文团队负责人、'绿主妇志愿者'办学习班，让他们接受思想教育，接受理论熏陶，每个人单拿出去都是梅陇三村活生生的品牌。"

2020年10月，梅陇三村四个支部分别通过组织生活会宣讲和交流座谈为主要形式开展。尚艳华亲自带领二支部进行集中宣讲。她将中国共产党史、新中国史、改革开放史、社会主义发展史结合起来进行讲解，并强调"四史"有着不可分割的联系，这些联系无不体现在中国共产党的发展和领导、体现在人民群众的创造力和强大的民族精神的支撑力。早在6月开始，梅陇三村党总支多次组织社区党员开展学习"四史"宣讲课程。课程内容由浅至深、循序渐进地分析了党的政治优势、制度优势，带领大家回顾了我们党一路走来的曲折坎坷，以及我们党取得的伟大胜利。

像这样的品牌学习班已经坚持了十余年之久，如举办"发展党员工作专题培训"，切实提高基层党组织发展党员工作水平；带领"三新"党员开展"这个新时尚，你得带好头"主题党日活动，让

"三新"党员带动更多的身边人参与到垃圾分类行动中；组织实训基地学员观看新中国成立70周年献礼片《周恩来回延安》，追忆伟人足迹，传承红色基因等。社区骨干党员陈新鹤老先生说："我深受鼓舞，将永远初心践行党的宗旨，在奔向第二个百年建设社会主义现代化国家中努力学习砥砺在不同岗位不同事业中再出发，向先辈那样终身奉献！"

案例六：疫情中的"红""绿"身影

2020年春节，新冠疫情暴发，给居民的生活造成极大不便。尚艳华提议发挥党员的力量和"绿主妇"志愿服务精神，网上自愿报名参加为社区特殊困难家庭派送免费口罩服务，口罩由中心筹备资源统一购买派送。经过"绿主妇"筹备，2020年2月5日首先为梅陇三村80岁以上孤老和独居老人进行了第一次配送口罩服务，也为共同做好家门口防御工作而努力。

早上8：30，近20人的党员干部和志愿者准时到达梅陇三村居委会门口，由绿主妇理事长尚艳华为大家做志愿服务统一部署："首先自我防御工作要做好，口罩和手套一定要戴好，大家不要聚集一起送，根据目前人数可以分为9组，一会儿大家到我这里领名单再上门送，敲开门在门口把口罩给老人，并请告知老人尽量减少出门，如要出门，一定戴好口罩，做好个人防御，大家服务的同时也要保护好自己，回去勤洗手、洗澡。"大家纷纷回应"请领导放心，一定完成任务"，随后大家分别从尚艳华手里接过派送名单，准备上门派送。

这次为社区特殊人群配送口罩服务耗时两小时完成，共服务48户特殊老年家庭，送出口罩240个。居民们纷纷表示，虽然这次行动在疫情面前或许是杯水车薪，但体现了党员身先士卒、"绿主妇"志愿者吃苦在前的精神，众志成城为居民服务的行动。

"绿主妇"与社区党组织、居委会形成紧密的联动关系，形成相互配合、互通有无、优势互补的合作关系。党总支和居委会利用社区的自身优势和社会公信力，链接更多社会资源，由"绿主妇"承接各类自制或者环保类项目，党员干部在项目实施过程中召集参与人员、提供公共活动空间和场地，"红＋绿"的双方合作为孵化更多社区社会组织提供了人力、物力、财力等资源保障。"'红＋绿'双引法"是尚艳华社区工作法中的一项创举，她将党群的强大力量与社区组织进行了有效整合，以党建引领社区治理，形成了政府、社会和公众协同参与的基层社会治理模式，探索出一条促进居民共建生活、情感和价值共同体的"梅三"路径。

（四）巧借东风法

"巧借东风"是《三国演义》中的历史典故，指诸葛亮神机妙算，神坛作法借东风化解危机。这里的"巧借东风法"意为借助好的形势和先进经验开展社区工作。尚艳华是上海市第十五届人民代表大会代表，也曾是上海市第十次党代会代表，多重特殊身份以及她本人善于洞察政策机会的能力使其在工作实践中总结出一套善学善用的方法，即认真学习、研读、体悟国家出台的各项社会政策，特别是贴近社区基层，关乎百姓民生的相应对策。

案例七：项目运作连环招

尚艳华认为，社区书记要善于了解市、区、街道领导的工作报告，特别关注其中的民生工程，要根据自己所工作的社区的需求把它保留好。在尚艳华的办公室，各级有关民生工程的工作报告堆得比人还高。只要有能对上梅陇三村发展路子的项目，她总是第一时间向领导报告。因此，梅陇三村才能迎来两次综合改造，都是排在第一位。

2014年，为了给社区争取更多的建设资金，在街道职能科室的指导下，尚艳华带领梅陇三村创建了全国科普示范社区。找对了路子，尚艳华在社区工作中更有信心。2016年上海市开展低碳社区的评比，梅陇三村响应发改委的号召，积极创建低碳社区。尚艳华将"绿主妇"的系列活动与低碳环保进行对接，以生活垃圾分类回收处理、绿色能源使用、植物多样性项目运作等品牌，打造出具有可持续发展能力的梅陇三村低碳社区新实践，最终获得来自上海发改委、街道等各方创建资金近百万,解决了老百姓急需解决的难题,使社区有了生机与活力。

尚艳华表示,通过项目化运作能给社区发展提供一个整体的思路和前进的方向,拿到资金后只要有工作思路,就能带着这方面的知识和具备这方面能力的居民骨干聚集在一起,充分发挥群众的力量。

案例八:借势借力谋福祉

梅陇三村的建设中,迎来了政府的两次综合改造。2009年为了迎世博,政府给梅陇三村投入了1500多万元。由于当时为了迅速完成中环的居民区整治,且缺乏社区工作经验,梅陇三村的社区项目不是很理想。尚艳华说:"不管项目如何,我们书记就要带着你的两委班子五位一体,要在政府雪中送炭的投入中,使社区学会锦上添花,把这个工程越做越好,让老百姓有感受。"2018年的上半年,梅陇三村又一次赶上旧区综合改造的好时候,这一次尚艳华又带领五位一体班子成员,抓住机会,把社区从楼顶一直到地下全部得以改造,使全体居民的房屋质量有了一个大改观。

案例九:首问接待制

在学习研读国家的各项文件政策后,尚艳华有了较为清晰的社区工作发展脉络。针对居民和居委会的矛盾,她在社区内部确立了一项制度——首问接待制,只要有人找到居委,不管谁接待、不管哪家的责任,都揽下来。"来了,就不要让居民再到别处去。"一名老阿姨来报修,明明物业就在她家隔壁,尚艳华也要求接待的居委干部请她进来,帮她联系维修,确认上门时间,让老人安安心心回家等着。"我们忙一点不要紧,为老百姓服务好就行了。"尚艳华如是说。

首问接待制的建立是为了让社区干部不脱离居民,使社区工作者真正做到和居民打成一片。在梅陇三村,尚艳华要求社区干部在日常工作时就要做到"条块结合"。她将社区109个门洞进行划分,每位社区干部分到10~15个门洞,即270户左右居民,尚艳华说:"我们的社区干部都要下到自己的块区中,经常了解居民的需求,解决居民的问题并善于发现问题。"就这样，居民渐渐和自己块区中的社区干部熟络起来，一些社区干部还拥有了自己的"粉丝"，并通过动员使他们最终成为"绿主妇"的骨干力量。

安装垃圾桶、划车位、补种绿化，协调邻里矛盾、家庭纠纷，尚艳华越来越忙。有人形容她"工作不分白天黑夜，加班加点是常有的事，有时生病也是边治疗边工作"。忙碌虽有成就感，但"百姓百姓，就是百家心，如果百姓的心聚不到一块，靠几个居委干部能成什么气候"[①]。

案例十：块区巡视制

尚艳华说，条块结合要落到实处，为此她确立了块区巡视制。她将社区分成1到112个块区，标上序号，并把每一块区的楼长、离退休党员、在职党员、"绿主妇"志愿者骨干等列出名单，做成走访记录。她要求社区干部只要不是到社区街道开会，都要下自己的块区巡视，和不同的人群打交道，了解居民需求。"走访百家门，了解百家情，处理百家难。"尚艳华指出："我要求每一个社区干部要有15到30个粉丝志愿者，到年终考核时每人叫15个人进行无记名测评，等级分为优良差。如果有的社区干部没有粉丝志愿者，我们书记主任给你叫人，叫来的人如果对你评的是差，那不是别人的问题，是你个人的问题，是你做了这么多年自助和互助，你没有把自己的队伍建立起来。"就这样，尚艳华推动社区工作者在服务居民的同时注重自身工作的专业化，建立起一支素质过硬又具有人文关怀的社工队伍。

案例十一：垃圾科学分类

2011年至今的六年间，梅陇三村垃圾分类经历了从收集牛奶盒开始，到分类回收塑料包装；从干湿垃圾分类开始，到把家庭厨余做成环保酵素或沤肥；从利乐包、杂塑、旧衣物单一品种统一回收，到生活垃圾"全品回收"三个阶段。

第一阶段：收集饮料盒废塑料，促进分类回收习惯养成

2011年5月，梅陇三村开始了"生活垃圾源头减量从饮料盒、

---

① 张骏：《老居民区书记的新"试验田"》，《解放日报》2014年5月6日。

废塑料开始"的活动。因为生活中产生的饮料盒、塑料废弃物属于低价值废品,不能"卖钱",但每家每户每天都有不少产生,做好塑料废品回收对家庭垃圾源头减量有积极作用。通过发放"零废弃回收卡"进行积分兑换,记录每户居民回收塑料废弃物和利乐包装的重量。每月最后一周的星期四上午为梅陇三村固定的"垃圾减量回收日",凡是卖不掉的牛奶饮料盒、硬塑料、软塑料,只要洗干净叠整齐,绿主妇都回收。通过分类、过秤、登记、打包,最终交给相关公益企业集中处理。从开始的每月回收塑料废品不足50斤到现在每月回收几百斤,居民们把废报纸等"能卖钱"的废品卖给回收人员,把各种塑料包装袋甚至咖啡小包装袋都攒起来,每月一次,称重积分。"回收日"坚持六年从未间断。目前,有近500户居民领取了"零废弃回收卡",参与到生活垃圾源头减量的工作中。每月回收量约200公斤。

第二阶段:干湿分类,旧衣回收,厨余做酵素

2012年9月,凌云街道市政部门正式将梅陇三村列为"上海市垃圾分类回收试点小区"。10—11月按照试点小区配置要求,物业对小区内的六个旧垃圾库房进行了集中修缮改造,配备了颜色分明的垃圾桶,同时在小区内分散设置19个垃圾投放点,每个点按干湿两桶配置。按照市政府对试点小区生活垃圾分类投放、分类收运、分类处置的"指南"要求,政府环卫部门对梅陇三村日常生活垃圾施行了分时段、分类清运措施,即每天上午7点左右清运干垃圾,10点左右清运湿垃圾。居委对6个垃圾库房分别配置了分拣人员,专门负责干湿垃圾分类投放工作。2012年10月至2013年3月,徐汇区光启创新基地的高中生在梅陇三村进行社会实践活动,学生们用了半年时间,对三村实行干湿分类的情况进行实地观察和调研,结果是:约有30%~40%的家庭有干湿垃圾分类投放的行为。

2012年9月,上海缘源实业有限公司在小区内设置了四个"废旧衣物回收箱",居民们开始关注旧衣服和废弃纺织品的回收,每月将近500公斤回收量。

2014年,梅三绿主妇对厨余垃圾进行沤肥处理,在小区44号垃

圾库房中放置50个"厨余桶",利用混合菌种发酵厨余垃圾。同时建起"酵素坊",利用红糖作为发酵剂处理干净的果皮菜叶,所得液体通常称为"环保酵素",固体部分为有机质肥料,月处理量约300公斤。

第三阶段:分类回收源头减量,全品回收模式的实践探索

"绿主妇"携手上海长三角人类生态科技发展中心、上海睦邦环保科技公司、中国天楹股份有限公司、天宁电机、上海浦益生物科技有限公司、霏霖公益等一些致力于垃圾分类减量的企业和社会组织,建立起梅陇三村垃圾分类"全品回收联盟"。2017年5月24日,在梅陇三村举行了"你分我收·创新同行——绿主妇携手睦邦环保分类回收行动"启动日,拉开了梅陇三村垃圾分类"全品回收模式"实践探索的序幕。

垃圾分类"全品回收"工作组织实施如下:

(1)社区保洁员按照"绿色账户"要求负责现有6个垃圾库房干湿分类及扫码(每天早上7:00—8:30、下午5:00—6:30)。

(2)长三角联合天宁电机负责专设3个"厨余桶"厨余收集、破碎处理等工作。包括将用EM菌处理后的厨余运往崇明跃进农场肥料厂进行"厨余肥料进农田"试验等工作。

(3)睦邦在三村设立"环保便民服务网点",周一至周五每天下午2:00—3:00、每周日上午8:30—10:00负责干垃圾的"全品回收",同时为居民办理积分卡,进行数据统计、积分兑换等。

(4)天楹负责在三村布设的16个投放点"太阳能垃圾智能回收箱"中居民投放垃圾的处理及数据统计。同时,对于厨余收集破碎等工作给予资金支持。

(5)"绿主妇"作为牵头人负责"全品回收"的组织协调工作,并延续每月一次"回收日"(公益回收)。

目前,梅陇三村生活垃圾"全品回收"格局已经初步形成,关键是基本形成了一个良好的通路。可回收物由专业的环保企业定时定点进行回收;不可利用的干湿垃圾和有害垃圾由环卫部门专用的干、湿垃圾车分开清运;没有污染的厨余进行粉碎及EM菌发酵处理

制成"厨余宝"作为有机肥料的辅料加以运用。在尚艳华的带动下，梅陇三村的垃圾分类产生了显著效果，截至 2017 年 12 月，联盟成员单位数据如下：

	绿主妇	绿色账户	睦邦	天楹
办卡户数	364	368	474（约5%三村外居民）	1160（注册户数）
活跃户数	226	243	419	332
活跃率	62%	66%	88.4%	28.6%

2017 年 7—12 月梅陇三村厨余回收（试点）情况表[①]

月份	累计达标户	月达标次数	厨余桶数	厨余量（公斤）	备注
7—8 月	47	284	26	364	7 月 9 日开始试点
9 月	80	536	20	280	/
10 月	114	671	30	420	/
11 月	142	670	50	700	进行了积分兑换蔬菜活动
12 月	322	1956	150	2250	建设了3个回收点6个回收桶，进行了积分兑换蔬菜活动
小计	322	4117	276	3864	/

梅陇三村垃圾分类的实践探索取得了突出成就，在上海乃至全国起到先进典型作用，为我国开展全民垃圾分类提供了重要的经验借鉴。正是由于尚艳华敏锐的政策洞察力和突出的社会动员能力，使梅陇三村的垃圾分类得以科学有序地进行，并逐步成为全国示范社区。

---

① 梅陇三村内部文件：《梅陇三村垃圾分类"全品回收模式"的实践探索》，2018 年 1 月。

尚艳华的"巧借东风法"离不开多年下的"苦功夫",有关梅陇三村居民的每份政策文件和工作报告的都能看到她涂抹勾画的痕迹。她说党和国家出台了很多好政策、好规划,可往往很多书记不懂得利用资源导致白白错过很多好机遇。仅仅学好政策还不够,还要善于总结和发现,让好政策真正落地生根,切实作用于社区实际建设。

(五)"万绿一红"法

"万绿一红"出自我国宋代著名诗人王安石诗句中的"万绿丛中一点红,动人春色不须多",原诗中用"万绿丛中一点红"形容大片绿叶丛中有一朵红花非常醒目,比喻在众多事物中突出最精彩的一点,足以引起人们的注意。这里的"万绿一红法"意为尚艳华作为带头人创建了"绿主妇"团队,并在众多"绿主妇"志愿者中起到突出的先锋模范作用。由于尚艳华在社区工作中凡事亲力亲为,常被同事和居民们戏称为"不知疲倦的服务员"。梅陇三村的居民说,在生活中,谁家遇到困难,尚书记总会想办法帮助解决;有时候,一个社区住着,邻里之间难免有矛盾,可哪怕架吵得再凶,只要听到尚书记那一句东北味的上海话"啥事体啦",再接过她的一杯热茶,嗓门不自觉地就降下来了,也不觉得那么生气了。尚艳华在多年的社区工作中,始终认为社区工作者不能脱离老百姓,不能远离人民群众,只有扎扎实实地到百姓中间,才能聆听他们的需求,切实解决他们的问题。

案例十二:不计得失的居民调解员

尚艳华来到梅陇三村后,发现社区的主要矛盾是居民和物业间的关系问题。因为这里都是售后房,物业费收不上来,再加上有很多居民家中房屋漏水,居民抱怨很多。"那时候有的居民吵架,什么话都听不进去,只表达一个意思,'先把物业管管好'。"尚艳华说。

尚艳华一度也很头疼,怎么办?必须想出办法,找出解决思路。她介绍说:"多年群众工作的经验告诉我,要想真正为居民做好事、做实事,必须要增强两委班子的服务意识,要做好居民的'服务员',还要不断提升基层党组织、居委会的社会动员能力和组织能力。"

于是，尚艳华和居委干部们一家家敲门维修，一户户上门"会诊"，当时为了减轻居民负担，她跟物业公司商量"只收成本费"。有的连成本费也不愿意掏的，尚艳华劝说无果就自掏腰包，不耽误维修进程。就这样，从顶楼先开始维修，一户户做下来，到年底，房屋漏水问题基本解决了。居民也慢慢被感化了，很多以前欠缴物业费的居民也把物业费补齐了，解决了物业和居民之间的矛盾，实现了"双赢"。①

她说："事实证明，老百姓其实是很讲道理的，只要真心为他们好，扎扎实实给他们解决困难，做好服务，他们是很容易被感动的。很多时候发生冲突和矛盾，在于处理问题的态度和方法并不恰当。如果大家都带着感情，把居民当成自家人，做好服务，相互体谅，想到他们的难处，那就拿到了解决问题的金钥匙，也能事半功倍了。"

案例十三：亲力亲为的基层服务者

16岁，尚艳华下农场锻炼，那时候就和群众工作结下了不解之缘，和人打交道是她的强项。尚艳华说："人们总说群众工作最重要的是凝聚人心。但我以为别想着去凝聚，只当大家是结伴旅游，一路走来有说有笑，遇到啥磕磕绊绊的，相互帮一把，互相影响，这人心，也就有了。"

尚艳华认为，要帮助居民、重塑梅陇三村的"精气神"，就要身体力行，通过一言一行去带动和影响身边的居民。比如以前的梅陇三村不少居民还乱丢垃圾，这里有近几千名的居民，一个个劝说也不是办法，尚艳华就自己捡，每天上班从北门进入小区，一路走一路捡起居民随意丢弃的垃圾。"时间一长，居委会的同事、楼组长、老党员也跟着一起来了。这里的居民一天进进出出小区，经常看到好多人在自觉地捡拾垃圾，也就不好意思再乱丢垃圾了，好的习惯也慢慢养成了。"②

---

① 张骏：《老居民区书记的新"试验田"》，《解放日报》2014年5月6日。
② 袁玮：《相互帮一把人心就有了》，《新民晚报》2014年5月6日。

平时，尚艳华最喜欢做的就是到小区里走走转转，跟居民聊聊天，说说家长里短，也听听他们的抱怨和牢骚。这是个动迁小区，很多居民家里的经济情况并不富裕，尚艳华通过走访，了解居民需求，解决了不少居民的实际困难，这一点很多居民有目共睹。在担任梅陇三村党总支书记岁月里，尚艳华积极探索社区自治管理模式，发挥居民区党组织领导核心作用，协调居委会、业委会、物业公司、社区民警四方面力量，针对小区中的重大事项、突出矛盾和突发事件共商共议解决办法，总结建立了"五位一体"的社区管理模式，老小区的各种矛盾与问题逐步得到解决，小区物业费的收缴率从68%提高到91%，10.8万平方米的平改坡工程、3.2万平方米的绿化翻新整治等民生实事项目顺利完工，把原来的"垃圾三村"改造为"花园三村"，为社区的和谐与稳定做出了贡献。她说管理社区要像管理自家内务，居民起劲，事情就好办。

案例十四：吃苦在前的社区定心针

尚艳华一心一意为群众办实事、坚持不懈为群众做好事、千方百计为群众解难事，树立了居民区党组织负责人的良好形象。不管是白天还是夜晚，小区里只要有大事、要事发生，居民们想到的第一个总是尚艳华，她也总是第一个赶到现场。她创造型的"三位一体"——居委会、业委会、物业公司共同出资出力，解决社区停车难、停车乱的问题，尚艳华大公无私，心系百姓，居民们对她的耐心、爱心、责任心、事业心赞叹不已，被大家亲切地誉为"四心"书记。

自新冠肺炎疫情发生以来，尚艳华挺身而出，尽其所能，把爱与善、光与热，传递给被疫情阴霾笼罩的每个人，用实际行动在疫情防控阻击战中践行最美人物的初心与担当。防输入防扩散，社区是前线。已经66岁的尚艳华每天奋战在前线，"奋战疫情，就是责任与义务，能做的事尽力去做"。"她带领凌云'绿主妇'环保指导中心的'绿主妇'们，对社区内74户独居老人和残疾人两类人群统一排摸统计，免除登记预约，及时捐赠口罩送上门，让他们能不出门、在家安全渡过这段特殊时期。另外，她还捐助并购置防疫用品，为奋战在疫情最前线的社工送上了口罩 400 个,消毒液 500 瓶,金额近 50000 元。"① 社区防控,勇挑重担细致服务。

谈及对社区书记的印象,梅陇三村的居民都说尚书记是一个能干、肯吃苦又有想法的人。居民评价道:"别看尚书记文文静静的,做起事来雷厉风行,说一不二。"尚艳华认为,社区书记就是一个标杆,如果要求别人的事情自己都做不到那开展工作还有什么说服力可言?因此,她每天早晨 7 点就来到社区看看大家的情况,下班又是最后一个走,几十年如一日,以实际行动打动了居民,也带动着她的同事们以满腔热情投入到社区服务中。

四 学理依据与应用价值

(一) 学理依据

1. 公共性理论:从社区参与角度看,"公共性"指"人们从私人领域中走出来,就共同关注的问题开展讨论和行动,在公开讨论和行动中实现自己从私人向公众的转化"②。阿伦特的"公共世界"理论,哈贝马斯的"公共领域"、交往理性理论以及罗尔斯的"重叠共识"理论等都对公共性理论作出过阐释。对于当前中国社区的转型发展而言,公共性在基层领域的渗透有助于重构社区共同体精神。

我国在很长一段时间内,以"单位"作为公共文化服务体系的主要承担体,不仅为公民提供了物质文化场所,更是共同的精神归属所在。居住在上海弄堂或老胡同中的人们祖祖辈辈生活在一起,对街坊邻里有着相当的熟悉度,是一种类似熟人社会的社区生活共同体。而现代城市社区根本有别于传统社区,梅陇三村的居民就是通过动迁安置而来,邻

---

① 裴龙翔:《劳模精神闪耀防"疫"最前线》,《劳动报》2020 年 2 月 16 日。
② 李友梅、肖瑛、黄晓春:《当代中国社会建设的公共性困境及其超越》,《中国社会科学》2012 年第 4 期。

里间大多非亲非故，有着不同的生活经历和工作类型，仅仅依靠社区内部的日常交往而产生情感联系，难以走出"集体行动的困境"。哈贝马斯认为，生活世界的交往理性正是抗衡工具理性，拯救现代性的关键力量。[①] 尚艳华认识到梅陇三村的居民从"单位人"走向"社会人"需要社区构筑起能真正动员居民参与的社区活动，因而选择以环保为切入点，带动梅陇三村进行一场"生活方式的改革"。在尚艳华的带领下，居民逐渐走出家门，参与社区公益活动，将社区塑造成一个环保绿色、互助友爱的公共空间。在此空间中，每个参与者都被赋予守候家园、传播公益精神的社区责任，并有义务维护社区内部形成的道德原则。居民在参与过程中所激发的公共精神有助于社区形成较为稳定的社会资本，从而促进社区共同体精神的培育。

2. 社区自治：德国社会学家滕尼斯最先提出"社区"[②] 概念，用两分法区别社区与社会，其中一个显著特征是具有强烈的情感精神。可以说，社区是以"生死相关、守望相助、患难相惜、有无相通"的共同体形式而存在。以简单社会为基础的、成员间高度熟识并且有着共同的价值取向、信仰和风俗习惯的传统社区是一种较为理想的社区形态。然而，我国经济社会的迅速发展使人们的生活节奏加快，人与人之间的利益矛盾日渐多元复杂，呈现出人际关系冷漠、社会信任感降低、邻里之间疏离的局面。由于缺乏街坊邻居间互帮互助的温情状态，仅作为居住歇息之用的物理层次的社区，也被人们称作"水泥森林"。

"绿主妇"的出现，正如社区工作者所言，其组织的成立和存在使社区"由闲散的游击队分派成正规的八路军"，也就是让"个体化、原子化的居民集中起来形成凝聚力，有组织、有纪律、有规范地参与社区活动，做对社区有意义的事情，形成社区正能量"[③]。居民通过参与"绿主妇"举办的各类活动，增进了邻里之间的感情，也增加了居民与两委干部互动的频率，形成社区内部良好的互动关系与和谐氛围。同时，社区大力

---

① 王雅丽：《当代中国公共精神研究》，博士学位论文，清华大学，2016年。
② ［德］滕尼斯：《共同体与社会》，张巍卓译，印书馆2019年版，第54页。
③ 于梦娇：《三社联动：城市社区环境治理的实践逻辑》，硕士学位论文，华东理工大学，2017年。

支持"绿主妇"活动的开展,必要时提供场地和课程培训,尽最大可能为居民拓展精神文化公共空间。在此影响下,越来越多的居民愿意发挥自己的能量,用实际行动响应社区的号召,甚至能够自发带动周围的居民和朋友参与社区公共事务当中。

3. 女性社区参与:法国社会学家波伏娃(Simonede Beauvoir)在其著作《第二性》中写道:"女人不是天生的,而是后天形成的。"她将生理上的性别与后天由社会关系中获得的性别进行区分,开启了"社会性别"这一特殊概念的研究。"从20世纪80年代起,随着国际女权运动的发展,社会性别逐渐成为新的分析范式。自由主义女性主义认为,通过促进女性的社会参与可以提高女性的社会地位与权利。"[①] 社区参与是整体社会参与的一部分,是参与公共管理领域最基本的途径。然而,在父权制文化背景下,女性长期受制于传统观念的束缚,被认为不适于政治参与而被排斥在公共领域之外。新中国的成立打破了这一刻板印象,极大地拓展了我国女性参与公共事务的空间,并促进其政治社会地位的提高。

(二)应用价值

梅陇三村在以尚艳华为核心的党总支的引领下,依靠居委会、社区居民、社区内外的社会组织和企业合力推进社区环境治理,逐渐从一个"脏、乱、差"的垃圾小区,转型为干净整洁、和谐友善的"花园村",这种转变不仅仅体现在社区公共物理环境和居民的居住空间得到了改善,更体现在社区内部居民之间、居民与社区两委之间的关系改善,以及居民的社区参与率、自治意识和能力上的提升。梅陇三村的实践经验具有一定的应用价值和可借鉴性,主要表现在以下几个方面:

1. 以党建为引领,发挥社区优势。面对梅陇三村复杂的成员结构和紧张的社区内部矛盾,尚艳华从党建入手,借助社区党总支和居委会的主导和引领作用开展工作。在尚艳华的倡导下,社区两委积极引入专业

---

① 郭剑卿、石凤珍:《社会性别视角下女性参与城市社区治理刍议》,《山西大同大学学报(社会科学版)》2020年第34卷第6期。

社会组织，并实行项目化运作方式，以公益环保为抓手，重塑社区共同体精神。同时，尚艳华将党建元素充分融合进社区环境治理实践中，与上海各高校、专业社工、环保达人、社区外部专业社会组织、政府和企业等多方主体形成良好的互惠合作关系，逐渐构成了以梅陇三村为中心点的环保辐射圈，进而有效整合各方优势，凝成合力。

2. 以议事为重点，确立活动机制。"绿主妇"议事会自成立以来，不断创新工作形式，完善议事体系，并总结出"调查研究、提出议题、召集讨论、形成方案、表决通过、推动执行、民主监督"[①] 一整套活动机制。"绿主妇"议事会以居民议事为主要工作内容，建立健全居民会议、居民代表会议、议事协商会等会议制度。议事体系的渐趋完善，使越来越多的居民愿意通过"绿主妇"议事会表达意见、参与管理，并积极主动地加入到社区自治队伍中来。

3. 以政策为导向，紧跟时代发展。尚艳华长期的社区工作经验使她清楚地了解居民的喜好与诉求，能够以此为基础发掘出居民切实需要、贴近百姓生活的社区活动。同时，她掌握社区内部资源情况，并主动及时了解政府政策导向，因此能够根据社区治理需求链接必要的资金、人力、物力、策略、方法和技术等社会资源。此外，她动用一切可以动用的资源，积极与上海各高校合作，通过给专业社会工作者提供实地学习的机会，带动他们加入到社区环境建设中来，为梅陇三村的环境治理队伍不断注入新鲜血液。

4. 以自治为核心，创新管理模式。在"绿主妇"的日常活动中，街道和社区扮演协调、服务的角色而非主动、强制管理，以此鼓励"绿主妇"朝着"居民自治、集体协商"的方向进一步发展。在"绿主妇"的影响下，梅陇三村400多个家庭参与到社区建设中来，还培育出了"凌云绿主妇环境保护指导中心"公益性社会组织。同时，低碳环保行动辐射到周边社区，志愿者达到2600多人，并承接了兄弟街道甚至郑州、重庆、深圳等外省市社区的党建和社建合作项目。"绿主妇"的成功经验展

---

① 傅晓：《上海市徐汇区社区社会组织培育机制研究》，硕士学位论文，上海师范大学，2013年。

现了城市社区草根组织参与公共事务管理的突出效果，为社区社会组织特别是公益性组织推动居民自治开辟了一条崭新的可借鉴路径。

五 专家点评

习近平总书记在党的十九大报告中强调："建设生态文明是中华民族永续发展的千年大计。必须树立和践行绿水青山就是金山银山的理念，坚持节约资源和保护环境的基本国策，像对待生命一样对待生态环境，统筹山水林田湖草系统治理，实行最严格的生态环境保护制度，形成绿色发展方式和生活方式，坚定走生产发展、生活富裕、生态良好的文明发展道路，建设美丽中国，为人民创造良好生产生活环境，为全球生态安全作出贡献。"

中国现代化进程的高速发展，使城市环境治理日益成为亟待关注的重要社会议题。城市社区作为人、空间、活动的基本场域，在工业化和城市化进程中也承担着各类环境风险和环境污染，严重影响居民的健康水平和生活状态。2017年，《中共中央国务院关于加强和完善城乡社区治理的意见》中明确提出，要"把城乡社区建成和谐有序、绿色文明、创新包容、共建共享的幸福家园"。由此，城市社区环境治理逐渐成为我国现代化社区建设中的关键环节。

近年来，上海的社区治理一直走在全国前列，如何打赢这场城市环境治理攻坚战，对于我国其他地区的社区环境治理具有借鉴意义。尚艳华创建的凌云"绿主妇"环境保护指导中心以公益环保为切入点，带动广大居民积极参与到生活垃圾分类中去，并将社区打造成绿色宜居花园。尚艳华和她的团队在实践中形成的一套具有可复制性、可推广性的社区工作方法，为我国总体社区建设提供参考借鉴。

点评专家：刘少杰，中国人民大学二级教授，中国人民大学社会学理论与方法研究中心主任。

六 尚艳华小传

尚艳华证件照

尚艳华，女，汉族，1954年1月12日生，1973年6月5日加入中国共产党，1970年2月参加工作。上海市徐汇区凌云街道社区党委委员、尚艳华书记工作室带教书记，上海徐汇区凌云"绿主妇"环境保护指导中心理事长，上海市第十五届人民代表大会代表，曾任上海市第十次党代会代表。荣获全国"节俭养德全民节约行动先进个人"、"荣获全国生态文明先进个人"上海市优秀共产党员、上海市劳模等多项荣誉称号。

尚艳华最初是一名农场知青，后是国企干部，而后转变为基层社区工作队伍中的一员，迄今为止已在社区工作20余年。她曾先后在化工一四村、华理苑担任党支部书记。2007年，尚艳华接到上级通知，和她的副主任一起调动到梅陇三村担任党总支书记。不同于之前她所在的华东理工大学社区的高知环境和和谐氛围，当时的梅陇三村环境恶劣、人员结构复杂、居民矛盾尖锐，对于任何社区工作者而言都是一块难啃的"硬骨头"。但多年的工作经历和她本人不服输不怕苦的性格使她对建设梅陇三村充满信心，"要么就不干，要干就一定要干好。"抱着必胜的决心，尚艳华毅然决然地投入到棘手的基层工作中去。

尚艳华上任后，首先改善社区面貌，并安置特殊人群，帮助下岗职工再就业。在社区秩序相对稳定后，尚艳华着手重建梅陇三村的社区凝聚力。她极具前瞻性地以公益环保为切入点，成立凌云"绿主妇"环境保护指导中心并担任负责人，在基层社区动员中实现了有效的框架整合，使梅陇三村的社区面貌焕然一新。谈及建立"绿主妇"团队的初衷，尚艳华感慨道，社区有 2000 多户居民，搞活动经常来的也就几十人，她一直在思索到底怎么做才能让小区居民真正参与进来。"找到居民感兴趣的，才能把他们引出家门。"

2011 年 4 月的一天下午，尚艳华偶然接触到一位"环保达人"——北京地球村环境教育中心志愿者姜玫瑰。姜女士在和尚艳华的交谈中，表示希望在小区开展垃圾减量项目。起初，尚艳华有些犹豫，因为小区以前推行过垃圾分类，但并不成功。抱着试一试的心态，尚艳华拨了一通电话，15 分钟后，10 位家庭主妇来到社区，开始了第一堂生活垃圾源头减量培训课。第二天一早，10 位"绿主妇"正式开始第一次行动：她们在小区门口设了两个摊，把那些可回收的物品用绳子穿成一串，居民们都来看热闹。1 个月不到，小区就有 300 户居民加入她们的队伍。尚艳华说，让她没想到的是，小区居民们热情很高。大家在家里把塑料袋、包装纸、利乐包，擦洗干净叠放整齐。到每月底，垃圾减量回收的日子，就分门别类地送来，第一个月就收集了 50 公斤可回收垃圾，到了今天，这个数字已经增长到每月 250 公斤左右。就这样，一个名叫"绿主妇，我当家"的低碳环保自治行动小组在 2011 年成立了，十多位核心成员几乎都是家庭主妇。在居委会的支持下，"绿主妇"有了自己的活动场地，还与北京地球村环境教育中心签订合作协议，定期开展垃圾减量回收活动。之后，"绿主妇"由小组升格为工作室，继而成为凌云"绿主妇"环境保护中心。[①]

尚艳华以"绿主妇"环境保护指导中心为社区环境治理的平台，通过工作项目化，项目活动化的运作方式，先后开展了一平方米菜园、爱心编织社、生活垃圾源头减量、环保 DIY 等十大品牌活动并获得上海市社会建设十大创新项目等荣誉，"绿主妇"环境保护指导中心也先后获评 2019 年中国社会企业认证，日益成为草根 NGO 参与政策决策的象征，并

---

① 袁玮：《"绿主妇"：环保达人做社区自治员》，《新民晚报》2016 年 5 月 24 日。

在社区治理中获得一定话语权，成为基层社区治理创新的典范。培育志愿者队伍服务社区精神，项目运作中学会了志愿服务的技能，不断提升参与社区民主协商和社区治理的能力。

近年来，从国内到国外，从地方到中央，来到梅陇三村进行参访交流的各级领导和各界人士达到 2000 多批，"绿主妇"总共向近 20 多万人传播了健康的生活理念和绿色的生活方式，同时传播了党建引领下的社区自治与共治的有效经验。2015 年，"绿主妇"参加上海市第二届社会建设项目的评比，经九十位专家学者审核，"绿主妇"从三十多个队伍中脱颖而出，并最终获得第二名的好成绩。

在尚艳华的带动下，越来越多的人关注并加入到"绿主妇"团队中。2020 年新冠疫情暴发，社区成为抗疫的重要战场，一个个穿着绿色马甲的志愿者队伍穿梭在上海各大社区中，她们上门分发口罩、配送蔬菜、帮扶老人，夜以继日地守卫在社区门口，以血肉之躯筑起社区安全城墙，成为这个寒冷冬天中最美的巾帼亮色。她们就是"绿主妇"团队的成员，作为创始人的尚艳华同她们站在一起，奔波在上海的大街小巷中，以实际行动传播爱与能量。"绿主妇"是尚艳华多年社区工作总结出来的经验结晶，也是她决心践行一生的公益使命。

第 九 章

新市民植育:"村改居"社区的转型之治

——武汉市汉阳区江欣苑社区胡明荣工作法

胡明荣工作照

"清波行色壮,歌罢掉头东。无惧东风卷,挥毫泼墨中。"这首抒发了冬日里豪迈意气的《五绝》出自一位"农民诗人"之手。她不仅能用笔墨书写出浪漫的生活热情,还能用实干一路披荆斩棘,带领昔日的小渔村实现从产业空心化的城中村到生活现代化的城市社区华丽转型。她以共产党人坚定的使命初心和勇气担当，在浩浩荡荡的城市化建设的浪潮中谱写着崭新的诗篇。她正是自称"红色抹布"的江欣苑社区党组织书记——胡明荣。

滚滚长江，汤汤汉水，龟蛇对望，江汉相交。独特的地理形态造就了武汉三镇鼎立之势。在这个号称"每天不一样"的大武汉，有一个汉阳江堤的渔业村，在城市建设的浪潮中摇身一变成为了武汉市最大的农民还建社区。而城中村改造后新建的江欣苑社区有"五特"：一是坐落于农村的菜地和鱼塘之间的独特地理位置；二是崛起于武汉市"大拆大建"的城市化浪潮中的独特时代背景；三是由洗脚上岸的农民组成的特殊的居民群体；四是由村干部转变来的特殊社区服务队伍；五是针对社区特点而打造的六级管理服务体系。正是面对着社区种种特殊性，胡明荣运用的"新市民植育法"，以党建"四化"引领社区发挥政治功能和服务功能，以保障民生为"村改居"社区建设的根本出发点和立足点，通过精细化的为民服务和本土化的文化保育，潜移默化地使居民实现生活方式和思想意识向都市生活的质的转变。

在胡明荣的带领下，江欣苑社区先后荣获"全国先进基层党组织""全国文明单位""全国和谐示范社区"等百余奖项，其党建引领基层治理经验，在第四届国际治理高峰论坛上，被总结为全国基层社区治理"江欣苑模式"，成为全国党建引领社区治理指标体系规范化建设的样本。武汉汉阳区以江欣苑的"村转社区"治理经验为蓝本，探索建立了一套党建引领城市社区治理体系和治理能力现代化指标体系，进一步提升了"江欣苑"模式的可复制、可操作和可推广性。

一　产生背景

湖北省武汉市地处江汉平原东部，长江及其最大支流汉江在城中交汇，自古以来素有"鱼米之乡""九省通衢"之称。武汉是楚文化的发祥地，国家历史文化名城。自清末汉口开埠和洋务运动开启了武汉的现代化进程，作为辛亥革命的首义之地，在近代史上数度成为全国政治、军事、文化中心,被誉为"东方芝加哥"。独特的地理风貌和人文历史造就了武汉人民豁达、包容、坚韧、豪迈的精神气质。2015年9月20日以"武汉,每天不一样"为主题的武汉城市形象宣传片登上美国纽约时报广场"中国屏"。这正是大武汉敢于面对变化,勇于迎战变化的精神写照。

武汉城市发展历史源流久远根基深厚。考古发现的历史可以上溯到新石器时代早、中期,其地方建制始于西汉,后经三国、两汉、隋唐、明清直至民国逐步形成了武昌、汉阳、汉口"两府三镇"的城市构架。中华人民共和国成立后,武汉作为中国腹地重要经济、政治和文化中心和交通枢纽仍发挥着重要作用。作为湖北省的省会,中部六省唯一的副省级市、特大城市,国务院批复确定的中国中部地区的中心城市,首批沿江对外开放城市,确立了武汉市的现代化大都市定位。因此,在推动城市化速度的同时,武汉市也着力探索提升特大型城市基层治理新路径。在党建引领基层治理方面,武汉市委旗帜鲜明地提出"红色引擎"引领发展思路,要求强化基层党组织的政治功能和服务功能。以党组织的坚强有力带动各类群团组织和社会组织。将基层党组织打造成为统揽全局、协调各方利益矛盾、推动产业发展的坚强堡垒。

自20世纪90年代以来,武汉市先后进行了社区管理体制改革、"社区建设883行动计划"、"1+4"社区治理模式等不同时期和发展阶段对超大城市社区治理的有益探索。随着我国城市化建设的快速推进,武汉市通过《中共武汉市委武汉市人民政府关于积极推进城中村综合改造工作的意见》(武发〔2004〕13号)一系列政策推进城市化,尤其是对城中村改造方面进行了全面细致的政策指导。近年来,武汉市又在创新社会治理、加强基层建设方面出新招儿,通过《武汉市"1+10"文件》,着眼于理顺条块关系,重塑区、街、社区、小区、网格五个层级的治理体系,从深化街道体制改革、完善社区治理体系、强化区域化党建和精神文明建设、动员社会力量参与社区治理、加强住宅小区综合管理、深化网格化服务管理、加强基层队伍建设等方面提出了系列创新举措。将社区多元共治作为打造武汉城市升级版的基础工程,全面提速基层社会治理体系和治理能力现代化进程。

位于武汉市汉阳区江堤街道的江欣苑社区,正是在这一场城市化浪潮中建设起来的。江欣苑社区是武汉最大的农民还建小区之一，2009年由原江堤乡渔业村12个生产组（农场）合并而成。社区总面积17万平方米，原有居民2016户、6740人，现服务包括还建小区、廉租房小区、经济适用房小区和商品房小区等，9000多户，近28000名居民。依托于渔业村集体经济改制而成的龙洲置业集团滚动式发展，先后成立了涵盖房地产、文化产业、物业管理、园林绿化、创业就业、医疗健康等10余家子公司，现集团资产30亿元。龙洲置业集团和旗下分公司以及依托社区建设的高龙非物质文化遗产传承园，带动社区居民充分就业，转变思想和生活方式，实现"楼上居住，楼下就业"。江欣苑率先建成了武汉无零就业家庭社区，实现了人均家庭年收入600元到6万元的跨越。从渔业村到江欣苑的转型过程中，共经历了三个不可分割历史阶段。

第一阶段是村两委带领村民生产自救。江欣苑的前身——汉阳区渔业村，在计划经济时期因特有"长江捕鱼权"而成为远近闻名的富裕村。随着市场经济的发展和长江流域的环境保护，失去"金饭碗"的渔业村逐渐走向衰落，成为典型的贫困"城中村"。1999年，从河南远嫁到湖北的胡明荣通过海选成为渔业村的村长，那时的渔业村"地无三尺平、房无三间新"，村民人均年收入仅600元，集体经济负债累累达到200万元。面对这样的艰难环境，胡明荣带领班子成员积极寻找外援，为村里改善修路等基础设施条件，建设集体经济下马湖废旧资源回收厂，实现了当年获利。

第二阶段是转型期党组织突破"村改居"难题。从2005年7月，原渔业村正式启动"城中村"综合改造工作，直至2009年12月，原渔业村党支部、村委会撤销，挂牌成立江欣苑社区党支部、社区居委会。"村改居"过程中，在拆迁还建、生计保障、身份认同以及生活适应等诸多方面出现了复杂的新情况，给新社区的整合和治理带来的更深层次的挑战。江欣苑社区党委社区书记胡明荣带领新党组织充分发挥向心力和战斗力，通过集体经济股份制改造，推动集体经济发展壮大，带动就业保障民生；通过强化党组织政治功能和服务功能重塑社区认同；通过文化渗透从根本上实现从村民向市民的转变，提升居民幸福感和获得感，成功破解城中村改造中拆迁难、安置难、就业难、重建社区认同难等问题。

第三阶段是创新转型社区长效治理模式。在完成了从村民向市民转变后，已经成为城市社区的江欣苑再次转变治理思路，以重塑社区文化提升治理效能，升级文化产业保障民生福祉。以高龙非物质文化传承园为平台，通过"就业保障+文化培育"重建社区精神共同体，逐渐形成了以文化促进"三治"融合的城市社区长效治理机制。

二 界定及内涵

"新市民植育法"，实质是一种促进村民实现全面市民化的工作方法，即在"村改居"背景下，通过社区党组织的参与对村民在身份意识、生产生活方式以及文化建设等方面进行培育和改造，以实现人的全面城市化的转型社区治理方法。其具体内涵包括以下几方面：

1. 在村转居的特殊背景和使命下，社区党组织以党建引领为龙头，将保障民生和文化育人相结合，引导"村转居"的社区居民形成新的生活方式和新的社区认同，顺利融入城市社区生活。进而在身份认同、生活方式、思想认识和文化志趣等方面实现从村民向市民的彻底转型。

2. "新市民"是一种过渡性的身份标签，不仅代表生活环境的地域性迁移和户籍性质的政策性转变，还代表着新的生活场域中社会互动和社会结构的变化，是一种动态的、可塑的身份状态。其所强调的是在社区治理和服务工作中，充分重视"村转居"居民参与社区事务的主体性和能动性。

3. "植"是一种空间上的转换，既可以是从无到有的创造，也可以代表将好的传统、生活方式、社会网络进行保育性的移植。"育"则是一种能动性的体现，既可以是对新生活理念、市民意识以及新的社区文化的培育，也可以是对原有生活方式和思想意识的提升和改造。"植"与"育"的过程，即社区党组织协助居民在经济、文化、社会等层面进行主动市民化的过程。

三　具体方法及案例分析

针对不同的社区工作内容,"新市民植育法"又可以具体拆分为如下几点工作方法和技巧。

(一) 党建"四化"法

江欣苑社区党组织将村党委时期的组织力、向心力和战斗力延续到新社区组织建设和服务上,并在此之上针对新的环境和需求发展出一套更加完善的党建引领社区治理的体系框架,将社区党建的"网格化"、"区域化"、"信息化"和"常态化"治理和服务体系贯穿于整个社区治理的全过程。这一做法在"村转居"剧烈变动过程中发挥了稳固基层组织结构的基础性作用,实现了党组织的政治和服务两项功能。

1. 根据社区的实际情况,以片区、楼栋、单元及网格为单位,在社区中建立"社区大党委—网格党支部—党员—楼栋长—单元长—协会志愿者"的六级组织管理体系,选配精干人员充实到六级管理链条的各个节点,使社区党组织各项工作和服务纵向到底、横向到边,全面覆盖。同时有效整合了社区治理资源,提升社区治理的科学系与系统性。

2. 通过六级组织管理体系将社区单位和各类组织、企业、商户全部纳入管理,健全共建共治共享的区域化大党建机制。通过制定"需求清单""资源清单""社区共建项目清单"三项清单制度,对驻区单位的需求进行调研分析,有针对性地为企业单位制定个性化的党建品牌。通过吸引企业职工参与社区活动,带动社企互动,调动多元社会治理主体参与社区治理,实现资源有效整合和多方共赢。

3. 利用官网、社交媒体平台、微信公众号、移动端 APP 和网络直播等"互联网+"平台和大数据应用等技术支撑,实现社区治理与服务的信息化与数据化,为社区居民提供便捷服务,推动党建工作与服务项目向线上延伸。通过线上线下的双轮驱动,实现居民诉求"一网打尽",邻里互动"一键接通",群众需要"一篮拎光",服务好坏"一点可评",

提升党组织的政治影响力和居民群众的幸福感与获得感。

4. 立足于党员"为人民服务"的宗旨意识，充分发挥基层党组织的政治功能和服务功能的双重责任和义务。通过组织社区党员积极参与"党员认亲""党员三带"等常态化服务，形成密切联系群众，帮助解决村改居过程中群众的实际困难的制度性机制，促进党群关系和谐，提升居民群众的幸福感和获得感。

案例一："三个不能拆"

2005年，渔业村正式开始城中村改造。从拆迁开始到新社区组建完成之间的过渡真空期，村民离开村庄四处投靠亲友，外出谋生，组织村民面临巨大困难。不仅如此，党组织也面临着会议难开、党费难收、思想难统一等严峻问题。有的党员手机换了号码，人就失联了，党组织不能及时掌握党员的思想动态，存在着隐患。眼见着党组织的领导力减弱，胡明荣主动适应社会转型中出现的新情况、新问题，坚持在过渡期内继续保留党支部和村委会。为了将党员和群众抓牢，紧紧围绕于党组织，胡明荣秉承"拆迁不能拆组织、拆村不能拆服务、拆房不能拆人心"的理念，在城中村改造全过程带领班子成员，保持党组织体系坚强有力，党群情感纽带稳固，班子工作高效运转。

胡明荣和支部一班人每周与党员、村民代表电话沟通联系一次；每月定期召开党员大会和村民代表会议，通报有关情况，研究重大问题；建立党员QQ群，与党员保持联系，及时向党员传达党的政策部署，掌握党员的思想动态，使党员和村民始终感觉到组织的存在。从而巩固了拆迁改造期间党组织的核心领导地位，实现了拆迁期平稳顺利过渡，为新社区的治理打下了基础。

2009年，江欣苑社区党委正式挂牌。在总结了真空期党组织建设经验的基础上，开展正规化、制度化的六级网格管理。第一，对各级网格负责人开展公开选拔。胡明荣带领班子召集社区居民召开了连续7天、每天8场、每场2个小时的宣传和推广的会议，详细讲解了网格化管理将为居民带来生活环境和服务质量的变化，以及参与网格管理工作为个人和社区带来的益处,激发了社区群众的参与热情。最终通过"毛遂自荐""他人推荐""组织发现"三种方式选拔出了担任楼栋长、单元长等业务骨干。第二,建立网格管理的巡查与反馈制度。通过网格员"一日两巡",及时了解群众的困难和诉求,形成发现、上报、解决、反馈的有效机制,畅通服务群众的"最后一公里"。江欣苑社区党组织的六级网格化管理,使党建和社区服务实现纵向到底、横向到边,全面覆盖,巩固了社区治理的组织基础。

案例二:两个"为什么"

经常有社区工作者问胡明荣:"你辖区的企业,特别是民营企业,为什么那么积极参加你的党支部活动?"胡明荣笑着说:"当然是要在'为什么'三个字上做文章!我为什么要让他参加我的活动?他为什么愿意参加我的活动?这就是推动区域大党建的两个'为什么'!"企业推动社区治理和服务质量的功能是显而易见的,而吸引企业提升参与意愿则是难点。要破解这个难题,胡明荣认为要做到站在对方的立场上,思考社区能给企业带来什么。

第一,社区党建工作具有系统性、组织性、制度性等优势,可以帮助企业根据自身特征个性化定制党建品牌。特别是能够帮助企业搭建党建工作框架,提升党建质量。一个企业有三个党员,社区党组织就会协助成立一个党支部,在先期指导企业制定党组织制度,召开党支部会议,组织党员活动,逐渐培养自主性。企业党组织以社区党组织为主心骨,协力唱好主旋律。

第二,企业职工参与区域化党建,能够转变意识,提高工作效率,让企业切实受益。在一些人看来,组织党员和职工参与社区活动既耽误生产时间又不能带来实际的经济效益,特别是对企业来说似乎看不到什么明显的受益。但胡明荣并不这样看,她对民营企业的老板说:"现在职工可能是把一天的活儿用三天来做,但是他参加了我的主题党日活动以后,我发挥政治功能的正能量来引领他,他最后把你三天的事一天就做了。参加活动也就是耽误两个小时,但回去之后企业经济效益提高了,你划得来!"通过给企业老板算时间账和经济账,提升了企业主对参与社区事务的认识和主动性。胡明荣还为企业参与社区服务建立了积分制度和激励机制,打造"时间俱乐部",以时间银行的志愿服务互助机制激励企业参与社区服务。

第三,企业参与社区治理,能够提升企业社会效益和潜在的经济效益。在办公经费有限的情况下,为了保证社区各项活动有序进行,胡明荣想到了借助辖区企业的力量,分担经费压力。她动员企业参与社区楼道文化的建设,在社区41栋楼,128个单元,分别设置128个不同类别的楼道文化宣传展板。社区实现了一米以内有文化,十米以内有长廊,"进门可学,出门可看"。随着江欣苑社区的发展,越来越多的人来参观和学习,企业制作的宣传展板上可以标注企业名称,这也为企业做了无形的推广。

区域化大党建是一个互联互通的双向互动过程。社企双方在互动中互相帮助支持,建立起一个亲密无间的组织系统,将这个资源利用好,从而可以实现动员企业参与社区治理的最终目标。正如胡明荣所说:"社区辖区内的企业中的每一位党员经过党建联盟的塑造,就成为社区在群众间的360度高清电子眼,哪里有需求,哪里有矛盾,谁的思想有什么动态,哪个马上要走上了法律的边缘,党员能够及时发现和制止。"党建网络成为社区治理无孔不入的触手。

案例三:"党员三带"好榜样[①]

江欣苑社区曾经流传着这样一段话:"锄禾日当午,反正没了土,不愁盘中餐,吃喝找政府!""村改居"后,失地、失业、失收的"三失"人员,没有了生计来源,"等靠要"思想严重。社区党委班子及时发现了这种消极的思想苗头,为解决居民就业问题而积极奔走,为居民迅速安排物业、绿化、保洁等技术含量低的就业渠道,并提出了"党员三带"工作方法拓展带民致富渠道。

"党员三带",是江欣苑社区在群众工作实践中探索出了宝贵经验,通过党员带头创新,带动就业,带领群众共同致富,收获了良

---

① 本案例部分内容参考郑因、冯慧、陈晴、周中华:《转型与重构:大国治理下江欣苑社区创新样本解读》,人民日报出版社2016年版,第108—124页。

好的社区治理效果。胡明荣敏锐地发现，要真正实现从村民向市民的转变，就要转变观念，必须在文化上下功夫，实现集体经济向文化产业转型。江欣苑社区建成全国首家传承园"党员三带"项目，与人民网联合建设"互联网＋党员三带"网站平台，实现线上线下生产销售双循环。"党员三带"帮助居民科学选择创新项目，支持居民自主创业，促进人才与项目对接。众多党员带头人脱颖而出，群众真正从产业发展中受益。

2012年，江欣苑社区建立了高龙非遗传承园，希望通过普及汉绣技艺帮助妇女再就业。社区为妇女提供免费技能培训，但是大家看到那些精细复杂的作品都望而却步。在大家犹豫不决时，党员沈艳玲第一个举手报名。不仅是因为她从小就爱画画却因经济困难而不得不放弃梦想，更重要的是当她看到胡明荣投向大家的期待眼神时，她觉得作为一名党员就是应该在这个时候挺身而出，为群众做个表率。从那以后，沈艳玲正式开始跟着老师潜心学习汉绣。因为有美术的基础，她在构图和配色方面的天赋显现出来，作品广受好评。看到沈艳玲的成绩，越来越多的妇女也加入了汉绣的队伍中来。在她的影响下，越来越多的人放下的扑克麻将，拿起了绣花针，用"扯皮"的时间，创造财富和实现价值，形成了江欣苑社区独特的文化氛围。

党建"四化"法正是通过"网格化""区域化""信息化"和"常态化"的制度设置，将党组织的领导力、号召力、战斗力及影响力贯穿于社区治理和服务体系的全过程，为"村转居"特殊背景下的社区治理提供了坚实的组织基础。

（二）保民富民法

谋民生之利、解民生之忧，增进民生福祉是改革发展的根本目的，而"保民富民法"是这一发展思路的具体化。胡明荣以发展壮大集体经济和创新居民创业就业形式等多种保障民生、带民致富的方式，不断夯实社区治理的物质基础。从渔业村的艰难脱贫，到村转居时期的全民创业致富和集体经济股份制改革,再到社区经济由高劳动密集型服务业向高技术高收入的文化产业升级的过程中,胡明荣始终以保障民生、带民致富为目标,其具体工作技巧如下:

1. "借外力,练内功"。渔业村时期,面对缺乏发展内生动力和物质资源条件不足的现实,胡明荣积极向外拓展视野,发掘自身文化资源,以"高龙文化"为名片,巧妙地吸引外部力量资金和资源的支持为村庄注入活力,使村庄获得自力更生的能力。在向外寻求资源的同时,不断提升自身适应市场的能力。通过调整农业产业结构,组织村民就业培训,成立高劳动力密集型集体企业等方式,主动转变思维顺应市场需求,探索出一条从无到有的农民创业就业发展新路。

2. "放水养鱼"。利用现有的资源和政策,为外来资本提供更好的投资营商环境,通过招商引资带动当地村民的就业及周边产业的发展。社区党组织主动帮助驻区企业解决经营困难,渡过发展难关,与企业建立良好关系的同时,达到稳固村民就业环境的目的。

3. "下先手棋"。胡明荣具有丰富的社会经验、敏锐的洞察力和公正无私的大局观。不仅能对事情的发展具有预见性,而且能够迅速决断并果断出击,抢占事情发展的先机,夺取控制事情发展的走向的主动权。通过入户调查,收集居民的强烈意见,分析居民的迫切需求等预见性的基础工作,顺利完成了渔业村的城中村改造和股份制改造等重大事项。

4. "算明白账"。城中村改造牵涉复杂的利益分配,要做到既维护广大农民的合法利益,又能够顺利推动改造工程。胡明荣以公开、公平、公正的客观态度和无私无畏的磊落姿态在拆迁工作中为村民反复解读拆迁政策,明示拆迁款的用途去向,用"三榜公示"做实拆迁前的准备工作,做到村民事前无疑问,事后无异议。

5. "吃定心丸"。胡明荣立足长远,以群众最终利益为依归。顶住压力,为群众把好关、选对路。首先通过对村集体经济进行股份合作制改造,彻底解决了失地农民的生计和未来的保障问题。其次通过股权分配以及有效安置社区剩余劳动力,为转型后的社区居民提供了生存保障和新的生活方式。最后,积极推进社区集体产业向高端转型,实现集体经济的滚动式发展,并带领群众走一条可持续发展的文创产业之路。

案例四：智取下马湖[①]

　　思想活跃的胡明荣在担任了村长之后，发扬"不靠、不要、不等"的精神，想尽办法为村集体创收。在经过现场勘查、实地调研以及征求村民意见后，结合本地实际调整农业产业结构，分析总结了一套"村组庭园化、农业规模化、产品特色化、品质优良化"的发展道路，带领全村群众大力发展庭院经济和立体养殖技术。使村民人均纯收入从600元激增到5000元，一举甩掉了国家级贫困村的帽子。

　　胡明荣意识到，单纯依靠土地产生经济效益的时代已经过去，要开阔视野，突破内向型就业局限才是能带领渔业村发展的长远之路。胡明荣经过多方市场调查，发现许多国企的废旧物资没有地方堆放，就在农村租一块地堆在那里任凭日晒雨淋，时间久了就成了废品，只能一文不值地甩卖。再加上不法分子的偷盗，国有资产大量流失。她想到，渔业村下马湖有一块空地，完全可以建一个废旧物资回收市场，既可以租给企业或者个人让他们有个一可靠的场所存放和交易货物，又可以使渔业村坐收租金，实现双赢。

　　建一个废旧物资回收市场并没有想象中的那样简单。首先就是要在国家允许的范围内，将下马湖42亩土地有集体土地转为国有土地。胡明荣带领班子成员四方奔走，动用了各种资源，费尽了心力终于完成了土地用途转换并办下了特许经营许可证。可60余万的启动资金何来？胡明荣带领班子成员到处借钱，但是村民们的力量有限，资金缺口仍然巨大。急中生智的胡明荣想到了一个"借鸡生蛋"的办法，找开发商垫资，先建市场，等市场盈利后再还工程款。出身乡土的胡明荣更加懂得人情的功用，为了联络感情胡明荣从渔业村的鱼塘里弄了几条当时稀有的大青鱼，骑上自行车兴冲冲地去公司找老板谈垫资。没想到，这几条鱼人家根本就没看上，还没见到老板就被前台的秘书打发了。看着自己单薄的"见面礼"，胡明荣也

[①] 本案例部分内容参考董宏猷《江欣苑的故事》，武汉出版社2012年版，第6—8页。

很无奈,可困境中的渔业村就得靠这个机会翻身。想到了这个,胡明荣又鼓起勇气打听到了老板的家,带着鱼在门口蹲守。第一天,等到半夜,老板没回家。第二天,熬到三更,还是没见人影。胡明荣委屈得直想哭,真不想再求人了。可是,她转念一想:"渔业村上千群众还指望我带领他们过好日子,自己受点委屈算什么?"终于在连续多日的蹲守后见到企业老板,老板为胡书记坚忍的精神所感动,终于同意了胡明荣的请求——"先开工,后付款"。废旧物资回收市场建成当年就实现了赢利。也就是这个市场,为渔业村挖掘了第一桶金,成为日后集体经济发展壮大的基石。

案例五:回收!重走"大集体"道路[①]

1983 年渔业村实行家庭联产承包责任,但渔业村地少人多,为了尽可能地做到公平、公正,村委会采取了"抓阄"的方式,让村民轮流承包村里的鱼塘,每轮五年。为了保证每家每户都能承包到鱼塘,没有轮上的家庭,村两委会都给发了一张盖有鲜红大印的承诺书。

随着城市化进程的快速推进,武汉新区建设及城中村改造相继启动。渔业村所有的土地将被征用,如果不提前把村民手里的土地和鱼塘收归集体,到时候一家一户谈赔偿将是一项十分艰巨的任务。工作量大且不说,还容易激化矛盾,影响社会和谐。胡明荣敏锐地察觉到这一点,与两委讨论一致决定,由村财政出资将村民手里的承诺书买回来,重新走"大集体"的道路。这样,拆迁工作开始后,就避免了谈赔偿时的利益纠纷。土地和鱼塘收归集体后,村里马上成立了"护地队"日夜巡逻在千亩鱼塘周围,严禁村民私挖乱盖,确保征地公平公正,为日后拆迁工作的顺利开展打下基础。

2005 年 7 月,城中村改造正式启动,胡明荣发动党员和村民代表从身边人做起开展关于拆迁的动员和思想工作,确保失地农民的正当利益得到维护,确保城中村改造顺利进行。为了避免拆迁过程中出现矛盾,胡明荣首先带领团队首进行入户走访,做到人人调查,

---

[①] 本案例部分内容参考董宏猷《江欣苑的故事》,武汉出版社 2012 年版,第 10—11 页。

详细询问居民城中村改造中最大的困惑和担心是什么，有什么需求和想法。经过调查胡明荣了解到，对渔业村村民来说，城中村改造意味着一夜之间失房、失地、失业、失收，自己将成为无收入来源、无文凭学历、无市场竞争能力的"三无"人员。个人和家庭的生计问题是摆在村民面前最大的现实困境。因此，村党支部着手研究村改居后村民的生计问题。后来，为了缓解村民的焦虑，在拆迁与还建的真空期，成立了龙洲物业有限公司、龙洲建筑公司等集体企业，因低劳动力、低技术含量等特点，吸纳了众多村民就业，解除了村民的后顾之忧，拆迁工作得以顺利进行。

案例六：三榜公示，拆出武汉速度

都说拆迁是"天下第一难"，但在胡明荣和班子成员的努力下，渔业村实现了58天，拆迁20万平方米，600多户无一例上访的武汉速度。实现这一壮举，并不是因为村委会用了什么雷霆手段，而是做到了给老百姓算个明白账，通过三次"三榜公示"的民主程序，公开透明确定原始村民身份、确定股份、确定房产，村民无异议，签字画押后方可生效，免去了事后矛盾。

第一榜是确定原始村民身份。根据相关政策，村委会认定以1958年12月31日为时间节点，在这以前户口在渔业村的人及其子女和配偶，都算渔业村的原始村民。

第二榜是进行股份量化。以2007年的7月1日为时间节点，严格评估确认整个渔业村的所有的资产（土地）价值。总价值6000多万元中，40%用于转改制后的集体经济的发展，60%作为股民的股权进行分配。所有年满18周岁的村民，基础分为5分，"村龄"每年0.3分，高中、中专文凭0.3分，大专、党校文凭0.5分；获得市一级荣誉2分，区一级荣誉1分，街一级荣誉0.5分；大、小队长正职的0.5分，副职的0.4分，行管人员0.2分；计划生育0.5分，独子、独女结扎不再生育1分；在部队立功的1分；等等，所有的分加起来，参加每年年底分红，同时股份可以继承。[①]

---

① 董宏猷：《江欣苑的故事》，武汉出版社2012年版，第16页。

第三榜是对拆迁的房屋面积和户口进行认定。以 2005 年 7 月 1 日为时间节点，居住且户口在渔业村的认定为村民，享受村民待遇。在统一房屋法定确权时间节点后，根据确权面积和家庭人口数确定房屋补偿面积。

胡明荣和她的团队努力把工作做实做细，在收集整理村民信息后，制作一个小册子，公示每个村民的确认情况，请村民们互相监督。每一榜成文后都要经过三次公示，直到所有村民无异议在上面签字，并聘请公证处的律师见证全过程。通过前期细致的工作铺垫，胡明荣顺利地完成了拆迁任务。

案例七：给股民吃上定心丸

面对日益雄厚的集体资产，胡明荣和党支部一班人经过走访、调研、征求意见，决定实行股份制改造——将 40% 的资产留作集体公司发展的本金，60% 的资产作为股份，量化到所有年满 18 周岁的村民头上。为了让集体经济实现滚动发展、长远发展，利用城中村改制后组建的武汉龙洲置业有限公司平台，先后成立了涉及房地产、文化产业、物业管理、园林绿化、建筑装饰等行业的 10 多家子公司。

为提升村民幸福指数、解除后顾之忧，在胡明荣提议下，龙洲集团一次性拿出 2000 多万元，为每位村民办理了社保、医保、养老保险。所有村民月有生活费，年终有分红，还有过节费、降温费、采暖费。村民的生活费及福利由 2000 年的 600 元增长到目前的人均 6 万元。江欣苑社区成为远近百姓心向往之的幸福社区。耄耋之年的周老先生感慨道："我们年轻的时候，赚钱为了活着；如今活着就赚钱，每年什么都不做，也能分红几万块。活在江欣苑，特有幸福感。"[1]

为保障"村改居"社区经济可持续发展，胡明荣和党组织成员不断探索新的经济增长点。在产业发展中，贯彻创新发展理念，推进社区集体产业向高端转型，推进居民就业由物业、保洁、绿化、保安等低技术含量岗位向高技术含量岗位转型。胡明荣提出一个大

---

[1] 汪洋等：《武汉江欣苑破解城中村改造难题开创"村转社区"样本》，中新网 http: // news. hbtv. com. cn/p/201230. html，2018 年 8 月 4 日。

胆的思路：由集体经济投资，在江欣苑办起"非遗"文化传承园，发展非遗产品销售、非遗旅游产业。2012年8月，龙洲置业公司投资8500万元，社区居民自发筹集1600万元，占地25000平方米的"武汉高龙城·湖北省暨武汉市非物质文化遗产生产性保护传承园"在江欣苑社区落户。以高龙为平台，胡明荣四处拜访游说，吸引了国家级、省级、市级54个非物质文化遗产的项目到传承园内安了家。以非物质文化遗产研究、传承、展销开辟了非遗产业发展新路，整合文化资源，做大文化产业，做强文化品牌，提升居民的生活品质和文化品牌效应。被评为"AAA国家级景区""联合国千年非遗文化产业示范基地"。

在胡明荣眼中，非物质文化遗产不仅是民族智慧与文明的结晶，更是村集体经济转型的文化产业的载体。为了让拆迁群众的荷包鼓起来，江欣苑社区党委建成全国首家由社区自筹资金打造的非遗传承园"党员三带"基地。组织知识宣讲、技能培训、岗位供需会等多种活动，请党员带头人现身说法，帮助社区群众掌握一技之长，重新就业。随着互联网技术的推动，江欣苑社区以"互联网+"新模式与北京大学、清华大学等高校建立战略合作关系，打造"互联网+非遗"品牌，建立中国手艺人数据库，用"智慧"推动社区文化产业发展。居民们靠着老祖宗的老手艺端上了新饭碗。非遗传承园一年接待游客几万人，上百个国家的主流媒体，来自英国、法国的洋徒弟慕名而来，江欣苑非遗传承的产业不仅带来了经济效益，还提升了国际知名度。

改善和保障民生是改革和发展的出发点和立足点。习近平总书记曾指出，为什么人的问题，是检验一个政党、一个政权性质的试金石。尤其是在"村转居"的复杂情况下，如何能将维护人民利益与推动改革发展平衡起来是摆在胡明荣面前的艰巨任务。通过"借外力，练内功""放水养鱼""算明白账""吃定心丸""走长远路"的工作思路和工作技巧，实现了本地资源的活化与创生。在这些乡土性话语表述的背后恰是蕴含着最朴素的为民情感和治理规律。

（三）精细服务法

"精细服务法"指的是社区工作者立足居民真实需求，在社区治理和服务过程中密切联系群众，主动收集社情民意，从小事中分析居民的真正诉求，从小处着手化解矛盾解决问题，从细处着眼提升服务质量。在实际工作中主要有"六点半晨步法""五小工作法""七彩服务牌工作法"等，具体方法和技巧如下：

1. "六点半晨步法"，即每天早晨六点半，胡明荣带着社区工作者在社区的大街小巷和公共场地一遍遍地走，遇见居民就闲话家常，从居民的话语中收集社情民意，掌握居民的需求与困难，是具有江欣苑特色的群众路线的具体实践。

2. "五小工作法"就是讲清小道理、解决小问题、开展小活动、树立小典型、化解小纠纷，实质是群众工作的精细化。始于细微处，功在平常时，即是胡明荣常说的"小洞不补，大洞一尺五"。同时，她主张做群众工作应摒除对群众空洞说大道理的官僚作风，而应主动站在群众的立场，说清怎样做才是对他真正有利的做法，让群众自己衡量判断。春风化雨，把思想工作做到群众心坎上。

3. "七彩服务牌工作法"即江欣苑社区每个单元楼道口都设置了一块"七彩信息牌"，分别用红、橙、黄、绿、橘、蓝、紫七色卡片对应7类不同的群体，根据居民年龄、性别、是否怀孕、是否为本地居民、是否为党员等具体信息，对居民进行针对性的分类户籍管理和服务。社区工作人员依据"七色信息牌"提供的信息，即可准确了解每个家庭的具体情况和实际需求，及时提供个性化服务。

案例八："重组家庭"的大家长[①]

2007年，江欣苑社区正式落成，新社区由原江堤乡的12个村合

---

① 本案例部分内容参考黄璐《汉阳江欣苑社区党委书记胡明荣：甘当抹布抹去百姓困难与烦恼》，湖北文明网（http://www.hbwmw.gov.cn/wmywtj/201504/t20150427_65335.shtml），2015年4月27日。

并而成，而原渔业村的村民仅有118人。胡明荣在汉阳区江堤街道党委委托下代管新小区的一应事务。刚入住时，不同村的居民并不熟悉，更对这个渔业村来的村长不服气。如何把陌生人社会变成熟人社会？如何形成楼上楼下一家亲？新社区的工作怎样开展？一连串的问题促使胡明荣思考，怎样才能拉近心的距离。

为解决社区环境脏乱差、邻里关系疏离、组织关系松散等问题，胡明荣带领班子成员形成了主动巡访的工作制度。社区刚还建时是7月，六点半天就亮了，胡明荣和班子成员在小区里转圈，见人问候，遇事倾听，以此收集问题和意见，故此得名"六点半晨步法"。为了和群众打成一片，看见年龄大的喊一声"老娘"，年轻一点儿的叫"姐姐""嫂子"，就这样首先拉近距离，然后再"没话找话"地拉家常，在愉悦的氛围中，让群众了解社区为民服务的宗旨，并对社区工作者产生信任和依赖。

每天早上走一走、问一问，就能发现和解决社区的好多问题。鸡鸭住进高楼，花园成了养牛场；楼道里泼脏水，从窗台随手扔垃圾；失去的土地和鱼塘，没有了营生的居民精神空虚，就三五成群地坐在草地上打扑克、搓麻将，喧嚷之声不绝入耳……看到了"病症"，分析了"病因"，胡明荣给这个新生的村转社区开出了"药方"："疏而不堵"，巧妙地化解了基层"淤塞"。她从居民的个人利益角度出发，帮助居民转变生活习惯和思想观念，进而促进社区公共环境的改善。当有居民在楼栋里乱堆乱放，胡明荣并不是强硬地制止，而是笑着对居民说："您家的姑娘长得蛮水灵，要找个条件好的亲家吧？你看这儿的环境脏乱差，以后女婿怎么上门哦！"看见有居民将衣物乱搭在树木花草上晾晒；老人们买菜回来，想喘口气再上楼，只能席地而坐；一些居民露天摆桌斗地主、打麻将等现象，胡明荣和班子成员商议后，拿出集体资产几百万元，完善小区基础设施：建起休闲亭，搭建晾衣架，安置健身器材，让居民生活中的困难——得到解决。

久而久之，居民们有什么想法，就在早间晨练时跟她交流。通过收集居民意见，江欣苑社区建起图书室、便利店、文娱活动中心、居民学校以及楼道文化建设等即能满足居民需求,又能提升社区整体素质的设施。逐渐打破了居民心中隐形的区隔。

案例九:七彩服务牌

江欣苑社区在每个单元楼道口设置一块"七彩信息牌",根据居民年龄、性别、是否怀孕、是否为本地居民、是否为党员等情况,将居民划分为 7 类群体进行户籍管理和服务,分别对应以红、橙、黄、绿、橘、蓝、紫七色卡片。红色代表已婚群体,重点提供生殖健康服务和优生优育服务;橙色代表青少年群体,重点提供优教优育和社区代管等服务;黄色代表家庭人口发展文化服务;绿色代表老人,重点提供夕阳红、居家养老服务;橘色代表为流动人口提供均等化计生服务;蓝色代表单身群体,重点提供就业、创业服务和婚恋家庭服务;紫色代表孕妇,重点提供孕前检查和胎教服务。

社区工作人员依据"七色信息牌"提供的信息,准确了解每个家庭的具体情况和实际需求,及时提供个性化服务。只有做到了如指掌才能定向的为居民提供精准服务。胡明荣经常说:"我们社区工作是做什么?不是造飞机大炮,不是造核潜艇,没有那么伟大,它就是做人的工作。这一撇一捺却是最琐碎、最难的,但是你要把它做通了、做细致了,它又不难。"

在"村转居"的背景下,原有的熟人社会被新的行政规划所打破。胡明荣的"六点半晨步法"、"五小工作法"以及"七彩服务牌"等一系列精细化服务方法,正是从提升服务质量和建立情感联结两个方面入手重建新的社区认同的积极实践。

(四)三治融合法

"三治融合法",即在社区党组织的引领下,在社区治理与服务中将自治、德治、法治有机结合。形成以自治汇聚民意,以德治育化民心,以法治警醒民智的治理合力,提升治理效能的工作方法。

1. 自治聚民。社区党组织发挥领导的核心作用,不断完善民主管理、居民自治机制,实现"群众的事群众办,群众说了算"。积极培育居民自治意识,将社区党组织引领下的"四民工作法"① 作为社区民主意识的基本制度;建立"红色业委会",推进居委会、业委会、物业公司三方联动,打通自治组织联系服务群众的最后一米;建立居民议事会,制定居民微公约;打造"三个直通车"②,畅通居民诉求表达渠道;组建43个各类文体协会,引导村改居后的社区居民以组织化的方式参与社区公共生活。

2. 德治育民。坚持把道德建设渗透到党建工作的全过程,以文化培植道德,在潜移默化中实现村民向市民身份的转变和现代公民意识的提升。依托社区道德讲堂、家长学校、四点半课堂的等红色阵地开展社会主义核心价值观教育。开展道德论坛、优秀工匠评选、模范家庭评选等活动,健全完善社区道德评议和监督机制。推选社区老党员、老干部、老教师、老战士组成道德评议团,通过言传身教,树立社区文明新风尚。

3. 法治省民。通过法治宣传教育,建设法治文化长廊,营造学法、用法、守法的社区氛围。实施警民联治联防,引进"人脸识别"智慧门禁系统,社区"物防""技防""人防"有效结合。此外,通过书记直通车、"两代表一委员"联系社区制度的落实,引导居民群众合法表达利益诉求,充分发挥人民调解员的积极作用,实现"五无社区"③。

案例十:出小家,入大家

"不怕居民无素质,就怕居民无组织。"在多年的基层工作中胡明荣总结出了这样一个朴素而真切的道理。为此,胡明荣根据居民群众不同的兴趣爱好,积极引导居民在社区形成了43个社会组织,有序引导加入协会。这43个不同种类的文体协会几乎包罗了所有的社区群众。她用十个字形象地来概括这些活动内容不同但目的宗旨一致的草根协会,那就是"金木水火土,礼义仁智信"。因为胡明荣认为,"礼义仁智信"所代表的尊老爱幼、孝道、奉献等中华五千年

---

① "四民工作法":民事民提、民事民议、民事民决、民事民评。
② "三个直通车":书记直通车、民情直通车、信访直通车。
③ "五无社区":无入室盗窃刑事案件,无网络电信诈骗案件,无消防安全隐患火警案件,无非法上访进京人员和无非法疑似传销人员案件等。

的光荣传统，与当今社会提倡的社会主义核心价值观相当契合。同时，"金木水火土"代表的五行也都是人们生存生活所需要的。因此，打造这样的群众组织，就是为了让要服务的能够找得到组织，要参加为他人服务的，也能够找得到服务的对象。

由社区党组织引领协会会长，由协会组织个人。协会会长以社区党组织为中心，协会成员以协会会长为领袖。通过各会长就能够准确及时地将党组织的思想和决定传递到组织中的个人，进而逐渐延伸到老百姓心里。这样一来，人人都是社区治理的参与者，也都是治理红利的享受者。牢牢把握住协会的领军人物，群众自然听党话，跟党走。有些协会在开展活动前会自觉合唱国歌，不断强化会员珍惜生活，感恩党和国家的正面思维。以党建引领组织，用群众管理群众，社区就腾出更多的精力投入到社区的服务和治理上。

同样，在居民的日常生活中，以楼栋为组织的邻里互动也十分精彩。"分享喜悦牌"是江欣苑社区楼道文化协会的创新尝试。每个楼道里都有这样一个牌子，谁家有接亲嫁娶，谁家孩子学习进步获得奖励，哪家有乔迁之喜，等等，只要是开心事都可以与邻居们分享，拍成照片记录下来并展示到"喜悦牌"上。小区里所有的楼栋每隔几天都会有新的喜事"上牌"，人们也会因为分享产生一种强烈的成就感、认同感。邻里间彼此分享、彼此关怀，浓浓的幸福感洋溢其间，经久不散……

案例十一："四字"传颂家庭美德

胡明荣始终认为文化来源于生活，最后要回归于生活；文化来源于居民群众，最后还是要回归于居民群众。要想让村转社区的居民融入城市，成为新时代的文明市民，就要以文化陶冶人，以"德"教化人。胡明荣将这个大道理转化成居民群众喜闻乐见的小活动。在社区成立家长协会，通过教育家长，提升家庭德育水平，帮助孩子们扣好人生第一粒扣子。通过举办"晒"家风作品展示活动、"赛"家风演讲比赛、"率"家风大讲堂引领活动、"帅"家风联欢会活动，积极发现推荐身边的好家风、好家训、好家规家庭，传播弘扬家庭美德新风，掀起传颂家庭美德的热潮。

第一个"晒",就是当众展示家风。各家各有所长,难免互相不服。因此,胡明荣组织居民在广场舞台上当着乡亲父老面前展示自己的家风和孝德。小孩子上台讲"我看着自己父母怎样学会了孝顺爷爷奶奶,要好好学习报答他们";老年人讲"我当年是怎样孝敬自己的公婆,媳妇看在眼里怎样孝敬我"……演讲结束后,评选出"好爷爷""好奶奶""好爸爸""好妈妈""好公爹""好婆婆""好岳母""好邻里"等等一系列的荣誉称号,尽量将世俗的亲属和邻里关系都囊括进来,每个项目选出 40 人进入下一环节。

第二个"赛",就是面向社区居民在舞台上进行脱稿演讲比赛。演讲的过程中,老百姓对演讲者所有有异议就会当即站起来反驳,一针见血,真假立判。这样再从中选 20 个人参加下一环节。

第三个"率",就是做表率。由这选出的 20 位得奖者每人分别引领 20 户居民形成互助小组一起学习,提升文化和孝德,带动社区居民共同进步。

第四个"帅",就是社区正能量统率一切。在社区形成先进带后进,后进比超先进的良性竞争氛围。同时,互助小组紧密联结在一起,形成一个荣誉和责任的共同体。评比后更注重精神上的激励,获奖者的照片挂在楼道内,是一种光荣、一种激励,更是一种约束。成员互相学习,互相监督,互相制约,保障了社区的平安和谐。

案例十二:刚柔相济劝回头

胡明荣认为,让居民学习法律知识目的并不是要让居民死记硬背法律条文,而是要把法治意识融入血液里,终生不犯法。重组后的江欣苑社区,有一些刚出狱的更生人士。回到社区,他们没有因为犯过罪而羞愧,反倒觉得自己很光荣,炫耀着手臂上文的龙啊凤啊。胡明荣看在眼里急在心里,觉得不能让这种不正之风污染了社区环境,决心用法治精神来治一治他们的"毛病"。胡明荣请来了汉阳区法院、检察院到社区开巡回法庭,现场断案说法。社区里有犯法的人要判刑的时侯,就请司法机关到社区来宣判,震慑那些蠢蠢欲动的不法之徒。

浪子回头金不换,社区普法,以预防为主。为了让更生人士不再"二进宫"，胡明荣积极帮助他们找工作。因为很多单位对更生人士存在偏见或恐惧心理，社区主动以"党员三带""党员认亲"等形式，尊重更生人士人格，像带领自家人一样一起创业致富。现在这些更生人士经常现身说法，以自己的亲身经历劝诫人们遵纪守法。

"自治""德治""法治"三者融合是充分组织、动员社区群众参与社区治理和服务的有效方法。通过组建各类社区团体，树立模范带头效应以及运用形式多样、贴近生活的教育、宣传阵地等方法，实现了社区居民自律和他律的双保险以及自助与互助的双促进，逐步形成了文明、和谐的现代城市社区氛围。

（五）文化领航法

江欣苑社区以文化建设推动社区治理，通过保育本土文化、强化家国文化、培养城市文化以及升级"非遗"文化等工作方法，引领居民生活方式、思想观念以及价值追求的内在转变。以文化提升居民现代公民意识，联结凝聚社区精神共同体的纽带，形成社区治理体系良性运行的内在动力。

1. 保育本土文化，引领社区认同重建。江欣苑社区由12个同属于江堤乡的渔业村重组而成，共同的乡土文化和民俗习惯等是凝聚社区认同的重要基础。在城市化转型的过程中，胡明荣并没有砍断传统的文脉，割裂农村与城市的联系。反而利用非遗文化传承园、社区图书室、文化室、居民回忆室等文化载体以及群众对高龙文化的集体认同和自豪感，引领重建现代社会精神和新的社区认同。

2. 强化家国文化，引领核心价值观树立。在社区党委的引领下，发掘本土历史文脉、红色文化等内生资源，以弘扬社会主义核心价值观为导向，搭建文化活动平台。通过主题党日活动、爱国主义教育活动、典型人物事迹分享以及居民生活变化的展示等方式，引导社区居民感恩党和国家的关怀，珍惜当下的幸福生活。

3. 移植城市文化，引领市民意识培养。为了改变居民村居时的生活习惯，社区党组织换位思考，通过市民学校、文化走廊、文体活动、楼道文化等形式,促使居民在新的文化环境中转变思想观念,主动融入现代城市生活,形成兼具本土特色与都市风貌的江欣苑生活方式。在过程中使群众的获得感、幸福感和成就感得到极大提升。

4. 升级"非遗"文化,引领社区产业转型。将原村落共同体的精神价值移植并提质,建设民俗文化载体,弘扬民俗文化精神。基于传统民俗文化丰富的区域实际,江欣苑社区积极推动"非遗"传承园的建设,深挖民俗文化内涵,提炼民俗文化精神,打造民俗文化品牌,增强居民社区认同。实行商业化运营与公益化运营相结合,加强民俗文化品牌推广,通过文化品牌的集聚效应,将民俗文化与居民生活、经济发展连接起来,实现文化的产业化转型。

案例十三:从都市里的村庄到花园里的家[①]

拆迁还建,让祖祖辈辈"土里刨食"的农民住上宽敞明亮的楼房,可转变村民们乡土生活的思想却没有拆迁重建那么简单。一些新入住江欣苑的居民也开始在城市社区里移植乡村生活的老习惯。搭棚子、开菜地、垒鸡窝,甚至在楼房房间里建鱼塘。整个小区里违建丛生:绿地被开垦殆尽;牛羊等牲畜在社区四处游荡;鸡犬之声不绝于耳。因此,那时的江欣苑被称作"都市中的乡村"。

胡明荣带领班子成员着力整治小区环境。可居民们却理直气壮地说:"我自家的门口凭什么不让我放工具?"大禹治水,疏而不堵。只有真正了解居民行动背后的原因才能对症下药。原来,当时一些入住的村民们还有一部分土地没有完全征收,他们还要耕田种地确实需要一些生产工具。为此,胡明荣专门找到有关部门协商,开辟出一块空地给居民们做了放置劳动工具的仓房,从而解决了他们住进江欣苑后这些东西无法置放的困难。胡明荣敏锐地察觉到村民把生产工具和生产方式移植到新社区的一个更深层次的原因,在人民内心有种惶恐:没有文化,没有技能,没有土地该如何在城里生存?

[①] 本案例部分内容参照考董宏猷《江欣苑的故事》,武汉出版社2012年版,第77—79页。

为此，胡明荣先后成立了农民物业公司、建筑公司等劳动密集型企业，通过就业培训安置了大量失地农民劳动力，让人们有了生计，看到了希望。生活有了保障，自然也就不再固守原来的生活方式，在社区着力营造文化氛围中逐步向城市生活转变。

如今的江欣苑已经不再是都市里的村庄了，可另一个问题却引起胡明荣的重视。江欣苑的孩子们从小过着城里人的生活，再不用像他们的祖辈那样面朝黄土背朝天地过活了，也渐渐地断了和土地天然的联系。孩子们不知道每天吃的蔬菜水果是从哪里来，也不知道香甜的米饭原来的样子。虽然成了城里人，但不能让孩子们忘了感恩土地和大自然的馈赠，更不能忘了勤劳实干的农民精神。为了让孩子们亲近大自然，胡明荣特意在社区幼儿园后面留了一块菜园，每个班的孩子都有一块土地可以在里面种上几种蔬菜。孩子们自己播种、浇水，观察着种子的变化，关爱小苗的成长，期待自己收获丰硕的果实。最后，在幼儿园的餐桌上，孩子们吃着自己的劳动果实，体会到了辛勤劳动后收获的喜悦，也对土地产生了更深的依恋。那是长江边小渔村披荆斩棘走向繁荣的路，也是大都市里新社区祖祖辈辈绵延不断的根。

在江欣苑社区内还有一个居民回忆室，其中一个名叫"社区转型之路"的展示厅中，陈列着渔网、锄头等当年村民们的谋生工具。这些看似普通的工具，却满含着村民们的集体回忆，记录着村转居的艰难与变迁，也代表着江欣苑人自力更生，同心协力，勤劳致富的奋斗精神。它时刻提醒着在城市社区长大的渔村后代，不要忘记祖辈筚路蓝缕的创业艰辛，更不要忘记感恩新生活的来之不易。

案例十四：鼓了钱包，富了脑袋[①]

"分得拆迁款后，一些居民常常赌博打牌，我看着心急，提出借助国家非遗传承园平台，发挥传统文化的作用，凝聚、引领和再造新型农民，组建了羽毛球协会、乒乓球协会、高龙表演艺术团等18

---

① 本案例部分内容参考程远州《武汉最大"村转社区"抓党建促转型：江欣苑，就这样成功变身》，《人民日报》2016年11月21日第9版。

个群众性团体，用文体活动将群众拉下牌桌。"胡明荣说。

现在的江欣苑社区，常年没有一起赌博案件。"既要富口袋，也要富脑袋。"江欣苑社区非遗传承园聚集了高龙、汉绣、刘泥巴剪纸、楚式漆器、武汉木雕船模等一大批入选国家及省级名录的非物质文化遗产项目及传人。原来一些居民没什么兴趣爱好，常常赌博打牌，社区借助国家非遗传承园平台，充分挖掘非遗文化内涵，提炼形成"高龙精神"正向能量，不间断开展表演活动，广泛发动群众学绝活、演绝技。近年来，社区高龙表演艺术团先后赴中国的北京、上海、台湾和韩国等地区和国家交流会演，"武汉高龙精神"声名远播。

"人管人气死人，制度管人只能管住听话的人，只有文化才能渗透人心。"胡明荣始终相信文化改造人的力量。江欣苑社区坚持贴近群众，开展小活动，利用小阵地，用居民喜闻乐见的形式丰富居民生活，提升思想境界，弘扬社会主义核心价值观。如今的江欣苑，一米之内有楼道文化，进门可学、出门可看；十米之内有文化休闲设施，可以读书还能健身休闲；百米之内有文化阵地，群众能自编自导自演，还可以宣传教育。除此之外，江欣苑还推出了"社区之歌"等文化品牌，《社区报》走进居民家中，先进文化成了社区主流。

再穷不能穷教育。胡明荣深知渔业村的发展限制就是吃了村民没有文化的亏。她在江欣苑社区成立了教育基金和奖学金，鼓励江欣苑的孩子求学上进，用知识改变命运。胡明荣承诺："只要你的孩子愿意读书，读到硕士、博士，都由集体出资。"免费教育的成果显著，在这一系列奖助学制度的激励下，江欣苑社区的学习氛围日渐浓厚，原来认为"读书无用"的家长们也转变了观念，支持孩子读书成才。

案例十五：千年高龙再现风采[①]

在中国舞龙的大家族中，汉阳高龙因其竖式舞法而独树一帜，

[①] 本案例部分内容参考郑因、冯慧、陈晴、周中华《转型与重构：大国治理下江欣苑社区创新样本解读》人民日报出版社 2016 年版，第 170—183 页。

是中国龙文化中的一朵奇葩。汉阳高龙高度在 5~6 米之间，重量一般在 50 斤以上，因其肩扛、肘托、头顶以及"口衔齿托"等"奇""险"绝技而著称，体现着力量、勇气和拼搏的奋斗精神。相传，汉阳高龙源于汉代的"鱼龙曼衍"，形成于唐贞观时期。在舞龙人间口口相传着高龙的传说：古时候，汉阳属云梦泽。唐贞观年间，中原大旱，龙王未依令降雨惹怒了玉帝，魏徵奉命在云梦泽用八卦剑斩杀金河老龙，为民除害。因此，舞高龙逐渐成为当地人春节时祭祀和庆祝的传统活动。

位于汉阳江堤乡的渔业村正是高龙的诞生地。1400 多年来，祖祖辈辈在亦农亦渔的生活中，默默传承着汉阳高龙的传统民俗，并形成了一整套完整的仪式文化。成为水乡人家世代传承的节庆仪式和精神寄托。胡明荣担任村长后，带领村民们艰难创业，巧妙地将汉阳高龙文化从本土的民俗活动打造成影响力拓展至海外的文化品牌，吸引了来自政府和企业的多方支持。江欣苑成立后，胡明荣又以"高龙文化"为载体，建立起非物质文化传承园，广纳荆楚名匠会聚一堂，组织社区居民学习非遗技术实现致富，并形成一条保育、传承、展卖的文化产业链，将文化育人与创业就业有机融合。

在胡明荣眼中，非物质文化遗产不仅是民族智慧与文明的结晶，是联结民族情感的纽带，更是村集体经济转型的文化产业的载体。作为汉阳高龙的发源地以及非遗文化传承园发展者，"千年历史""文化传承""独一无二"这样的文化标签不断强化着江欣苑人的自豪感与认同感。高龙代表的敢为人先、拼搏进取的精神，不但是江堤乡渔民子弟的文化基因，更是江欣苑居民走进新生活的幸福通途。

"文化领航法"是通过保育本土文化、强化家国文化、移植城市文化以及升级"非遗"文化等一系列社区文化建设，实现在"村转居"社区的乡土根脉上稳步移植现代城市文化和精神的目标，以文化促进社区居民生成转变的内生动力和可持续的发展有效路径。

四　学理依据及应用价值

（一）学理依据

1. 美国社会学家沃思（Louis Wirth）认为，城市化意味着乡村生活方式向城市生活方式发生质变的全过程。① 也就是说，城市化不仅是人口集中于城市的过程，更应是个体逐步接受城市文化的过程。但"村转居"这一被动的城市化过程并不会简单地因地域迁移顺势而成。与此同时，法国社会学家布迪厄提出了"惯习"的概念，用以描述人们在一定的场域内因已经内化了的规则和价值而形成的认识和行动的固定模式。由此也就增加了农民的市民化过程中个体行为和认知转变的复杂性。

江欣苑社区作为从乡土社会的农村社区到从现代社会的城市社区的过渡形态，兼具两者社区治理的特点与难点。胡明荣的"新市民植育法"正是通过保障民生福祉、保育地域性文化、培养现代文明生活方式等方法构建江欣苑社区内的生活方式、行为规范、共同价值、思想理念等，实现了在新的场域构建新的惯习，进而不断向全面市民化主动发展。

2. 费孝通在《乡土中国》一书中提出了"熟人社会"的概念，即在没有陌生人的社会里，人们对可靠性的认可并不依赖于法律的强制，而是来自对"亲缘""血缘"的依赖以及对传统和习惯的信任感。在长期稳定的居住环境和一成不变的生活方式中人们形成了一个具有高度一致性的亲密群体。随着城市化的推进，"村改居"不但使村落从空间上发生移动，而且使在血缘和地缘基础上形成的乡土社会的边界被打破，将生活在其中的个人重新组合成了一个新的陌生人社会。然而，由原江堤乡12个村重组而成的江欣苑社区并不是一个完整的"熟人社会"的延续，也不是如城市商品房小区一般的纯粹的"陌生人"社会，而是夹杂着区域性熟人群体的新的生活共同体。原子化的个体之间由于缺乏共同的生活

---

① 路易斯·沃斯：《作为一种生活方式的都市生活》，转引自张占斌《新型城镇化的战略意义和改革难题》，《国家行政学院学报》2013年第1期。

经历和群体认同而难以迅速凝聚，给新社区的治理带来挑战。而胡明荣的"新市民植育法"正是在此复杂情况下一种有益尝试。即通过保育共同乡土文化认同根基，构建新的"亲缘"、"地缘"和"业缘"联系，在"村改居"的生活共同体中重构"熟人社会"精神共同体。

（二）应用价值

"新市民植育法"是在城乡发展一体化背景下，对"村转社区"治理领域的"村民市民化"作出的创新性探索。江欣苑社区是在我国土地流转政策、户籍管理政策及"撤村并居"政策等共同推动下被动城市化而形成的过渡性社区。以党建引领、民生保障、精细服务、三治融合以及文化领航为精神内核的"村转居"转型治理工作方法，为我国新型城镇化进程中引发的"村改社区"如何完成集体经济向社区经济的转变；农村组织如何向社区组织的转变；农村公共服务供给如何向城市公共服务供给的转变[①]以及农民身份如何向市民身份转变等一系列转型社区必然面对的基层社区治理问题，给出了示范性的解答。

1. "新市民植育法"为破解"城中村"治理这一难题贡献出了一个可行性较高的操作方案。江欣苑社区党组织在从城中村改造到社区治理常态化的整个过程中，始终坚持党建引领，发挥"红色引擎"领导核心作用，专注于抓政治和抓服务两项主责主业。在思想政治、经济建设、民生保障和文化渗透四个方面，充分发挥了基层党组织全面统筹社区各要素的重要作用。通过"下先手棋、算明白账、吃定心丸、走长远路"等一系列细致的工作铺垫，顺利地解决了拆迁难、安置难、就业难、稳定收入难和管理服务真空等矛盾问题。

2. "新市民植育法"对推动集体经济滚动发展贡献了个性化思路。胡明荣始终坚持"以人为本"的新型城市化理念，以建立"村改居"后居民的民生保障长效机制为工作重点。面对因产业空心化导致失地、失业、失收的村民现状，通过摸清社区人力资本特征，发掘本土文化资源为集体经济发展找对路子；以非遗文化、房地产开发、物业服务等产业

---

① 于燕燕：《复合治理：社区治理的最佳路径》，《人民论坛》2016 年第 11 期。

为载体，激活了集体经济转型升级的全新形态和强劲动力；转变农民"等靠要"思想，充分发挥社区资源和内生动力，引领社区居民实现共同富裕。

3. "新市民植育法"为人的全面城市化建立了长效机制。这一方法的实践注重优秀本土传统文化改造与提升，在引导居民参与社区建设的过程中塑造社区共同体，培育新的集体意识。通过发掘和发展地域性民俗文化内涵，扩展"非遗"载体外延，将文化传承与产业发展融为一体，实现商业化运营与公益化营造相结合，将居民日常生活、就业创业平台与个人价值实现等结合为一体，打造民俗文化品牌，增强居民社区认同。通过发挥文化引领作用，营造现代人文环境，强化居民现代公民意识和行为。

五　专家点评

城市化进程规模的扩大和速度的加快，引发了学界对与此相适应的城乡基层社区治理应如何适应这种急剧而深刻的变革的思考。"村改居"社区实质是从农村社区向城市社区转型的过渡阶段，不仅兼具城乡两者的治理难点，而且所面对的现实困境和利益纠葛更加复杂。因此，对基层治理能力的要求也更高，且没有先例可循，唯有在实践中不断摸索前进。

习近平总书记对深入推进城镇化建设做出重要指示强调："要坚持以创新、协调、绿色、开放、共享的发展理念为引领，以人的城镇化为核心，更加注重提高户籍人口城镇化率，更加注重城乡基本公共服务均等化，更加注重环境宜居和历史文脉传承，更加注重提升人民群众获得感和幸福感。"而胡明荣的"新市民植育法"，正是在党建引领下对"村转社区"进行的以人为核心的现代化治理探索。通过集团企业的发展和文化意识的渗透将社区居民的生存基础、生活质量以及生命价值凝聚在社区命运共同体之中，不仅完成了从乡土社区到城市社区的空间物理转移，还实现了群体生存和生活方式的变革以及思维变迁，促进了社会关系网络的重建以及个人发展全面城市化和现代化的转变,增强了群众的获得感和幸福感。

点评专家:崔月琴,吉林大学哲学社会学院教授、博士生导师,吉林大学区亚明特聘教授。

六　胡明荣小传

胡明荣,女,中共党员。1961 年出生于河南省,后嫁到武汉渔业村定居。勤劳要强的胡明荣做过渔业村集体企业纽扣厂工人、渔业村广播员、渔业村出纳、渔业村会计兼副村长,直到被海选为渔业村第一任女村长。武汉市开展城中村改造项目后,渔业村与周围 10 余个村重组为江欣苑社区,胡明荣因在渔业村带民致富、造福一方的突出表现,成为江欣苑社区的党组织书记,现任武汉市汉阳区江欣苑社区党委书记、居委会主任,并兼任武汉龙洲置业有限公司董事长。从渔业村第一任女村长,到实现"村改居"华丽转型的江欣苑社区书记,二十余年来,胡明荣始终不忘为群众谋幸福的初心,在党组织的领导下不断攻坚克难,先后打赢了脱贫致富、拆迁还建、撤村并居以及文化产业转型等几场硬仗,带领群众实现从村民到股民,从股民到市民的完美蜕变。胡明荣为群众谋幸福,孜孜不倦,成绩斐然,曾荣获全国"五一劳动奖章"、全国巾帼建功标兵、全国妇联创先争优先进个人、中宣部百姓宣讲员、民政部首届社区大讲堂宣讲成员,武汉民生特别贡献奖先进人物、武汉十大杰出创业经济人物等多项殊荣。

1961 年,胡明荣出身于大别山区的一个农村家庭。虽然从小生活十分贫苦,但勤劳聪慧的胡明荣并没有被困难压倒,在有限的条件下她依然坚持读书学习。为了改变命运,22 岁的胡明荣从河南罗山嫁到武汉汉阳江堤乡渔业村。彼时的渔业村早已不复计划经济时期的富裕,面对着市场经济浪潮的冲击过着"吃不饱,也饿不死"的生活,但这样的日子相比老家的贫苦生活也已经是"人往高处"的选择。吃苦耐劳的胡明荣开始四处打工,在村里的油伞厂做工,需要徒手将伞插到桐油里面蘸料,冬天桶里的油都结了冰碴儿，手拉起来时时常被冰碴儿划破鲜血直流；在村办纽扣厂做工，每天忍受着高温和机器轰鸣，用模具将粉末压制成扣子，每天 8 小时，还要三班倒。趁着工余的时候胡明荣还到农场里帮别人挖土豆、挖红薯，挖 100 斤才赚一块钱。就是凭着一股韧劲儿，胡明荣用自己勤劳的双手一点一点地改变了家庭贫穷的面貌。

1985 年，当时渔业村的老书记相中了有高中文化水平的胡明荣，请她做村里的广播员。老书记让她写两篇文章，其中一篇就是《渔业村的未来》。胡明荣至今还记得她在这篇文章中大胆设想：希望有一天让渔业村能像上海、广州那样发展，实现分产到户，过上富裕日子。共同致富的信念早早就在她心中扎下了根。而担任广播员的胡明荣却因为河南口音遭到了渔业村部分村民的质疑，有人说："渔业村的人都死光了？搞个弯管子①当广播员"。胡明荣知道自己是个外乡人在当地人心中的印象不好，但生性要强的她没有认输，她把自己关在家里一个星期拼命读报纸，苦练普通话和渔业村方言，终于获得了村民的认可。后来，老书记又让胡明荣做村里的出纳，但出纳得会打算盘。胡明荣跑到新华书店去买了一本书从头自学，后来还参加了汉阳区党校组织的会计证考试，取得了 98 分的好成绩，顺利接任会计并兼任副村长。当上副村长后，胡明荣带领农民搞立体养殖，帮助村民先致富，得到了村民的广泛认可。

1998 年，是新中国村官的"海选"年，胡明荣以高票当选为渔业村第一任女村长。从此，胡明荣的用自己的智慧和拼劲担负起全村脱贫致富的希望。"要想富，先修路"，胡明荣利用汉阳高龙绝活的影响力成功吸引到相关部门的政策和资金支持，没花集体一分钱就修起了一条漂亮的马路；为了村集体经济的发展不怕困难和冷眼用诚意感动了企业老板，获得垫资开办了下马湖废旧资源回收厂，当年实现盈利；利用城中村优势，带领村委会班子大力招商引资，渔业村渐渐步入富裕行列。

2004 年，随着城中村改造的进程，渔业村下马湖废旧物资回收市场被征用，获得了 1732 万元的补偿款。这笔钱是胡明荣反复研读国家法律

---

① 当地方言，指说话南腔北调的人。

政策，跑土地规划局等相关部门，与新区建设投资公司反复研判一分一分为集体挣回来的。突然有了这么大一笔钱，穷怕了的村民们都说反正拆迁后渔业村就没了，干脆把这些补偿款分光。胡明荣亲眼见过其他村子把补偿款分掉后被村民挥霍一空，最后凄惨收场。因此，她坚持集体的钱一分也不能少！胡明荣书记在两委班子会上明确表态："为了父老乡亲们的长远利益，这笔钱不能分！"经村民代表大会集体讨论，这笔钱的用途：一是发放村民生活费；二是每位村民办社保、医保，解决村民后顾之忧；三是将剩余的钱用于发展村集体经济，组建武汉龙洲置业有限公司。然而，这样的良苦用心并没有得到所有村民的理解。一天夜晚，有村民开着摩托车在胡明荣回家的必经之路上撞她，幸好她躲避及时逃过一劫，但还是被撞伤了头。后来村里8个人实名举报说："胡明荣是河南人，因为老家太穷了，她到这里来不是要结婚的，是想骗钱的，当了村长想把这1000多万搞跑。"为此，检察院来到村里调查，召开党员村民代表大会，调查情况并反复检查了账本。最后请这8个人请到现场，当场公布了调查结果。检察院的工作人员告诉村民们，胡明荣不仅没有把村集体的钱转走，而且还发展扩大了集体经济。经过检察院的同志给老百姓算一个明白账，还了胡明荣的清白。那8个人连忙给她道歉。胡明荣却说："我不要你们道歉，你们监督我也是对的。这钱是大家的命根子，养命的钱不能拿去乱搞。我也不怕你去告，因为身正不怕影子斜！"后来，胡明荣带领班子成员用细致务实的工作为拆迁工作做好的铺垫，通过三次三榜公示分别确认了原始村民身份，评估了村集体经济产值以及认定了房屋面积，做到了人人无异议，创造了20余天拆迁600多户、20万平方米房屋而无一例上访的武汉速度。

2009年，渔业村与周边十几个村的居民重组还建于江欣苑社区，成为武汉市最大的农民还建小区，由胡明荣担任江欣苑社区书记和居委会主任。胡明荣带领新班子成员在党建引领下，以保障民生为基础，以文化重塑社区精神，巧妙化解转型社区的治理难题，实现了村民市民化的全面转型。如今的江欣苑已从当年负债200万元的贫困村变成了集体经济资产达30个亿、拥有128000平方米的门面、股民每年分红6万元的幸福城市社区。汇集了54项非遗项目的"高龙非遗传承园"，作为开办在社区内的国家 3A 旅游景区一年接待上万人，接待 100 多个国家的主流媒体。同时，独特的民俗文化和开放的传承体系，吸引着来自世界各地的爱好者前来拜师学艺。非物质文化为江欣苑带领了经济效益和社会效益的双丰收。

江欣苑社区从无到有，从小到大，从默默无闻到蜚声海外，离不开胡明荣书记付出和坚持。她刚强坚毅，始终坚守着带领群众致富的初心，在群众的误解面前仍然能为群众把好关，选好路。她一心为公，长年累月超负荷工作，她多次病倒在工作岗位上，即便是被确诊为癌症后，仍记挂着社区工作没有丝毫松懈。为了人民的利益，胡明荣总是冲锋在前，不辱人大代表的职责担当，推动了新区的建设和发展。为了培养后辈，胡明荣又甘居幕后，愿意主动退下来给年轻人更多的发展空间和更高的平台，自己在幕后发挥余热。胡明荣当年写的那篇《渔业村的未来》在她自己不懈的求索下终于实现了，30 年后的江欣苑已经成为人们生活离不开、情感离不开的精神家园。

第 十 章

"众人划桨开大船"：同心合力
共建美好家园

——宁波市鄞州区划船社区俞复玲工作法

俞复玲工作照

2011年7月，习近平同志（时任国家副主席）在"全国先进基层党组织和优秀共产党员、优秀党务工作者代表纪念建党90周年座谈会"上对俞复玲同志关于社区党委工作汇报进行点评："浙江省宁波市江东区百丈街道划船社区党委，带领广大共产党员倾心服务居民，全力化解矛盾，创新社区管理，社区打造成和谐幸福的美好家园，做得很好！"在俞复玲的带领下，历经18年的改造，划船社区焕然一新，先后荣获"全国文明单位""全国和谐社区建设示范社区"等多项荣誉,成为"管理有序、服务完善、文明祥和、和谐融洽的幸福家园"。①

长期以来,俞复玲躬行实践,始终将全心全意为居民服务作为社区工作的第一准则。面临社区规模大、情况复杂的现实困境,俞复玲意识到"一个人的力量毕竟有限,众人划桨才能开大船",继而开拓出一条"以党建引领为前提,居民服务为导向,社区居民为参与核心,组织参与为载体"的社区治理体系。联合驻区单位构建大党委联盟体,充分发挥党建引领,党员带头作用;拓展服务内涵,创新服务方式,充分满足居民需求,让居民以社区为家,社区治理靠大家。

一 产生背景

自党的十八大以来,以习近平总书记为核心的党中央对加快推进社会治理现代化做出一系列重要部署。多次强调"社会治理的重心必须落实到城乡、社区""城市治理的最后一公里就在社区",推动基层治理机制创新,提升基层社会治理和基本社会服务水平,成为新时期社会治理的实践趋向和重要挑战。

俞复玲所在的划船社区位于宁波市江东区(现为鄞州区)繁华地段,是老城区的老旧小区,其建立发展与宁波市的兴起发展一脉相承。宁波市位于东海之滨,以港兴市。历来是中外闻名的港埠。自改革开放以来,宁波依托港口迅速发展,开放包容的环境、充满活力的经济体制和重商的文化传统使得宁波民营经济得以迅猛发展。"20世纪80年代初的宁波市区人口增加了近一倍,工业产值增长70多倍,而可以用于城市建设的市区面积没有相应增加。"② 基于此,宁波市重新调整市区行政区划,扩大中心城区,余姚、慈溪、奉化撤县设市,鄞县撤县设区,划船社区正

---

① 2014年中宣部:《关于做好浙江省宁波市百丈街道划船社区党委书记俞复玲同志先进事迹宣传报道的通知》。

② 孙研:《改革开放以来宁波行政区划调整的历程》,《宁波日报》2016年11月14日。

是宁波快速城市化的成果。

与城市化进程中建设的新型社区不同，划船社区是一个具有深厚历史文化背景的地方。划船社区地处江东，相传东汉名医张仲景为避战乱，曾来明州（今宁波）的鄮西栎社一带隐居，著名的《伤寒杂病论》在此地创作而出。恰逢时疫，张仲景义务行医，救人不计其数，广受推崇。江东河道纵横，出行多以行船为主，后人为纪念张仲景，将他每次上下船诊病的巷子改名为"划船巷"，这也正是社区"划船"二字由来的典故之一。另一个与"划船"相关的历史源自北宋文官张峋。公元1067年，张峋任明州鄞县县令。任职期间，兴修水利，富农利民，把废弃的广德湖治理成灌溉良田两千顷的利国利民的水利枢纽。张峋去世后，百姓感其恩德，在栎木庙中塑像祭祀。"昔日，每逢农历二月十二日神诞期有二月赛会，栎木庙张灯结彩，菩萨出殿，说书演戏，还有龙舟竞渡，热闹非凡。"[1] 如今，岁月荏苒，沧海桑田，当初的河道已经填没，但是善行的精神一直流传，人们为了纪念这两位历史上的光辉人物，将此地命名为"划船社区"。除此之外，划船社区"卖席桥"和"荷花庄"都是与义举善行等相关的故事。自古以来，良好的助人为乐，善行善治之风在划船社区一带有着深远影响。

划船社区的前身划船小区始建于20世纪80年代初，是宁波市最早建立的几个小区之一。2001年，伴随城市规划改造，划船小区整合规划，与其余三个小区合并为新的划船社区。社区规模翻倍扩大，情况更加复杂，面向社区治理提出的要求也越来越高。目前，社区区域面积0.19平方公里，共有墙门（楼栋）275个，居民3891户，居民10420人。

随着城市发展外扩，人口逐渐外移，划船社区面临一定的发展困境。

1. 房屋老旧，因年代久远，房屋设施老化严重，屋顶漏水，墙皮斑驳，楼道杂乱，居民反映问题不断，且由三个老小区合并而成，房屋规划不统一，后期整治困难。

2. 基础设施陈旧，配套滞后，历史遗留问题较多，日积月累中问题逐渐恶化。以下水管道为例，划船社区地势较低，属于城区低洼地带，

---

[1] 陈武耀：《荷花庄》，《宁波晚报》2015年11月29日。

每逢梅雨和台风季节，排水不畅，洪涝灾害频发，居民苦不堪言。

3. 老年人口、外来人口和弱势群体等特殊群体多，伴随城市发展，年轻人和有钱人多向新区靠拢，作为老旧小区，划船社区老年人口比例高达26%以上。同时，位于宁波老城区，外来打工人口众多，社区出租户等外来人口占比不低。人口构成复杂，利益需求多元化，给社区治理带来新的挑战。

立足社区发展实践和现实需求，俞复玲探索出一条"众人划桨开大船"的社区治理之路。这既是对划船社区传统文化精髓的传承实践，更是对基层治理核心要义的精准把控。基层治理以服务群众为核心，其重点和难点是满足居民群众对美好生活的新期待。俞复玲立足"众人划船、共建和谐"的划船精神，提出"众人划桨开大船"，构建以党建引领为前提，社区服务为导向，居民参与为核心，组织参与为载体的共建共治共享的社区治理新格局。

二　界定及内涵

作为社区治理方法的"众人划桨开大船"，寓意着发挥集体力量，团结协作，劲往一处使，心往一处想，集中力量办大事。依据多年的社区治理经验，俞复玲提出"一个人的力量毕竟有限，众人划桨才能开大船"，"社区大小事务，光靠社工'一头热'肯定不行，必须让居民成为社区的主人。这就好比坐一条大船，只有大家齐心划桨，才能让船开得更稳、走得更远"。运用到社区治理层面，这意味着以社区自身为主体，主动搭建资源连接平台，联结社区外部资源，动员社区内部力量，实现多元主体共同推动社区治理，打造共建共治共享治理新格局。具体内涵体现为以下三个层面：

1. 建立社区资源连接平台，以资源活服务。社区联结多方资源，既是社区自身治理能力提升的实践需求，更是提升社区服务水平，满足社区居民等多重需求的重要保障。划船社区以党建为引领，构建区域化党建联盟体系，联合社区周边企业、社会组织、志愿者团队等多重资源主体，实现联动促发展。

2. 整合资源提供高水平服务，以服务动社区。首先，划船社区以区域化党建网格体系为基础，建立社区便民服务站，实施"错时上班"制度，提供全天候服务。其次，社区注重智慧化服务运用，建立"一库一线一系统"的智慧服务平台，实现居民需求与服务供给一键式高效对接。最后，激发社会志愿活力，发展志愿公益服务，为社区特殊群体提供精细化服务。一方面，以高质量服务换取居民对社区工作的认可；另一方面，以社区服务，促进社区居民联动，激发社区内生动力，促进社区居民参与自治的能动性。

3. 构建服务反馈监督机制，以监督优服务。社区优质服务的供给，既需要多重资源的保障，更需要灵活长效的监督机制。划船社区建立一体化民情收集、分析、处置、反馈和评议机制。实现民情及时了解、民意及时反馈、民需及时满足。推动社区服务优化，社区治理高效。

从联结多方资源，提升服务能力和服务水平，到以便民、利民、惠民的优质服务激发社区活力，再以服务反馈监督机制，及时查漏补缺，不断优化服务效能，形成共治合力。

三　具体方法及案例分析

针对不同的社区工作内容，"众人划桨开大船"工作法又可以具体拆分为以下几点工作方法和技巧。

（一）用心用情法

"用心用情法"，是俞复玲进入社区多年工作凝练的宝贵经验，也是她工作的真实写照。用心用情，认真倾听、耐心讲解、细心指导，像对待亲人一样对待群众，用真情真心温暖群众，保证工作的顺利开展。一方面，要在联系社区居民的过程中用心用情，以真心换真心，以真情换真情，让社区居民感受到社区为民办事的真心实意，让社区居民体会到社区站在居民角度考虑的真情。另一方面，要在服务社区居民的过程中用心用情，要本着办好事、办实事的原则，为居民提供真情服务，急居民所需，忧居民所忧，切实解决居民烦心事、操心事和揪心事。

俞复玲总结多年社会工作经验，将社区工作"用心用情"总结为四个方面。

1. 要有"真诚的心"，真心服务居民，为居民办实事。"再小的事，只要关乎社区居民，就是必须用心去做的大事"，只有真心实意为居民服务，才能得到居民真正的信任、认可与支持。

2. 要有"毛驴的腿"，勤手勤脚，深入基层。社区工作第一要勤劳，带着感情经常走，带着问题及时走，通过走街串巷深入居民生活中，了解居民的需求，发现社区的问题，把联系群众服务群众落实到实际行动中去。

3. 要有"婆婆的嘴"，不仅需要勤跑动，更需要勤开口。作为基层联系群众的第一线，社区服务居民不仅需要事情办得好，还需要能说会道的本领，既能够将党的政策传递给社区群众，同时要做好社区调解工作，化解居民矛盾，群众工作无小事，不厌其烦地讲解、劝说是社区工作的常态，"勤嘴"是社区工作必不可少的重要品质。

4. 要有"橡皮的肚"，忍得住委屈，挂得住笑脸。作为基层自治组织，社区的工作范围广，接触的群众多，应对的问题复杂棘手，社区工作难以取得百分百的满意度。面对故意挑刺和恶意诋毁的人，"你得有海量、能包容，听得了骂，看得了脸色，沉得住气"，能抵挡工作中的恶意声音，化解社区工作中的负面情绪，为群众真正解决问题，才能实现有效的社区治理。

案例一：开门与关门[①]

划船社区是一个由多个小区整合并拢的新社区，合并后社区范围扩大，情况复杂。首先面临的第一个问题就是，原有四个小区之间的门要不要拆？针对这个问题，社区征求居民意见，一部分居民表示支持，认为原有的隔门该拆，拆除隔门打通道路，方便来往出

---

① 本案例参考夏真、王毅：《小巷总理》，浙江文艺出版社2016年版，第49—56页。

行,"不拆门,到社区办事多难,还得绕个大圈子。"一部分人提出反对意见,认为原有小区隔门被拆除,增加了社区风险因素,不利于保障社区安全,"拆了门进了贼,你负责?"这一反对意见的提出,立即激发一部分支持拆门居民的矛盾不满,认为这种话是在暗示自己不怀好意,"你当我们都是贼骨头?不开?好,那我就放垃圾桶"。看着臭气熏天的垃圾桶被挪到隔门旁,两边矛盾进一步激化升级,"要不要开门"瞬间由社区便民活动意见征集升级为一触即发的居民矛盾纠纷。

看到这一情况,俞复玲反复给双方居民做思想工作,前前后后调解了几个月的时间,终于说服一方同意将门打开。但是,矛盾并未就此化解,这扇门开了一段时间后又被关闭,另一方又吵了起来,"说得好好的开门,你怎么自说自话又赖了?好,我给你(锁)敲掉。"俞复玲赶紧出面制止,好言相劝:"你们别敲了,这样会使矛盾恶化的,我们再去做工作。"于是,她又去跟关门的一方沟通,"你们白天打开晚上关吧,这样既不影响你们安全,又不影响他们走路。人家也挺不方便的是不是?"在多次协商后,双方最终达成一致意见,各退一步,这个门终于在白天打开了。随着时间的流逝,打开的门没有产生任何不良影响,渐渐地晚上也不再关闭,两个小区间的门就这样打开了。

有些门要打开,有些门却要关上。打开一部分门是为了方便居民出行办事,关闭一部分门也是为了社区安全考虑,因为社区没办法派出那么多的保安进行治安维护。另外,社区对外开放的门越多,开进社区的外来车辆越多,停车位矛盾越发突出。当然,关门和开门一样都不是那么简单的事情。为此,社区召开听证会,支持的居民表示,确实该关门,"关了门安静又安全"。反对的居民表示,关门给我们的生活造成不便,"关了门,我的车要绕过去才能开进来,说不定绕一圈下来,停车位都没了"。还有一部分居民表示,可以关门,但是应该关别人家前面的那道门。几方代表各自坚持不同意见,相互争吵,无法达成一致。

针对这一情况,俞复玲带领工作人员逐户走访,挨家挨户开展思想工作，先做通一部分人的思想工作，再做通另一部分人的思想工作，最后召开听证会。俞复玲跟大家讲明其中的道理："不要以为是我在出难题，我是为了你们生活的安宁需求。一是社区门多了不安全，进出人杂难以管理；二是你们担心停车位不够，门开着，外面的车子都开进来占了我们社区居民的资源，不是更紧张了吗？是非得失，你们要想明白。门关还是不关，最终听你们的。"说透道理讲清缘由，终于将居民说通，同意关门。然而，解决了居民之间的意见分歧，社区内的一家企业单位对社区的决定提出反对意见，"关了门，我们进出车辆不都要绕圈子了？不能关"。负责执行"关门"决定的社区主任碰壁后回社区找到俞复玲说明情况："那家的企业负责人很厉害的，这门关不成。"听闻情况，俞复玲没有退缩，继续想办法做工作。俞复玲找到那家单位主管局长，把事实情况阐述清楚："你们不方便，不就是多踩一脚油门吗？但是我们居民安全了许多，这是我们全体居民大会通过了的，请你们支持。"局长听完后，知道单位在社区下辖范围内应该尊重社区工作决定，也理解社区工作的不易，对社区的决定表示支持。最终，社区成功地关闭了计划内的几道门。

案例二：有事来找我①

"有事来找我"是俞复玲来到划船社区后对社区居民做出的承诺。为了兑现自己的承诺，俞复玲一直用实践行动做表率。划船社区作为宁波老城区的老旧单位小区，社区治理面临的一个重要问题就是下岗职工再就业。社区里有一个大哥，突然成为下岗职工，随之而来的是夫妻不和，家庭矛盾突发，这样的家庭状况促使他对社区产生不满，并跑到社区吵闹。

有着同样下岗经历的俞复玲对他的经历表示同情和理解，针对这一情况，她冷静处理，用心用情，开展调解工作。俞复玲跟他沟通："我理解你，我也是个下岗工人，知道这种事碰上了，谁的心里都不好受，但你别老是朝我们发火，居委会没有分配工作这个权力，

---

① 本案例参考夏真、王毅《小巷总理》，浙江文艺出版社2016年版，第57—60页。

也没有这个职能，我可以帮你介绍工作，但你不要挑挑拣拣，第一步是先要解决吃饭问题，然后再解决择业问题。面子要不得。你也可以选择自主创业，你有什么好的想法，我们一定帮你。"做通了他的思想工作，俞复玲又去做他老婆的思想工作："阿姐，下岗是大势所趋，不是他的错。男人没了工作，心已经够烦的了，你不要火上加油，不要老是唠叨个没完没了，你要鼓励他，你越是骂他，关系越是恶化，他也越是心烦。"

调解完夫妻双方的关系，解决问题的根本——再就业，俞复玲四处联系工作单位，询问是否有职位空缺，甚至成立了一个为民活页服务社，将待就业的居民信息和收集到的求职信息汇编成册，一旦有招聘信息，及时通知居民前来根据自己的特长做选择。除此之外，社区通过为民活页服务社联系一些外贸加工业务，为居民提供一些小零活补贴家用，缓解经济压力。通过社区的努力，为民活页服务社为很多人解决了就业问题，2010年，划船社区被评为首批国家级充分就业示范社区。

用心用情是俞复玲多年为人处世的基本原则，也是开展社区工作的行为准则，用"真诚的心"服务居民的事，用"婆婆的嘴"温暖居民的心，用"毛驴的腿"深入居民的家，用"橡皮的肚"包容居民的怨。近二十年的社区工作经历中，俞复玲始终扎根在最基层，工作在第一线，用心用情为居民提供更好的服务。

（二）墙门自治法

"墙门自治法"是以居民自治为核心的社区基层治理实践运用。"墙门"是宁波方言中社区楼道的说法，"墙门自治"即以墙门为单元，建立"墙门自治委员会"，每个楼道选出墙门代表及墙门宣传员、卫生员、安全员、调解员等"一代四员"，把墙门打造为社区与居民沟通联结的桥梁，居民邻里间的小矛盾、小纠纷由自治委员会进行调解，把问题解决在墙门内，实现墙门自我治理。划船人秉承着"众人划船、共建和谐"的划船精神，通过打造墙门文化凝心聚力，以墙门为单位，成为社区治理的微单元，实现墙门自治发展助力社区美好建设。

2009 年，划船社区建立了邻里互助中心，完善了《划船社区志愿者服务管理办法》，着力打造志愿服务一体化、服务项目专业化的志愿者品牌队伍。做到统一管理、统一培训、统一标识、统一行动，形成了党员为主体，群众全方位参与的工作格局。目前社区共有三千余名注册志愿者，居民参与志愿服务率超过 80%，已形成墙门志愿服务小组、特色服务队、居民志愿服务的三级志愿服务网络，覆盖教育、文化、治安、环境卫生、法律援助、守望相助等居民生活各方面，形成"事事有人管，人人有事做"的良好局面。40% 的居民依托邻里互助中心，开展互动服务，齐心协力解难事。

1. 党员带头。实施在册党员"一代四员"、在职党员"一员双岗"两项制度。在册党员编入相应的网格党支部和墙门（楼道）党小组，担任墙门代表及墙门宣传员、卫生员、安全员、调解员"一代四员"。在职党员编入联络片组、联络小组，在本职敬业岗、为民奉献岗的"一员双岗"中亮身份、践承诺。实行党员参与社区服务情况分类量化积分管理，考核结果作为党员先锋指数评定的重要依据。[①] 俞复玲提出"将支部建在楼群"的口号，社区在每个楼宇建立一个党总支，12 个楼群建立了党支部，39 个楼道建立了党小组，由党员组成的网络遍布社区各个角落。

2. 文化提炼。通过墙门文化提炼形成良好的社区文化氛围，进一步打造社区、墙门和家庭和谐共融的文化环境。个体在社会中的行动往往受到各种因素的影响，社会学家布迪厄认为人的行动会被行动会被行动所发生的"场域"影响，这里的"场域"是指由不同社会客观关系构成的网络所建立的社会实践空间，文化是形塑"场域"的重要因子之一。划船社区以墙门为单位，提炼墙门文化，将墙门中大小好事以文艺作品的形成进行宣传，宣扬墙门正能量，营造真善美的社区文化氛围。在此基础上，建立墙门指标评价体系，墙门自治委员会对墙门自治情况进行评选，授予表现优异的墙门荣誉称号和治理经费奖励。目前，划船社区的墙门文化的理念是

[①] 民政专题：《浙江省宁波市鄞州区百丈街道划船社区工作法》，中华人民共和国民政部，2018 年 12 月 11 日，http://mzzt.mca.gov.cn/，2020 年 1 月 11 日。

"做一个使人快乐的人",倡导邻里互助,邻里和睦。

3. 志愿互助。在共产党员带头引领和墙门文化氛围的熏陶感染下,成立规模可观的志愿者队伍。以"七彩人生"为主题,组建红色扶贫帮困、橙色青春助跑、黄色治安巡逻、绿色生态环保、青色法律维权、蓝色家电维修、紫色卫生保健等7大类志愿服务团队,每月8日为"阳光八号"志愿服务日,每年3月为志愿服务月,开展各类志愿服务。建立志愿者服务档案,实行服务积分兑换,年底开展"志愿先锋"评比。[1] 以社区志愿服务促进社区自治,实现社区由"管理"到"服务"再到"自理"的转换。

案例三:4幢的阿兰姐[2]

阿兰姐本名叫陈银兰,是荷花一村4幢西墙门的墙门组长,也是划船社区第六党支部支部委员,是俞复玲组建起来的为民服务的楼道党员队伍中的一员。她与社区的中风老人邬大爷建立结对帮扶关系已经十多年了。

邬大爷由于患有轻微的老年痴呆,生活上各方面都需要照顾。自从阿兰姐与邬大爷建立帮扶关系,阿兰姐成为老人生活中不可缺少的依靠,无论是生病吃药,还是日常生活,老人都会向阿兰姐表达诉求寻求帮助。老人经常无端担心儿子会离自己而去。因此,一旦儿子晚上没有回家,老人就会在深更半夜出去寻找,同时还会向阿兰姐求助,一边跑一边大喊阿兰姐的情况时常发生。在老人的心中,阿兰姐是能够帮他解决一切问题的存在。同样地,在阿兰姐的心中,邬大爷已经是自己的家人,听到求助的阿兰姐一定会第一时间赶赴老人身旁,将他领回家,帮助他稳定情绪。阿兰姐对老人的帮扶,不仅仅是对日常求助的回应,更是设身处地地为老人着想。以帮老人买药为例,考虑到老人的经济情况,阿兰姐为老人买药都

---

[1] 民政专题:《浙江省宁波市鄞州区百丈街道划船社区工作法》,中华人民共和国民政部,2018年12月11日,http://mzzt.mca.gov.cn/,2020年1月11日。

[2] 本案例参考夏真、王毅《小巷总理》,浙江文艺出版社2016年版,第202—203页。

舍近求远跑到更便宜的药房，甚至多次为老人垫付药费。

阿兰姐的热心举动被每一位墙门居民看在眼里，并深深地影响着大家。邻居激动地评价："我也学着她经常做好事呢。我们一个墙门的人都在学习她。"

案例四：墙门大动员

划船社区的每一个墙门都有自己的墙门口号，建立各自的特色墙门文化，并为墙门命名挂牌。"思源楼"取自居民鲍澄文老人的诗句"落其实者思其树，饮其流者怀其源"；"同心楼"的意味着居民要一条心一股力；"利群楼"的含义是要做有利群众有利他人的事情。以墙门为单位开展的活动丰富多样，墙门年夜饭就是每年必不可少的一次大活动。

自1996年起，35号墙门就在楼长刘敏仙的发动下组织"墙门年夜饭"，每年墙门里的12户人家都要派一名代表来组织墙门年夜饭，而且每户人家要带上两个菜，邻里之间通过年夜饭的互动增进情感。在"同心楼"的影响下，墙门年夜饭开展的范围越来越广。如今，每到过年的时候，很多个墙门都自发组织年夜饭活动，居民聚在一起吃年夜饭，聊聊家常，互通有无。"这种饭吃着吃着，大家都对彼此更加了解了，慢慢地吃着吃着就互相帮忙了。"

除了墙门自组织的年夜饭活动，社区带头策划的精神文明成果展演也是一项重头戏，对划船社区的居民来说，这台文艺会演是家喻户晓的"小春晚"。自2005年划船社区被评为"全国文明单位"以来，这样的草根"春晚"社区举办了15年，每位表演者都是社区居民，他们把自己的故事搬上舞台，通过自导自演把划船的故事演绎出来，向外传递着划船人的精神理念。社区之歌《众人划桨开大船》《邻居甜蜜蜜》，快板《三清单》和小品《守门》等众多文艺作品，从多个方面反映着划船社区的社会生活和精神风貌，传递着社区满满的正能量。

案例五：周五帮办[①]

[①] 本案例参考夏真、王毅《小巷总理》，浙江文艺出版社2016年版，第211—213页。

"周五帮办"是专门为老年人提供帮助和代办服务成立的一个志愿者组织。每逢星期五，有需要的老年居民可以去社区邻里中心，将办证缴费需要的材料拿到邻里中心交给工作人员，工作人员一一记录，根据老年人的不同需求，及时安排人员提供帮助。阿毕姐是这个志愿服务组织的负责人。

阿毕姐是土生土长的划船人，乐于助人的品质让退休在家的她积极投入到社区的公益事业当中。俞复玲将"周五帮办"的事情交由阿毕姐负责，她立即将"周五帮办"搞得热火朝天，她几乎成了"社区110"，随叫随应。社区里有老人在公园锻炼时突然昏倒，居民告诉她后，她立刻赶去将老人送去了医院。社区里一位90多岁的老人出门忘记带钥匙，回不了家，找到她帮忙，她立刻想着联系老人的儿子利用备用钥匙解决问题。但是，老人却不记得儿子的电话，周边邻居也没有老人儿子的联系方式，如何联系上老人的儿子成了解决问题的关键。最终，多方打听，她得知老人的儿子曾经为社区内的一家商店送过货，通过这一消息，赶赴社区商店，找到老人的儿子留下的电话，联系上他儿子，让他回来帮老人开了门。

除了应对个别老人的紧急需求，"周五帮办"还组织志愿者针对一部分老人的固定需求开展服务，如"帮耳朵"。社区里有一部分退休老人，年纪大了，眼睛视力下降，但是很喜欢看书读报。根据不同老年人的阅读需求和人数规模，志愿者团队不定期开展为老年人读书读报活动，一个月两次或者一个星期一次，有针对性地开展固定需求服务。

墙门自治是俞复玲将划船社区助人为乐的文化基因与社区治理实践的精妙结合。从党员带头示范，将支部建到楼群，形成社区党员网格化服务；到提炼墙门文化，强化社区人文关怀，形成互帮互助的和谐氛围；最后，通过志愿服务常态化，促进熟人社会再造，激活社区自治动力。在俞复玲的眼里，划船社区就是一个墙门里的温暖大家庭，墙门自治就是划船社区迈向共建共治的第一步。

（三）服务为本法

所谓"服务为本法"，是指把服务群众作为社区建设的核心内容，加强社区服务设施建设、综合信息平台建设和专业服务队伍建设，形成政府公共服务、居民志愿互助服务、商业性便民利民服务相结合的社区服务体系，通过服务打造社区治理的金钥匙。党的十八大以来，以习近平总书记为核心的党中央坚持以人民为中心的发展思想。落实到基层治理，要以居民需求为导向，开展精细化、特色化、优质化社区服务，提升居民满意度、幸福感和归属感。划船社区在党建引领为核心的前提下，社区两委为辅助，充分拓展社会资源，实现组织承接，动员居民参与，让居民群众自觉投入到对公共集体生活的联动治理中来，开展了以下六项特色服务。[①]

1. 区域党建服务，是在建立区域化党建网格体系的基础上深化基层党组织服务功能，推行网格建支部、楼道建小组，在辖区"两新"组织中建立楼宇和"五小企业"党组织，在社会组织中建立功能型党组织，在物业领域建立物居联合党支部，形成广泛覆盖的区域化党组织体系。实行社区"大党委"联合制，党委领导，党员带头，密切联系群众，贴心服务群众。

2. 综合便民服务，是建立以承接政府公共服务职能为主的社区便民服务站，通过设置问询平台、电子显示屏、触摸屏等智能化信息设备，以及公开岗位职责、服务承诺、业务流程等便民操作，为社区居民提供一站式、便捷化服务；通过实行首问责任和错时上班制度，实现365天全天候服务。

3. 智慧信息服务，是建立"一库一线一系统"的智慧服务平台。"一库"，即服务需求信息库，分类采集社区居民数据；"一线"，即开通87680000服务专线，实现服务对象与智慧服务平台的实时互通；"一系统"，即服务需求收集处置智能系统，为居民提供家政便民、物业维修、

---

① 民政专题：《浙江省宁波市鄞州区百丈街道划船社区工作法》，中华人民共和国民政部，2018年12月11日，http://mzzt.mca.gov.cn/，2020年1月11日。

医疗保健等 10 大类专业化服务，形成居民电话点单、服务平台自动派单、服务团队高效跟单、服务对象即时评价的信息化服务流程。

4. 社会公益服务，是建立社区邻里互助中心，培育公共服务、社会救助、文体活动、学习教育等 4 类社区社会组织，引导居民参与教育、助老、济困、普惠 4 大类公益项目。同时依托社区邻里中心，对接政府扶持和爱心企业资金，开展公益创投活动，让专业社会组织开展社区社会服务。

5. 特色精细服务，是针对辖区 7 类特殊群体提供个性化服务：针对老年人的"养老服务中心"日托、医疗保健、人文关怀等服务；针对失业群体的"为民活页社"就业支持服务；针对贫困群体的"爱心超市"低价或免费物品支持服务；针对残疾人群体的"阳光乐园"文体娱乐、康复医疗、心理咨询等服务；对青少年群体的"四点钟学校"教育支持服务；针对外来务工群体的"新宁波人之家"政策咨询、就业指导、法律维权等服务；针对社区矫正群体的"天音矫正工作室"个案辅导、家庭探访等服务。除此之外，针对社区常见的矛盾纠纷问题，建立"老娘舅"调解室、姐妹"话聊"室等特色服务室，将矛盾纠纷化解在萌芽状态。

6. 共享文化服务，是建立在社区传统文化精神传承的基础上，积极培育社区草根文化，弘扬社区正能量。社区以家庭为细胞，深入家庭文化塑造，开展"八心九情进千家"活动，"八心"侧重于社会公德，即尽心服务居民、爱心扶助老弱、热心对待邻里、美心净化环境、专心开创事业、信心留给自己、诚心献给社会、同心建设社区；"九情"侧重于家庭美德，即父母养育情、儿女孝顺情、长辈关爱情、婿媳敬老情、兄弟手足情、姑嫂姐妹情、夫妻连理情、妯娌和睦情、亲属同根情。从家庭入手，引导社区居民形成正确的价值观念。以墙门为单位，提炼墙门特色文化，开展特色墙门创建并挂牌命名，制作邻里守望卡，定期组织和睦邻里节，开展"邻里学、邻里情、邻里帮、邻里和、邻里乐、邻里颂"主题活动。以社区为平台，搭建社区文化共建共享的文化服务共同体。创作社区之歌和社区赋，建立社区文化长廊，每年开展精神文明成果展演，营造良好的文化教育宣传氛围。

案例六：一波三折的社区食堂[①]

作为老旧小区，老年人口占比高是划船社区的特征之一。2004年春节前夕，俞复玲在走访老年居民的过程中细心地发现，老年群体吃饭问题是个急需解决的大问题。"一个老人家怕麻烦图省事，煮了一大锅的大头菜，准备连续吃个三四天。"走访结束后，这样一锅黑乎乎的大头菜始终印刻在俞复玲的脑海中。"老年人这样吃饭，既不健康，又没营养。"如何解决老年人的吃饭问题成为她心中记挂的一件事，创办社区食堂的想法也由此诞生。于是，在筹谋规划下，在社区居民楼二楼的一间空屋子，也是社区居委会的一个活动室，创办了初代社区食堂。食堂服务于70岁以上的老年群体，收费五元，一荤一素一汤，一周不重复。85岁以上及不能走动的，加一元钱，社区提供全年不间断送餐服务。社区食堂的创办为居民带来了福利，同时也产生了一些矛盾。食堂办在居民楼中，油烟多，气味重，卫生状况堪忧。进出人口太多，存在安全隐患。老年人两眼昏花，常有按错门铃事件发生，住户不胜其扰。

俞复玲只得积极向上级领导部门反映，最终在百丈街道的支持下，在划船社区内的江东福利院内腾出10平方米的房间开设了二代社区食堂。二代食堂解决了上述的部分问题，但是由于场地过于狭窄，老年人只能取餐带走，不能堂食就餐。这极大地限制了社区食堂的发展空间，不利于进一步深化开展居家养老服务。于是，几年后，俞复玲又开始想办法。正好，临近社区西大门的地方有一排平房，面积约280多平方米，产权归宁波市第十八中学所有，平时用来出租。出租带来的一系列的治安问题，成了社区文明建设的一个老大难。俞复玲向街道汇报，想要租借这里的房子，一来解决社区文明建设问题，二来可以用作居家养老服务中心和残疾人活动中心场地，满足居民的迫切需求。这个想法的提出获得了街道领导的支持，第三代社区食堂也在俞复玲的精心规划设计下诞生。扩大规模后的

[①] 本案例参考夏真、王毅《小巷总理》，浙江文艺出版社2016年版，第109—114页

社区食堂，吸引了更多的老年人，由最开始的十几个人到六十多个，社区食堂获得了越来越多人的认可。

案例七：梦工坊[①]

特殊人群中残障人士是一类需要更多服务关照的人群。划船社区中持证的残疾人士就有一百多名，未持证残疾人士尚未得到准确统计。如何帮助残障人士是俞复玲开展社区工作的一项重要内容。划船社区有一位爱种花的能人，叫王伟，是一位精神病患者。由于患病的原因，王伟没有工作，一直赋闲家中，四处游荡。2003年，母亲生病过世对他的精神又造成一次沉重打击，犯病次数增加。父亲脾气急躁，不知如何与患有精神疾病的儿子相处，两人经常在家争吵甚至大打出手。吵架进一步刺激王伟的病情，他会跑到街上寻衅挑事，与人争吵打架。

尽管患有精神疾病，情绪不受控制，但是遇到俞复玲他是会收敛的。因为在他心中俞复玲是像母亲一般的存在，生活上，俞复玲为他申请了临时救助、低保，逢年过节社区送来粮油；精神上，俞复玲给予关怀和开导，使得他的内心获得平静，发病的次数也逐渐减少。见此情形，热心的社工希望通过社区活动，帮助他进一步改善病情，于是动员他参与唱歌活动，结果却适得其反。唱歌活动的确让他开朗起来，但是由于精神过度兴奋，他无法控制自己的唱歌时间，一开始唱歌就停不下来，不分昼夜，家人只好将他送到宁波精神病医院进行诊治。出院后，他捧着水仙花前往社区找到俞复玲，向她表示感谢。俞复玲心里很过意不去，对他说："你家这么困难，还买什么花啊！"他回道："俞书记，这花不是买的，是我自己养的，我爸很会种花，我从小就看会了。"正是这样的小事启发了俞复玲，要为这些有才有艺的残障人士做点什么，为他们创造一个劳动的机会，自我创造价值，帮助他们重新融入社会，重塑信心。

深思熟虑后，俞复玲找到百丈街道书记，表达了自己想要创办残疾人服务中心的意愿，既为残障人士提供医疗康复服务，又为他

[①] 本案例参考夏真、王毅《小巷总理》，浙江文艺出版社2016年版，第81—83页。

们提供创业就业机会，帮助残障人士重新融入社会正常生活。她的想法获得了街道书记的支持，梦工坊——助残综合服务中心应运而生。梦工坊的一项业务就是王伟的花卉超市。他可以自己种植花卉，通过社区宣传渠道扩大销售量，赚取一定的收入。超市每个月有四百元左右的收入，金额虽然不多，但是能够帮助他在稳定病情获得精神抚慰的同时重塑自信。

目前，梦工坊的项目不断扩展，社区通过对接爱心企业和共建单位，包括与江东区著名的"喜憨儿"专卖店合作，组织多项来料加工，如手工艺品包装、电池后盖装配等简单的零活。同时承接一些服装缝纫加工业务，如修补衣物、裤子修改等工作，以及组织轻度精神病患者和照顾他们的家属开展手工制作培训，一方面提高就业能力，另一方面有助于患者开展康复训练，家属缓解精神压力。

服务为本是俞复玲从辖区居民切身利益出发，结合社区发展实际，探索出的一套服务善治工作法，是划船社区"365社区服务工作法"的核心内容。俞复玲认为最好的服务就是最好的管理，在她的带领下，划船社区回归服务本位，不断增强社区服务意识，细化社区服务内容，优化社区服务质量，把为居民提供最好的服务当作社区工作的首要任务。

（四）民情为先法

"民情为先法"是坚持"以人民为中心"的发展理念，贯彻执行"相信群众，依靠群众，从群众中来，到群众中去"的群众路线的社区工作导向。"民情为先"是指基层社区工作要以民情为前提，关注民情，传达民意，服务民生。一方面，要做到深入基层，关心民情，了解民情；另一方面，要做到及时回应，处理民情，反馈民情，接受民情监督与评议。近20年的社区工作经历，俞复玲写了40余本民情工作日记，并带领划船社区工作团队形成系统化民情服务处理工作机制，深入了解民情、充分反映民意、广泛集中民智的决策机制，推进决策科学化民主化，提高决策水平和服务效能。主要内容包含五个方面[①]：

1. 民情收集机制：实行"一日两巡五访五问"工作机制。"两巡"，即早巡和晚巡，社区工作者做到包片区域必巡，社区组织负责人做到主干道和人群集聚区必巡，做到一事一记；"五访"，即新迁入家庭必访、重大变故家庭必访、上访群众家庭必访、新近失业居民必访、生病住院居民必访；"五问"，即困难居民必问生活情况、独居老人必问身体情况、失业人员必问再就业情况、退休人员必问适应情况、矫正人员必问思想情况。辖区内"两代表一委员"每月到社区党代表工作室开展1次接访，每季度参加1次组团接待。

2. 民情分析机制：建立日碰头、周研析、月会商、季恳谈、动态听证等工作机制。日碰头，即社区党委书记或社区居民委员会主任每天召集社区工作者，讨论分析巡访中发现的问题。周研析，即每周召开案例分析会，讨论难点个案，研究解决办法，比较典型的编入工作案例集。月会商，即每月月底召开社区"两委"联席会，由社区"两委"班子共同商量安排社区事务。季恳谈，即每季度召开社区党建共建联席会，由社区党组织书记牵头，社区"两委"班子成员参加，视情邀请街道、物业公司、驻社区单位等参加，对难点问题进行集体讨论、民主恳谈。动态听证，即社区重大事项实施前，进行动态听证，进行必要性和可行性评估，讨论通过后予以实施。

3. 民情处置机制：民情处置一般运用限时办结、归口办理、多方协调等三种形式。可马上办结的事项，由包片社区工作者限时办结。经分析讨论需跟进办理的事项，分综合服务、突发紧急、矛盾调处、基础建设等四类，建立办事档案，通过个人领办、单位承办、组团协办进行处置。需多方协调解决的民事纠纷、利益冲突等，召开社区事务协调会，召集当事人、包片社区工作者、社区民警、法律志愿者等协商调解，提出解决方案。

4. 民情反馈机制：民情反馈主要包括动态、专项、跟踪、预约、网

[①] 民政专题：《浙江省宁波市鄞州区百丈街道划船社区工作法》，中华人民共和国民政部，2018年12月11日，http://mzzt.mca.gov.cn/，2020年1月11日。

络等五种反馈形式。动态反馈,对经社区"两委"联席会议通过的事项,通过居务公开栏实时公示办理时限、进度和结果。专项反馈,对经民主听证会通过的决议事项,通过居务公开栏、社区通报会等全程专题公开。跟踪反馈,对需延期办理的事项,向社区居民报告延期原因和进展情况,并持续跟踪了解、及时反馈。预约反馈,对行动不便的当事人,进行上门告知。网络反馈,指定"社区网络发言人",通过微博、QQ群、论坛等,及时回应居民关切。

5. 民情评议机制:民情评议主要包括一事一评、季度评议、年度述职等三种形式。一事一评,即实施重大事项回访,请当事人对办理过程、办理结果、办事态度等进行满意度测评。季度评议,即每季度末召集党员代表、居民代表和驻社区单位代表,举行社区工作评议会,通报工作完成情况、存在问题等,听取意见建议。年度述职,即每年年底召开社区居民代表大会,社区党委、社区居民委员会作年度工作报告,社区工作者就年度工作任务完成情况进行述职,参会人员对社区整体工作和社区工作者德能勤绩廉表现进行测评,测评结果与社区工作者评优评先挂钩,作为社区改进工作的重要依据。

案例八:"背街小巷"大改造[①]

划船社区建立时间较早,基础设施老化陈旧,社区经常发生下水堵塞等问题。俞复玲来到划船社区后多次向上级政府部门反映情况,要求政府财政投入,改造老小区设施。俞复玲的提议获得了区政府和街道的全力支持,2007年,政府决定投入2000多万元,对划船社区进行"背街小巷"改造。作为宁波市第一个改造的背街小巷,这项决议引发社区上下轰动,全民热议。然而,俞复玲知道,这项利民工程要开展还有大量的工作需要完成。"线网要重新布置,道路要重新设计,绿化要重新整合,每个楼道都要开膛破肚。"涉及近4000户居民的切身利益,不可避免会产生大量矛盾冲突。"有车族希望获取更多的车位,老年人希望规划更多的活动空间,低层住户希

---

① 本案例参考夏真、王毅《小巷总理》,浙江文艺出版社2016年版,第47—48页。

望移走窗外的大树改善光照情况。"如此，各类人群分别提出自己的需求，如何在最大限度地满足居民需求的同时完成高质量的改造工程，对俞复玲的社区工作提出了高度要求。

为了做好这项大工程，在前期准备阶段，俞复玲就坚持深入居民，问情于民，先后四次组织街居干部和社区居民代表去杭州等地参观取经，征求意见。在实地考察后，所有墙门逐一召开听证会、恳谈会。"那个时候，早中晚都在开听证会，40多幢居民楼开了60多次听证会，总共听取采纳居民三百多条意见。"这样"白加黑"的民情收集工作维持了近一个月，保证了每一位社区居民都有反映需求的机会。

随着项目推进到工程设计阶段，俞复玲请现场指挥部在社区开设宣传栏，向居民公开规划涉及、项目内容标准和施工具体方案等等，社区积极收集居民意见向施工方进行反馈，使得施工方案获得群众意愿、政府规划和专家意见"三统一"。开始施工，社区调整工作时间，实行"朝7晚9"错时工作制，一天14个小时，争取施工时间内社区工作人员一直在场。包片干部每日走访，及时了解情况，并设置"背街小巷改造民情日记"，详细记录居民反映的意见和建议以便及时反馈。俞复玲本人24小时开通手机，第一时间处理相关问题。

在几个月的沟通协调下，社区的工作态度得到了居民的真心认可，改造方案一次性通过，原本计划两年完成的改造工程最终八个月顺利竣工。改造全程"零上访，零纠纷"。背街小巷改造集中体现了划船社区以民情为先，民意为重，民生为大的工作思路，实现问情于民、问计于民、问需于民，有效保障社区居民知情权、参与权、表达权、监督权，实现居民满意度和社区工作效率的互促共进，进一步提升社区凝聚力，推进构建和谐社区。

以俞复玲为代表的划船社区在基层治理实践中探索和提炼出的"365社区服务工作法"中的重要一部分就是对民情机制的提炼总结。划船社区坚持以居民参与为核心的社区治理模式，必然要求对民情民意的及时反应和快速回应。这一系列的民情收集、分析、处置、反馈和评议机制，不仅构成了开展社区治理的前提基础，更是凝聚社区共治合力的有效保障。

四　学理依据及应用价值

（一）学理依据

法国社会学家涂尔干针对 19 世纪欧洲社会变迁提出了"社会团结"[①]的思想。他认为，从传统社会向现代社会的转变过程中，社会分工有助于有机团结的形成，"分工越细，个性越鲜明，每个人对社会和其他人的依赖性越深"[②]，因而社会整体的统一性也就越大。换言之，这种基于个体差异而促成的相互依赖性有助于推进社会整合。就中国社会发展历程而言，伴随改革开放的深化推进和社会转型的日益加速，社会结构和治理格局都发生了重大变化，社会团结思想对转型期的中国特色社会主义现代化建设具有重要的理论借鉴意义。

习近平总书记在党的十九大报告中提出"打造共建共治共享的治理格局"，这一"共建共治共享"理论是习近平新时代中国特色社会主义思想的重要内容，其核心是基于中国特色社会主义的公共服务、协商民主和价值共享视角下构建的全民共建共治共享机制，实现政府、市场、社会等多元治理主体联动的有效善治。

"众人划桨开大船"工作法正是在新时期社会治理转型升级的背景下，以构建服务型政府为导向，充分动员社会多元主体参与社会治理，以个体独特性和社会分工为基础，实现社会关系整合，形成党建引领下的多元主体共商共建共治共享的社会治理格局。

---

① ［法］涂尔干：《社会分工论》，渠东译，生活·读书·新知三联书店 2013 年版，第 91 页。

② 于海：《西方社会思想史》，复旦大学出版社 2007 年版，第 251 页。

（二）应用价值

党的十九大报告指出，"当前社会主要矛盾已经转化为人民日益增长的美好生活需要和不平衡不充分的发展之间的矛盾"。人民的需求日益多元化，对基层社区服务的水平提出更高的要求和挑战。俞复玲提出的"众人划桨开大船"工作法是应对新时期社会治理需求的重要实践，围绕社区治理主体，整合治理资源，激发治理活力，提高治理效能，具有极高的应用价值，具体体现在以下几方面。

1. "用心用情法"集中体现了基层社区干部始终将人民群众利益放在首位，在与社区居民沟通交流过程中重感情，讲方法，显成效。

2. "墙门自治法"是激发基层社区活力，提升广大人民群众的民主意识、法制意识和参与公共服务意识的重要手段。以墙门为单位，成立墙门自治委员会，形成邻里互助之风，实现墙门微治理和网格化治理相结合的高效治理。

3. "服务为本法"是贯彻以人民为中心，夯实基层治理，确保服务人民群众"最后一公里"畅通无阻的必要举措。

4. "民情为先法"是贯彻落实群众路线的必要前提，时刻倾听群众心声，及时回应群众关切，想群众之所想、急群众之所急。

"众人划桨开大船"工作法以居民为核心，真正落实"从群众中来，到群众中去"的群众路线，以俞复玲为领导的划船社区工作团队，坚持以服务居民为第一要义。一方面，调动居民参与社区治理的积极性，充分发挥居民自治的积极作用；另一方面，积极整合服务供给主体，提升社会服务产品供给水平，不断提高公共服务的数量与质量，不断优化公共服务的结构和布局，促进和谐社区建设。

五　专家点评

当前，我国社会正处于人口、经济与社会的多方面转型阶段，基层多元化诉求和个体差异化趋势特征不断显现。基层治理作为社会治理的基础与重心，关系到国家政策目标的实现和社会的稳定发展。党的十九届四中全会《中共中央关于坚持和完善中国特色社会主义制度、推进国家治理体系和治理能力现代化若干重大问题的决定》明确提出，"建设人人有责、人人尽责、人人享有的社会治理共同体"。划船社区地处宁波老城区，由多个老小区合并而成，人口构成复杂，在此背景下，以俞复玲为代表的划船社区通过长期的基层治理实践，探索提炼出了一套以居民为核心的社区工作方法，实现了公共性的有效建构，为凝聚社区共治合力提供重要支撑。

"众人划桨开大船"工作法是俞复玲探索出的一种自下而上与自上而下相结合的基层治理创新方法，以党建引领为核心，居民自治为方向，充分动员多元社会主体参与社会治理，不断提升社区公共服务能力，逐步提高社区治理的现代化水平，既回应了党的十九大以来不断强调的加强和创新社会治理的要求，同时也在现实层面丰富了当下社区多元共治的实践内容，为社区治理建设提供了有效的经验借鉴。

点评专家：向德平，武汉大学社会学系教授，新世纪百千万人才国家级人选，中国社会工作教育协会副会长。

六　俞复玲小传

俞复玲，女，汉族，1956年11月出生，浙江宁波人，1984年7月加入中国共产党，2003年12月起，任宁波市江东区百丈街道划船社区党委书记。从事社区工作多年来，俞复玲把全部的热心、爱心和忠心献给社区，赢得了党员群众的尊敬和信赖，被亲切地称为"贴心的社区当家人、无私的小巷总理"。在她的带领下，划船社区先后获得全国文明单位、全国文明社区、全国和谐社区建设示范社区、全国精神文明建设工作先进单位、全国创建文明社区示范点等荣誉。2011年7月，俞复玲同志荣获"全国优秀党务工作者"称号。2012年，俞复玲当选党的十八大代表。2015年2月，俞复玲荣登"中国好人榜"。2015年10月，俞复玲当选全国道德模范。

第十章 "众人划桨开大船"：同心合力共建美好家园

俞复玲证件照

对于俞复玲来说，家庭是奠定自己一生的基础，母亲是人生路上的第一位导师。俞复玲从小家庭条件不好，家中兄弟姐妹七人，母亲操持家务，全家的经济来源都指靠父亲一人工作。尽管经济不宽裕，但是家里永远被母亲收拾得井井有条，七个孩子的衣服哪怕是打着补丁的，看上去也是干净整齐。在俞复玲的眼里，母亲就像一个超人。然而，这样无忧无虑的生活没有维持太久，小学三年级时，父亲的去世使家里突然没了顶梁柱，断了经济来源，生活陷入困境。为了赚些零钱补贴家用，年幼的俞复玲也开始承担起家庭的责任，与比自己年长三岁的小哥一起学着摇麻绳。麻绳很长很重，冬天生着冻疮的手一不小心就被麻绳割破，流出血来，小小年纪的她扔下绳子疼得眼泪直流。母亲看见了，走过来为她戴上一双粗布手套，然后将绳子重新放回女儿手中，说道："你会做的事要做好，不会做的事也要学着做好，没有人会帮你。"母亲的一番话简单朴素，却让懵懵懂懂的俞复玲记住了一辈子。后来，无论遭遇什么事情，俞复玲总是告诫自己，没有比这更苦的日子了，自己一定能够挺得过去。

如果说家庭的变故塑造了俞复玲从小坚强独立的性格，那么，人生的第二场变故——被迫下岗，则把俞复玲的人生带到了转折的起点。在进入社区工作之前，俞复玲是国营纺织系统保安科的一名内勤职员，主要工作内容是围绕女工开展相关思想工作。然而，20世纪90年代，随着单位体制改革，单位合并或撤销，全国上下迎来一波下岗大潮，不可避免地，1999年，宁波大昌布厂关闭，俞复玲也成为一名下岗职工。下岗再就业成为俞复玲面临的又一次挑战。服务员、销售员、采购员和仓库保管员等多项工作，俞复玲都尝试做过，甚至成了一家酒店的经理，把酒店经营得有声有色。

2001年，恰逢社区居委会大招聘，姐姐拿着《宁波日报》刊登的招聘信息找到了俞复玲，告诉她可以去参加社区招聘。经历了那么多次求职招聘，俞复玲实在是不想再折腾，况且看着社区招聘信息，工资只有550元一个月，想到社区里整日与一些鸡毛蒜皮的小事打交道，俞复玲顿时就想要拒绝。姐姐却比她想得更远："你女儿都要中考了，你也应该留点时间照顾她吧。去居委会，至少可以多顾点家吧。"这句话直戳俞复玲的痛点，想到自己多年来忙于工作，忽视对女儿的照顾，内心对女儿多有亏欠。最终，在大家不断地劝说下，俞复玲决定去招聘现场看一看。

到了报名现场，人山人海，倒是让毫无准备的俞复玲惊了一跳，心想"这份社区居委会的工作还真是个热门行业"。考试那天，两百多名应聘者，坐满了十个教室，里面还都是年轻人为主，见到这种场景，一贯不服输的俞复玲被激起斗志，一定要考出水准来才行。凭借多年的工作经验，俞复玲顺利通过了笔试和面试，真正地迈进了社区工作者的行列。

俞复玲工作的第一个社区是潜龙社区。初进入社区，零基础开始的她凭借自己的一番埋头苦干，从学普通话做起，一点一滴积累社区工作经验，使得自己在同一批次的社工中脱颖而出，成为一个闪闪发光的社区新人。在潜龙社区工作了四个月，百丈街道的书记找到她，希望她能够接手辖区下面的朱雀社区领导工作。听从组织的安排，俞复玲成为朱雀社区的党总支副书记，然而社区工作的开展却不是一帆风顺的。朱雀社区不大，但是领导班子比较复杂，老书记虽然退休了，却依然在社区挂职；社区主任工作敬业，但是开展社区工作方面有些力不从心。居民群众对老书记的认可与爱戴，使得俞复玲刚进入朱雀社区的工作开展困难。但是俞复玲没有退却，不论是工作班子关系，还是居民群众关系，她坚定信念，迎难而上，将问题逐个击破。两年不到的时间，朱雀社区的工作开展得越来越顺利，她成为居民群众爱戴的新书记。

2003年，服从组织安排，俞复玲调动至划船社区任党委书记，划船社区是一个先进社区，却也是一个老旧社区，社区情况比潜龙和朱雀都更为复杂，这对俞复玲的工作提出更高的要求与挑战。但是面对困难，俞复玲从来不会退缩，无论是社区"背街小巷"改造，还是创办"梦工坊"、开办老年食堂，俞复玲坚守将群众利益放在第一条的准则，坚持依靠群众，为了群众，用心用情服务居民，满足居民需求，赢得了党员群众的尊敬和信赖。在她的带领下，划船社区从一个基础设施差、特殊群体多、管理难度大的老社区，变成管理有序、服务完善、文明祥和、和谐融洽的幸福家园。以她名字命名的"俞复玲365社区服务工作法"被选为全国100个优秀社区工作法之一。在社区发展的路上，俞复玲一直在往前走，不停歇。[①]

[①] 夏真、王毅：《小巷总理》，浙江文艺出版社2016年版，第7—24页。

第十一章

"六建六助":党建赋能下的社区精细化服务

——长春市南关区龙兴社区路亚兰工作法

路亚兰工作照

"我是社区的当家人,带头人,社区的事我不能放下,我也放不下。"2019年,在"2018年度全国最美城乡社区工作者"颁奖仪式上,路亚兰的发言让在场的观众纷纷泪目。颁奖致辞是这样描述她的:那位坚强而柔和的社区女支书,总认为群众就是她头顶的苍穹,她把400多个失业人员的饭碗装在心中,可她心中不是没有失去母亲的哀伤与无法弥补的隐痛，否则，她不会对社区那位大妈，那么情深义重……

聚光灯照在脸上，鲜花和证书环绕，舞台下掌声经久不息，这是普通人难以登上的一方舞台，也是平常人人生少有的"高光时刻"。但对于路亚兰来说，真正属于她的舞台和属于她的"高光时刻"在另外一片0.27平方公里的土地上。

路亚兰，长春市南关区长通街道龙兴社区党委书记、居民委员会主任。从20世纪90年代解决社区内大量单位职工下岗失业问题，到新时代探索创新社会治理优化社区服务的新思路，路亚兰扎根社区32年，用实践摸索出的"社区工作之道"，是源自基层对改革阵痛抛出的难题最现实而有力的回答。

党的执政根基在基层，党的工作最坚实的力量支撑也在基层。在社会转型过程中，城市管理体制的重心下移，社区在社会治理中的基础性地位和作用越发凸显，如何推进和完善社区党建工作一跃升为党的重要战略问题。在此背景下，许多社区书记都积极响应国家号召，发展出具有本社区特色的基层社区党建工作法，龙兴社区的路亚兰书记便是这众多书记中的一个。她以自己过往的"社区治理之道"，在实践中总结提炼出了一套极具社会价值、涵盖基层党建工作与社区治理工作经验的"六建六助"工作方法。该方法的应用有效促进了龙兴社区治理能力的提升。对于指导社区党建工作的开展、推进社区党建模式的完善和创新，具有重要的借鉴意义。龙兴社区近年来先后荣获了"全国和谐社区建设"示范社区、"全国充分就业"示范社区、"全国特奥进社区"示范社区、"吉林省党建综合"示范社区、"吉林省党建带团建"优秀社区、"吉林省三零"社区、"长春市基层党组织服务民生"先进集体、"长春市党建工作"标兵社区等百余项荣誉称号，可以说，这些荣誉也是"六建六助"工作法成效的一种有力证明。

一　产生背景

吉林省长春市，位于中国的东北部，是中国区域性中心城市，同时也是中国最大的汽车工业城市。长春的历史最早要追溯到公元前 2000 多年,当时肃慎国的第二个王都建立于此。"长春"一名源自肃慎语"茶啊冲"(汉译转音为"长春"),是当时肃慎祭天时候的祈福之语。唐朝开元时期,长春成为发配文字狱犯人之地,后期也正因此得名"书山府",作为一座文化之城为许多中原学子所向往。中原文化就此广泛传入东北地区,对东北民族文化发展的影响一直延续至今。女真崛起后,"书山府"被改称隆州"宽城府",为北方的军事、政治、文化中心。清嘉庆五年(1800 年),地方行政机构开始在此建立,取乾隆诗中"长白山下春常在,伊通河畔人人爱"中第一句的两字设"长春厅",隶属于吉林将军。从此,这座千年古都又重新建制。

1896 年,沙俄侵入东北,攫取中长铁路筑路权,在长春城建起俄国人居住区。1906 年,日俄战争结束,日本为扩大"满铁附属地",开始建设长春火车站,其后又开辟商埠,这是新长春的开始,也是现代长春的起源。随着外国帝国主义势力的不断侵入,长春又出现了"俄国宽城子铁路附属地"、"日本南满铁路附属地"、"商埠地"和"东站区"等地域街区。这些街区人口不断发展,行政设治与行政职能也不断扩充,奠定了后来长春城市发展的整体基础。1931 年"九一八"事变后,日本帝国主义侵占了我国整个东北地区,长春沦为日本帝国主义的殖民地。1932 年 3 月 1 日,日本帝国主义扶持清朝末代皇帝爱新觉罗·溥仪,成立傀儡政权——"满洲帝国",将长春定为"国都",改名"新京",成为日本帝国主义统治东北的政治、军事、经济、文化中心,这也对长春的城市发展影响深远。

中华人民共和国成立后,长春市为吉林省辖市。随着"一五"计划的实施,长春由单纯的"消费型城市"逐渐转变为现代的综合性工业城市,完成了其近代化的进程。1956 年 7 月 13 日,国产第一辆解放牌 4 吨载货汽车在长春第一汽车制造厂顺利下线,结束了中国不能批量制造汽车的历史。一汽一跃而起,带动了整个长春的工业建设,为东北老工业基地发展打下坚实的基础。与此同时,"单位制"在工业发展的过程中被孕育出来,以一汽为依托的典型单位制模式也随之建立,对国家经济社会生活产生了深远的影响。在"单位办社会"的模式下,"国家—单位—

个人"的纵向联结机制以及"从摇篮到坟墓"的福利体系，使单位成员形成了对"单位"的高度依赖，以单位制为主、街居制为辅的基层社会管理体制基本成型。

随着改革开放政策的实施，1979 年，长春被列为全国 15 个经济中心城市之一。然而，在随之而来的市场化改革的浪潮中，国企改制使长春，这座昔日的老工业基地，与那些发展迅速的南方城市相比显得十分被动，曾经的辉煌成就与今日的沉重包袱形成了鲜明的对比。1989 年 2 月，国家批准长春市为国家计划单列市，赋予相当省级的经济管理权限。1992 年 7 月 14 日，中共长春市委市政府下发了《关于深化改革，扩大开放，更快更好地上新台阶的决定》，长春的经济体制改革向宽领域、深层次推进，长春也进入了新的发展时期。[①] 自此，长春市的综合力显著增强，农村经济发展迅速，工业实力也在不断壮大，基础设施明显改善，科教文各项事业蓬勃发展。1994 年，长春被国家确定为副省级城市。同年 7 月 16 日，《长春市建设社会主义市场经济体制综合配套改革总体方案》下发，推动长春市提前实现建设现代化国际性城市的战略目标。

而与改革发展相伴生的，则是基层治理问题的不断浮现。随着单位制的不断衰退，国企单位的社会性功能逐渐被剥离，国有企业从参与单位职工居住区空间治理的角色中退了出来，单位社区与原单位在资源上的依赖关系也被打破了。如何在资源减少的条件下更好地进行社区建设和社区治理，成为单位制消解后许多城市社区发展所面临的一个重要问题。在城市社区建设模式逐渐从单位主导向社会共治转变的背景下，社区纷纷在社区建设的过程中开展对治理模式的探索，多元主体的参与在社区建设中的作用和意义越发凸显，路亚兰正是在这一时期总结出了自己的社区工作法。

龙兴社区位于长春市南关区东北部，如今社区的地理位置属于城市中心，东起福民街，西至亚泰大街，南起东三马路，北至长通路，辖区面积为 0.27 平方公里，现管辖包括中环 11 区、省物资局宿舍、新天地 C

[①] 姜杰、房军：《长春市改革开放三十年的成就及启示》，《长春市委党校学报》2009 年第 6 期。

座在内的17栋居民楼，总人口约有6745人。随着城市化进程的加快，龙兴社区周边商户的迅速发展，大量流动人口涌入，社区治理的难度和复杂性也随之提升。

一方面，龙兴社区居民结构较为复杂，且多数都是弱势群体。从整体来看，辖区人群呈现出"七多四少"的主要特点，即：下岗职工多、低保户多、残疾人多、老年人多、流动人口多、未成年人多、商铺多；家庭富裕的少、高学历的少、职位高的少、事业单位少。社区内现有流动人口474人，残疾人216人，低保户61户，失独家庭28人，老年人1249人，其中有57位独居老人、6位孤寡老人、432位空巢老人。此外，社区居民都是回迁户，他们的生活方式与思想观念和新城区规则格格不入，这在一定程度上加大了社区的工作难度。

另一方面，为了更好地服务群众，龙兴社区共划分为五个网格，辖区内设有新天地购物公园、中国石油、长春橱柜城等227家驻街企事业单位。虽然布局上较为规整，但由于商业区域占比较高，城市建设工程的实施相对频繁，且人员流动性过大，社区治理的复杂性也随之提升。如何在完善社区治理的同时实现辖区内资源的最大化利用是摆在路亚兰面前的一道难题。

在这种现实情况下，如何打造出一个让居民满意的社区成为路亚兰的工作目标。在经年累月的实践探索中，"六建六助"工作法得以形成，搅动了社区治理这"一池春水"。

二　界定及内涵

"六建六助"工作法是龙兴社区书记路亚兰基于长春市城市基层党建升级工程"1+9"系列文件和龙兴社区实际情况，在实践中总结出的一套党建赋能下的社区工作法。其内容主要包括六个方面："构建党的工作体系，助力党建引领升级"；"精建1+N阵地体系，助力服务触角延伸"；"实建'三长'联动机制，助力治理效能提升"；"搭建互联互动桥梁，助力区域融合发展"；"网络服务创建新型党建平台，助力服务手段优化";"融建服务转型升级,助力精准服务到位"。通过"六建六助"工作法的灵活运用,路亚兰也逐渐将龙兴社区打造成模范社区,突显出党建作用领导社区工作的特色实践经验。"六建六助"工作法的内涵主要包括以下几个方面。

1. 构建党的工作体系,助力党建引领升级。通过党组织网与居民自治网的双向融合、交叉任职,以党带民来提升居民自治的能力。一方面,秉承着"居民有需求、党员有意愿、作用能发挥"的原则,组建五个小区(楼院)党组织,17个楼栋党小组,21个党员中心户,并引导成立一个居民自治组织,从而实现"双向进入、交叉任职"。另一方面,注重从社区老党员、老干部、老教师以及热心公益事业的群众代表中培养骨干力量,充分发挥骨干作用以此来调动社区居民参与社区治理的积极性。通过大事共议、实事共办、要事共决、急事共商、难事共解的"五事联办"机制,定期组织居民群众协商议事做到"问题不逗留,大家来解决"。

2. 精建"1+N"阵地体系,助力服务触角延伸。通过一个社区党群服务中心与N个党群服务站建立起一个超大网络,目的是要让更多的居民了解社区的同时能够听见社区中更多的声音使社区服务更具针对性。一个社区党群服务中心起到强化政治引领的作用,营造浓厚的党建氛围。N个党群服务站针对不同群体科学设置提供不同方面的社区服务,遵循让组织离群众更近、服务更便利原则。在此基础上,打造小区邻里中心、爱心小屋等服务阵地,社区书记、网格长采取巡回办公、预约服务、零跑代办等方式,真正将服务送到居民"家门口"。

3. 实建"三长"联动机制,助力治理效能提升。通过协调网格长、楼栋长、单元长之间的关系,促进"三长"之间联动,发挥社区精英的带头作用,助力基层治理能力提升。在矛盾化解的过程中,通过利用"三长"更亲民的身份去解决群众之间的矛盾,真正做到小事不出社区、大事不出街道,营造和谐稳定的邻里关系。在防控疫情中,通过利用"三长"成型的体系有组织化地进行防控、排查,实现了从单兵作战到全员备战的理想状态,发挥出其主人翁作用。

4. 搭建互联互动桥梁,助力区域融合发展。目的是在党的引领与指导下，整合社区资源达到社区资源共享最大化的效果。通过建立"党建共融、资源共享、服务共做、区域共治、事务共商"联建机制，将辖区内的18家企事业单位打造成党建联盟；通过采取集中式、自发式、订单式、组团式服务，建立居家养老、职业发展、心理疏导等多项优质服务项目，实现资源利用的最大化；通过采取居民下单提需求，社区接单出策划，"联盟"买单亮服务等方式，将社区供需关系网建立起来，实现党建引领下的资源整合，拉动居民就近消费，促进区域经济发展，最终实现居民、社区、驻区单位三方受益。

5. 创建新型党建平台，助力服务手段优化。目的是开展多元化的服务模式，满足多样性的社区需求。通过街道APP、"龙兴驿站"微信公众号以及小区邻里微信群等多种形式，广纳居民需求与意见，解答居民的疑惑，畅通居民诉求的渠道，让居民了解社区动态，调动居民社区参与的积极性，让社区服务成为一种享受，实现社区服务的科技化、智能化、精准化。

6. 融建服务转型升级，助力精准服务到位。目的是在短时间内锁定问题，提高社区工作效率，提高解决问题的针对性与实效性。通过"1+3+8+x"的特色方法依托项目运营为社区内的居民提供前沿式、互助式、专业式服务，实现需求精准定位，资源有效整合，服务人性化突出的特点。通过整合辖区单位、"两新"组织、居民群众服务资源和需求，建立一整套"广而全"的社区信息一览表，为社区服务提供信息辅助，实现精准化服务。

三 具体方法及案例分析

针对不同的社区工作内容，"六建六助"工作法又可以具体拆分为以下几点工作方法和技巧。

（一）信息置换法

信息获取是开展社区工作的第一步。通过"信息置换法"的运用，可以提高所得信息的真实性、时效性，建立社区与居民间"有回应"的双向信息联结，将由内向外的社区信息输出与由外向内的居民信息传回做到双向沟通畅通无阻，这种良性循环能够大大提高社区服务的效率。

1. 信息积分置换。调动辖区内流动党员参与社区工作的积极性。围绕流动党员成立"百川党支部"，放宽准入条件，为流动党员安"家"。在社区内以凉亭为站点打造临时支部说事点，作为社区了解居民信息的一个重要的集散地。例如，当社区需要征集居民意见时，社区工作者可选择合适时间直接抵达凉亭，与大家进行洽谈，通过有针对性的提问让居民进行选择，最终达到资源的有效利用。此外，建立信息积分兑换机制，向社区提供有效信息可兑换积分，累计积分用以兑换相应的礼品，营造社区参与的主体感，拓宽社区与居民间信息交流的广度与深度，全方位构建稳定的信息交流平台。

2. 联系方式置换。发放社区连心卡，提高社区内特殊人群联系社区的便捷度。通过实体化的小卡片让居民体会到身在社区中，让居民有难题及时想到社区，有需要迅速找到社区，有问题相信依赖社区。

3. 情感信息置换。每日定点走圈，培养信息联络员。根据社区特性，选择适当的走访时间与社区居民接触，在居民中发展社区信息联络员，以便及时获取社区居民的动态。龙兴社区主要由老、旧、散、弃的小区构成，社区内流动人口和老年人居多，因此社区书记选择在老年人晨练的时间段内进行走访，通过互动交流增进感情。在此过程中，刻意培养一些善于收集信息的老人做信息联络员，进而可以时刻掌握社区的一手信息。

案例一：社区连心卡

龙兴社区"社区连心卡"的应用始于 2009 年。当时网络不是特别发达，手机上网的使用率较低，微信还没有得到普及，社区内年老的居民较多且欠缺使用移动设备的能力。社区本着便于联系，增强与居民间沟通交流的想法，制作了"社区连心卡"。卡片的正面印有社区书记路亚兰的照片，照片下方有路亚兰的电话号码，照片旁边的两颗爱心，寓意着"路书记的心与居民的心永远连在一起"；卡片的左侧有一只和平鸽叼着一束康乃馨，寓意着对社区美好未来的期盼；卡片反面写着"快乐彼此共享，难题共同面对，烦恼一起承担"，希望借此让更多的社区居民认识社区书记，希望社区能与居民一起分享快乐的事情，获得双倍的快乐；共同面对难题，与居民一起承担烦恼并解决问题。

有一年冬天，王大妈从社区外面买菜回家，走着走着一不小心摔倒在路边。一时间王大妈站也站不起来，不知道该如何是好，旁边的好心人急忙拨打了110。当附近的民警赶赴现场，询问王大妈家人联系方式时，大妈完全不记得自己儿女的电话号码了，只能从口袋里掏出一张印有路亚兰电话号码的社区连心卡。于是，民警立刻打电话给了路亚兰。路亚兰听到消息后，第一时间赶到现场与民警进行沟通，询问了王大妈的情况，并立刻联系了王大妈的儿女，送王大妈回到家中。

随着智能手机的普及，社区连心卡不再像前几年那样具有很强的应急性。但作为一种社区对外宣传的工具，社区连心卡的使用让居民切实感受到了社区的用心，让"有事找社区"的观点潜移默化地印在社区居民的心中。

（二）特殊自治法

"特殊自治法"的内涵主要包括三个"特殊"，即特殊身份、特殊形式和特殊转化。

1. 特殊身份，一证认同。让党组织网（包括党员中心户、楼栋党小组、小区党组织）和居民自治网（包括居民自治委员会、居民自治小组）中的成员双向进入交叉任职，发挥"特殊"身份的作用，并通过联席会议机制与监督评价机制保持社区治理的良性运行。为构建小区组织体系，发挥党员特殊作用，助力党建引领升级，龙兴社区打造了双网融合共同治理模式。通过党组织网与居民自治网的双网融合，让社区党委"领"起来、小区支部"聚"起来、党员身份"亮"起来。在日常监督服务工作中，龙兴社区为参与居民自治的退休流动党员发放了社区自制的工作证。从表面上看，这只是为他们提供一个便于工作开展的身份证明，但实际上，工作证的应用，在一定程度上强化了居民自治的特殊角色意识，在增强居民对于工作者的认可度的同时，也提高了工作者自身的工作认同，进一步提升居民自治的积极性与稳定性。

2. 特殊形式，一举两得。在社区文明建设上，为了解决龙兴社区流动人口的城市融入问题，路亚兰提出了"小娃娃带老人"这样一种以小带大的特殊自治形式。让孩子作为监督员，对家中大人违反文明规则的行为进行监督，通过这种代际间的特殊互动，在促进大人们融入社会的同时培养孩子良好的行为习惯。

3. 特殊转化，一呼百应。"特殊转化"是指在培养社区领袖时，选择社区内一些敢担当、敢作为的居民作为培养对象，通过沟通、建立关系等技巧将其"为社区所用"，发挥此类居民的优势，借助领袖人物，提高社区在居民中的感召力。

案例二：刘阿姨和她的小外孙

龙兴社区的流动人口较多，大部分的流动人口来自长春市周边的农村。由于城乡居民的生活习惯相差较大，一部分进城的居民不太适应城市里的生活，产生了社会融入较差的问题。路亚兰针对这一问题，提出了"小娃娃带老人"这样一种以小带大，让自家人监督自家人的办法。她在社区内设立一个积分板，每个孩子每次举报自己家中的大人违反文明规则就会积 10 分，有照片会额外加分，积满一定分数会获得当月的"雷锋小少年"的荣誉称号。

刘阿姨的家中就有这样一个小外孙，每一次发现刘阿姨做出将垃圾丢在门口或者随地丢菜叶等违反文明规则的行为，都会到社区里举报她。起初，刘阿姨觉得自己的小外孙有些多管闲事，但时间久了，刘阿姨意识到，自己作为一个长辈确实不应该这么做。已经住到了城里，她也不希望让自己的孩子还沾染上农村的陋习，不想"人进了城，心没有进来"。久而久之，在自己小外孙的监督下，刘阿姨将自己的陋习改掉了，和小外孙一起养成了良好的生活习惯。

案例三：社区"一姐"

大多数社区干部在选择自己的楼栋长时，出于减轻自己的工作压力的考虑，都会去选择那些平日里好说话的人，因为他们不会"找碴儿"，可以免去工作中的一些烦恼。然而路亚兰却在选择楼栋长这件事上有自己独到的见解。就像路亚兰所说："在社区工作中，性格好的居民只是我的志愿者，但他绝不会成为我的领袖。我觉得领袖应该是有个性、有担当、有号召力的，同时也是能为大家的利益出头说话的。因为这样的人会给我撑一片天。"

在龙兴社区里，总能看见一位60多岁的阿姨忙碌出入的身影，这就是社区中的一位楼栋长——付大姐。过去，她曾是一位特立独行的一位大姐。有时候，面对社区里一些影响居民生活的问题，社区里的其他居民可能觉得"不好意思"或者"没必要"找社区，但她不一样，她一定会跑去社区反映问题。很多工作者每每看到付大姐的出现就"头疼"，十分害怕付大姐的到来，但路亚兰眼中的付大姐与其他人眼中的不同。路亚兰发现付大姐很热心，无论谁家有个大事小情，她肯定第一时间帮忙，十分坦诚。虽然经常反映"老大难"问题，但她的出发点都是为小区的居民着想，正因如此她在群众的心中特别有地位。她了解社区里的大事小情，也愿意帮助那些有需要的人。但是有的时候社区并不能第一时间了解到居民的实际问题，这样就会给她造成一种社区不能处理问题的假象。

在发现了这些现象以后，路亚兰开始琢磨着如何让付大姐为社区所用，于是便从她的日常生活下手寻找能够拉近她的方法。路亚兰发现，付大姐特别羡慕其他人甜蜜的婚姻生活，有多次曾向路亚兰表现出对自己丈夫的期待。于是，路亚兰便邀请付大姐带着自己的丈夫参加社区组织的一场主题是"我想对你说"的破冰活动。刚开始的时候，付大姐是拒绝参加的，路亚兰便说："付大姐，您来吧，那天我和我丈夫也去，我们正好做个伴。还有小点心，可好了。"付大姐听了之后，觉得路亚兰是真心想让她去，便答应了。活动当天，有一名警察上台向自己的妻子表达自己的愧疚之情："媳妇，这么多年我也没有当你面说出过'我爱你'这三个字。这些话已经憋了很久,这么多年我欠你太多了。媳妇对不起,等我以后退休了补偿!现在当着这么多人的面,我向你表白,我爱你!"那位警嫂听过以后感动得直接扑到她丈夫怀里大哭。付大姐看到这个场面后也深受感染,她也向自己的丈夫表白说:"老公,虽然我平常脾气不好,但是我是真心爱你的……"她的丈夫听后也很感动。活动结束以后,付大姐与丈夫的关系越来越好,相处的模式也改变了。经历了这件事之后,付大姐十分信赖路亚兰,并且对路亚兰承诺以后一定"随叫随到"。

付大姐对路亚兰说:"其实在社区生活这么多年,我看到您的辛苦,也看到您曾经帮过那么多人,这么大一个社区您也不容易。实际咱社区居民都特别佩服您,以后您有什么问题或者需要我帮忙的地方就尽管说。"路亚兰借机向付大姐提出了希望她做楼栋长的邀请,付大姐答应得十分爽快:"路书记,只要你喊一嗓子,需要我做什么都行。"路亚兰说:"其实挺简单的,你就看看谁家有个大事小情需要我解决的,你就先压下来,然后,第一时间给我打电话。这样一是让大家的问题解决起来方便迅速,另一个是避免居民和社区发生误会,有的时候可能我太忙,偶尔会忽略大家的问题,就造成大家对我的误解。""没问题,书记,我一定帮您!"

就这样,龙兴社区少了一位让工作人员"又怕又服"的老大姐,多了一位称职的楼栋长。

"特殊"自治法的核心在于对社会资本的灵活运用。无论是在双网融合共同治理模式的打造上,还是在社区领袖的培育中,路亚兰都能够将居民对社区的情感与社区的发展紧密地联系在一起。当居民们提出与社区息息相关的问题时,路亚兰会想尽一切办法让居民的问题得到解决。路亚兰始终坚信,与居民开展工作,一定要从了解他们开始,通过情感沟通与需求满足拉近彼此之间的关系,始终保持着互利共赢的合作态度,这也是她"特殊"自治发的精髓所在。

（三）兰姐调解法

社区作为人民群众生活最直接的承载空间，不可避免地要面对着大量的矛盾纠纷。路亚兰认为，矛盾并不可怕，有矛盾的存在才会组成一个有生命力的群体，矛盾纠纷化解的关键，在于合理地利用"调解"的方法。路亚兰根据自身特点与实际工作情况形成了一套独具特色的"兰姐"调解法，其中"泼冷水法"和"抽茧剥丝法"是她总结出来的最为有效的两种方法。

1. 泼冷水法。关键在于否定居民的不合理情绪和想法。首先，调节人员需要做一个倾听者，仔细耐心聆听居民的问题，了解事件的全貌，从居民的叙述中抓到问题的关键。其次，调解人员需始终保持中立的态度对居民进行"冷回应"。最后，待居民情绪"降温"后，运用同理心与居民建立信任关系，从情感角度和法理角度分析居民的"非理性"想法，使居民自己意识到问题所在，引导居民做出正确的决定。

2. 抽茧剥丝法。主要适用于矛盾解决陷入僵局的情景。其关键在于，不将问题局限于单独的事件之上，而是将人作为事件的中心，在倾听中发现居民的真实需求，还原问题的本质。

案例四：勤劳儿媳告好心婆婆

在日常生活中，婆媳关系问题放在哪儿都是一个难题，在龙兴社区就发生过一个儿媳和婆婆之间发生矛盾的真实案例。

龙兴社区是1999年拆迁、2001年回迁的社区，社区的房屋产权"一半公产、一半私产"，这种"混产"在长春市也是个例。举例来说，如果拆迁前平房面积为50平方米，而拆迁后给居民的房子是60平方米，那么相差的10平方米就是"公产"，居民则需要自掏腰包补上这10平方米"公产"的钱，案例中的家庭就面对着这种情况。婆婆与儿子、儿媳一起长期居住，平房拆迁，一家人一起搬到了楼上，婆婆与儿子、儿媳约定，回迁需补交的35000元的差价由儿子、儿媳支付，房子未来归儿子所有。后来家里发生了一些变故，老人的儿子患上了脑血栓。婆婆考虑到自己的年岁也大了，想到儿媳又要照顾患病的儿子，又要照顾自己，觉得儿媳负担太大，于是搬去了女儿家。在女儿家住了一段时间后，她又决定把房子留给女儿，并在没有告知儿子、儿媳的情况下，偷偷将房产证上的名字变更为了女儿的。变更完名字又过了大半年以后，儿媳才知道这件事情，她极其气愤并表示"绝对不同意"，于是就去找婆婆与小姑子理论。到最后婆婆的一句气话，"我有权利给姑娘！"儿媳一纸诉状将婆婆告上法庭。

后来有人劝儿媳，让她找一找社区书记，冷静下来后，儿媳来到了社区，她哭着把整个过程对路亚兰说了一遍。其中，儿媳不断地在说自己这么多年照顾婆婆多不容易，现在丈夫瘫痪了有多不容易，照顾孩子多不容易，等等。然而，路亚兰在第一次调解中就用了一个办法——"冷处理"。路亚兰没有给出任何的意见或建议，在这段时间一直作为一个倾听者耐心地听着儿媳诉苦，并且运用同理心站在她的角度，以一个女性、一个儿媳的角色去体会她的感受，安慰她。儿媳一口气向路亚兰说了两个小时，说到很累的时候就离开了。但当她看到路亚兰能够明白她的感受时，她坚定了第二天再来的决心。

第二天当儿媳又来了的时候，路亚兰采用了以情动人、以理服人的方法。她对儿媳说："姐，咱们两个分析一下这个问题。我昨天回去一晚我也在想，从感情上肯定大姐您是对的，但是从法律上我感觉不一定。咱俩共同分析，首先咱看看这房子名是谁的。"儿媳说："当然是婆婆的。"路亚兰说："你看房主的名字一直没有变更，证明了现在的房子还是婆婆的，那就是说婆婆有处理权对吧？"儿媳说："那不行，当初我还拿了35000元呢！"路亚兰说："大姐，您要是上法庭和法官说你拿这35000，婆婆肯定会说是向你借的钱。您想一想，如果婆婆说这35000是跟你借的，然后可以还（给你）。依据当年的物价35000，我就说给你翻一倍，咱到现在也就是7万。"儿媳说："对啊！这就是她该给我的！"路亚兰紧接着说："但是这17年当中您是一直住着婆婆的房子，从法律上说，婆婆可以让你住，也可以租给你住。反过来，婆婆要说这个房子我租给你，你看现在我们长春市咱这个地理位置的房子是不是可以租到1500（元一个月）？但是出于你们是儿子、儿媳的情分上，咱们别租1500，咱就是说800多块钱，一年也1万块钱，17年就是17万。她还借你的钱，你要给她租房的钱，她给你7万，你给她17万，你算算谁合适，这样你是不是还倒赔了10万，而且你还立即得给人家一套房。你看看你合算吗？"儿媳一听紧张地说："那会这样吗？是不是太不讲理了？"路亚兰说："大姐，婆婆把房子给女儿可能不是她真的想这样做，她也有难言之隐吧。你想，一般的老人都觉得养儿防老，在儿子家住是自己家会感觉很舒服，但是她要去了女儿家，女儿是自己人，可是还有女婿，她对女婿得有交代。你看婆婆的合同里是说：'我在姑娘家住，我的房子是给女儿，但是允许儿子儿媳住一辈子。一直住到你们两个生命的终结。'那么与其说房子是给女儿的，还不如说房子是给外孙女的，只是给女婿和女儿的一个交代。"

听了路亚兰的一番话后，儿媳觉得很有道理，接着说："那我这房子我不要了，听你这么一说，（官司）我也打不赢，我认了，（房子）我给她。但是我要跟她儿子离婚，我不照顾了。我就要把这口气出了！"路亚兰听了急忙劝说："姐，我是这么想的，你和她儿子离婚是可以的，但是你想没想到你和你丈夫今天离婚了，明天你的儿媳就会和你的儿子离婚。"儿媳一脸迷惑地问："为什么啊？"路亚兰说："你想一想，你都嫌你的丈夫是瘫痪、累赘了，你都要抛弃他了，你儿媳有什么理由去管公公？她跟他一点血缘关系都没有。你可以离婚不管你的丈夫，但是你的儿子不能不管他的父亲啊！那你儿媳会不会也觉得这是一个负担？她会不会和你儿子离婚？你看咱们社区有多少离婚的，10年、20年的都有，到最后为了孩子复婚的大有人在。现在你一生气能离婚，虽然离完婚他是你的前夫了，但以后不用我去找你，你自己还会来伺候你前夫的。你想一想，最终你还落下自己是一个离婚的女人，你愿意这样吗？"最后，儿媳在深思熟虑之后终于认可了路亚兰的话，决定不去告自己的婆婆了。

有些矛盾的调解往往会因为居民的一些情绪化行为而陷入僵局，路亚兰的"泼冷水法"就能够有效地解决这些问题。正如路亚兰所说：

"两个家庭或者两个人之间的矛盾就好像一团乱麻一样。实际作为调解员不要着急马上去解,要冷静下来找到这团乱麻的开头,一点点捋清,在捋的过程当中可能还有结,我们要看哪个结从哪个口能打开,不要越捋越死,这样问题慢慢就解决了。而且,很多时候矛盾与问题的根源并不是在某件事上,而是在那股撒不出来的气上。我们作为社区工作者,有时候需要解决的不是问题,而是老百姓的心结和那股不知名的气。泼点儿冷水,气消了,问题也就迎刃而解了。"

案例五:"拐弯抹角"的刘大哥

在社区里,很多遇到问题的居民在找到社区工作人员时,往往不是先讲清自己的诉求,而是先对着工作人员发火,将自己心中的不满发泄出来。有一次,社区居民刘大哥来到社区,二话不说上来就找路亚兰,要求社区借自己两万块钱去农村养猪。对于路亚兰来说,两万块钱可不是一个小数目,而且这位刘大哥平时也并没有提出过类似的过分要求。于是,路亚兰心想,刘大哥一定是有什么难言之隐了。想到这,她并没有像大多数社区工作者那样询问刘大哥为什么要养猪,而是将话题引到刘大哥的家庭生活和工作上来。经过一阵耐心的交谈,刘大哥平复了火气,离开了社区。

然而没过几天,刘大哥又回来了,再次提出了养猪的要求。这一次,路亚兰给刘大哥算了一笔账:"刘大哥,你说我现在管理六千多人的社区,如果社区里哪怕百分之一的人来跟我借两万块钱,那就要120万,你说我哪有这么多钱给他们呀!你为什么能想到上我这儿借钱呢?"刘大哥反驳道:"你们虽然没有钱,但是可以给我想办法呀。凭什么咱们社区有居民得脑瘤了都可以接受十多万的补助?"这时,路亚兰才意识到,原来刘大哥是因为这件事而感到心理不平衡。路亚兰说:"刘大哥,您看这件事是这样的,这家本来就是低保户,再加上他有大病才得到的这些补助,而且人家哪里补助那么多钱啊,也不是十来万啊。咱们从情理上讲,不应该和一个病人去争这些东西;从法理上讲,他们家申请的补助是合理的。所以咱们不要和这样的人去比较。"就这样,刘大哥的"无理取闹"迎刃而解。

"兰姐"调解法成功的关键在于，它需要调解人对社区充分了解，对服务对象足够耐心，以及能够灵活应对服务过程中发生的变化。因为社区居民本身作为一个个独立的个体，其异质性较强，每个居民有自己表达问题的方式，他们每个人的行为模式和逻辑思维都是不一样的。居民们提出的问题往往与其真正的内心想法不一，总会隐藏一些深层次的原因，这是因为他们害怕由于自己的问题得罪了社区里的其他社会成员。作为社区书记的路亚兰深谙这其中的道理，她通过倾听和适当的提问来揭开问题事件的外表，探寻社区居民内心真正的声音与问题的实质，这便是"兰姐"调解法的精髓所在。

（四）党建公转法

"党建公转法"即"以党建带共建"，一方面通过党的引领形成合力，另一方面，健全各类组织、各层组织，包括群团组织、企事业单位、社会组织等，围绕社区形成高度整合的组织体系。龙兴社区通过在社区经营与建设过程中，充分调动、发挥社区内机关、团体、部队、企事业组织等社区主体的作用，建立和完善社区共建格局。

1. 以社区基层党建为核心，将社区基层党组织建立成创先争优，联手共建的示范性党组织；党员教育，联做共建的学习型党组织；精神文明，联创共建的和谐型党组织；服务群众，联心共建的服务型党组织；公益事业，联办共建的奉献型党组织；社会治安，联防共建的责任型党组织；环境卫生，联保共建的互助型党组织；文体活动，联谊共建的文化型党组织。

2. 发挥社区党建的独特优势，充分利用辖区内的社会资源搭建起社区共建、共治、共享的工作平台，实现社区内各种组织资源的整合、集聚，形成合力，激发社区活力。以社区党建为核心，通过党建引领的方式凝聚周边单位积极参与社区党建活动，让更多的社会力量围绕着社区建设"公转"。

案例六：政治生日一起过

社区党建作为社区工作的一项核心内容，代表着社区工作的基本方向。然而很多社区的党建活动千篇一律，缺乏创新，无法调动党员参与的积极性。作为龙兴社区的党委书记，路亚兰在党建活动这方面有自己的心得体会，"政治生日"这项党建活动就是龙兴社区的一个特色。被问及这项活动的初衷时，路亚兰是这样说的："当今社会，党性教育十分重要，但是如何发挥党性教育的作用是一个大问题。我过去也遇到过这样的难题，直到后来，我发现老党员的党性跟我们这一代比是十分强的，当我跟这些老党员接触时，他们的党性时时刻刻在一言一行中教育我、影响我，同时也在鞭策我。这些老党员曾经为了党的事业流血流汗，那现在一定不能让晚年的他们再流泪。后来就想到了要给老党员过'政治生日'。怎么想到的呢？是因为有一次，我问这些老党员'七一'建党节应该怎么过？他们说实际'七一'是我们每一个党员的一个政治生日，过'七一'就应该像我们过生日一样。我想，既然是过政治生日，那为什么不能按照过生日的形式来准备呢？"就这样，这个党建活动有了雏形。

既然是生日，那么蛋糕和鲜花是必不可少的。为了压缩资金，路亚兰将参加活动的党员限定为党龄在40年以上，年岁在80岁以上，共计27人。活动的内容包括：重温一次入党誓词，给每位党员发一张生日贺卡，送每位党员一个蛋糕，送每位党员一束鲜花。为了节省党建活动经费的使用，路亚兰想到了社区的"伙伴"，她找到社区周边的助建单位，以特色新颖的党建活动作为邀请，希望助建单位也能参与到社区党建活动中来，达到双赢。

路亚兰找到了附近建设银行的党建负责人问："你们最近这个党建活动打算怎么办呀？"银行负责人说："路书记，我们也正愁着呢，不知道该怎么办。"路亚兰听了紧接着说："我们社区这次有一个党建活动，咱们又是共建单位，要不要一起呀？"银行负责人说："那真是太好了！我们需要干些什么您尽管说！"路亚兰说："我们这次活动其实都准备得差不多了，就是缺了些蛋糕和鲜花，您看您这边能不能赞助一下？这次活动还会有新闻媒体来参与报道，我们会在LED上打上赞助单位，也能对我们企业有一个宣传。"银行负责人听后说："当然可以啦！借这个机会我们既树立了企业形象，又参与了党建活动，提供点蛋糕、鲜花算什么！这样，我们再送您60桶油吧！"路亚兰听了连忙道谢。就这样，活动顺利地开展了，路亚兰用这60桶油又救济了社区里的低保户，真正做到了资源利用的最大化。

路亚兰说："我觉得作为一个共建共筑的团体，双方不能总是谈钱。作为社区，我们现在各种经费都有，组织上给得很充足。共治共建是希望锦上添花，我们社区把这些活动搞好，周边单位自然乐意参与，社区能获得的资源也就更多了。"如何和这些企业建立稳定的共建关系呢？路亚兰想到了以"自转"带"公转"的方法。社区周边的企业由于企业性质和党员人数限制等原因，他们的党建活动没有社区丰富多彩。而这一点恰恰是龙兴社区的优势。路亚兰将本社区的特色党建活动向共建单位一一推介，比如重温一次入党誓词、共看红色电影，等等，单位可在众多活动中选择性参与。

此外，社区可将媒体资源共享于共建单位，哪一天的活动会有新闻媒体来报道，哪次活动可以宣传企业形象，社区都会向共建单位告知。渐渐地，越来越多的共建单位参与到了龙兴社区的党建活动中，真正实现了与社区间的共建共筑。

（五）"1+3+8+x"服务法

龙兴社区依托于自己成立的兰兴社会工作机构，打造了"1+3+8+x"服务法。该模式旨在以项目化运营的方式为社区内的居民提供前沿式、互助式、专业式的服务。

"1+3+8+x"的关键在于服务提供的精准性与多元性，其中1指的是社区党委引领、3指的是以社工、社区、社会组织形成的三社联动机制、8指的是八大类人群，分别是老年家庭、党员家庭、未成年人家庭、残疾人家庭、低保家庭、流动人口家庭、下岗职工家庭、特殊家庭，x指的是服务类别。目前龙兴社区为居民提供菜单式民生服务，内含24个项目，包括党课报告、辅导教育、技术培训、用工联系、家电维修、医疗保健、理发服务、文体活动、家教服务、纠纷调处、法律援助、义务护绿、楼道保洁、义务消防、家政服务、亲情关怀、清洁卫生、义务环保、家政讲座、健康讲座、时事讲座、助学服务、看护服务、代买代办等。

为推进精细化服务的深度，龙兴社区以家庭为单位为全体社区居民建立了档案，档案内包括该家庭的基本信息以及需求分析，以此作为精细化服务的参考，分类式项目化服务工作的开展，充分满足了不同群体的差异化需求。

案例七：灵活运用"1+3+8+x"[①]

近年来，吉林省以及长春市的民政部门大力推进政府购买服务，以提高社区服务质量。在龙兴社区的工作实践中，从社会组织的培育，到为居民提供规范化的服务，项目制的广泛实施已经产生了十分明显的效果。就龙兴社区来说，以路亚兰为代表的南关区兰兴社会工作服务中心在项目制运营、社会组织管理以及一些社区事务上的优势，主要表现在"1+3+8+x"精准服务方法的运用上。"1+3+8+x"是在实践基础上总结出来的，社区党委在服务民生工作中发现，居民服务不仅要有普遍性，还要兼顾特殊性。具体来说"1+3+8+x"的实际运用主要包括以下几个方面。

（1）服务老年人，让他们老有所养。社区把服务老年人作为弘扬社区大家庭孝道文化的实践载体，力求做细、做真、做实。社区党委根据每栋楼独居、空巢老人人数组建邻居互助小组，定期开展敲门节、党员家庭照亮楼道等活动，促进邻里团结互助；组织志愿开展代缴水电煤气费和陪伴就医的活动，给独居、空巢老人的生活带来了便利，减少出行和排队的负担；为每个网格长印发了服务卡，发放到每个独居、空巢老人手中，并将自己的电话号码存储到老人手机的快捷键中，让老人在遇到突发事件时，第一时间能联系到网格长寻求帮助。

（2）服务青少年，让他们幼有所管。社区党委把关注青少年成长作为关系社区长远建设的关键来抓，通过"大家"的努力，让

[①] 本案例参考路亚兰提供的《"1+3+8+x"工作总结》。

"小家"家长省心、孩子快乐。重点抓好单亲孩子、问题孩子、留守孩子、失足孩子、钥匙孩子五类孩子的服务。组织辖区内老干部、老专家、老红军、老教师、老模范，成立了"五老关爱团"，积极开展"五老"带"五孩"活动。对"五孩"进行对接帮带，把未成年人工作的触角延伸到每个楼门，充分发挥"五老"育人优势，积极促进"五孩"健康成长。针对"钥匙"孩子，社区党委创办了"钥匙孩子俱乐部"，帮助因工作繁忙而无暇照顾孩子的父母，解除他们后顾之忧。聘请辖区小学老师为孩子们上书画课，请老干部、老红军为孩子们讲故事。

（3）服务残疾人，让他们难有所帮。社区党委在开展社区服务中，牢牢抓住为残疾人提供诸如康复、劳动就业、法律援助、结对帮扶、文体活动等系列性服务的主线，始终坚持各项工作向残疾人倾斜，为他们排忧解难。通过动员党员结对包保特困残疾人，现在已经结对帮扶了8户残疾人家庭，不仅在资金上给予扶持，还不定期上门，帮助解决生活困难。社区卫生服务站每年免费为残疾人体检，并建立健康档案，积极向区劳动保障部门推荐残疾人到社区服务网点和公益性岗位就业。

（4）服务下岗职工，彰显人文关怀。几年来，社区党委把安置下岗职工就业作为社区重点工作，充分利用辖区商户和企业较多的优势，整合辖区资源，安排下岗职工就业；同时，社区党组织还联合妇联、就业局、人才市场积极为下岗职工提供就业信息和就业岗位，进行就业技能培训，开发就业岗位，拓宽就业渠道，基本实现"不挑不拣一天上岗"承诺。目前，社区内480名下岗职工全部实现再就业，龙兴社区也获得了"吉林省三零社区"的称号。

（5）服务低保家庭，让他们困有所托。在工作中，龙兴社区一方面利用墙报、文体活动等多种形式对低保、大病医疗等救助政策进行宣传，使之深入人心，家喻户晓；另一方面深入群众调查走访，严格审核。通过不懈的努力，使居民群众体会到了党的温暖，社会主义制度的优越，维护了社会公正、公平、公开，促进了社会和谐发展，为我市低保救助体系搭建平台。

（6）服务流动人口，让他们住有所归。为改善流动人口就业环境，龙兴大力推行亲情化管理与服务，增强流动人口对流入地的认同感、归属感，营造共居一地、共保安宁、共创繁荣的和谐氛围。社区本着切实提高流动人口的生存、生活质量的目标，认真落实其子女接受义务教育的政策，在入学条件等各方面与当地学生同等对待。切实强化计划生育服务，对外来妇女实行了与本社区妇女"同管理、同服务、同享受"的计划生育服务措施，保障实行计划生育的育龄夫妇享受国家规定的免费计生服务。

（7）服务特殊家庭，让他们心有所依。龙兴社区中的失独家庭共有22户28人，他们饱含着失独之痛，在失去孩子后的很长一段时间内都无法接受现实，都不能正常地面对生活。他们不愿意与人交流，担心别人对自己投来异样的眼光，害怕别人的同情。这些失独家庭由于自身力量的薄弱，支持网络单一，使得他们很难自己从失独的困境中走出来。社区借助专业社工的能力，通过开展社工活动，积极帮助这些失独家庭人员走出心理困境，勇于融入社会。

通过分类服务工作法，社区满足了辖区内绝大部分群众的生活、就业、救助、文化等需求，居民群众对社区党委的满意度大幅提升，幸福指数也不断提高，小区内生活环境、人文环境、邻里关系都有了很大的改观。夯实基层党建基础，打造精品社区，将是党组织服务民生、惠及百姓的一项重要工作。

（六）网络双助法

"网络双助法"依托于现代网络技术而展开，主要基于龙兴社区通过社管平台、龙兴驿站公众号与"三长"微信群搭建起的网络服务"大网"。社管平台凭借大数据强悍的数据整理能力和网络实时性更新，实现了城市社区的智能化管理，从而有效提升社区管理的安全程度以及人性化表现，使社区居民获得良好的服务体验。龙兴驿站公众号与"三长"微信群有效提升了社区内信息的传递速度，在遇到突发事件时可以发挥它的远程服务能力，在避免直接接触的情况下，实现社区居民的自助与互助，这是以往社区服务所欠缺的。

案例八：疫情中的"话疗大师"

新冠肺炎疫情是新中国成立以来在我国发生的传播速度最快、感染范围最广、防控难度最大的一次重大突发公共卫生事件，给我国乃至全球带来公共卫生安全的严峻挑战。社区是疫情联防联控群防群治的前沿阵地，也是外防输入内防扩散最有效的第一道防线。疫情发生之后，龙兴社区由于其流动人员占比高的特点，成为疫情防控工作的一个重点社区。

为了严格地实施社区网格化管理，有效减少人与人之间的相互接触，疫情期间，路亚兰通过社管平台、龙兴驿站公众号和"三长"微信群搭建起了属于龙兴自己的互助自助网络。在保证居民安全的情况下，为居民提供网上下单上门送达的一站式服务，并通过"三长"微信群收集社区内人员流动情况。居民们在发现自己身边有外来人员进入时都会第一时间在群里进行汇报，大大减轻了社区工作者的工作量。同时，社管平台还为居民提供了心理辅导等服务，帮助居民进行线上的心理支持工作。路亚兰也通过网络在线上每天与居民进行交流，一方面可以了解居民的生活情况，为他们提供必要的生活支持；另一方面由于社区老年人居多，通过网络可以及时了解老年人的身心状况，及时安抚，精准帮助。路亚兰也因此被居民亲切地称为"话疗大师"。

随着科技的进步与经济的高速发展，网络治理逐渐进入大家的视野。为了进一步规范管理内容，提高管理水平，我国相关部门引入大数据技术，在城市现代化发展期间构建智慧社区，凭借大数据强悍的数据整理能力，及时了解城市建设实况。通过网络数据分析，应用网络技术无疑可以提升社区管理能力，有效地消除信息孤岛问题，加强服务监管力度，满足广大居民的发展需求。特别是在紧急情况下，网络技术的远程控制能力会有效起到应急的作用，网络与社区服务的融合对于社区治理未来的发展将起到不可估量的影响。

四 学理依据及应用价值

（一）学理依据

1. "六建六助"工作法是路亚兰将党建赋能与自己多年的社区工作经验相结合所总结出的一套社区工作法，其核心内容就是通过对社区社会资本的再整合，连接各种社会资源，精准对焦于居民的需求，使得供求对应，大大提高社区服务的效率。

法国社会学家皮埃尔·布迪厄（Pierre Bourdieu）在《文化资本与社会炼金术》一书中提到，社会资本即"实际的或潜在的资源的集合体，那些资源是同对某些持久的网络的占有密不可分的。这一网络是大家熟悉的，得到公认的，而且是一种体制化的网络，这一网络是同某团体的会员制相联系的，它从集体性拥有资本的角度为每个会员提供支持，提供为他们赢得声望的凭证"[1]。布迪厄认为，社会资本的存在形式是关系网络，关系网络不仅提供了一种有价值的解决社会问题的资源，还向每个成员提供了集体所拥有的资本，即成员之间相互信任的可信度。[2] 然而布迪厄所言的社会资本仅局限于个人资源，罗伯特·帕特南则在此基础上引入集体资源将社会资本重新定义，即指的是社会组织的特质，例如信任（Trust）、规范（Norms）和社会网络（Social Network），它们能够通过推动协调的行动来提高社会的效率、促使参与者能够有效地一起追求共享目标。[3]

在社会转型的背景下，社区共同体相对松散，如何增强社区成员间的信任度、建立统一的社会规范、重构稳定的社区社会网络，是当前社

---

[1] Bourdieu P., "The Forms of Capital", *Handbook of Theory and Research for the Sociology of Education*, 1986.

[2] Bourdieu and L. Wacquant, *An Invitation to Reflexive Sociology*, University of Chicago Press, 1992, p. 119.

[3] 闪兰靖：《社会资本视域下民族乡村社会治理共同体的构建》，《黑龙江民族丛刊》2020年第1期。

区治理所面对的难题。通过对社会资本的准确辨别及合理连接构建出庞大的社区服务关系网,便是路亚兰"六建六助"工作法的精髓所在。无论是对党建单位的有效整合,还是对社区居民的超强联结,路亚兰都将社会资本的运作发挥到了最大限度。最大化地探索社区资源,并将可得资源进行串联,形塑了整个社区的社会资本网络。关系网络在社区治理中既发挥了在实际工作中的工具作用,又在无形中强化了社区成员的身份认同。其结果不单单是社区治理效果的提升,而是实现了社区治理模式的升级,最大限度地发挥社区内各类组成元素的主体性作用,真正实现社区内的共建、共治、共享,为新一轮的城市社区建设夯实基础。

2. 路亚兰之所以能够整合如此多的社会资源,一方面得益于其工作开展秉承了一种"在地性"(Localization)。虽然龙兴社区属于回迁社区,人口流动性较大,但路亚兰长期扎根于此,她本人的社会资本如同滚雪球一般,越来越大,人际关系突显出"都市熟人社会"的关系特征,在社区内部可运用的关系网络足够牢靠。在地经验的积累使路亚兰谙熟社区内的组织结构与动员模式,进一步形成了其颇具自身特色的"资本"构成和资本运作模式。另一方面,在掌握丰富社会资源的前提下,路亚兰依靠其无私奉献的工作精神、勤勤恳恳的工作态度,以及个人多年积累总结的工作经验与技术性的工作方法塑造了卡里斯玛型权威[1],并且她在自己的社区寻找出具有相似特征的居民组成社区骨干群体形成了一种"卡里斯玛共同体",大大提高了基层社区治理的效率。

3. 曼纽尔·卡斯泰尔(Manuel Castells)在《信息化城市》一书中强调,新的信息技术对社会有着某种基本的影响,因而对城市与地区也有着基本的影响。[2] 正如卡斯特尔所提出的,网络社会构成了新的社会时空,促成了信息城市的出现,路亚兰在龙兴社区所提供的网络服务便是利用了这种新的社会时空的便利。通过短时间内搜集大量信息,提供精确化的社区服务,形成了自己的"信息社区"。尤其是在疫情发生时,路亚兰能够合理利用这种时空转化,在有限的时间里满足社区居民的物质

---

[1] 又称魅力型权威,是韦伯划分的三种权威类型之一。
[2] [美]曼纽尔·卡斯泰尔:《信息化城市》,崔保国等译,江苏人民出版社2001年版。

需求和精神需求，实现了社区服务的信息化与科技化。

（二）应用价值

龙兴社区在以路亚兰为核心的党总支的引领下，通过其对社会资源的整合与连接以及对网络服务的发展，将一个流动性较大，社区人员异质性较强的老旧散社区打造成一个服务到家、服务到位、多元共治的和谐社区。这种转变不仅使社区服务效率得到提高，并且潜移默化地促进了社区内居民之间、居民与社区之间的互动，调动了居民社区参与的积极性与主动性，增强了居民的社区认同感。"六建六助"工作法在一定程度上具有可借鉴性及应用价值，主要表现在以下几个方面。

1. "六建六助"工作法的核心就是在党建赋能下将资源进行整合与再连接，搭建出一个广而密的组织网络，将社区党建作为指导社区工作方法的基础。不仅使社区党组织覆盖范围扩大了，同时将党建服务与社区服务相融合，深化了社区服务，使基层党建扎根于基层服务之中，并发挥其应有的作用。

2. 路亚兰通过精选社区骨干无形中建立"社区精英共同体"的做法，使得社区服务的质量得到明显提升，也提高了对社区居民需求收集与整理的效率。同时，骨干们的自身魅力与模范作用的发挥，大大激发了社区居民的参与意愿，调动起了大家的积极性，从而真正实现了社区居民的自治共治。在这一过程中，路亚兰十分注重发挥社区内党员的作用，秉承着"基层党建不是空中楼阁，离不开中心工作"的原则，通过《致流动党员的一封信》让"口袋党员"有了组织，摘掉了他们身上的"隐身披风"，实实在在地发挥出了党员的模范带头作用，这对社区未来的建设、居民归属感的提升都起到了十分重要的作用。

3. 对社区居民需求进行系统性整理和为社区居民提供精细化服务是路亚兰的社区工作法中的另一大特色，通过"1+3+8+x"工作法，为社区居民建档并依托社工机构所申请项目提供专业的社会工作服务，真正实现了推动社区服务向纵深发展，让社区治理惠及更广大的人民群众。

五 专家点评

如何推进和完善社区党建工作，如何将党建工作与基层社区治理相联系，如何为社区居民提供高质量的社区服务，是党和人民向基层社区提出的时代命题。路亚兰通过在龙兴社区的长期实践活动，总结、提炼、归纳出了一套极具系统性的社区工作方法——"六建六助"工作法，这对于指导城市社区基层党建工作的开展、推进社区治理与党建相结合具有重要的借鉴意义。

首先，路亚兰的"六建六助"工作方法具有创新性。其创新在于，在党建赋能下，通过建立"1+N"党员服务站点，将社区内的党员调动并组织起来，建立双网融合的体制机制将党员、骨干交错分布于两网之中，既调动了居民自治的积极性，又达到了以党带民共谋发展的良好状态，使社区居民能够在社区党委的领导下广泛地参与到社区建设中来，也强化了党组织的领导作用。其次，路亚兰在工作法中特别强调对社会资本的运用以及在社区内建立精英共同体发挥其模范带头作用，一方面可以做到精细化服务，满足居民需求，另一方面可以调动居民参与社区治理的积极性，密切了与居民之间的联系。最后，该工作法体现出了社区工作的专业性。路亚兰恰当利用社会工作的方法与技巧，既具有规范性和系统性又具有灵活性和技巧性，既可以单独使用某一方法又可以综合运用各种方法，最终巧妙地破解了社区内的各种难解之题，具有模范效应，值得借鉴。

习近平总书记指出，要深刻把握城市基层党建面临的新情况新变化新问题，推动基层党建和基层治理紧密结合，探索党建引领基层治理的有效路径。路亚兰在社区工作中探索出来的"六建六助"治理模式，坚持系统观念和整体思维，以党建为引领，以满足群众需求为导向，统筹区域内各类党建资源，构建互联互动、联调联动的基层工作格局，为新时代城市基层治理提供了实践逻辑。

点评专家：王星，南开大学周恩来政府学院教授、院长助理，民政部全国基层政权和社区建设专家委员会青年委员。

六　路亚兰小传

路亚兰证件照

路亚兰，女，1965年2月生，中共党员，现任吉林省长春市南关区长通街道龙兴社区党委书记、居民委员会主任。由于工作表现突出，路亚兰先后荣获"全国先进工作者""全国最美城乡社区工作者"　"全国五一劳动奖章""省、市特等劳动模范""吉林省社区建设先进个人""吉林省优秀共产党员""长春市十佳勤廉标兵""长春市社区工作者楷模"等几十项荣誉称号。其中，作为2018年度全国"最美城乡社区工作者"，她也是吉林省唯一获此殊荣的社区工作者。1989年，24岁的她当上社区居委会主任，在这个岗位上，她一干就是32年。32年来，路亚兰走百家门，进百家户，知百家事，解百家难。32年的风风雨雨，32年的酸甜苦辣，她用真心焐热了一个个经受困苦的家庭，用爱心呵护着一颗颗饱经风霜的心灵，她以对这片土地的热爱编织出了一张守护生活在这片土地上的人们的保护网。

路亚兰的社区工作情结还要从她小时候说起。路亚兰出生于吉林省德惠市农村的一个四口之家。父亲、母亲、妹妹和她在20世纪70年代度过了一段艰苦的岁月。父母都患有残疾，身体不是特别好，经常需要街坊邻居的帮助。路母的身高不足一米四，在生路亚兰时难产，多亏乡亲们及时将路母送到医院，这才救下母女二人的性命，正因如此，父母一直在教育路亚兰姐妹："你俩长大以后，一定要做好人！能帮谁一把就帮谁一把！不管你们在外面见到谁确有困难，能拉一下就拉一下！因为我们这样的家庭就是靠别人帮助，才有了我们四口之家。"这是出自一对朴实的农村人口中的最真实的话语。就这样，从儿时起，一颗善意的种子就深深地埋在了路亚兰的心中。无论什么时候，路亚兰都谨记父母对自己的教导，在村子里能帮别人一把就帮一把。时间长了，大家都对路亚兰有了好感，知道她是一个热心的好人。

真正让路亚兰走进了社区工作的转折点是在1989年。有一天，社区的老居委会主任来到亚兰家中，语重心长地说："兰啊，你在家中带孩子也没什么事，你能帮我们跑跑腿吗？"路亚兰丝毫没有犹豫便答应了。于是，24岁的路亚兰成为社区居民委员会主任，这便是她从事社区工作的起点。那时，由于社区居民委员会工作收入微薄、事情繁杂，主任都是由退休在家又热心的老大娘担任，年轻的她经常会在开会时被一群老大娘围在中间，成为当时的一道"风景"，然而谁都没想到路亚兰这一干就是32年。

刚开始做社区工作的时候，由于信息技术并不发达，路亚兰为了更好地给大家提供服务，便制作了2000多张社区连心卡分发给居民，卡片正面印有她的照片、名字、办公和手机电话。一方面确保大家有事的时候能找到她，另一方面她也想借这个机会和社区里的居民建立联系。从那时起，路亚兰的手机一直都是24小时开机的，为了方便居民们能够随时找到她。

2011年10月，路亚兰被查出患有甲状腺乳头状癌。突来的噩耗给她带来了沉重的打击，但是一直关爱她的各级组织对她给予了最大的关怀和支持，让她勇敢地面对病魔。手术后，她的身体不如从前，同事们也都很心疼她，劝她说："路姐，你在社区干了30来年，付出的够多了，以后你就别像以前那么卖命干了！"同事们的话让路亚兰很感动，但她却说："生命要有价值，如果因为疾病我就放弃了我的事业，放弃了一个党员、一个民政人的理想信念，那我宁肯放弃生命！"经历了痛苦的手术、经历了常人无法接受的放疗，路亚兰更加坚定了信念，立足基层，脚踏实地地为居民服务，急群众之所急、解群众之所难、帮群众之所需，只有居民群众的满意，她的工作才能体现出更多的价值和意义。

路亚兰深知现在的社区工作与传统的社区工作相比更具专业性，她与时俱进，开始在自己的工作中重视"助人自助"以及从案主的生存环境角度出发，分析评估需求，为他们提供专业的服务。她时刻提醒自己社区的工作人员，对待服务对象时不仅要具有奉献精神，更需要敏锐的洞察力以及专业的服务技能。近年来，路亚兰成立了南关区兰兴社会工作服务中心，先后承接市、区共 7 个社工服务项目，受益人群达 1500 多人。从群众需求出发，实地调查服务对象的真实需求，将调查结果与服务能力、服务资源相结合，秉持社会工作助人自助的专业服务理念，运用个案工作、小组工作、社区工作三大社会工作方法为弱势群体提供专业化、自主化、有尊严的服务已然成为她新的追求。

为了做好"传帮带"，以路亚兰名字命名的长春市亚兰社会工作服务中心于 2016 年 9 月成立，其初衷是为了更好地发展社区培育工作，她用自己 30 来年的社区工作经验指引和影响大家，甘愿成为发展社区工作的奠基人与引路人。亚兰工作室现今规模正逐渐壮大，从业人员均有着多年的基层社会服务经验，领域覆盖了老年社会工作、残疾人社会工作、青少年社会工作、家庭社会工作、企业社会工作、社会工作孵化等。亚兰工作室在不断摸索中前进，助推机构培育发展，在省、市、区社工行业均具有很强的指引与指导作用，省内各地区组织部门及民政部门纷纷邀请路亚兰为大家传授社区党建、社区建设、社工未来发展等经验，现如今亚兰工作室已经被打造成了吉林省品牌社会组织。

路亚兰至今仍在坚持把社会工作的理念和方法融入实际的社区工作中，龙兴社区已经有近百位居民真正得到了社会工作的专业服务。这些独具价值的实务经验正通过亚兰工作室和兰兴工作室这面旗帜向外飘扬，让有限的生命体现出无限的价值，是路亚兰一直以来的人生信条，而这，也将是未来社会工作所追求的目标。

第十二章

"亲情三宝":打造居民最放心最安心的港湾

——北京市西城区西便门东里社区潘瑞凤工作法

潘瑞凤工作照

对于北京市城市社区的建设和发展,广安东里社区书记潘瑞凤的体会非常深刻。2000年,北京市的社区建设开始进入全面推进阶段,潘瑞凤也正是在这一年来到了广安东里社区,在这样一个纯平房社区开始了她的社区工作。2005年,因为工作调整,潘瑞凤又来到了西便门东里社区。两个社区在基础环境、居民构成和面临的问题上都有着巨大差异。

而潘瑞凤则把自己社区工作多年的经验总结起来,发展成以"爱心、热心、恒心"为基调的亲情工作法,将社区工作者与居民之间的关系以"亲情"的形式构建起来,以服务为基础,根据社区的现实问题和居民的实际需求,将居民所想所需转变为社区实践,力求将社区工作做到老百姓的心坎上、做到老百姓满意为止。

潘瑞凤充分调查了解居民的诉求,以社区科普特色为亮点进行打造。"栽得梧桐树,引来金凤凰",社区打好亮点特色牌,自然会吸引外部资源或资金的大力支持,由此也就实现了社区资源的"滚雪球"。有了良好的平台基础,潘瑞凤又进一步创新"科普+党建"的服务模式,全面提升社区为民服务能力和水平,居民的幸福感大大提升,亲情工作法也注入了时代活力。

一 产生背景

北京是一座具有3000多年历史的古都,在不间断的时间历程中,辽、金、元、明、清五个朝代在此建都,以中轴线和棋盘格式道路网奠定了北京城市的基本格局;著名的"四合院"构成了背景城市的基本风貌;王公贵族、文人雅士和普通百姓共同塑造了北京深厚的物质文明和文化积淀,形成了古老北京丰厚的历史文化遗产。自然地理、人文地理以及政治地理位置的重要性,使北京成为东方文明的代表城市。中华人民共和国成立后,对北京市重新进行了政治区域规划,并通过编制城市总体规划的方式,在不同时期引领北京城市建设发展。从1958年的"全国政治、文化中心、现代化工业基地和科学技术中心",到1983年的"全国政治中心、文化中心",到2016年的"全国政治中心、文化中心、国际交往中心、科技创新中心",北京作为首都的核心功能不断得到强化和优化,北京作为现代化国际大都市的城市定位也得到了确立。

在历史与现代的交融中,旧城的历史文化遗产与城市现代化发展之间的关系、传统生活方式与现代化生活方式平衡的关系、过去的城市治理模式与新时代背景下城市基层社会治理过渡的关系如何处理,对于推进北京城市建设和发展以及新时代社会治理能力现代化都至关重要。北京作为政治中心、经济中心、文化中心的地位，使得北京也是全国城市基层社会治理实践的前沿与窗口，国家和市、区层面，也都在通过政策文件的出台以及试点社区的建设，对城市基层社区治理进行尝试与探索。

在国家民政部的倡导下，我国城市社区建设从1986年开始起步，北京于同年开始，率先发展社区服务业，并基本形成了"以社区服务中心为骨干，以居委会便民服务网点为主体，以居民志愿互助服务为基础，功能较为齐全的服务格局"。1991年，北京市又以政府令的形式颁发了《北京市社区服务设施管理若干规定》，作为全国第一个有关社区服务的地区性政策法规，这极大地促进了社区服务设施的配套建设的管理。1995年，北京市人民政府办公厅印发了《市民政局关于加快发展北京市社区服务业意见的通知》，成为社区服务由"福利性"转向"面向社区全体居民"的重要节点。由此开始至2000年，北京的社区建设和社区服务都进入了快速发展阶段。2000年，北京市为了改善居委会干部的年龄、知识结构，加强社区队伍建设，又率先尝试通过以事业编制招聘的方式，面向社会招聘了1812名社区事业干部，潘瑞凤正是通过这次机会成为社区工作者队伍中的一员。

2001年开始，社区建设开始进入全面推进阶段，北京市的城市社区建设开始被纳入首都现代化建设的一项重要基础工作范畴中。提倡创新、引入市场、培育和发展社区社会组织、不断增强社区服务能力等要求在这一时期被不断提出，社区的功能也逐渐完善，"一居一特"、创建"学习型社区"、推进文明社区建设的等社区建设的理念和形式相继实践，北京的社区发展也在全国范围内树立起了典范。

潘瑞凤社区工作的经历与北京社区建设和发展的过程密不可分，她的社区工作方法是在两段社区工作经历中积累而形成的。2000年，刚刚接触社区的潘瑞凤被分配到了临近的广安东里社区。广安东里社区有居民2500余户，人口7000余人，其中常住人口约1700户。社区面积16万平方米，地理位置位于宣武区，紧临天安门广场和北京长安街。虽然地理位置优越，广安东里社区的基础条件却非常差，作为一个纯平房社区，社区内房屋普遍年久失修，破败不堪。社区的办公场所十分简陋，仅有

15平方米的小平房内被隔成两个小房间，7名社区工作者全部在此办公，几乎无法为居民活动提供空间。广安东里社区的居民情况则可以用"三多"和"三最"来概括，"三多"即残疾人多、老年人多、困难群体多；"三最"则是指在当时整个街道区域内，老百姓的生活水平是最低的、居住条件是最差的、老百姓是最朴实的。

虽然居民的质朴和热情能够助益社区工作，但社区环境条件的客观情况还是为社区工作增添了很大难度。关注基础设施安全，提升硬件环境建设，关心生活困难群体是社区工作的重点，而居民的诉求则集中在希望改善生活条件这一比较基础的层面上。在广安东里社区工作期间，"用心、用力、用情"是潘瑞凤最大的体会，这种与居民建立起情感的桥梁，给予居民最大程度的关系和耐心，通过服务让居民满意的"亲情工作法"也成为潘瑞凤工作法的重要部分。在"服务"上做文章，在"满意"上下功夫，在"创新"上求突破，在"机遇"上谋发展是她总结出的工作方针。

2005年年初，因为街道工作调整，潘瑞凤来到了西便门东里社区。西便门东里社区地处西城区的核心位置，总面积4.5万平方米，毗邻中央音乐学院以及北京金融街。社区现有居民1250户，常住人口约3000人，社区内共由11栋居民楼和3栋商业楼组成，其中居民楼包括5栋16层的塔楼；4栋6层高的"小板楼"（无电梯）；2栋多楼门组成的"大板楼"。与广安东里社区相比，西便门东里社区的特点也十分突出。

第一，与广安东里社区相比，西便门东里社区的环境称得上是"阳春白雪"，是当时广内街道最高端的、条件最好的、人员素质最高的社区。虽然西便门东里社区也是由20世纪80年代的房屋构成的老旧小区，但其主要是全国人大常委会宿舍楼、国管局宿舍楼、商业部宿舍楼、教育部宿舍楼等，产权单位的性质和房屋的用途也就决定了，西便门东里社区居民的文化程度和生活水平都很高，社区整体上获取资源的能力也较强。

第二，西便门东里社区的硬件条件和人文环境使得其社区建设极具优势，在广安东里社区还致力于改善平房区居住条件时，西便门东里社区已经开始尝试以"科普"为主题的"一居一特"建设，社区办公及居民活动场所面积能够达到七八百平方米，并且已经由宣武区科协和科委牵头建设了功能较为齐全的科普活动室，即使在十几年后的今天来看，这都是很具有代表性的。

第三，西便门东里社区居民对社区生活的需求层次更高。在生活水平等物质方面基本得到满足的情况下，居民在精神文化层次上的需求也就更高，如何整合使用各类资源，提升文化生活品质，推动小区建设发展，也就成为西便门东里社区工作的重点。与此同时，西便门东里社区的老龄人口也占了很大比重，这些老年人基本在经济上、生活上没有负担，但是缺少陪伴和关心。

结合西便门东里社区的特点和居民需求，潘瑞凤不仅把严谨的工作作风、敬业的工作态度、无私奉献的精神和以人为本的服务延续了下来，同时极具特色的科普文化和社区助老特需服务队也相继建立并发展起来，实现了对居民服务范围的全面覆盖和服务能力全面提升。

二　界定及内涵

潘瑞凤"亲情工作法"，就是秉持情为本、民为先，始终坚持"在'服务'上做文章，在'满意'上下功夫，在'创新'上求突破，在'机遇'上谋发展"的主线。"亲情工作法"既是潘瑞凤社区工作的核心理念，也是最为基础的核心方法。结合社区的实际情况和社区居民的现实需求，潘瑞凤又在"亲情工作法"的基础上进行了创新和提升，在为居民服务的过程和方法中注入了科普元素，增强了工作法的时代性。

潘瑞凤的"亲情工作法"，既是社区工作方法，又是社区工作理念。其核心在于要把居民当成家里人，把居民事当成家里事，通过用心、用力、用情与居民之间建立起亲情的纽带，居民也会把社区工作者当成"自己人"。在这一过程中，不仅能够收获居民的认可和情感回馈，社区工作者也能够感受到自身的价值。其具体内涵包括如下三个方面。

1. 用心。要真心诚意地把老百姓放在心上，为老百姓办事。在社区工作中如果遇到困难，无论是老百姓解决不了的问题，还是社区难以调解的矛盾冲突，都不能绕路而行，而是要想方设法地思考，通过爱心、恒心和耐心去努力解决。在用心为居民服务的过程中，也会和居民建立起情感，得到居民的信任。

2. 用力。要把老百姓的事当作自己的事来解决。当居民反映问题或者提出要求时，一定要先听、先问，能够解决的要即刻解决；不能解决的也要尽力协调。不论是居民遇到的难题或是其他的大事小情，要把它们当成自己的事一样去投入百分百的力量，而不能把居民的问题往外推。社区中的很多问题，通过想尽办法、用尽全力可能就会迎刃而解。

3. 用情。要对社区居民和社区工作投入感情，与社区居民"一家亲"。想要干好社区工作，就必须要有情感投入，给予居民的不仅是物质上的服务、行动上的帮助，还需要情感上、精神上的陪伴与支持。与此同时，这种"用情"也是双向的，居民在感受到社区工作者的真情实感后露出的微笑、热情的拥抱和感谢之语，乃至报以的关心和关爱，都是情感深化的过程，也是社区工作者价值实现的过程。

三　具体方法及案例分析

针对社区的环境情况和居民的现实需求，"亲情工作法"可以具体拆分为如下几点工作方法和技巧。

（一）一线工作法

"一线工作法"就是指，社区工作者要真正在社区工作的"一线"，和居民百姓之间保持"零距离"。"一线工作法"实际上也是"亲情工作法"的第一步，这不仅要求社区工作者深入居民群体，了解他们的困难和需求，同时也要求社区工作者能够通过社区服务做到让居民满意，让居民也能与社区工作者"零距离"。在社区工作的过程中，要做到以下几个方面：

1. 不忘为居民服务的初心，真正把更好服务居民、推动社区发展当作自己的事业来全心投入。只有把老百姓当作最亲的人，将社区工作当作自己的责任和使命，才能全身心地投入社区工作，才能把社区工作做在"一线"。

2. 工作在社区的一线，让居民认识、了解社区工作者和社区工作，只有在不断的互动过程中，居民与社区工作者之间的亲情关系才有可能建立起来。例如刚接触社区工作的潘瑞凤，就是通过挨家挨户的走访让居民认识自己、工作之余对居民嘘寒问暖等办法，消除了社区工作者与居民之间的隔阂，拉近了与居民之间的距离。

3. 提升服务能力，主动了解居民的困难和需求，第一时间帮居民解决问题，只有这样才能把社区服务做到居民的心坎上、做到居民真正的满意，老百姓才能把社区工作者当作"自己人"，由此实现社区工作者和居民之间双向的"零距离"。

案例一：走访"破冰"，入户叮嘱

2000年，刚刚来到广安东里社区的潘瑞凤还是一个28岁小姑娘，与年长的社区工作者相比，社区居民对于年轻的社区工作者难免会有一种不信任感，而潘瑞凤也是初次接触社区工作，如何向居民介绍自己就是她的第一项任务。那个时候的电话网络还远不像现在一样便利，于是潘瑞凤就在小纸条上写上自己的名字、自己的基本情况，然后拿着小纸条挨家挨户地走访，向社区居民推荐自己，让社区居民尽快了解自己。在大院生活的社区居民也非常朴实，潘瑞凤到居民家里看望、聊天、沟通的举动，让居民们都感觉到新书记非常平易近人，很接地气，于是居民对社区书记的态度也友好起来，并很快就接纳了潘瑞凤作为社区书记的新角色。

广安东里社区房屋老旧，彼时还没有经历拆迁，基础设施和硬件条件都很差，百姓的生活安全是潘瑞凤最关心也是最操心的。平房区居民居住密度高，取暖又基本采用烧煤的方式，存在引发火灾或者一氧化碳中毒等隐患。因此，潘瑞凤冬天的工作重点之一，就是入户宣传用火安全、预防煤气中毒的相关知识，并指导居民如何操作，在条件允许的情况下把风险降到最低。与此同时，每到雨雪天气，潘瑞凤就会带领社区工作者对危房危户进行走访，每家每户地去查访、叮嘱，如果看到有房屋裂缝等安全隐患，马上联系房管部门或其他相关单位解决。

潘瑞凤每天上下班都不会选择骑车，而是坚持要穿胡同而行，和社区居民们打一声招呼，增进感情。而居民对于潘瑞凤也都特别关照，有时是亲切地回应一句"小潘"，有时是关心她的身体让她"多吃点""注意休息"。在这样坚持一线工作、和居民互动的过程中，潘瑞凤和居民之间也埋下了情感的种子。

案例二：接诉即办，"六比六看"

接诉即办和"六比六看"其实是对社区工作者服务能力和水平的具体要求。

2018年，北京市已经开始推进"吹哨报到"——党建引领基层治理体制机制创新的探索。"吹哨报到""接诉即办"也成为发扬党的群众工作优良传统、走好新时代群众路线的成功范例，在社区治理的层面广泛推行。西便门东里社区不仅将热线电话的"接诉即办"落在实处，还紧跟新时代发展的特色，充分利用科技信息发展的便利，将"接诉即办"通过手机APP和微信等形式延伸到了线上，实现"接诉即办"机制线上线下的全覆盖。

在西便门东里社区，潘瑞凤主要通过"六比六看"法对社区工作者的能力进行考察和激励。所谓"六比六看"，一是比技能，看谁掌握的业务最熟练；二是比服务，看谁提供的服务最优质；三是比专业，看谁知识的运用最倚重，通过专业能力的比拼，提升社区工作者专业化的水平和能力，这也是社区工作从传统的"老居委会"模式向职业化、专业化转向的必然要求；四是作风，看谁处事的风格最正派，德、能、勤、绩、廉，对社区工作者来讲"德"始终要在第一位；五是比实绩，看谁获得的成效最显著；六是比满意，看谁获得居民的认可最广泛。通过"六比六看"社区工作之星的评比，形成优胜劣汰的机制，避免社区工作走向"大锅饭"，使社区工作者真正具备一线工作的素养和能力，在社区工作中才能得心应手。

"一线工作法"是潘瑞凤在多年社区工作中总结出的工作经验，也是她对于社区工作者的基本要求。通过"一线工作法"的实践，潘瑞凤与居民之间建立起了情感的联系，为社区工作的开展奠定了良好的基础，并且，通过"六比六看"的评比，"一线工作法"也能够成为西便门东里社区工作者的基本功，社区工作的开展也能够扎实、长效。

（二）亲情互动法

"亲情互动法"实质上是对"一线工作法"的提升，在零距离服务居民的同时，与居民之间建立亲情式的互动关系。其主要内涵包括两个方面。

1. "亲情互动法"可以视作"亲情工作法"的核心，是社区工作"用心、用力、用情"的表现，能否与居民间建立起亲情式的关系，也是对社区工作者"爱心、恒心、耐心"的检验。

2. 亲情互动的关系注重相互性，当居民将社区工作者也当作亲人，自然也就会对社区工作者有所反馈，就会对社区工作者和社区工作有更深的理解和包容，这对于社区发展和社区凝聚力的提升也是至关重要的。

案例三：拆掉烟摊，感情不散

在西便门东里社区进行"背街小巷整治提升工作"时，一家经营了近20年的小烟摊成为工作的难题。这家小烟摊由一对夫妻共同经营，并以此作为主要的生活来源，但因其房屋属于违章建筑，拆除势在必行。

了解到这个问题，潘瑞凤首先通过换位思考来破题，把烟摊难拆的原因罗列出来，再一一破解。第一，烟摊是夫妻二人生活的依靠，除此之外他们没有其他的生活来源。第二，夫妻二人在此经营已经有20余年，他们能长久经营说明烟摊还是有一定的收益的；即便不考虑经济利益的因素，不论在哪里从事什么样的工作，年头久了都会有感情，拆掉烟摊其实也是拆掉情怀。第三，烟摊在经营的过程中，不论是和周围商户之间还是邻里之间，都建立起了感情，从情感上来说，夫妻二人也是社区人了。离开烟摊，这种情感的断裂也是难以弥合的。

烟摊没有营业执照，烟摊本身又是违章建筑，就事论事，进行拆除也是合理合法的。但如此分析后，潘瑞凤非常理解夫妻二人的处境，她并不是站在完成拆除工作的立场去执行，而是像对待自己遇到困难的家人一样，做亲人该做的事。潘瑞凤先是去上门沟通，询问夫妻二人的意向和打算，去了解他们的真实想法和希望达成的目的，在双方的沟通中去找到一个平衡点。在沟通中潘瑞凤又层层分析梳理，把他们方方面面的困难、顾虑、诉求都了解清楚。随后，潘瑞凤又去街道争取资源、了解各种相关的政策，在此基础上和他们进一步沟通，并提出："如果你们还想继续经营，我们可以帮你们一起去寻找合适的铺面。"与此同时，沟通的过程也是一个情感的"磨合期"，也是给夫妻二人一个接受的时间和过程。潘瑞凤先换位思考，通过细致入微的工作让他们消除对未来的顾虑并跨过心里的坎；反过来，夫妻二人想通之后也能够站在社区的角度来想问题，最终他们也理解了社区工作，顺利搬走。

事实上，这种亲情互动的立场和形式，不仅是社区工作者全情投入的体现，也是居民消除隔阂、解开心理疙瘩的过程。虽然这只是社区工作中遇见的一件小小事，但用心、用力、用情的方法就是这样逐渐积累起来的，社区工作者和居民之间的亲情也正是这样一步步建立起来的。

案例四：支持陪伴，做好老人的身后事

在广安东里社区工作时，一位患有子宫癌的老人让潘瑞凤至今印象深刻。这位李大妈是一位独居的孤寡老人，她患有子宫癌，而自己却并不知情，只是经常会流血、疼痛。当时潘瑞凤刚到广安东里社区没有多久，在多次走访发现老人的问题后，还是由潘瑞凤和社区工作者带着李大妈去医院看病，才最终确诊。李大妈是一位瘦弱的老人，每次她来社区跟潘瑞凤说"主任，我又流血了……"那种状态和语气，都让潘瑞凤心里非常难受。于是她通过"结对"的方式主动承担起了照顾李大妈的责任，其实李大妈也没有什么别的诉求，但带她看病、送她回家吃药、帮她打扫房间潘瑞凤每样做得都尽心尽力。潘瑞凤每次去她家，都会在院门口喊："李大妈、李大妈，开一下门"，李大妈每次听到后都会颤颤巍巍地拄着拐杖来开门。而有一天潘瑞凤去敲门，却迟迟没有等到来开门的李大妈，她从门缝扒着往里看，只看到李大妈半躺在躺椅上。她感觉情况不对，但是赶紧让自己冷静了下来，连忙通知了社区民警，一起重返现场，打开门后发现李大妈已经过世了。李大妈无儿无女，在与病魔斗争的最后几年一直由潘瑞凤照顾，而老人的身后事，从给老人换衣服到送老人最后一程，都是由潘瑞凤和广安东里社区一手操办。这段经历也让潘瑞凤对社区工作有了更深的认识，把老人当成自己的父母亲人一样照顾，给予陪伴和关爱，这也是社区工作者的使命。

西便门东里社区的老年人口同样占很大比重，这些老人中孤寡老人也有一定的比例，他们往往都有退休金足以保障生活无忧，但其面临的缺少陪伴以及精神上的孤独也是十分现实的。社区内有一对老年夫妇，夫妻二人都曾是对国家科学进步做出过突出贡献的人物，但他们的孩子在年幼的时候就因病去世了，两位老人就这样相依为命走过了大半辈子，社区对于他们的情况也十分照顾。忽然有一天，大妈突发心梗去世了。老伴的突然去世给了张大爷很大的打击，张大爷的心脏、眼睛本身就患有疾病，失去了唯一的陪伴和支撑，张大爷的生活秩序也陷入了混乱。这个时候潘瑞凤就承担起了子女的角色，她就像老人的女儿一样，陪着张大爷去选墓地，陪着张大爷去处理火化遗体等身后事。这不仅帮张大爷渡过了难关，也让张大爷重新找到了精神上的支撑和依靠，感受到了亲人的陪伴和亲情的温暖。

通过亲情互动，社区工作者与社区居民之间身份的隔阂被打破了，彼此像亲人一样相互关心、相互理解，社区中的许多问题和矛盾自然迎刃而解。面对社区居民的不同情况和需求，潘瑞凤也扮演了多种亲人的角色，并且在角色中用心、用力、用情地解决问题，同时也通过居民的亲情反馈，强化社区内的关系纽带，增强了社区的向心力。

(三) 助老特供法

"助老特供法"实质上可以理解为在"亲情互动法"的基础上,针对社区老年群体的深化和提升,即根据社区老年群体的特殊需求提供服务,实现助老慰老。这一工作法一方面提升了社区助老慰老服务的能力,另一方面也促进了社区社会组织的孵化和培育,实现了造血、活血的良性循环。

1. 通过"结对"的方式,定期上门帮老人进行生活服务,与老人进行沟通交流。社区中的很多老人即便生活条件较好,但仍然会有孤独感,也会有精神需求,因此给予老人亲人一样的陪伴和关怀,让老人有精神上的支撑,感受到亲情的温暖是十分必要的。

2. 在关爱老人的同时帮助老人树立"助人自助"的理念,挖掘老人身上的闪光点进行鼓励和宣传。助老慰劳不应该只是单向的,而是一个相互的过程,老年人并不是社区的负担,他们也有做出贡献的能力,是值得学习的宝贵财富。

3. 成立社区"助老特需服务队",通过孵化社区社会组织的形式,提升服务的专业性和针对性,不仅能够满足社区老年人多样化的需求,也能够形成助老慰老的长效机制,真正实现造血、活血。

案例五:向老党员取经

西便门东里社区有一位老党员——张彤老人。她出生于1924年,1941年加入中国共产党,是西便门东里社区唯一一位新中国成立前入党,有过新四军革命经历的老党员。2018年,西便门东里社区成立了保障型党支部,潘瑞凤和张彤老人之间也结成了对子,时常去探望老人。

经张彤老人的讲述,1940年,年仅16岁的她怀着一颗报国之心,偷偷背着家人报名参加了新四军,后来被分配到华中鲁迅艺术学院学习。皖南事变爆发后,她在部队经常随部队夜行军,在北秦庄地区,亲眼见证了战友们为了保护师生而在与日伪军战斗中牺牲,他们之中年龄最小的仅有17岁。这场充满离别和死亡的战争,让张彤更坚定了自己的信念，她积极报名参加群众工作，从乡下到大学，从机关到医院，为党员、群众传播党组织的声音与关怀。

在将近一个世纪里，张彤跟随党组织在不同的地方做政治工作，她也在不断学习提高自己。潘瑞凤每次去老人家里走访时，经常能看到她戴着眼镜安静地坐在沙发上看书或是看报纸，笔记被密密麻麻地写在小卡片上，字迹整洁而又干净。在和潘瑞凤交流的过程中，老人有时会给她讲一讲《党章》，有时会根据自己看到的"汇智东里"社区微信公众号的内容，和潘瑞凤讨论社区的工作，提一些自己的建议和看法。老人对潘瑞凤说："社区工作不是想象中那么简单，涉及社区的方方面面，想做好不容易，你们辛苦了。"时常向张彤老人取经，听取老党员的经验和建议，对潘瑞凤的社区工作助益良多，而老人的一席话也给了潘瑞凤满满的动力。潘瑞凤也积极地把张彤老人的经历向社区的年轻人们推广、宣传，社区在助老慰老的过程中也收获满满。

案例六：助老特需服务队

西便门东里社区老龄人口约占社区总人口的1/3，慰老服务是社区工作的一项重点。如何做好慰老工作，做到让老人满意，也是社区工作的难题。潘瑞凤想，社区工作者作为和老人最亲的人，一定要把老人服务做好，既然短时间内无法实现面面俱到，那就有针对性地重点突破、重点照顾，先推动社区慰老服务"走起来"。

在这样的背景下，潘瑞凤提出了建立社区"助老特需服务队"的想法。社区老年人口庞大，所以她就先带领社区工作者，以特别需求、特殊群体、特别困难为基本标准，罗列出名单，将这些老人作为第一批服务对象，提供有针对性的服务。面对社区工作者人数有限、服务能力受限的问题，她开始挖掘社区中有热情、有积极性、有组织能力的志愿者，着重培养一名党员作为助老特需服务队的队长，带领队员进行服务。在选择队员时，潘瑞凤也秉持着"不求人多，但要专业"的理念，队员必须要有能够服务老人的、老人又确实需要的技能，例如理发、缝纫、烹饪、电器修理等等，由此来保证服务的专业性和服务效果。

2014年7月,西便门东里社区助老特需服务队正式成立,队员一共有13人,第一批的服务对象一共20人左右,都是对社区服务需求最迫切的社区老人和残疾人群体。助老特需服务队的队员都会和服务对象签互助协议,以此实现更好的管理,这也是确保慰老服务告别形式化的机制保障。与此同时,根据社区老年人的需求变化,每年潘瑞凤都会重新对整体的服务范围和服务质量作出规划和提升。

在队伍建设上,根据社区志愿者的积极性和能力有序地进行吸纳和微调。社区内有一位83岁高龄的老人,在接受服务的同时也发挥自己的长处为其他服务对象免费理发,他的精神感染带动了许多人。志愿者们的积极性都非常高,建立微信群、免费上门服务和陪伴等已经成为常态化。在队长的带领下,助老特需服务队的服务项目也在丰富和升级。在由志愿者免费提供服务的模式基础上,服务队的队长也开始注重"造血",主动去联系、对接资源为社区老人提供服务,真正把慰老服务做"活"。

目前,西便门东里社区助老特需服务队在性质上属于在街道登记注册的社区社会组织,以专业化、现代化、常态化的形式实现了"暖情、暖心、暖巢、暖难"的助老慰老服务。队长由社区培育,服务队基本能够实现良性运转,社区则提供必要的支持和保障。每个楼栋都有助老特需服务队的队员,社区内80岁以上的老人都能够被"结对"服务,80岁以下有困难需求的老人,也能够通过服务队得到帮扶。

案例七:走出被骗,打开心结

现代社会因为诈骗而造成财产损失的案例日趋上升,独居老人缺少陪伴,更容易被犯罪分子"打动",因此也就经常会成为被骗的对象。西便门东里社区有一位安老师,他在退休之前曾经是北京著名学府的高级教师,也是潘瑞凤"结对"服务的对象。有一天潘瑞凤照常去陪安老师聊聊天,一进屋安老师就兴高采烈地跟潘瑞凤说:"今天上午有人来我家清洗油烟机,说我的燃气灶有问题。然后还问我有没有评高级职称什么的,说可以享受优惠价!"潘瑞凤听完第一反应就觉得安老师肯定受骗了。但是考虑到安老师已经70多岁了,又是一位高级知识分子，如果直截了当地说出来肯定会让老人在心理上、情感上难以接受。于是潘瑞凤就附和老人说："是吗？您能把发票给我看看吗？"看完安老师拿来的发票，潘瑞凤基本可以确定老人一定是被骗了。但是她没有当场说出来，而是委婉地跟安老师说："您先别着急，我把发票拿回去，我打电话去详细了解一下，问完有什么情况我再跟您回馈。"潘瑞凤回去拨打发票上的电话，已经是空号了。于是她又返回安老师家，委婉地安老师讲明这个情况。在沟通的过程中，潘瑞凤十分讲究方法，充分考虑到老人注重尊严、爱面子的心理，在沟通的过程中引导安老师自己认识到问题，认清楚被骗的事实。然后她又十分注重安抚老人的情绪，在让老人别着急的同时，她又带着老人去报案，带领社区工作者多方寻找"破案"，寻找多种途径和解决办法。

虽然最终骗子没有抓到，但是安老师和潘瑞凤的关系却更近了。通过入户交流，积极邀请安老师来社区坐一坐、参加社区活动的方式，安老师也逐渐走出了被骗后的心理困境，日渐开朗了起来。社区成为安老师的心灵家园。

西便门东里社区老年人口较多，并且他们中的大多数都有物质生活保障，精神关怀和亲情的温暖是他们最需要的。通过与老年群体的亲情互动，不仅可以体现社区的价值和作用，更能够提升老人的参与感和精神力。与此同时，助老特需服务队这一创新模式，使社区中的"宝藏"得到挖掘，在助人自助的理念下，社区的服务能力也进一步提升。

（四）科普牵引法

"科普牵引法"是潘瑞凤从居民的现实需求出发，立足社区基础和特色，抓住机遇而探索出的"科普+党建"的综合性创新模式。潘瑞凤一方面抓住机遇，以科普场所为依托，将提升居民参与、增强社区资源链接能力、广泛服务社区内多样化群体等目标结合起来，促进社区软硬件设施及社区居民精神文化生活水平的全面提升。另一方面，潘瑞凤也将亲情工作法的理念和方法融入其中，为社区注入亲情的关怀和温暖，提升社区居民的幸福感。具体内涵包括以下几个方面。

1. 以科普为核心，吸引居民参与社区治理和社区活动。西便门东里社区具有很好的社区科普设施和氛围，居民对于打造科普特色社区也有很高的认可，乐于以科普为特色提升社区的整体发展水平。在这样的情况下，社区工作的开展就会具有坚实的基础。

2. 以科普为契机，吸引资源打造社区亮点。潘瑞凤抓住机遇，在科普示范社区的申创的过程中不断实现社区的自我提升。并且在获得资金的支持后，通过有规划地利用资金，做到"取之于民，用之于民"。一方面，通过资金的利用提升社区服务的能力和水平，让居民真切感受到资金产生的实际效果；另一方面，通过资金的利用提升社区的科普平台，为吸引到更多的资金打好基础。

3. 以科普为依托，整合吸引资源，形成倍增效应。通过利用社区科普特色链接资源，实现社区资源的良性循环。社区有了好的平台基础，资金和资源自然也会被吸引，充分利用这一平台，积极与资源单位进行对接和共建，既是共建、共治、共享的重要体现，也是社区科普特色和社区服务能力持续延伸的重要保障。

案例八：争创科普示范社区

2002年的10月，宣武区的科协和科委就在西便门东里社区投资建设了北京市首家科普活动室——"蓝魔方"科学体验中心，科普特色也是西便门东里社区"一居一特"打造的亮点。2005年，潘瑞凤调动到西便门东里社区担任社区书记，在当时来看"科普"主题非常冷门，潘瑞凤对于科普也了解甚少。但是她迅速补习相关知识，发现科普不仅不"偏"，还深受居民喜爱，完全可以作为推动社区整体工作的一个"抓手"。明确定位后，潘瑞凤于是带领社区科普志愿者，延续脉络，继续深化。

2008年，西便门东里科普特色建设迎来了第一个契机。北京市科委提出"北京市创新型科普社区"创建工作，于是北京市委宣传部主动跟潘瑞凤联系，问她要不要争取。潘瑞凤听完当即表示："这么棒的机会，一定要报啊！"但是说完后，她的心里也很忐忑，虽然西便门东里社区科普基础很好、居民参与度也非常高，但是地处北京市核心区的位置对于"蓝魔方"科普活动中心的规模是很大的限制。毕竟是市级层面的"争创"，"蓝魔方"与京郊的一些科普基地相比还是稍显逊色。但潘瑞凤没有气馁，她首先带领社区工作者提升场地、设施，并注重特色区域的打造。"蓝魔方"于是升级成为包括彩虹长廊、科普活动室、阅览室、阳光花房和庭院5个部分在内的、集艺术与科技于一身的现代化互动式科普中心。在设备上"蓝魔方"也毫不逊色，小型的风力发电机、太阳能充电器、农药检测仪、酒精测试仪、电磁辐射测试仪和电子显微镜等都十分先进。在做好基础工作的基础上，潘瑞凤有号召居民捐书，发动社区能力争取资源，完善图书室，将社区图书的藏书从5000册增加到了1万册。

在最终评选的座谈会上，潘瑞凤也向各位莅临的专家诉说了自己的想法："其实我们已经在街道的帮助下努力和尽力了，把我们的特色已经展示得很充分了。但是，因为咱们是北京市层面的评选，我还是有一丝担忧的，因为山外有山、楼外有楼，我相信有更好的。"但专家在会上的一席话彻底打消了潘瑞凤的顾虑，专家对她说："潘主任，你们真够优秀的。你的担忧呢，过多了。只给你一句话，我们通过参观郊区呢，它的房屋面积是大，它的硬件设施是好，但是我们感觉是属于温饱水平。而你们已经是小康水平了，达到了小康水平！"通过这次申创，西便门东里社区争取到了40万元北京市科学技术会配套建设资金，也收获了进一步发展的动力。

2012年是西便门东里社区发展的又一个重要节点，国家层面开始"全国科普示范社区"的创建工作。对于这次申创，潘瑞凤更加坚定要继续申报，也对申创更有信心。通过区级、市级再到全国层面层层竞争，在街道、社区、居民的共同努力下，最终西便门东里社区获得了"全国科普示范社区"的称号，更多资金的投入也帮助社区建设得更好、更棒、更优。

案例九：资源互助共助社区发展

通过申创示范社区的形式，西便门东里社区的"蓝魔方"也出了名，北京市、区的科协、科委，都相继投资。潘瑞凤一方面将这些资金用于提升科普硬件设施,另一方面投入于流动图书室的打造。通过与各个部门建立起长期的图书交流关系,西便门东里的图书室实现了北京市4级联网"一卡通",社区居民在社区图书馆和北京市图书馆、西城区图书馆、街道图书馆之间可以实现通借通还,极大地拓宽了社区资源的渠道,也更好地满足了居民的精神文化需求。

联通公司也与西便门东里社区建立起了共建关系,共同打造"全响应数字家园阵地"。一方面,社区为联通公司提供一定的场所,可以进行展示和宣传,同时也是向居民推广介绍项目服务的好机会。另一方面,联通公司为社区居民提供简单的培训、维修等基础服务,高端的智能设备与光纤网络的数字生活体验,居民不用出社区就可以办理相关业务,极大地提高了方便性。这种互惠的形式也受到共建单位和社区居民的认可和欢迎。

此外,西便门东里社区的科普平台也是社区之间、百姓之间交流的场所。西便门东里社区打造的科普基地,其辐射范围不仅局限于本社区居民,也旨在宣传科普文化、为更多老百姓提供便利、让更多的人参与进来。因此,科技活动中心对于周边的居民都是开放的,潘瑞凤也非常欢迎其他的社区过来参观交流,互相学习取经,把科普特色的理念和科普示范的效果传递出去。

西便门东里社区之所以选定科普作为社区发展的特色和主题,是通过对居民的走访和全覆盖式的问卷调查,充分了解居民需求、征求居民意见后形成的,此后居民参与科普活动的热情自然就提升了,居民对于社区治理的参与度和主体性也得到了强化。在社区科学体验中心建立后,实用科技设备的展示、直观交互式的科技体验以及丰富多彩的科普活动不仅形式新颖,也能够与居民生活紧密结合,居民也更愿意参与。

西便门东里社区以科普活动室为依托,不断抓住机遇,通过申创北京市创新型科普社区、全国科普示范社区等不断进行自我提升,并充分利用项目的资金和资源支持,提升社区科普的软硬件设施,提升为居民服务的水平和质量。这既是社区自我提升的重要过程,也能够为社区未来发展奠定良好的基础。有了较高的平台,其他社区、科协科委等部门以及区域外的单位都主动与西便门东里社区建立资源网络，社区也能够突破资源局限，实现良性的循环发展。

（五）智慧服务法

"智慧服务法"旨在以科普为基础，以社区科学体验中心为依托，创新服务理念，以新型的设施和丰富的活动满足居民的精神文化需求。与此同时，将科技理念和技术应用于社区"数字党建"和"数字服务"上来，提高社区日常工作和基本服务的能力水平，增强居民的满意度。具体可以包括以下几个方面。

1. 依托社区科普场地和硬件设施，满足居民精神文化需求。西便门东里社区的科学体验中心，不仅包括科普展示区可以让居民身临其境地体验，也包括科普阅览室、阳光花房和庭院等设施，"蓝魔方"更是成为社区居民喜爱的活动阵地。这不仅为居民提供了解科普知识、增强文化知识的机会，也为丰富多彩的社区社会组织、团体的活动提供了机会。

2. 以科普为主题举办社区活动，丰富居民的社区体验。以互动的方式宣传科技知识，非常受青少年群体的欢迎，他们的父母自然也会被吸引进来；以贴近生活的设备展示科普的魅力，社区的普通居民也喜闻乐见；以活动的形式让科普动起来，社区居民和志愿者也都被吸引进来。

3. 以科技手段助力社区建设，推动社区基础服务水平的提升。科技不仅要走高端展示的路线，更要对社区的实际工作有所助益。通过搭建手机 APP 网络服务平台以及"数字党建"、"数字家园"、科技创安等项目的推行，西便门东里社区的服务能力和服务效果大幅提升，居民也切实从科普特色中得到了实惠。

案例十：品牌阵地，精品项目

西便门东里社区积极彰显科普特色，充分利用科普活动室即彩虹长廊打造生活试验区、科普展示区和趣味竞技区、资源循环利用互动区，让居民可以通过亲手实验的方式感受太阳能充电、农药检测、酒精测试、甲醛测试的操作和原理，不仅普及了科学知识，也向居民传递了低碳生活和环保的理念。阳光花房和庭院则为社区居民提供了承包种植花草、蔬果的场所，社区还会定期聘请相关部门的专业人员为居民讲解知识，搭建经验交流的平台。社区在吸引资金后，又搭建了"社区科普生态体验厅"，通过全息投影设备的引进，居民可以身临其境般地进入"生态之旅"和"灾难体验"；3D打印机、中医药自助查询机、厨余垃圾处理机等自助活动器材使居民可以从中找到科技的乐趣。

在硬件设施的基础上，西便门东里社区也打造了许多精品项目。一是"科技主题日"的精品项目，通过举办"科普大讲堂""主题宣传大连展"等形式向居民宣传科技知识。二是青少年科普活动精品项目，引导青少年从小学科学、爱科学。社区也会因地、因时制宜，开展如科技发明、科技冬夏令营、科技竞赛、科技实践等科技活动，提升青少年的参与度，拓宽他们的知识视野。三是科普的教育基地的精品项目，通过科普基地的建设，进而延伸到科普文明社区、科普文明家庭、科普文明楼院的创建，带动社区居民的全面参与。

在具体活动上，社区还有许多重点项目，包括科学"梦工厂"、"低碳我先行"、花园生活、"e人e世界"，等等。例如"e家园"项目，由有机农场、花韵生活、网络畅游和生态之旅四个部分组成。由志愿者利用专业设备、互动展具，与居民之间进行参与式的沟通与介绍，居民的认识程度也更深了。

案例十一：信息化服务便捷居民

以科技为依托，西便门东里社区开通了名为"广内社区通"的手机APP，其中包括"社区公告""党建园地""身边事""吹哨报到""社区服务"等板块，也设置了线上居民信箱便于居民随时反映问题。通过"广内社区通"，楼道内有宠物的排泄物、社区内发现了危险物、社区内有树枝折断等安全隐患等"社区事"，哪户居民家中有冒烟等"身边事"，居民都会第一时间在APP上发布。潘瑞凤对社区工作者的要求则是24小时内实现"三个第一"：第一时间回复，第一时间去现场，第一时间解决。遇到居民在非工作时间发布信息或者负责该网格的社区工作者没有及时看到信息的情况，其他社区工作者也要第一时间回复，做到24小时响应。疫情期间，西便门东里社区又成立了微信"楼门自治群",居民以户为单位加入微信群,如果有问题可以在微信群内联系社区工作者解决,有情况也可以在微信群内反映,随时探讨、随时讨论。这在全面服务居民的同时,也是对社区工作者处理应对问题水平的考验。

2019年4月的一天,潘瑞凤在社区工作的空闲打开了"社区通",看一看居民发来的消息。突然"吹哨报到"栏目中弹出一条新消息:4号楼88岁的老人吕大妈下楼购物不慎摔伤,95岁的老伴无法下楼,听说后因着急又从床上摔了下来,家中没有其他人在。这则求助信息是邻居发现后,第一时间通过"社区通"发布过来的。看到消息后的潘瑞凤"腾"地从椅子上站了起来,一路小跑从办公室招呼着其他社区工作者,赶紧往4号楼赶。一路疾跑到现场,吕大妈半仰在地上,神情十分痛苦。潘瑞凤气都来不及喘匀直冲到吕大妈跟前,扶着她的手,上气不接下气地问:"吕大妈,您摔着哪了?您先别动,我们马上送您去医院!"她一边安抚吕大妈的情绪,一边拨打120急救电话,一边组织社区工作者有序地联络家属赶往医院、照顾吕大妈在家中摔伤的老伴。得益于妥善和及时的处理,两位老人都得到了救助,为此,老人的子女还专门为社区送去了一面锦旗:真诚服务暖人心,排忧解难亲人。

此外,通过对科普吸纳资金的有效利用,西便门东里社区基本实现了数字文化社区的创建,楼门文化建设都从传统的手工张贴宣传模式,转变为了电子宣传屏投放;小区内安装了约52个监控探头,真正实现了"科技创安"。社区服务的高效性和便捷性也极大地提升了。

通过科普平台和数字化技术的运用,西便门东里社区的服务能力得到了进一步提升。社区科普硬件设施的完善以及科普文化的普及,不仅是社区的亮点和特色,同时也为传统社区向智慧社区转型奠定了充分的基础。通过社区自身的科普平台和吸引的社会资源,"数字党建""科技服务""虚拟养老"等社区创新服务理念能够真正落实,居民对社区服务的满意度也大大提高。

四　学理依据及应用价值

（一）学理依据

中国特色社会主义制度体系具有丰富的内涵和鲜明的特征，其中最为突出的就是人民至上价值理念。

1. 在中国治理的传统思想中，王阳明的"亲民"思想一直具有重要地位："故明明德，必在于亲民，而亲民乃所以明其明德也。"在中国共产党领导人民进行革命和社会主义建设的过程中，民本思想不断延续，亲民爱民也是中国共产党凝聚力和号召力的集中体现。践行"亲民"，把居民放在心里、把居民的事放在心上，就是对社区工作者首要的要求。

2. 在《关于费尔巴哈的提纲》中，马克思明确指出："旧唯物主义的立脚点是'市民'社会，新唯物主义的立脚点则是人类社会或社会化的人类。"正是在这一哲学变革中，"人民至上"作为理论的逻辑起点得到了确立和生发。潘瑞凤社区工作方法"在'服务'上做文章，在'满意'上下功夫，在'创新'上求突破，在'机遇'上谋发展"的思路，正是对"始终把人民放在心中最高的位置，始终全心全意为人民服务，始终为人民利益和幸福而努力工作"的践行。

3. 潘瑞凤"科普牵引法"，在充分发挥社区优势的基础上，将社区内的基础资源、人力资源以及更广泛的社会资源进行了全面的整合。这种做法充分考虑了社区的特点和需求，通过资源的充分利用实现了"滚雪球"的效果，极大程度地解决了社区发展面临的资源壁垒。并且，获取的资源不仅用于社区科普平台的打造，同时也应用于社区基础服务设施的提升、智慧社区的建设以及社区数字党建的应用上，这种对资源"回圈"式的利用模式也是作用明显的。

（二）应用价值

坚持以人民为中心，是新时代坚持和发展中国特色社会主义的根本立场。习近平总书记指出："人民对美好生活的向往，就是我们的奋斗目标。"必须始终把人民放在心中最高的位置，始终全心全意为人民服务，始终为人民利益和幸福而努力奋斗。群众路线是党的生命线和根本工作路线，潘瑞凤通过"亲情工作法"的实践，解决居民的实际问题、满足居民的现实需求，帮助居民实现更美好、更幸福的生活，这既是社区"群众路线"的直观呈现，也是党的领导的现实表达。

1. 在城市基层社区工作中，社区工作者与居民之间如何建立起关系、建立起什么样的关系，对于社区参与、社区共治、社区建设都有很大影响，更是直接决定了社区服务的质量和效果。潘瑞凤的"亲情工作法"，旨在与居民之间建立起亲情的纽带，在情感投入的基础上，不仅能够激发社区工作者的责任意识和服务热情，居民也可以给予社区工作者更多的理解和关爱，进而社区也会变成居民最放心、最安心的港湾。

2. 在"科普牵引法"的实践过程中，了解居民需求、发挥社区优势、打造社区特色是其能够获得成功的重要原因。只有充分了解居民想要什么，社区工作才更有可能获得居民的支持；只有充分利用社区的基础优势，社区工作才更好推进；只有凸显社区特色，社区工作才能争取到更多的资源。当社区有了好的平台，资源也自然会被吸引，在互惠的基础上，社区多元共治的参与性和长期性才能有坚实的保障。

3. "科普+党建"的工作方法不仅是党建工作的创新方法，同时也充分考虑了新时代的特征和社会主要矛盾的变化，这一模式对于社区建设和社区发展的方向、社区互动与协调发展的理念都进行了尝试和探索，对城市基层社区治理现代化的模式有借鉴和参考。

五　专家点评

习近平总书记曾指出，"基层强则国家强，基层安则天下安，必须抓好基层治理现代化这项基础性工作。要坚持为民服务宗旨，把城乡社区组织和便民服务中心建设好，强化社区为民、便民、安民功能，做到居民有需求、社区有服务，让社区成为居民最放心、最安心的港湾。"

在城市社区基层社会治理的过程中，社区工作者与居民之间的互动关系对于社区工作的效果有很大影响。潘瑞凤的亲情工作法，在社区工作者与居民"零距离"关系构建的基础上，又以亲情为纽带加以深化和巩固，这不仅深化了社区工作者为民服务的宗旨理念、提升了社区工作者的服务能力，同时这种互动关系的塑造对于社区乃至周边社会环境都会有一定的辐射，正是"打造居民最放心、最安心的港湾"的具体落实。

与此同时，潘瑞凤注重工作方法的创新运用，在社区工作中将传统方法与社区特色、居民诉求相融合，充分利用社区平台和基础，以科普特色为牵引，推进"科普+党建"的模式创新，在此基础上实现社区服务能力和水平的全面提升、社区居民参与度和满意度的全面提高。

点评专家：文军，华东师范大学社会发展学院院长、博士生导师，教育部长江学者特聘教授，民政部全国基层政权和社会建设专家委员会委员。

六 潘瑞凤小传

潘瑞凤证件照

潘瑞凤，女，满族，1971年7月生，1991年9月参加工作，2000年3月起从事社区工作，曾任北京市西城区广安门内街道西便门东里社区党委书记兼居委会主任，2020年12月调到广安门内街道核桃园社区任党委书记。先后荣获全国先进工作者、全国社区服务先进个人、北京市三八红旗奖章、北京市优秀党务工作者等荣誉称号，并被选举为党的十九大代表、中国妇女第十二次全国代表大会代表等。在从事社区工作的二十余年中,她始终坚持在"服务"上做文章,在"满意"上下功夫,在"创新"上求突破,在"机遇"上谋发展,不仅受到了居民的广泛好评,也将西便门东里社区打造成了全国典型的示范社区,获得了"全国社区服务先进社区集体""全国社区侨务工作明星社区集体""全国科普示范社区集体""全国社区服务先进社区集体"等多项各级荣誉称号。

潘瑞凤出生于天津市蓟州区的一个工人家庭,从小在北京长大。1991年,刚踏出学校的大门的潘瑞凤来到了北京市雪花电气集团公司,从事库房管理工作。雪花电器集团是当时北京市规模较大的国有企业,库房管理部门有十几个都归潘瑞凤管理,这段工作经历也让她积累了许多经验。虽然这份工作令很多人羡慕,但潘瑞凤却始终感觉在这里工作太安逸了,按部就班、轻轻松松就过完了一天,就像在浪费时间。因此,她充分利用业余时间不断学习提升,并毅然决定辞职,重新规划自己的职业理想。

2000年1月,潘瑞凤父亲的去世了。潘瑞凤是家里最小的孩子,哥哥姐姐都已经结婚有了各自的家庭,因此她希望找一份离家更近的工作,既方便工作,又能够陪伴母亲。有一天她去街道的职介所办理档案材料时,正好看到北京市正在招聘事业编制的"社区事业干部",能够满足她想就近工作的需求,就这样她报上了名字。以事业编制招聘社区工作者在当时还是首创,因此也引来了很多人前来应聘。笔试环节就有300多人参加考试,面试时难度更是提高到了1∶6的比例。但潘瑞凤的能力素质都非常过硬,一路顺利通过考试,并被就近分配到宣武区广内街道广安东里社区,开始了她的社区工作生涯。

2000年时,"社区"还被称为"居委会",而对当时还不到30岁的潘瑞凤来说,她几乎没有跟"居委会"打过交道,对于社区工作的印象大多来源于自己的母亲:她的母亲偶尔会参加街道的一些执勤,是街道的"积极分子"。来社区上班的第一天,狭小简陋的工作环境是最直观的感受。社区内7名老主任年龄基本全是在50~65岁之间,他们中的有些人甚至只有小学文化,但他们身上的对老百姓的服务热情特别高涨,这是让潘瑞凤感受最深刻的。在母亲和老主任们的影响下,为百姓服务的理想在潘瑞凤心中扎下了根。

由于没有社区工作经验,刚来到社区的潘瑞凤也是一头雾水。但是她迅速进入角色,虚心地向老主任请教,向周边的人学习,逐渐熟悉社区工作的性质和内容。从2000年3月来到广安东里社区开始,她就加大对于区域和居民的走访力度,让自己尽快熟知社区内的环境和居民,向居民推荐和宣传自己。3个月试用期满,社区进行居委会主任的换届选举,潘瑞凤通过竞选成功上任。

本来是为了陪伴母亲才来到社区工作,而全身心投入之后,潘瑞凤就像社区的大家长,像操心家里事儿一样照顾着社区的大事小情,把对母亲的关心和陪伴给了社区和居民。

坚持践行服务要做到居民的心坎上、做到居民满意为止,潘瑞凤尤其注重争取资源、创新方法。广安东里社区虽然基础条件差,但是通过与周边单位共建、争取帮扶名额的机会,社区获得了资源支持,也逐渐拥有了供居民活动的场所。虽然生活水平相对较低,但潘瑞凤结合社区特色、因地制宜,通过胡同里"大众文化墙"的建设,通过"爱心舞台、爱心就业、爱心帮扶"一系列爱心主题的社区活动的举办,社区居民的精神文化生活也丰富了起来,幸福感也实现了提升。

2004年,因为街道工作调整,潘瑞凤离开了广安东里社区,成为西便门东里社区的居委会主任;2009年,按照"一肩挑"的要求,潘瑞凤被选举为西便门东里社区书记兼居委会主任。离开广安东里社区,潘瑞凤和居民都充满了不舍。西便门东里社区虽然基础条件非常好,但潘瑞凤初来乍到,居民对这位年轻书记仍然心存顾虑;并且,社区环境和居民诉求的巨大差异使得潘瑞凤的社区工作模式需要进行调整,压在她身上的担子也十分沉重。但潘瑞凤抱着不能辜负领导厚望的使命、要将条件更好的社区推向新发展的使命感,迅速适应了新角色,投入到了西便门东里社区的工作中去。

她延续了自己的亲情工作方法,坚持工作在社区一线,与居民之间实现亲情互动,充分走访了解居民的问题和需要,获得居民的信任和认可。与此同时,她抓紧一切时间"补课",提升自己对于西便门东里科普社区的认识,并迅速定位,明确目标和方向,带领社区工作者和社区居民共同打造以科普为特色的社区亮点。2008年和2012年，潘瑞凤紧抓"北京市创新型科普社区"和"全国科普示范社区"两次机遇，充分利用社区在科普硬件和居民支持两方面的优势，积极参与了项目争创，最终不仅为社区获得了发展的资金，也为社区争得了荣誉、提升了社区发展的平台。

以此为契机，西便门东里社区党组织以"人文服务、精细管理、品质提升、高端展示"为核心，以合力共建、联动服务构建区域化党建格局，以推进社会服务管理"全响应"和"访听解"为平台，通过"数字党建"和科普特色工作带动社区全面发展。在服务上实现"网上服务""科技服务""品牌服务""特需服务"，通过全方位、多角度的服务，提升社区居民生活品质，构建全响应服务体系，逐步实现发展科学化、手段信息化、服务人文化、党建品牌化。经过全面提升改造后的"蓝魔方"社区科普活动中心成为最受居民喜爱的、来访量最高的活动场所，许多社区文化团体、社区社会组织都以此为阵地，合唱、舞蹈、京剧、书画、老年科普、大众读书会、少儿科普活动等丰富多彩的文化活动都在此开展。社区无论从居民参与、资源整合，还是多元共治，都走上了新的平台。

潘瑞凤不仅根据社区特色打造了社区品牌阵地和精品项目，全面提升了社区的服务能力和水平，同时在与居民亲情互动方面也不断延续和深化。只要一有时间，她就会和普通的志愿者一样上门为老人提供服务，陪老人聊天、收拾打扫，乃至去医院、买药，都是她的日常。有一次社区组织老年人外出活动，快到目的地时，一位大妈因为晕车，还没来得及下车就吐了，弄得一身都是。潘瑞凤见状赶紧拿来纸巾给老人擦，老人特别不好意思，她说亲闺女都不会这样做。但是潘瑞凤还一个劲儿地安慰她："这都是人之常情，您这要是我妈，我不也得擦吗？"潘瑞凤把老人当成自己的亲人一样照顾，老人也把潘瑞凤当作自己的亲闺女一样，这种亲情关系的塑造也影响了其他的社区工作者、志愿者乃至许许多多的社区居民。不仅社区助老特需服务队蓬勃发展，"助老慰老"的思想也在社区内蔚然成风。

2017年，被选举为党的十九大代表的潘瑞凤要去参会，有的居民主动提出想打出租车送她去开会；有的居民自发在社区集合起来，要一起收看大会的直播、看看他们的书记。西便门社区的工作者则悄悄制作了展板，把和潘瑞凤的合影、想对她说的心里话全都写在了上面。开完会回来的潘瑞凤看到这样的场面感动不已，社区工作虽然承载的是满满的责任，但她也收获了满满的爱心。

在身体力行做好一名社区工作者，服务社区居民的同时，潘瑞凤也发挥"领头雁"的作用，培育其他社区工作者的工作技能。2016年，北京市西城区组织部推出了"366工程"，其中之一就是"西城区基层党组织名书记工作室"建设，潘瑞凤成为西城区首批"名书记"，以工作室为依托重点培育社区工作者团队。"把社区当成家来建，把工作当成事业干，把居民当成家人看"，这不仅是潘瑞凤对自己的要求，也是对团队的要求。只有把居民当成亲人，居民才能把信任交给我们，这也是为居民服务的基础。回顾自己20年来的社区工作，潘瑞凤是这样说的："居民的诉求就是我行动的集结哨。哨声不停，服务不停。我还年轻，我已为下一个20年做好了准备。"

主要参考文献

［法］雷蒙·阿隆：《社会学主要思潮》，葛志强、胡秉诚、王沪宁译，上海译文出版社 2013 年版。

阿兰纳·伯兰德、朱健刚：《公众参与与社区公共空间的生产——对绿色社区建设的个案研究》，《社会学研究》2007 年第 4 期。

蔡元培：《中国伦理学史（外一种）》，商务印书馆 2017 年版。

陈诚：《见微知著，立信于群：社区微信群对治理绩效的影响机制研究》，《贵州师范大学学报》（社会科学版）2020 第 6 期。

陈云松：《关系社会资本新论》，中国人民大学出版社 2020 年版。

［美］珍妮特·V. 登哈特、［美］罗伯特·B. 登哈特：《新公共服务：服务，而不是掌舵》，丁煌译，中国人民大学出版社 2010 年版。

邓正来：《国家与社会》，北京大学出版社 2008 年版。

董宏猷：《江欣苑的故事》，武汉出版社 2012 年版。

［法］涂尔干：《社会分工论》，渠东译，生活·读书·新知三联书店 2013 年版。

费柯雄：《"党建—引导"：城市社区治理新模式——以军门社区为例》，《福州党校学报》2020 年第 3 期。

费孝通：《乡土中国与生育制度》，北京大学出版社 1998 年版。

费孝通、吴晗等：《皇权与绅权》，天津人民出版社 1988 年版。

冯友兰：《中国哲学简史》，赵复三译，新星出版社 2018 年版。

高红：《城市基层合作治理视域下的社区公共性重构》，《南京社会科学》2014 年第 6 期。

高静:《社会资本的功能探析:基于信任的调节效用》,《学理论》2019第 12 期。

苟雅宏:《社会支持基本理论概述》,《学理论》2009 年第 12 期。

郭剑卿、石凤珍:《社会性别视角下女性参与城市社区治理刍议》,《山西大同大学学报》(社会科学版)2020 年第 34 卷第 6 期。

何海兵:《我国城市基层社会管理体制的变迁:从单位制、街居制到社区制》,《管理世界》2003 年第 6 期。

洪大用:《社会变迁与环境问题——当代中国环境问题的社会学阐释》,首都师范大学出版社 2001 年版。

洪大用:《当代中国社会转型与环境问题——一个初步的分析框架》,《东南学术》2000 年第 5 期。

侯婧:《福州军门社区的治理答卷》,《中国民政》2020 年第 8 期。

侯秋宇、唐有财:《社会性别视角下的城市社区治理》,《中华女子学院学报》2017 年第 4 期。

胡明荣:《以党建为核心引领发展惠民》,《人民论坛》2017 年 S1。

黄晓春:《当前城市基层政府改革的深层挑战——基于机制分析的视角》,《江苏行政学院学报》2017 年第 3 期。

贾力政:《江欣苑社区治理经验具有方向性意义》,《人民论坛》2017 年 S1。

姜杰、房军:《长春市改革开放三十年的成就及启示》,《长春市委党校学报》2009 年第 6 期。

景天魁:《创新和发展社区综合养老服务体系》,《苏州大学学报》(哲学社会科学版)2015 年第 1 期。

[美] 查尔斯·卡米克、[美] 菲利普·戈尔斯基、[美] 戴维·特鲁贝克编:《马克斯·韦伯的〈经济与社会〉:研究指针》,王迪译,上海三联书店 2010 年版。

雷洁琼主编:《转型中的城市基层社区组织——北京市基层社区组织与社区发展研究》,北京大学出版社 2001 年版。

[美] 默里·莱文:《社区心理学原理:观点与应用》,杨莉萍译,上海教育出版社 2018 年版。

黎昕主编：《中国社区问题研究》，中国经济出版社 2007 年版。

李辉、任晓春：《善治视野下的协同治理研究》，《科学与管理》2010 年第 12 期。

李强：《社会支持与心理健康》，《天津社会科学》1998 年第 1 期。

李文彬：《论我国基层协商民主的问题与对策》，《华南理工大学学报》（社会科学版）2007 年第 2 期。

李文冰：《解读中国共产党的民本思想》，《浙江学刊》2008 年第 6 期。

李友梅：《治理转型深层挑战与理论构建新方向》，《社会科学》2020 年第 7 期。

李友梅：《秩序与活力：中国社会变迁的动态平衡》，《探索与争鸣》2019 年第 6 期。

李友梅、肖瑛、黄晓春：《当代中国社会建设的公共性困境及其超越》，《中国社会科学》2012 年第 4 期。

梁莹：《绿色社区中的公民治理：绿色志愿者与社工的伙伴关系》，《江苏社会科学》2013 年第 4 期。

林顺利、孟亚男：《国内弱势群体社会支持研究述评》，《社会工作》2009 年第 11 期。

刘建军、张兰：《社区社会资本的性别化积累》，《华东师范大学学报》（哲学社会科学版）2019 第 5 期。

刘少杰：《国外社会学理论》，高等教育出版社 2006 年版。

刘小流、陈玉生：《环境社会学视野下的城市社区生态和谐》，《兰州学刊》2008 年第 2 期。

毛春梅、贾文龙、郭晓勇：《社区治理现代化水平提升的路径探讨——基于社会系统的现代化》，《黑龙江社会科学》2016 年第 1 期。

［美］亚伯拉罕·马斯洛：《动机与人格》，徐金声译，中国人民大学出版社 2007 年版。

孟祥林：《我国社区治理的三个向度：制度创新、社会资本建构与社区共同体塑造》，《新疆财经》2019 年第 4 期。

［意］维尔弗雷多·帕累托：《精英的兴衰》，宫维明译，北京出版社 2010 年版。

［美］塔尔科特·帕森斯：《社会行动的结构》，张明德、夏遇南、彭刚译，译林出版社2012年版。

［美］罗伯特·帕特南：《独自打保龄》，刘波译，北京大学出版社2011年版。

渠敬东：《项目制：一种新的国家治理体制》，《中国社会科学》2012年第5期。

［美］乔治·瑞泽尔：《古典社会学理论（第6版）》，王建民译，世界图书出版公司北京公司2014年版。

［美］爱德华·罗斯：《社会控制》，秦志勇、毛永政等译，高佳审校，华夏出版社1989年版。

［印度］阿玛蒂亚·森：《以自由看待发展》，任赜、于真译，中国人民大学出版社2013年版。

闪兰靖：《社会资本视域下民族乡村社会治理共同体的构建》，《黑龙江民族丛刊》2020年第1期。

唐皇凤、王豪：《可控的韧性治理：新时代基层治理现代化的模式选择》，《探索与争鸣》2019年第12期。

陶传进：《环境治理：以社区为基础》，社会科学文献出版社2005年版。

田先红：《城市社区中的情感治理：基础、机制及限度》，《探索》2019年第6期。

田毅鹏、常芷主编：《吴亚琴社区工作法》，社会科学文献出版社2018年版。

田毅鹏、康雯嘉：《单位社区精英的"资本"构成及其运作研究——以C市H社区为例》，《学习与探索》2017年第11期。

田毅鹏、吕方：《"单位共同体"的变迁与城市社区重建》，中央编译出版社2014年版。

田毅鹏：《作为"共同体"的单位》，《社会学评论》2014年第2期。

田毅鹏：《东亚"新公共性"的构建及其限制——以中日两国为中心》，《吉林大学社会科学学报》2005年第6期。

童敏、周燚：《从需求导向到问题导向：社会工作"中国道路"的专业合法性考察》，《社会工作》2019第4期。

［德］斐迪南·滕尼斯：《共同体与社会——纯粹社会学的基本概念》，林荣远译，北京大学出版社 2010 年版。

［美］乔纳森·特纳、简·斯戴兹：《情感社会学》，孙俊才、文军译，上海人民出版社 2007 年版。

王佃利：《独具特色的"军门社区工作法"》，《济南日报》2018 年 3 月 20 日。

王芳、邓玲：《从自治到共治：城市社区环境治理的实践逻辑——基于上海 M 社区的实践经验分析》，《北京行政学院学报》2018 年第 6 期。

王芳：《行动者及其环境行为博弈：城市环境问题形成机制的探讨》，《上海大学学报》（社会科学版）2006 年第 6 期。

王名等：《社会组织与社会治理》，社会科学文献出版社 2014 年版。

王水珍、田晓红：《咨询心理学》，科学出版社 2019 年版。

王小波：《试谈女性在构建和谐社区中的作用及障碍》，《社会工作》2008 年第 4 期。

王雅丽：《当代中国公共精神研究》，博士学位论文，清华大学，2016 年。

［德］马克斯·韦伯：《经济与社会》（第一卷），阎克文译，上海人民出版社 2010 年版。

魏治勋：《社会控制视野中的社区治理及其协商民主指向——以对济南市若干社区的现场调研为实证基础》，《山东大学学报》（哲学社会科学版）2016 年第 5 期。

文军、王云龙：《寓活力于秩序：包容性城市治理的制度建构及其反思》，《学术研究》2020 年第 5 期。

文军、高艺多：《社区情感治理：何以可能，何以可为？》，《华东师范大学学报》（哲学社会科学版）2017 年第 6 期。

文军：《西方社会工作理论》，高等教育出版社 2013 年版。

夏真、王毅：《小巷总理》，浙江文艺出版社 2016 年版。

谢志强、刘大华：《武汉江欣苑社区"三治"并举探索》，《社会治理》2018 年第 9 期。

徐建宇：《城市社区治理工具的选择行为、准入秩序和运作逻辑》，《甘肃行政学院学报》2019 年第 2 期。

徐永祥：《社区发展论》，华东理工大学出版社2000年版。

杨贵华：《社区共同体的资源整合及其能力建设——社区自组织能力建设路径研究》，《社会科学》2010年第1期。

杨敏：《作为国家治理单元的社区———对城市社区建设运动过程中居民社区参与和社区认知的个案研究》，《社会学研究》2007年第4期。

俞国良：《社会转型：社会心理服务与社会心理建设》，《心理与行为研究》2017年第4期。

俞可平：《治理与善治》，社会科学文献出版社2000年版。

俞可平：《社会自治与社会治理现代化》，《社会政策研究》2016年第1期。

郁建兴、任泽涛：《当代中国社会建设中的协同治理———一个分析框架》，《学术月刊》2012年第8期。

于军、李欣玉主编：《全国社会治理创新典型案例——2012—2015年全国社会治理创新典型案例选编》，国家行政学院出版社2017年版。

于梦娇：《三社联动：城市社区环境治理的实践逻辑》，硕士学位论文，华东理工大学，2017年。

于燕燕：《复合治理：社区治理的最佳路径》，《人民论坛》2016年第11期。

张康之：《从经验理性出发的社会治理》，《中国人民大学学报》2016年第1期。

张翼主编：《社会组织与社会治理》，经济管理出版社2016年版。

张占斌：《新型城镇化的战略意义和改革难题》，《国家行政学院学报》2013年第1期。

郑维伟主编：《民主理论与中国政治发展》，上海社会科学院出版社2016年版。

郑因、冯慧、陈晴、周中华：《转型与重构：大国治理下江欣苑社区创新样本解读》，人民日报出版社2016年版。

周建国：《单位制与共同体：一种可重拾的美德》，《浙江学刊》2009年第4期。

周健华、曾艳林：《城市治理与社会资本积累的理论内涵及其关系解读》，

《上海城市管理职业技术学院学报》2009 年第 18 卷第 2 期。

周立、曹海军主编：《中国城市社区治理报告（2019）》，中国社会出版社 2019 年版。

周贤润：《民国社会工作中国化的理论实践与研究启示》，《社会工作与管理》2018 第 4 期。

福州市委宣传部：《"用自己的行动让群众说共产党好"——记福建省福州市东街街道军门社区党总支书、居委会主任林丹》，《党建》2007 年第 6 期。

江西省高安县史志编纂委员会：《高安县志》，江西人民出版社 1988 年版。

民政部编写组编著：《新时代党的群众路线的生动实践——优秀社区工作法 100 例》，人民出版社 2020 年版。

人民论坛课题组：《中国城乡社区治理与武汉实践》，《人民论坛》2017 年 S1。

人民论坛专题调研组：《党建引领下的城乡社区治理新路——"村改居"成功转型的江欣苑模式》，《人民论坛》2016 年第 11 期。

《新长征》编辑部：《写不尽"民情日记"的林松淑》，《新长征》2018 年第 12 期。

中共福建省福州市鼓楼区委员会、福建省福州市鼓楼区人民政府：《军门社区工作法及实施指南》，2018 年（内部使用）。

Bourdieu P. , "The Forms of Capital", *Handbook of Theory and Research for the Sociology of Education* , 1986.

Bourdieu and L. Wacquant, *An Invitation to Reflexive Sociology*, University of Chicago Press, 1992, p. 119.

后　　记

　　本书的诞生缘于吉林长春社区干部学院的热情邀请。自 2019 年吉林长春社区干部学院成立以来，便与吉林大学哲学社会学院及"东北地域社会治理研究中心"建立起密切的学术合作关系。我们与社区学院第一个合作项目便是对长春长山花园社区书记、时代楷模吴雅琴的社区工作法展开提炼总结，《吴亚琴社区工作法》于 2018 年由社会科学文献出版社出版，在社会上产生比较强烈的反响。随后我们又相约拓展研究范围，继续展开"新时代'小巷总理'工作法"项目研究。该项目研究自 2019 年 11 月起始，前期主要展开了持续性地社区调研与文件搜集、理论论证工作；新冠肺炎疫情期间项目组通过线上、线下等多种形式开展访谈和调研活动。在疫情得到控制，具备外出的条件下，项目组还分别赴福建、宁波、重庆等地实地采访。此外，还借吉林长春社区干部学院大讲堂授课的机会，通过访谈的形式，与天津市昔阳里社区王月华书记、重庆市团结坝社区杨春敏书记、延吉市园辉社区林松淑书记、上海市梅陇三村社区尚艳华书记、武汉市江欣苑社区胡明荣书记等实现了面对面的互动，收集到大量第一手材料，所有这些都为本书的编写打下坚实的基础。

　　2021 年冰雪初融，本书写作已基本告竣。在这里我们首先要感谢吉林省及长春市组织部门、民政部门、吉林长春社区干部学院对研究项目的重视、指导和帮助。作为"小巷总理"典型工作经验方法的提升、党建引领基层治理新路径的重要探索，本书的编写需要遵循党和中央的会议精神和文件精神、遵循习近平总书记重要讲话中对社区治理的指示要求，需要对现实性社区实践的深度把握，并具备对"小巷总理"经验做法的总结与提炼能力。在研究和编写的过程中，课题组在全国范围内遴选12位具有突出经验和做法的"小巷总理"作为研究对象，围绕"小巷总理"收集优秀工作经验材料及媒体宣传资料，通过线上访谈及社区调研相结合的方式，对"小巷总理"本人，以及其工作伙伴和工作对象进行深度访谈，对其工作所在的社区进行深入观察，并在此基础上对其社区工作中的经验方法进行挖掘、梳理与总结，形成具有个人特点和社区特色的"小巷总理"工作法，为新时代党建引领基层治理新路径的探索和城市社区治理能力提升提供参考和指引。为此，我们在这里为向我们调研提供帮助和支持的社区及社区工作者们致谢，也向为我们提供资料的省内外兄弟单位及媒体表示感谢。本书是在中共长春市委常委、组织部长邵利同志的直接倡议和指导下完成的，吉林长春社区干部学院副院长周勉征同志、副院长常茬同志，基于其基层治理的丰富一线经验和深刻思考，通过高频率的网络会议及线下沟通的形式，对工作法的实用性、前瞻性和可推广性等方面作出强调，并亲自参与调研与访谈过程，对工作法的编写及修订工作提出宝贵建议，我们也根据这些意见对工作法作了相应的调整，力求实现工作法的提升与完善。在课题研究的过程中，吉林长春社区干部学院顾晓旭和冯爽带队赴福州、宁波和重庆等地开展社区调研，并为本书的编写提供了宝贵意见和参考；曲春雨在工作的联络对接、调研安排、资料整理等方面发挥了重要作用。在此表达诚挚的感谢。

本书的编写工作，主要由吉林大学哲学社会学院社会学专业教师和博士、硕士生承担。具体分工如下：田毅鹏（序言：社区工作法"五问"）、李珮瑶（第一章"王月华工作法"、第五章"陈林静工作法"、第十二章"潘瑞凤工作法"）、刘凤文竹（第四章"杨春敏工作法"）、李喆（第六章"林松淑工作法"、第七章"林丹工作法"、第九章"胡明荣工作法"）、金蓝青（第三章"任红梅工作法"、第十章"俞复玲工作法"）、高梓淞（第十一章"路亚兰工作法"）、钟祥纬（第二章"付秀秀工作法"）、郝子仪（第八章"尚艳华工作法"）。最后由田毅鹏和周勉征、常茬经过深度修改加工，最终定稿。

需要说明的是，《新时代"小巷总理"社区工作法》旨在梳理、总结、提升并推广"小巷总理"工作法，加强"小巷总理"社区治理工作经验方法的示范引领作用，培养一支素质优良的、专业化、职业化的社区工作者队伍，全面提升社区治理能力，夯实基层社会治理根基。但社区治理实践具有很强的经验性，其面对的问题也是现实性的、多元且复杂的，因此，在学习借鉴"工作法"的过程中一定要注意与本地的实际相结合，注意转换和创新。因而，我们衷心希望躬身开展社区治理实践的社区工作者，基于工作实际，对本书提出宝贵的意见，以推进社区治理能力的不断提升。

田毅鹏于吉林大学东荣大厦
2021年3月23日